세계는 왜 이렇게 움직이는가

국제관계의 개념과 이론

세계는 왜 이렇게 움직이는가

국제관계의 개념과 이론

2025년 9월 15일 1쇄 찍음
2025년 9월 25일 1쇄 펴냄

지은이 김태현

편집 김천희·김찬호
디자인 이수경·김진운
마케팅 유명원

펴낸이 윤철호
펴낸곳 ㈜사회평론아카데미
등록번호 2013-000247(2013년 8월 23일)
전화 02-326-1545
팩스 02-326-1626
주소 (03993) 서울특별시 마포구 월드컵북로6길 56
홈페이지 www.sapyoung.com
이메일 academy@sapyoung.com

ISBN 979-11-6707-194-1 93340

세계는 왜 이렇게 움직이는가

국제관계의 개념과 이론

김태현 지음

사회평론아카데미

일러두기

1 국제관계는 복잡하고 복합적인 현상이다. 그에 관한 설명과 이론도 어려울 수밖에 없다. 어떻게든 쉽게 풀어서 쓰려고 했으나 한계가 있다. 그래도 적어도 1~2개 장을 한 호흡에 읽을 수 있도록 가독성을 높이려 노력했다.
2 국제정치학의 '대중화'와 '현지화'의 목적을 위해 용어의 번역과 기존 용어와의 일치성 배가를 위해 노력했다. 그래서 용어 번역과 해설을 설명하는 부분을 따로 추가했다. 읽다가 용어가 헷갈리면 굳이 사전을 찾거나 인터넷 검색할 필요 없이 권말의 〈용어해설〉을 참고하기를 바란다.
3 주석은 최소화하고 본문에서 직간접적으로 인용한 문헌은 권말의 〈참고문헌〉에서 확인할 수 있도록 했다.
4 각 장 말미에 '연습문제'를 제시했다. 국제정치에 대한 이해를 높이고자 이 책을 읽는 분은 다시 읽을 때 그 점들에 대해 생각하고, 교과서/수험서로 읽는 분은 그에 대한 대답을 작성하는 연습을 하면 도움이 될 것이다.

이 책을 혜사(惠史) 노재봉 선생님 영전에 바칩니다.

서문

국제정치학을 오래 공부한 처지에서 손버릇처럼 쓰고 입버릇처럼 하는 말이 있다.

"대한민국은 소위 주변 4강이 곧 세계 4강인 가운데 국토와 민족이 분단된 지정학적 조건과 부존자원이 빈곤하여 세계를 무대로 삶을 영위해야 하는 지경학적 조건으로 말미암아 국제정치의 중요성이 매우 높다."

풀어서 말하자면, 국가의 운명과 이익, 그 속 국민의 삶이 나라 밖에서 일어나는 일에 좌우될 가능성이 크다는 뜻이다. 굳이 고조선과 한사군처럼 먼 과거를 돌아볼 필요는 없다. 지난 세기 우리나라는 바로 그 국제정치적 효과 때문에 국권을 잃고, 국토와 민족이 분단되고, 분단된 민족이 서로 싸웠고 지금까지 적대적으로 경쟁하고 있다.

그런 가운데 우리나라는 지금 꿈에 그리던 선진국 대열에 들어서서 '단군 이래 최고의 성세'를 누리고 있다. 낙타가 바늘구멍에 들어가기보다 어렵다는 그 성과를 얻기까지 많은 요인이 작용했다. 명석하고 부지런하며 성취욕 강한 국민이 있었고, 그런 국민을 이끈 지도자가 있었다. 그리고 그중에 국제적인 기회도 있었다. 안정되고 개방된 국제정치경제 환경 속에서 "잘살아보자"라는 국민의 여망과 지도자의 식견이 빛을 발했다. 국제적 요소는 도전만이 아니라 기회도 아울러 제공한 것이었다.

과거가 그랬다면, '단군 이래 최고'라는 지금의 성세를 키우고 나아가 후대에 물려주려면 국제적인 도전에 대처하고 기회를 활용하는 지혜가 필요하다. 국가 차원의 도전이 있으면 전체 국민이 단결하고 세계 차원의 기회가 있으면 모든 개별 국민이 지혜롭게 활용해야 한다. 그러면 국가가 안전한 가운데 국민 각자의 복지는 증진하고 나라 또한 발전하여 지금의 성세가 길게 이어질 것이다.

필자는 국제적인 도전과 기회를 식별하고, 도전에 대처하는 한편 기회를 활용하려면 모든 국민이 '국제정치학자처럼 생각하고 외교관처럼 행동해야 한다'라고 믿고 주장한다. 그러려면 원래 제왕학(帝王學)이었던 국제정치학이 '대중화'(popularization), 즉 일반인의 학문이 되고, 구미(歐美)에서 유래하고 발전하여 그들의 개념으로 통용되는 국제정치용어를 '현지화'(localization)할 필요가 있다고 생각한다. 그런 생각에 따라 지난 30여 년간 강의해 온 내용을 묶고 정리하여 책으로 내기로 했다. 나름대로 필생의 작업이다.

이 책은 어려운 용어를 해설하고 독자들이 밑줄 치며 읽어 시험에 대비하는 수험서가 아니다. 누구나 편하게 읽고 잊고, 또 읽고 잊으며 국제정치에 대한 이해가 피부에 스며들도록 의도한 책이다. 그 의도가 통할지는 알 수 없으나, 이 책의 독자가 알게 모르게 국제문제를 접하며 국제정치학자처럼 생각하고 외교관처럼 행동한다면 필자의 의도는 달성됐다고 감히 말할 수 있을 것이다.

이 책을 쓰면서 처음 염두에 둔 독자층은 (1) 국제관계학과나 정치외교학과에 진학이 확정되어 입학을 앞두거나, (2) 학부에서 국제관계학/정치외교학을 전공하지 않은 채 정치외교학과 석사과정/국제대학원에 진학을 원하거나 앞두고 예비적 학습을 원하는 학생이다. 그들이 부담 없이 읽고 진학 후 관련 과목을 수강할 때 "아! 이거 나 알아."라고 느끼면 큰 보람이다.

나아가 진로를 고민하는 고등학생, 외교 문제에 관심이 있는 일반인도 편하게 읽고 국제관계에 관심을 키우길 바라는 마음도 있다. 그리하여 모든 국민이 '국제정치학자처럼 생각하고 외교관처럼 행동'할 때 우리나라의 외교력이 증진할뿐더러 극심한 진영(陣營)정치의 폐해까지 교정될 수 있다고 믿고 주장한다. 모든 국민이 사랑하고 자랑하며 다른 나라들이 그렇다고 인정하는 국가정체성이 확립되면 정치의 한계가 설정되기 때문이다.

오래 학자로 살면서 저서(著書)를 집필하기는 처음이다. 역서(譯書)가 많고, 논문은 더 많다. 흔히 그러듯, 쓴 논문을 모아 저서를 낼 수도 있었으나 그러지 않았다. 글을 아낀 은사 노재봉(盧在鳳) 선생님의 영향이 있었다고 생각한다. 선생님은 많은 제자에게 사표(師表)였다. 내게는 학과 조교 시절 학과장이었고 석사 논문 지도교수였고 결혼식 주례였다. 이후 학과 중심 행사 때는 자주 모시고 뵙기도 했지만, 개인적으로는 자주 뵙지 못했다. 선생님 앞에 들고 나설 만한 나만의 업적이 있어야 한다고 생각했다. 이 책이 나오면 들고 찾아뵐 생각이었는데, 80%를 완성한 이후 1년간 진도가 나가지 않았다. 그러던 중 2024년 4월 하순 선생님이 영면하셨고 이후 글 마리가 풀리면서 한 달 만에 탈고했다. 선생님께 드릴 말씀이 없어 이 책을 드린다.

언제나 그렇듯이 필자의 학자적 역량을 믿고 지지해 준 아내에게 감사한다. 아내에게 헌정할 책은 따로 준비하고 있다. 예쁜 책으로 만들어 준 사회평론아카데미의 여러분께도 감사드린다.

2025년 3월

용인 처인(處仁) 한거(閑居)에서

김태현

차례

제2부 이론"들"

1
국제관계란 무엇인가?
왜, 어떻게 공부하는가?

I. 시작하며

'국제관계'는 영어 international relations의 번역어로 "나라 사이의 관계"로 직역되는 모종의 '현상'을 지칭하는 보통명사이다. 영어단어 첫 자를 대문자로 적은 International Relations, 줄여서 IR은 '현상'으로서 국제관계를 연구하는 '학문 분야'를 지칭하는 고유명사이다. 직역하면 '국제관계학'인데 '국제정치학'이라고도 하고 또 편하게 '외교학'이라고도 한다. 그것을 가르치고 연구하는 대학의 학과로 '국제관계학과', '국제정치학과', 또는 '외교학과'가 있다. 국내 많은 대학에 '정치외교학과'가 있듯이 국제관계학/국제정치학은 국내정치, 비교정치, 정치사상 등과 더불어 정치학의 한 분야로 취급된다.[1] 이 책은 '현상으로서 국제관계'와 '학문으로서 국제관계학'의 입문서이다.

국제관계학은 "미국의 사회과학"이라는 말이 있다(Hoffmann 1977). 크게 틀린 말은 아니다. 미국에서 가장 많은 학자가 활동하며 이론을 개발하고 논문과 서적을 집필하여 출판하고 학생들을 가르친다. 미국의 각 대학에서 교육받은 학자들이 세계 각국에서 교수로, 연구자로 활동한다. 필자도 그에 속한다. 원래 국제정치학은 1919년 영국에서 출발했다. 최초의 국제정치학과가 영국의 대학교에 설치됐다는 의미에서다.[2] 그러다가 2차대전 이후 '미국의 학문'이 됐다. 이처럼 국제관계학은 강대국, 또는 초강대국의 학문이었다. 현실적으로 냉전을 수행하는 초강대국 미국의 정책적 필요와 그에 따른 막대한 재정지원이 오늘의 국제관계학을 번성하게 했고 또 '미국의 학문'이 되게 했다.

그러나 국제관계학이 '미국의 학문'이라고 하여 국제관계가 미국만의 현상은 절대 아니다. 한 나라가 나라로서 존재하며 다른 나라와 부대끼며 살아가는 한 국제관계는 모든 나라에 나타난다. 따라서 분석적 학문으로서 국제관계학의 양적, 질적 성취는 미국에서 높겠으나, 실천적 학문으로서 국제관계학에 대한 필요와 관심은 여타 국가에서 더 높으면 높지 낮다고 할 수 없다. 미국처럼 강대국의 처

....

1 국제관계가 가장 널리 쓰이는 표현이지만 학자에 따라, 또 나라에 따라 국제정치, 세계정치, 지구정치 등 달리 표현되기도 한다. 물론 뉘앙스 차이는 있다. 국제'관계'가 아니라 국제'정치'라고 하면 국제관계라는 현상의 정치적 측면을 강조한다. '국제'정치가 아니라 '세계'정치, '지구'정치라고 하면 국가 이외의 행위자도 중요시한다. 우리나라와 일본에서는 국제정치라는 말이 일반적이다. 이하에서 필자는 국제관계와 국제정치라는 말을 특별히 구별하지 않고 혼용한다. 관행이 그럴뿐더러 국제관계의 정치적 측면에 초점을 두는 개인적 편견도 있다. 맥락에 따라 외교도 같은 뜻으로 쓴다.

2 세계 최초의 국제정치학과는 1919년 영국 웨일스에 있는 애버리스트위스 대학교(Aberystwyth University)에 설치되었다.

지에서 국제관계는 (이익과 권력을 위한) 경략(經略)의 영역이다. 강대국이 아닌 중소국(中小國)의 처지에서 국제관계는 (생존과 자주를 위한) 적응과 관리의 영역이다. 그래서 국제관계는 강대국에는 뺏고 얻는 영역, 중소국에는 지키고 잃는 영역이다. 서문에서 지정학적 및 지경학적 조건으로 인해 국제정치에 노출이 유난히 큰 대한민국의 국민이 모두가 국제정치학자처럼 사고하고 외교관처럼 행동할 필요가 있다고 언급한 이유가 바로 그 때문이다.

강대국이든 중소국이든 국제관계는 그 나라의 운명에 영향을 주지 않을 수 없다. 강대국의 국민이든 중소국의 국민이든 국제관계의 영향에서 벗어날 수 없다. 그럴 때 국제관계를 제대로 알면 세 가지 효과가 있다. 곧 국제관계학을 공부할 세 가지 이유이다.

첫째, 지성적 차원에서 즐거움이 있다. 이 책을 관통하는 주제의 하나는, "제국주의가 자본주의의 최고 단계"라는 레닌의 주장을 패러디한, "국제정치는 정치의 최고 단계", 달리 말하면 "최상위의 정치"라는 점이다. 그처럼 어렵고 복잡하고 또 중요하다. 어려운 주제일수록 깨닫는 즐거움도 크다. 굳이 따지자면 이로움도 있다. 국제관계처럼 크고 복잡하고 또 중요한 현상을 접할 때 자주 빠지는 음모론의 함정을 피할 수 있기 때문이다.

둘째, 실천적 차원에서 이로움이 있다. 작게, 또는 소극적으로 음모론의 함정을 회피함으로써 손실을 방지할 수 있다. 크게, 또는 적극적으로 이득을 누릴 수도 있다. 즉 국제관계에서 대두하는 기회와 위협을 제때 삼지하여 기회를 살리고 위협에 대처할 능력이 생긴다. 예를 들어 주식 투자에 진심인 사람은 지정학적 리스크에 따르는 주가 변동을 미리 읽어 투자에 성공할 가능성이 커진다.

셋째, 가장 중요하게 도덕과 윤리의 문제가 있다. 국제관계는 자주 전쟁과 같은 유혈을 동반하고 그에 따라 누구의 책임인지를 묻는 도덕적 평가의 문제가 뒤따른다. 그럴 때 올바른 판단을 할 여지가 높아지고 그럼으로써 양식 있는 시민으로서 자부심이 생긴다.

위에서 꼽지 않았으나 더 크고 중요한 이유가 있다. 서문에서 밝힌 것처럼 모든 국민이 국제관계학을 공부하여 국제정치학자처럼 생각하고 외교관처럼 행동하면 나라의 생존과 발전에 큰 힘이 된다. 나라 밖의 도전에 대처하고 기회를 활용하는 국가의 역량이 커지기 때문이다.

이 책은 주요 개념과 이론을 밑줄 치고 외는 '수험용'이 아니다. 누구든 편하게 읽고 잊고, 또 읽고 잊는 가운데 국제정치에 대한 '감'을 가지도록 돕기 위한 것이다. 그리하여 독자들이 국제정치학자처럼 사고하고 외교관처럼 행동하는 데 도움이 되기를 바란다. 나아가 국가의 발전에 일말의 도움이 되기를 희망한다.

II. 국제관계란 무엇인가?

1. 국제관계의 정의

이 책은 국제관계를 "국제 행위자들(international actors) 사이에 나타나는 현상의 집합"으로 정의한다. 국제 행위자에는 여러 종류가 있다. 그중 가장 중요한, 제1차 행위자는 국가(國家)이다(제3장 참조). 200여 개에 달하는 국가들이 지구 표면적의 30%에 달하는 육지와 연안, 그리고 그에 속하는 인적, 물적 자원을 배타적이고 효율적으로 지배한다. 유엔과 같은 국제기구가 '국제 행위자'에 더 어울릴 듯하나, 이들은 국가들이 만든 피조물이고 운영에 필요한 예산을 국가에 의존한다는 점에서 제2차 행위자이다. 비정부 국제기구(International Non-Governmental Organizations; INGOs)나 국경을 넘나들며 활동하는 초국적 기업(Transnational Corporations; TNCs), 그 외 단체들, 예컨대 테러단체나 범죄집단들도 국제 행위자일 수 있다. 그러나 이들의 위상은 국가 주권에 종속되고 그 활동도 대체로 비정치적이므로 제3차 행위자이다.

어쨌거나 이처럼 여러 차원의 국제 행위자들이 행동하고, 그에 대응하여 행동하고, 그렇게 서로 어울리면서 국제관계라는 현상 '덩어리'를 빚어낸다. 그 덩어리의 모습과 내용, 움직이는 원리를 탐구하는 것이 국제관계학이라는 학문이다. 국제관계학의 출발과 끝은 그 덩어리를 형상화하여 개념으로 정리하는 '개념화'이다. 필자는 이 책에서 독자들과 더불어 국제관계를 개념화하는 길을 걸어갈 것이다. 그 길은 4단계로 전개된다. 첫째, 바로 이 장에서 다른 현상과 구별되는 국제관계 현상의 특징을 따져서 초보적 개념화를 시도한다. 둘째, 제1부의 3개 장에서 관련된 핵심 개념에 대해 논의한다. 셋째, 제2부 4개 장에서 국제관계학의 주요 이론을 논의한다. 넷째, 별책으로 따로 출판될 제2권에서 주요한 국제관계 현상에 대해서 논의한다.

2. 국제관계 '현상 덩어리' 느끼기

국제관계라는 현상 덩어리는 어떤 모습인가? 눈으로 볼 수 있는가? 볼 수 없다면 만져서 촉감이라도 느낄 수 있는가? 독특한 냄새라도 풍기는가? 맛이라도 느낄 수 있는가? 소리라도 내는가?

이 질문이 황당하게 들리는 것처럼 따지고 보면 국제관계를 현상 덩어리로 생각하는 것 자체가 황당할 수 있다. 과학철학에서는 그처럼 어떤 현상이 있다고 전제하는 것을 '과학적 실재론'(Scientific Realism)이라고 한다.[3] 보고, 만지고, 듣고, 맛보고, 냄새 맡는 오감(五感)으로 느끼지 못하는 현상은 추상적인 현상이다. 그 반대는 구체적인 현상이다. 여기서 과학적 실재론의 전제를 빌어 형상화하려는 국제관계 덩어리는 아직 추상적이다. 우주처럼 막연하거나 원자처럼 미소하여 관찰하기 어렵더라도 일단 그 존재를 전재하고 그것을 형상화하고 개념화하려는 노력이 모든 과학의 출발점이다. 국제관계학도 예외가 아니다.

총체로서 국제관계 '덩어리'의 모습이 '이렇다'라고 하기는 어려워도 우리는 일상에서 국제관계라는 부류에 해당하는 사건이나 현상을 자주 접한다. 2022년 2월 러시아가 우크라이나를 침공한 사건은 중대한 국제관계 사건이다. 북한이 탄도미사일을 포함한 발사체를 주변 수역에 발사한다; 그에 대응하여 한국, 미국, 일본 등 유관 국가들의 관계자가 만나서 회담하고 성명을 발표한다; 나아가, 이들 국가가 독자로 또는 공동으로 군사훈련을 한다. 모두 국제관

....

3 국제정치학 분야에서 과학적 실재론에 대한 논의는 이하 제8장 및 Wendt(1999) 참조.

계 사건의 연속이다. 그러나 그 사건들은 국제관계 그 자체가 아니다. 국제관계라는 현상 '덩어리' 또는 부류(部類)에 속하는 표본이다. 국제관계학은 그러한 표본을 관찰하여 국제관계의 본질을 '추론'(推論; inference)하는 지성적 활동으로 이루어진다.

그러나 이러한 추론은 자칫 맹인모상(盲人摸象)과 같은 잘못을 범할 수 있다. 불교 경전인 열반경(涅槃經)에 나오는 우화에서 여섯 명의 시각장애인은 손으로 코끼리의 서로 다른 부위, 즉 상아, 코, 다리, 몸통, 귀, 꼬리 등을 만지고 코끼리의 모습을 서로 달리 형상화한 후 자신이 옳다고 싸운다. 미국의 한 시인은 이 우화를 소개하며 한 번도 본 적이 없는 신(神)의 모습을 놓고 싸우는 신학 논쟁을 비웃었다. 국민의 관심을 끄는 큰 국제관계 사건이 일어났을 때 논쟁하는 논객들을 보면 가끔 생각나는 사자성어이다. 즉 소위 '전문가'들도 국제관계라는 큰 현상을 맹인모상과 같은 방식으로 배우거나 이해한다는 뜻이다. 현상을 연구하는 과학을 공부하며 그런 잘못을 범하지 않으려면 추론의 규칙을 제대로 이해하고 적용해야 한다.

코끼리를 만진 시각장애인들도 관찰을 토대로 코끼리라는 동물의 전체 모습을 나름대로 추론하고자 했다. 그들의 잘못은 자신이 관찰한 것이 코끼리의 한 부분, 즉 표본(sample)일 뿐 전체, 또는 모집단(population)이 아니라는 사실을 생각지 못한 데서 유래했다. 과학에서 자주 사용하는 방법으로 통계적 추론이 있다. 예컨대 여론조사는 국민의 한 '표본', 예컨대 1천 명의 생각을 물어 전체 '인구' 5천만 명의 의견을 추론하는 조사 방법이다. 전체 인구의 5만분의 1을 조사하여 전체의 의견을 짐작하는, 어쩌면 무모한 작업이다.

그 추론이 타당성을 가지려면 따라야 하는 규칙이 있다. 첫째, 표본의 추출이 무작위적(random)이어서 편향되지 않아야 한다.[4] 둘째, 무작위적 표본 추출도 편향될 통계적 확률이 있으므로 오차 범위를 지정한다. 이처럼 표본집단을 조사하여 모집단의 모습을 추론하는 통계적 추론은 '귀납적'(歸納的; inductive) 추론의 한 방법이다.

대조적으로 '연역적'(演繹的; deductive) 추론이 있다. 코끼리가 이렇다는 명제를 전제하고 관찰을 통해 그 명제를 검증하여 타당성을 따지는 방법이다. 귀납적 추론과 연역적 추론은 논리에서는 대조적이나, 실천에서는 서로 배타적이지 않다. 관찰을 통해 반복하여 나타나는 현상에서 법칙을 발견하는 것은 귀납적 추론이다. 발견한 법칙을 궁구(窮究)하여 가설을 도출하는 것은 연역적 추론이다. 통상적으로 과학은 관찰을 통해 보편적인 법칙을 발견하고, 그 법칙에서 현상에 대한 가설을 도출하여 다시 관찰로 검증하는 쌍방향적 과정을 통해 진보한다.

....

4 무작위적 추출과 관련하여 소개할 만한 일화가 있다. 베트남 전쟁이 한창일 때 원래 자원병으로 구성되는 미군이 징집을 결정했다. 징집 대상은 생일을 기준으로 '무작위적' 추첨으로 정하기로 했다. 1월 1일부터 12월 31일까지 적은 종이쪽지를 말아 가루약을 넣는 캡슐에 넣어 유리통에 담은 후 하나씩 고르는 방식이었다. 추첨은 전 국민의 관심 속에 TV로 생중계됐다. 그런데 추첨 결과 유난히 9월과 12월생이 많이 뽑혔다. 명문 스탠퍼드대 통계학과 대학원생들이 집단 소송을 제기했다. '무작위적' 추출이라면 그처럼 9월, 12월에 집중된 결과가 나올 확률은 매우 낮으므로 '무작위'하지 않다고 주장하며 그렇게 나올 통계학적 확률도 제시했다. 재판 결과 밝혀진 진실은, 정부가 '멍청한 실수'를 한 게 맞았다.

1월 1일에서 시작하여 12월 31일로 끝나는 생일을 종이에 적고 캡슐에 말아 넣어 통에 담는 일은 (아마) 군인이 했다. 1월은 바닥에 깔리고 12월이 위에 쌓였다. 이후 통을 흔들거나 뒤집어 섞었어야 했는데 그러지 않았다. 그래서 위에서 뽑으면 12월, 손목까지 넣어서 뽑으면 9월이었다. 역시 정부가, 특히 군조직이 하는 일이란! 그러나 법원은 재추첨하지 않기로 했다. 정부/군의 '멍청한 실수' 자체가 '무작위적 요소'라고 판단했기 때문이다.

III. 어떻게 공부하는가?

1. 개념과 이론

과학의 두 가지 핵심 요소는 바로 '개념'(槪念; concept)과 '이론'(理論; theory)이고 과학 활동의 두 가지 핵심 요소는 이 두 가지를 개발하는 것, 즉 '개념화'(conceptualization)와 '이론화'(theorization)이다. '개념'이란 일군의 사물이나 현상에서 공통된 요소를 추출하고 형상화한 표상을 일컫는 말로 대개 하나, 많아야 두세 개 단어의 조합으로 구성된다. 개별적인 사물이나 현상에서 공통된 요소를 추출하고 형상화하여 이름을 부여하는 작업을 개념화라고 한다. '이론'은 두 개 이상, 여러 개의 개념 사이의 관계를 체계적으로 정리한 사고의 틀이다.

물론 위에서 말한 개념과 이론의 정의는 충분하지 않다. 개념과 이론이라는 용어에 대한 이해와 설명은 학문 분야별로 다를 수 있고, 특히 이론의 경우 같은 학문에서도 여러 가지의 의미로 쓰이기도 한다(제5장 참조). 따지고 보면 지금 말하는 '개념'이나 '이론'이라는 단어도 여러 학문 분야에서 개발한 여러 개념과 이론의 집단에서 공통으로 존재하는 요소를 추출하고 이름을 붙인 '개념'이다.

개념을 익히면 세상을 인식하는 시야에 질서가 생긴다. 전혀 별개로 여기던 사물들 사이에 체계적인 관계가 보인다. 근대과학의 아버지 뉴턴(Isaac Newton, 1643~1727)은 사과가 '아래로 떨어지는' 현상에 착안하여 '모든 물체가 아래로 떨어지는' 법칙성을 발견했다. 그로부터 두 물체 사이에 존재하며 서로 끌어당기는 힘이 있다고 추측하고 그 힘에 '인력'(引力; gravity)이라는 이름을 붙였다. 그 개념에 친숙해지면서 인류가 보는 세상의 모습이 바뀌었다.

벌레 먹은 사과가 떨어지고, 다리에서 길을 이탈한 마차가 계곡으로 추락하고, 새를 잡고자 던진 돌멩이가 멀리 못 가서 떨어지는 현상을 관찰하고 이들 현상이 '위'가 아니라 '아래'로 떨어진다는 공통점에 주목하고, 아래로부터 뭔가 잡아당기는 힘이 있다고 추측하고 그 힘을 '인력'이라고 부르는 것이 개념화 과정이다. 앞서 언급한 추론의 방법을 쓴 것이고, 이 경우는 귀납적 추론에 해당한다.

사과를 비롯한 물체들이 '아래'로 떨어지는 것이 그 물체와 '아래'에 있는 지구 사이의 질량 차이 때문이라고 '짐작'(postulate)하는 것은 연역적 추론에 의한 이론화의 출발점이다. 그로부터 출발하여 뉴턴은 근대 물리학의 기초를 이루는 과학이론을 개발했다. 이후 많은 학자가 그 이론에서 출발하여 귀납적으로 그 이론을 지지하고 연역적으로 새로운 법칙을 발견했다.

근대과학은 사과가 아래로 떨어지는 단순한 현상에서 출발하여, 달이 지구의 주위를 돌고, 지구를 비롯한 행성이 태양의 주위를 도는 현상을 형상화하고, 언제 월식이나 일식이 일어날지를 정확하게 예측하기에 이르렀다. 물론 그 이후로 과학은 더욱 큰 성취를 달성했으나, 그것을 언급하는 것은 필자의 능력과 이 책의 목적 밖의 일이다.

2. 국제관계의 개념화

앞서 국제관계가 주로 국가들로 구성된 '국제적 행위자 사이에 일어나는 현상들의 집합'이라고 정의하고, 과학적 실재론의 입장이 그렇듯이, 그것을 하나의 현상 '덩어리'로 상정했다. 그 덩어리에는 국가들이 서로 인적으로 교류하고, 경제적으로 통상하고, 정치적으로 다투는 여러 사안이 포함된다. 그처럼 그 '덩어리'에 속하는 온갖 사건이나 현상에서 공통된 요소를 추출함으로써 그 덩어리를 특징짓고 이름을 부여하는 것이 개념화 과정이다. 어차피 '국제관계'라는 기초적 이름이 있으니 그 '덩어리'의 특질을 찾아 초보적 개념화를 시도해보자. 말하자면 소거법(消去法) 방식이다.

1) 국제관계는 경험적(empirical) 현상이다

세상을 이루는 모든 것을 흔히 삼라만상(森羅萬象)이라고 한다. 삼라만상은 크게 관념적(conceptual; ideational) 현상과 경험적(empirical) 현상으로 나뉜다. 경험적 현상이란 인간이 직접 느끼고 경험한 후 그 경험을 다른 인간과 공유할 수 있는 현상이다. 관념적 현상이란 실체가 없어 경험하기 어렵고 경험하더라도 그 경험을 남과 공유하기 어려운 현상이다. 반드시 같은 것은 아니나, 객관적 현상, 주관적 현상의 구분과 비슷하다. 관념적 현상과 관련된 인간의 지적(知的), 어쩌면 영적(靈的) 활동에는 인간의 본성을 다루는 철학이나 신에 관한 종교, 개인의 느낌을 다양하게 표현하는 예술 등이 포함된다. 경험적 현상을 다루는 지적 활동이 과학이다. 국제관계는 경험적 현상이고 국제관계학은 과학이다.

2) 국제관계는 인간(human)현상이다

경험적 현상은 크게 인간(human)현상과 물질(physical)현상으로 나눌 수 있다. 인간현상이란 스스로 생각하고 행동하는 주체로서 인간이 빚어내는 현상을 말한다. 물질현상은 여타 현상이다. 물질현상은 대체로 외부 에너지의 작동으로 생겨나는 물체의 움직임으로 구성된다. 공기보다 가벼운 수증기가 공중으로 올라가 모인 후 커진 덩치가 공기의 저항보다 무거워지면 지구 중력에 끌려 떨어진다. 그것이 비라는 물질현상이다. 반면 인간은 스스로 생성한 에너지를 사용하여 움직인다. 그래서 중력을 거슬러 위로 뛸 수도 있다. 그것만으로 충분치 않다. 다른 동물도 그러건만 동물학은 자연과학에 속한다. 인간현상이 독특한 이유는 인간이 만물의 영장이기 때문이다. 인간은 모든 생명체 중 가장 뛰어난 지능을 가지고 도구와 불을 사용하며 스스로 창조한다. 목소리를 언어로 사용한다. 그러한 인간의 특징에서 비롯되는 현상이 인간현상이다. 인간현상을 연구하는 학문이 인문학, 그리고 사회과학이다.

3) 국제관계는 사회(social)현상이다

세상에는 둘 이상의 사람이 살고, 특히 인간은 무리를 지어 생활하는 군집 동물이다. 그럼으로써 함께 빚어내는 현상이 있다. 먹고 자고 노래하고 그림 그리는 일은 '나' 홀로 할 수 있다. 그러나 사랑하고 미워하는 일은 홀로 할 수 없다. 누군가 '남'이 있어야만 가능한 사회적 행동이다. 실제로 사람은 어울려 살면서 많은 관계를 맺고 그로부터 여러 현상을 생성한다. 혈연은 당연하거니와 지연에 따라 무리를 짓는다. 남거나 모자라는 물품을 서로 교환한다. 무리 속에서 지배하거나 복종하고, 아니면 서로 지배하려고 싸운다. 이처럼 둘 이상의 사람이 함께 빚어내는 현상이 사회현상이다. 그것을 연구하는 학문이 사회과학(social science)이다. 무리를 짓는 군집 현상을 연구하는 사회학, 남고 모자라는 물품이나 시간을 교환하는 현상을 연구하는 경제학, 지배하고 복종하고, 서로 지배하려고 다투는 권력 현상을 연구하는 정치학이 모두 거기에 속한다. 국제관계도 사회현상의 하나이고 국제관계학은 사회과학의 한 분과이다.

4) 국제관계는 정치(political)현상이다

아리스토텔레스의 유명한 말처럼 무리를 지어 생활하는 인간은 정치적 동물이다. 어울려 살아가는 사람들의 처지와 생각이 똑같지 않은 한 이익과 생각의 충돌은 불가피하다. 충돌에서 다툼이 있고 다툼의 결과 누구는 지배하고 다른 누구는 복종한다. 지배하고 복종하는 현상이 권력현상이다. 남을 지배하면 심리적으로 즐겁고 현실적으로 이롭다. 남에게 지배당하면 심리적으로 괴롭고 현실적으로 해롭다. 그래서 누구든 지배하려 하고 지배의 원천인 권력을 추구한다. 권력은 상대적이므로 권력 추구는 동시에 성공할 수 없다. 그러므로 권력 추구는 곧 권력투쟁이다. 권력을 추구하며 서로 다투고 획득한 권력을 행사하는 전 과정이 곧 정치이다. 정치현상을 연구하는 학문이 정치학이다. 이론의 여지가 없지 않으나, 복수의 국가가 어울려 빚어내는 국제관계 또한 기본적으로 권력 현상이고 정치현상이다.[5] 국제관계학이 정치학의 한 분야로 여겨지는 이유이다.

5 국제관계란 원래의 말뜻처럼 "나라 사이의 관계"인데 따지고 보면 사실 막연하다. 나라의 주체가 애매하기 때문이다. 대표적으로 외교관 등 정부(관료) 사이의 관계가 있으나, 각국에 속하는 기업 사이의 관계, 더 좁게는 국적을 초월하는 개인 사이의 관계도 포함된다. 그런데 이 책에서는 그 모두를 추상적인 국가 사이의 관계라고 보고 그것이 기본

5) 국제관계는 집단(group)현상이다

권력 현상으로서 국제관계가 흔히 말하는 정치와 다른 점은 권력의 주체와 대상이 개인이 아니라 국가, 곧 집단이라는 점이다. 국가는 한 사회 안에 전개되는 정치를 조직하고 관리하는 제도이다. 그 방법은 권력의 제1차적 수단인 폭력을 독점하는 것이다. 그래서 국가는 기본적으로 폭력조직이자 권력 조직이다. 국제관계는 그 같은 권력 조직으로서 국가 사이의 관계, 뒤집어 말하면 국가 사이의 권력관계를 말한다. 권력의 개념은 모호하고 권력의 현상은 매우 다양하여 일목요연하게 설명하거나 이해하기 어렵다. 그것이 개인이 아니라 국가 사이에 나타날 때는 더욱 그렇다. 바로 그런 점에서 국제관계학 연구가 어렵고 또 매력적이다. 앞서 말했고 뒤에서도 여러 차례 언급하듯이 바로 이런 의미에서 국제정치는 모든 정치 중 최상위의 정치이다.

6) 국제관계는 체계(systemic)현상이다

국제관계라는 현상의 덩어리가 아무리 모호하고 복잡하더라도 그 자체로서 하나의 '체계'(system)를 이룬다는 생각이 학문 분야로서 국제관계학의 출발점이다. 체계란 상호작용하는 단위들의 집합이다. 체계 속에서 단위들은 모종의 구조를 이루어 배열되어 있고 그들 사이의 상호작용이 국제관계 현상 덩어리를 빚는다. 그 현상 덩어리가 체계를 이룬다는 인식은 곧 그것이 체계적(systematic), 즉 정형화된 패턴에 따라 움직인다는 인식과 같다. 그 패턴을 법칙으로

....

적으로 정치적 관계라고 본다. 그에 대한 설명은 제2장 이후에서 한다.

정리하고 그 법칙을 이론으로 설명하는 것이 과학의 분과로서 국제관계학의 역할이다.[6]

7) 국제관계는 복잡한(complex) 현상이다

그러나 세상사가 항상 일목요연한 법칙성에 따라서 움직이는 것만은 아니라는 인식이 커지고 있다. 대표적으로 '나비효과'가 있다. 모든 기상 조건이 갖추어져서 임계점에 도달하면 먼 곳의 나비 날갯짓처럼 사소한 사건도 태풍과 같은 거대 사건을 일으킬 수 있다는 이야기다. 물론 안 일어날 수도 있다. 그런 현상에 주목하여 '혼돈'(chaos)이론 또는 '복잡계'(complexity) 이론 등이 등장하여 여러 학문 분야에 적용되었다. 국제관계학도 예외는 아니다(Jervis 1998; 민병원 2002). 먼 곳의 나비 날갯짓이 태풍을 일으키듯, 먼 곳의 사소한 사건이 세계대전을 불러일으킨다. 멀게는 기원전 5세기의 펠로폰네소스 전쟁, 그나마 가깝게는 한 세기 전 제1차 세계대전의 발발을 그렇게 이해할 수 있다.[7]

....

6 이러한 과학관은 실증주의의 입장이다. 제5장과 제8장에서 그와 다른 과학관을 논의한다.

7 제1차 세계대전은 어쩌면 사소하다고 할 암살사건이 국제정치적 파급효과를 일으켜 일어났다. 김태현(2000).

3. "세상은 하나, 이론은 여럿"[8]

위에서 세상의 모든 현상을 추리고 아닌 것은 빼는 소거법 방식으로 '국제관계'라는 현상 덩어리의 모습을 그려보려고, 즉 개념화하려고 노력했다. 그렇게 하여 "아하! 국제관계가 이렇게 생겼구나"라거나, 어떤 사건을 보고 "아! 이게 국제정치구나"라고 할 수 있으면 어느 정도 개념화에 성공했다고 할 수 있을 것이다. 그러나, 인정하건대, 아직 그런 지경에 이르지는 못했다. 국제정치 현상 덩어리는 여전히 크고, 다른 현상, 예컨대 국제경제와 겹치는 부분도 있어 하나의 덩어리로 인식하기에는 장애가 많다. 또 그 속이 복잡하고 혼탁하여 꿰뚫어 보기도 어렵다. 그래서 개념화의 다음 단계는 선험적 명제를 던지고 그것을 일종의 렌즈로 활용하여 개개 현상에 의미를 부여하는, 일종의 연역적 추론이다. 선험적 명제 또는 렌즈가 이론이다.

이론과 관련하여 국제관계의 개념화 수준이 아직 낮음을 보여주는 두 가지 측면이 있다. 첫째는 주요 이론의 이름이 철학적 주장이나 이념을 연상시키는 '현실주의', '자유주의', '구성주의' 등이라는 데서 알 수 있듯이 그 이론이 아직 세련되지 않았다는 점이다. 둘째는 그처럼 ○○주의로 불리는 여러 이론이 검증 끝에 우열이 가려져 하나로 좁혀지거나 서로 보완하여 더 완성도 높은 이론으로 발전하지 않은 채 여전히 '이전투구'(泥田鬪狗)를 하고 있다는 점이다.[9] (제

....

8 이 말은 Walt(1998)에서 빌려왔다.

9 2011년 미국 국제정치학회(ISA) 회장 취임사에서 당시 회장 데이비드 레이크 교수가 그런 평가를 했다. Lake(2011). 필자도 그 평가에 동의할뿐더러 그것이 가지는 위험성

5장 참조).

이처럼 국제정치학에서 개념화와 이론화의 수준이 낮은 것은 물론 그 현상이 크고 복잡하기 때문이다. 그러나 또 하나의 이유가 있다. 바로 국제정치학의 실천성 때문이다. 1960년대 영국 국제정치학계의 대표학자 마틴 와이트(Wight 1966a)가 "왜 국제정치이론이 없는가"라는 제목의 논문에서 내린 답 중의 하나이다. 그 실천성으로 인해 국제정치학자는 알게 모르게 자신이 속한 나라에 따른 편향성을 띠게 된다. 나라마다 처지가 다르고 두드러진 국제문제의 성격이 다르다. 사람들의 관심사가 나라마다 다르고 언론이 다루는 뉴스의 초점이 다르다. 그에 따라 연구의 주제를 선택하는 학자들의 기준도 나라마다 다르다. 그래서 국제정치이론은 하나로 존재하는 국제관계를 객관적으로 기술하는 "국제이론"(International Theory)이 되기 어렵고 여러 개의 "국적 이론"(National Theories)으로 구성된다. 와이트의 제자 헤들리 불(Hedley Bull), 그리고 그의 연구 전통을 잇는 일련의 연구가 "영국학파"(British/English School)로 불리는 이유이다. 숫자가 많지는 않으나 "코펜하겐학파"라는 말도 있다. 앞서 말한 추론의 개념에 비추어 다시 구성하면, 학자들도 각자 접하는 국제관계의 "표본"을 분석하여 국제관계 자체를 추론한다. 학자들이 살며 활동하는 나라에 따라 접하는 국제관계의 "표본"이 다르니 그로부터 추론하는 국제관계의 모습도 다르고 그래서 이론도 다르다.

한국도 독특한 국제정치 문제가 있다. 지리적으로 월등히 큰 나

....

을 경고한다. 김태현(2017) 및 이하 제5장의 논의 참조.

라 중국 옆에 위치하여 그 내부 상황의 영향을 크게 받았다. 한(漢), 수(隋), 당(唐), 원(元), 명(明), 청(淸) 등 중국 왕조의 부침을 빼고 한국의 역사를 말하기 어렵다. 또 16세기 말 일본이 부상하면서 중국과 일본 사이에 낀 위치로 인한 전화를 겪기도 했다. 19세기 말/20세기 초 서세동점(西勢東漸)하던 때 강대국 정치의 각축장이 됐다가 35년간 국권을 잃고 외세의 식민지가 됐다. 1945년 강대국 간 전쟁의 결과 해방되고 독립했다.

해방 후 다시 강대국 정치에 휘말려 "일 민족 일 국가"의 시대에 국토와 민족이 분단됐다. 분단된 민족이 서로 전쟁하고 끝내지 못한 가운데 세계적인 냉전의 전초기지가 됐다. 세계적인 냉전이 끝난 후에도 한반도의 냉전은 끝나지 않았다. 오히려 롤러코스터 타듯이 극적인 화해와 위기를 오갔다. 북한의 핵무기 개발 의혹과 사실로 전쟁의 위기가 있었는가 하면 2000년 이후 4차례의 남북정상회담도 열렸다. 한국의 국제정치 문제가 이처럼 독특한데 국제적으로 공인된 "한국학파"가 있는가?(김태현 2008). 이 책을 읽는 독자와 함께 끝까지 궁구할 질문이다.

IV. 분석의 수준

앞서 예비적 개념화 과정을 통해 정리한 국제관계는 여전히 크고 복합적이어서 애매모호하다. 그리하여 논객들이 같은 사건을 두고 맹인모상과 같은 논쟁을 벌이는 일이 허다하다. 가까운 예로, 2022년 2월 러시아의 공격으로 시작되어 3년 넘게 계속되는 러시아-우크라이나 전쟁을 예로 들어보자. 전쟁이 왜 일어나 수십만 명 또는 그 이상의 군인이 죽거나 다치게 하고 수백만 명의 이재민을 낳았는가? 그에 대해 누구는 러시아 대통령 블라디미르 푸틴의 권력에 대한 탐욕을 이유로 꼽는다. 우크라이나 대통령 볼로디미르 젤렌스키의 경험 부족을 탓하는 사람도 있다. 또 누구는 푸틴 대통령의 권력욕을 견제하지 못한 러시아 정치체제를 탓하고 누구는 '친서방'과 '친러시아' 사이에 극단적으로 양극화된 우크라이나 국내 정치를 탓한다. 30년 전 섣불리 핵무기를 포기한 우크라이나의 어리석은 결정을 탓하는 사람도 있고, 냉전의 산물이자 수행 도구였던 '북대서양조약기구'(North Atlantic Treaty Organization; NATO), 즉 나토를 냉전이 끝난 이후에도 계속 확장하여 러시아의 안보를 위협한 미국의 오만을 탓하는 사람도 있다. 전쟁은 도덕적 비난의 대상이므로 그 원인에 대한 논쟁은 윤리적 성격을 띠어 더욱 치열해진다.

크고 복합적인 국제관계를 분석하기 위해 학자들은 '분석의 수준'(levels of analysis)이라는 틀을 개발하여 사용한다. 분석의 수준이라는 말은 대체로 두 가지 측면에서 쓰인다. 첫째는 '숲'과 '나무'의 구별, 또는 '거시'(巨視; macro) 현상과 '미시'(微視; micro) 현상의 구별이다. 경제학에서 거시경제학은 숲에 해당하는 시장의 행태를 연구한다. 미시경제학은 나무에 해당하는 시장 안의 행위자, 즉 소비자와 생산자들의 행태를 연구한다. 국제정치학도 국제체계의 행태에 초점을 두기도 하고 개별국가의 행태에 초점을 두기도 한다. 전자는 국제체계론, 후자는 외교정책론으로 불리기도 하나, 거시 국제정치학, 미시 국제정치학으로 불릴 만큼 체계적인 발전은 아직 하

지 못했다.[10]

둘째는 앞서 러시아-우크라이나 전쟁의 원인을 분석한 것처럼 특정한 사건이나 현상을 초래한 원인을 관련 단위의 '크기' 또는 '위치'에 따라 구분하는 것이다. 현대 국제정치학에서 '없어서 안 될 학자'로 불리는 케니스 왈츠(Kenneth N. Waltz, 1924~2013)는 1959년의 저서 『인간, 국가, 전쟁』에서 전쟁의 원인에 대한 다양한 이론과 가설을 개인, 국가, 국제체계의 수준에서 분석한다. 그가 "제1 이미지"(The First Image)라고 부른 개인 수준의 이론은 말하자면, "전쟁은 인간이 사악하거나 어리석어서 일어난다"라는 식이다. "제2 이미지"(The Second Image)라고 부른 국가 수준의 이론은 "정부의 형태에 따라 전쟁할 개연성이 달라진다"라고 본다. 제7장에서 공부할 '민주평화론'이 대표적인 이론이다. "제3 이미지"(The Third Image)는 세계정부가 없는 국제사회의 무정부적 구조를 강조한다. 요컨대 "전쟁은 막지 않아서 일어난다." 즉 개인 사이든 국가 사이든 갈등은 자연스러운 현상이다. 개인 사이 갈등이 폭력으로 비화하는 일은 드물다. 국가가 있기 때문이다. 그런데 국가 사이 전쟁을 막을 국가 위의 국가는 없다. 국가 사이 전쟁은 자연적인 현상이다.[11]

앞서 든 러시아-우크라이나 전쟁의 예를 다시 보자. 전쟁의 원인으로 푸틴 대통령의 권력욕, 젤렌스키 대통령의 경험 부족 등을 꼽으면 개인 수준의 분석이다. 러시아의 독재체제, 우크라이나 정치의

....

10 거시-미시의 관점에서 분석의 수준이라는 말을 쓴 최초의 글이 Singer(1961)이다. 미시경제학과 거시경제학의 구분과 비슷한 표현은 Waltz(1979, 122) 참조.

11 Waltz(1959). 왈츠가 현대 국제정치학에서 "없어서 안 될"(indispensable) 학자라는 표현은 Booth(2011)에서 사용하고 설명한다. 이하 제8장 참조.

양극화를 강조하면 국가 수준의 분석이다. 나토의 확장을 둘러싼 미국과 러시아 사이의 갈등은 우크라이나에는 "날벼락" 같은 외부 요소, 즉 체계 수준의 일이다.

V. 마무리하며

앞서 본 바와 같이 국제관계는 관념적 현상이라기보다 경험적 현상이며, 물질현상과 다른 인간현상이다. 여러 사람이 어울려 빚는 사회현상이며 그중에서 특히 지배 복종 관계로 나타나는 정치현상이다. 그 정치현상이 개인이 모여 이룬 집단, 즉 국가 사이에 나타난다는 점에서 집단현상이다. 그러나 전체로서 하나의 체계를 이루어 체계적 탐구가 가능한 체계 현상이다. 나아가 '나비효과'와 같이 전혀 예상하지 못한 사건이 일어날 수도 있는 복잡한 현상이기도 하다. 그러나 이와 같은 분류는 초보적이고 예비적인 개념화일 뿐 독자들이 체감할 수준은 아직 아니다.

이 책의 나머지 부분에서 세 가지 방법으로 국제관계의 개념화를 전개한다. 첫째는 국제관계의 핵심을 이루는 세 가지 개념을 논의하는 방법이다. 세 가지 개념은 (1) 정치적 동물로서 인간 사이에 나타나는 '권력', (2) 국제관계의 핵심적인 행위자인 '국가'와, 국가를 구성하는 '민족' 또는 '국민', 그리고 (3) 국제관계 현상의 덩어리를 총체적으로 관념하는 '국제체계'를 말한다. 이들 세 개념은 코끼리를 특징짓는 희고 단단하고 아름다운 상아, 길고 자유롭게 움직이는 코, 거대한 덩치처럼 국제관계라는 거대 현상을 이루고 특징짓는 핵심이다. 제1부의 내용이다.

둘째는 국제정치학의 주요 이론을 정리하고 소개하는 방법이다. 우선 '현실주의', '자유주의', '구성주의' 등 주요 국제정치이론의 구조를 해부한다. 나아가 1백 년이 조금 넘는 국제정치학의 역사 속에서 이들 이론이 어떻게 학계의 주류 이론으로 부침(浮沈)하는지를 추적하여 실천 학문으로서 국제정치학의 성격을 조명한다. 나아가 이들 주류 이론의 내용을 따져 국제정치의 전개에 대한 이해를 높이고자 한다. 제2부의 내용이다.

셋째는 국제관계의 주요한 현상을 논의하는 방법이다. 국가들이 군대로 무장하고 동맹을 맺고 서로 대결하며 빚어지는 군사적 위기와 전쟁, 돈과 시장을 당근 또는 채찍으로 사용하여 상대를 좌우하려는 공적개발원조나 경제제재, 세계 각국과 외교관계를 맺고 외교관을 상주시키는 양자 외교, 국제기구와 다자조약을 무대로 전개되는 다자외교 등이 모두 국제정치적 현상이다. 별책에서 따로 다룬다.

연습문제

1 본문에서 이야기한바, 국제관계학을 공부하는 세 가지 이유를 설명하고, 추가로 생각나는 이유가 있으면 소개하시오.

2 과학을 공부하는 데 있어 추론의 규칙이 중요한 이유를 '표본'과 '모집단'을 키워드로 사용하여 설명하시오.

3 본문에서 국제관계를 물질현상과 다른 인간현상으로 특정했다. 본문을 참고하여 인간 행태와 물질 행태가 다른 점에 대해 논술하시오.

4 북한 정권이 결국 핵무기를 개발하여 국제적 고립과 경제제재를 초래했고 그에 따라 북한 주민은 극심한 경제적 어려움을 겪고 있다. 북한이 그처럼 '이상한' 결정을 한 이유를 세 가지 분석 차원에서 설명하시오. [정답이 있는 것은 아니고, 분석 차원에 대한 이해 정도를 알고자 하는 질문임]

5 국제관계학이 연구 대상으로 삼는 세상은 하나인데, 현실주의, 자유주의, 구성주의 등 대이론이 경쟁하고, 영국학파니 코펜하겐학파니 하는 국가별 이론이 등장하는 이유에 관해 설명하시오.

제1부
개념

2
사람
권력과 정치

인간은 자유롭게 태어나나 살면서 온갖 사슬에 묶인다.
다들 남의 주인이라고 생각하나 사실은 그 이상으로 남의 노예이다.
- 장-자크 루소

인간 세상에서 권력은 물질 세상에서 에너지처럼 근본적인 개념이다.
… 사회과학의 모든 법칙은 권력의 관점에서 쓰인다.
- 버트런드 러셀

I. 시작하며

앞 장에서 설명했듯이, 이 책은 독자들이 추상적이고 복잡한 국제관계라는 현상을 개념화하도록 돕는데 제1차적 목적이 있다. 그 목적을 위해 앞장에서는 하나의 현상 덩어리로서 국제관계의 초보적 개념화를 시도했다. 그것이 다른 현상 덩어리와 구별되는 몇 가지 특징을 부각하여, 국제관계가 경험현상, 인간현상, 사회현상, 권력현상, 집단/국가현상임을 강조했다. 나아가 국제관계의 현상 덩어리를 하나의 체계로 관념함으로써 과학적 탐구의 출발점으로 삼았다. 이하 3개 장에서는 이들 현상의 기본을 이루는 핵심 개념 3가지를 깊이 논의하여 국제관계 개념화를 위한 두 번째 노력을 전개한다. 권력 개념, 국가와 국민, 민족 개념, 그리고 국제사회와 체계가 그 세 가지 개념이다. 이 장에서는 모든 정치현상을 이끄는, 그리고 이 책의 구성과 내용을 시종일관 이끄는 권력 개념에 대해 논의한다.

II. 인간의 모델

국제관계는 인간현상이다. 인간을 떠나서 성립하지 않는다. 그러므로 국제관계를 연구하면서 인간이 무엇인지 생각하지 않을 수 없다. 그러나 (철학이 아니라) 과학을 하면서 인간의 본성을 따지는 것은 무모한 일이다. 인간의 본성에 대한 철학적 논쟁, 예컨대 인간의 본성이 선한지 악한지, 소위 성선설(性善說)과 성악설(性惡說)의 논쟁은 역사만큼이나 오래됐으나 여전히 결론이 없다. 그래서 과학자들은 인간의 본성 그 자체를 따지기보다 분야별로 두드러지게 나타나는 인간의 특성을 전제하고 그로부터 학문을 전개한다. 경제학에서는 '경제적 인간,' 정치학에서는 '정치적 인간'을 전제한다.

1. 호모에코노미쿠스와 호모폴리티쿠스: 경제학과 정치학

진화생물학에서 현생 인류를 호모사피엔스(*Homo Sapiens*)라고 부른다. 다른 종(種)에 비해 지능이 현저히 높은 '지혜로운 인간' 혹은 '지혜인'이라는 뜻이다. 그에 빗대어 '경제적 인간' 또는 '경제인'이라는 뜻의 호모에코노미쿠스(*Homo Economicus*)라는 말이 있다. 비용은 줄이고 산출은 늘려 효용의 극대화를 추구하는 인간의 모습을 지칭한다. 원래는 남을 생각지 않아 이기적이고 돈만 밝히는 사람이라는 부정적 의미로 쓰였다.[1] 그러나 경제학이 발전하면서 경제활동을 할 때는, 개인차는 있으나, 모든 사람이 그렇다는 고전 경제학의 기본 가정이 됐다.

그와 유사하게 '정치적 인간' 또는 '정치인'이라는 뜻의 호모폴리티쿠스(*Homo Politicus*)라는 말이 있다. 호모에코노미쿠스처럼 유명하지는 않으나, 유난히 권력 지향적이어서 모든 일에서 정도가 아닌 권력을 이용한 정치적 지름길을 찾는 사람처럼 부정적인 의미로 쓰이거나, 공공의 가치에 민감하여 지도자의 자질이 있다는 긍정적 의미로 쓰이기도 한다. 그러나 어떤 유형의 사람을 지칭하기보다 정치의 영역에서는, 개인차는 있으나, 모든 사람이 그렇다는 정치학의 기본 가정으로 생각하는 것이 온당하다.

호모에코노미쿠스를 연구하는 경제학은 그 '아버지'로 추앙받는 애덤 스미스의 『국부론』이 출간된 1776년을 기준으로 하면 250년

....

1 이 용어는 19세기 초 정치경제학자인 존 스튜어트 밀(John Stuart Mill)의 이론에 대해 19세기 말 역사학파와 윤리학자들이 비아냥거리는 목적으로 쓰이기 시작했다. Persky(1995).

정도의 역사가 있다. 호모폴리티쿠스를 연구하는 정치학의 역사는 얼마나 됐을까? 고대 그리스의 플라톤이 『국가론』을 집필하고 그의 제자 아리스토텔레스가 『정치학』을 집필한 것은 기원전 4세기의 일이다. 그 무렵 동양에서는 맹자(孟子), 순자(荀子) 등이 활동했다. 그 때를 정치학의 출발점으로 잡으면 정치학의 역사는 2,500년, 경제학에 비해 10배 오래됐다. 그런데 정치학은, 철학적 성취라면 몰라도, '과학적' 성취에 관한 한 경제학에 뒤진다는 평가를 받는다. 그만큼 호모에코노미쿠스의 행동과 호모폴리티쿠스의 행동은 다르고, 후자가 훨씬 더 복잡하고 어렵다.

정치의 중심에 권력이 있다. 권력의 개념은 매우 모호하고 그 현상은 극도로 다양하다. 모호한 권력 개념을 바탕으로 다양한 권력 현상을 연구하니 정치학의 진전은 더딜 수밖에 없다. 그래서인지, 정치학의 한 분과로서 현대 국제관계학은, 특히 과학적 연구를 지향하는 행태주의 또는 실증주의적 연구가 지배적인 경향이 된 1970년대 이후 권력에 대한 논의를 꺼리는 경향이 있었다. 그러나 정치현상으로서 국제관계를 논의하면서 권력을 논의하지 않을 수 없다.

2. '정치적 동물'과 권력

호모폴리티쿠스를 아리스토텔레스가 말한 "인간은 정치적 동물"이라는 명제에 비추어 생각해 보자. 아리스토텔레스에 따르면 인간은 두 가지 특질로 인해 정치적 동물이다. 첫째, 인간은 모여서 삶을 영위하는 무리 동물, 또는 군집 동물에 속한다. 벌이나 개미가 대표적 예이고 포유류 중에는 늑대, 원숭이 같은 예가 있다. 무리 속에서 한 개체의 움직임은 다른 개체에 충격을 주기 마련이고, 그로 인해 개체 사이에 끊임없이 상호작용이 일어난다. 둘째, 인간이 벌이나 개미, 늑대 등 다른 무리 동물과 다른 점은 목소리를 신호가 아닌 언어로 사용한다는 점이다. 언어를 사용하면서 인간 사이의 상호작용은 다른 무리 동물과는 차원이 다른 복합성을 띠며, 특히 선악에 대한 도덕적 판단이 중요해진다.

정치적 동물로서 인간 삶의 특징은 무엇인가? 개인의 가치를 발견하고 그에 무한한 신뢰를 부여한 근대 계몽주의, 합리주의, 자유주의 시대의 대철학자 장-자크 루소(Jean-Jacque Rousseau)는 유명한 저서 『사회계약론』의 본문을 다음과 같은 문장으로 시작한다.

> 인간은 자유롭게 태어나나 살면서 온갖 사슬에 묶인다. 다들 남의 주인이라고 생각하나 사실은 그 이상으로 남의 노예이다.

무리를 지어 삶을 영위하는 인간은 다른 인간과 여러 관계를 맺는다. 혈연과 지연 등에 따라 어울리고 필요에 따라 만나 교환한다. 누구와는 친구가 되고 누구와는 적이 된다. 때로는 협력하고 때로는 경쟁한다. 어떤 관계는 타고 나고 어떤 관계는 필요에 따라 선택한다. 어쩌다 보니 생겨나는 우연한 관계도 있다. 그런데 생득적이든 선택적이든 우연이든 일단 관계가 형성되면 자동으로 생겨나는 다른 관계가 있다. 바로 누구는 앞서고 누구는 뒤따르고, 누구는 지배하고 누구는 복종하는 관계, 즉 권력관계이다.

여러 개인이 어울려 생활하는 한 그들 사이에 이익의 갈등은 피할 수 없다. 나의 필요와 그의 필요가 다르고, 나의 욕구와 그의 욕구가 다르다. 나의 욕구와 필요를 위한 행동은 그의 욕구와 필요를 위한 행동과 충돌한다. 나의 의지를 관철하면 그의 의지는 좌절된다. 그것이 지속되면 나는 그보다 위에 있어 지배하고 그는 나보다 아래에 있어 지배받는다. 인간 사이의 관계는 어쩔 수 없이 위계적(位階的; hierarchical)이다. 인간은 거미줄처럼 얽힌 무수한 위계관계 속에 살고 있다. 앞서 인용한 루소의 말뜻이 바로 그것이다.

3. '작동하는 권력'과 '보유하는 권력'

그 위계관계에서 인간은 어떻게든 위에 서고자 한다. 남의 위에 서면 심리적으로 즐겁고 현실적으로 이롭다. 즐거운 이유는 자유롭기 때문이다. 이로운 이유는 남의 반대를 무릅쓰고 나의 이익을 관철하고, 나아가 남이 나의 이익에 봉사하도록 강제할 수 있기 때문이다. 남으로부터 자유롭고 남을 강제할 수 있으면 곧 그에 대해 권력이 있다는 뜻이다. 이것이 권력의 한 가지 정의이다. 즉 권력은 다른 사람과의 관계 속에서 작동하는 그 무엇이다.

사람 사이의 관계에서 '작동하는 권력'은 괴물과 같아 온갖 일을 한다. 권력자 앞에 선 사람은 공연한 기대에 들뜨고 막연한 두려움에 떤다. 우습지 않은데 웃고 슬프지 않은데 운다. 상사가 시답잖은 이야기하며 웃으면 그 옆에서 실없이 따라 웃는다. 화가 난 대통령 앞서 통곡한 국무총리 이야기를 들은 적도 있다.

복잡한 위계의 사슬 속에서 인간이 남에서 자유롭고 남을 지배하려면, 즉 권력을 누리려면 무엇이 필요한가? 바로 권력이다. 권력을 누리려면 권력이 필요하다는 말은 말장난, 또는 궤변처럼 들릴

지 모른다. 그러나 이는 말장난이 아니라 권력의 또 다른 의미를 보여준다. 곧, 권력은 또한 '보유'하는 것이다. 남보다 높은 지위에 있거나, 주먹이 세거나, 돈이 많으면 권력자가 될 수 있다. 지위가 높을수록, 주먹이 셀수록, 돈이 많을수록 따르는 사람이 많아지고 따라야 하는 사람은 적어진다. 그래서 사람들은 권력을 추구한다. 더 높은 지위에 오르고자 하고, 더 큰 조직을 거느리고자 하며, 더 많은 돈을 벌고자 한다. 그렇게 권력을 보유한다.

'보유하는 권력'은 제 주인을 잡아먹는 마물과 같다. 권력은 사람의 인성을 바꾼다. 쥐꼬리만 한 권력도 가지면 전에 하지 않던 행동, '갑질'을 한다.[2] 사람들이 보는 앞서 누구를 무릎 꿇린다. 심지어 뺨을 때리기도 한다. 권력자의 오만을 뜻하는, 그리스어에 어원을 둔 영어단어 '휴브리스'(*hubris; hybris*)의 어원적 의미와 닮았다.[3] 성공과 권력에 도취해 자기 능력을 과대평가한 결과 하지 말아야 할 일을 하는 실수를 하고 그 결과 패망에 이르는 비극(悲劇; tragedy)의 출발점이 이것이다. 알렉산드로스 대왕, 나폴레옹과 같은 역사상 많은 영웅이 연출했던 비극이다. 기원전 5세기 고대 그리스의 비극 〈오이디푸스 왕〉, 16세기 영국의 대문호 셰익스피어의 비극 〈맥베스〉의 핵심 테마이다. 19세기 말, 영국의 역사학자 겸 정치인 액튼 공(Lord Acton)이 남긴 유명한 말, "권력은 썩는다. 절대 권력은 반

....

2 "갑질"이란 계약서의 양 당사자를 '갑'(甲)과 '을'(乙)로 부르고 대체로 갑은 시혜자, 갑은 수혜자인 데서 유래한 말로, 유리한 위치에 있는 자가 불리한 위치에 있는 자를 괴롭히는 행동을 가리키는 말이다. 갑을관계라는 말은 권력관계라는 말과 다름없다.

3 휴브리스의 어원적 의미는 "남들이 보는 앞에서 누구의 뺨을 때리면서 느끼는 쾌감"이다.

드시 썩는다"라는 경구도 여기서 나왔다.

이처럼 권력은 최소한 두 가지 의미로 쓰이고 때로는 괴물과 같고 때로는 마물과 같아 그 개념을 깔끔하게 정리하고 그 현상을 일목요연하게 묘사하기 어렵다. 주로 위대한 문학가가 비유적으로 다루거나 철학자가 포괄적으로 다루었을 뿐이었다.[4] 그렇더라도 권력에 대한 논의 없이 국제정치를 포함한 정치현상에 관한 논의를 진행할 수 없다. 그러므로 필자는 이 장에서 권력의 개념과 현상을 따진다. 이 장은 당연히 이 책의 핵심이다. 나아가 특히 제2권은 이 장의 주장을 확대하고 적용하여 국제정치의 주요 현상을 논의한다.

권력 개념이 모호하고 권력 현상이 다양한 이유 중 하나가 보유하는 권력과 작동하는 권력이 반드시 같지 않기 때문이다. 보유하는 권력은 잠재력이다. 비유적으로 말하자면 댐에 고인 물이 가진 위치 에너지와 같다. 작동하는 권력은 댐에서 떨어지며 수차(水車)를 돌리는 물이 배출하는 운동 에너지와 같다. 보유하는 권력을 작동하도록 전환하는 것이 '권력의 기술'이다. 보유하는 권력 자체를 늘리는 것도 더 넓은 의미의 '권력의 기술'에 포함된다. 보유하는 권력을 늘리고 그것을 작동하는 권력으로 전환하여 다른 사람들의 생각과 행동에 영향을 주어 원하는 사회적 결과를 빚어내는 것이 정치의 핵심이다. 권력자란 곧 정치에 능한 사람이다.

권력자 중 국가지도자는 특출하다. 권력의 대상이 나라 안과 밖에 이중으로 존재하기 때문이다. 즉 국가지도자는 나라 안에서 국민과 기타 경쟁 세력을 상대로 개인적 및 제도적 차원의 권력을 키우

4 권력에 대한 철학적이고 포괄적인 연구의 좋은 예로 Russell(1938) 참조.

고 다진다. 밖으로 그렇게 키우고 다진 권력을 다른 나라를 상대로 행사하여 안으로 자신의 권력을 다지고, 밖으로 그가 대표하는 국가의 이익과 권력을 지키고 증진한다. 국가지도자가 실천하는 권력의 기술이 곧 치국경세술(statecraft)이다. 권력의 본질과 기술, 개인 차원의 권력과 국가 차원의 권력, 권력의 기술과 치국경세술이 이 장에서 논의하고, 나아가 시리즈로 구상한 이 책을 관통하는 주제이다. 그래서 국제정치는 최상위의 정치이다. "제국주의는 자본주의의 최고 단계"라고 한 블라디미르 레닌(Vladimir Lenin, 1870~1924; 소련 공산당 초대 서기장)의 표현을 살짝 표절하면 "국제정치는 정치의 최고 단계이다."

III. 권력의 의의와 논리

1. 권력의 의의

권력(權力)이라는 단어에는 힘 력(力)자가 들어간다. 말의 힘을 뜻하는 마력(馬力), 바람의 힘을 말하는 풍력(風力)과 마찬가지다. 말이 마차를 끌 때 작용하는 것이 마력이고, 바람이 풍차를 돌릴 때 작용하는 것이 풍력이다. 이처럼 힘은 사물을 움직이는 '일'을 한다.

권력도 '무엇'을 움직이는 '일'을 한다. 여기서 '무엇', 즉 움직이는 대상은 바로 사람이다. 그런데 마력이 끄는 마차나 풍력이 돌리는 풍차와 달리 사람은 생명과 의지가 있다. 생명이 없는 물체를 움직이는 '물리적' 힘은 대상에 직접 작용하며 에너지를 전달한다. 생명과 의지가 있는 사람을 움직이는 '정치적' 힘, 곧 권력은 대상에 간접 작용한다. 즉, 상대 사람의 육체가 아니라 마음에 작용하여 외부가 아니라 내부 에너지로 움직이도록 한다.

인간의 마음에는 무엇이 있는가? 동양철학에서는 인간에게 오욕과 칠정이 있다고 한다. 다섯 가지 욕구, 오욕(五欲)이란 생존하려는 욕구에서 나오는 식욕(食欲)과 수면욕(睡眠欲), 번식하려는 욕구에서 나온 색욕(色欲), 부자가 되고 싶은 재물욕(財物欲), 남의 인정을 받고 싶은 명예욕(名譽欲)을 이른다. 여기에 남을 지배하고 싶은 권력욕(權力欲)을 더해 육욕(六欲)이라고 일컬을 때도 있다. 일곱 가지 정서, 즉 칠정(七情)에 대해서는 두 가지 설이 있다. 불교철학에 칠정은 기쁘고(喜), 성나고(怒), 슬프고(哀), 즐겁고(樂), 사랑하고(愛), 미워하고(惡), 탐(慾)하는 감정이다. 유교 철학은 즐거움 대신 두려움(懼)을 칠정의 하나로 꼽는다.

거듭 말하자면 정치적 힘, 즉 권력은 상대의 육체가 아닌 마음을 상대한다. 달리 말하면 마음속 욕망이나 감정을 자극한다. 현대 국제정치학의 태두 한스 모겐소(Hans J. Morgenthau, 1904~80)는 권력에 대해 이렇게 말했다(Morgenthau 1948/73, 28).

> 권력은 권력자와 피권력자 사이에 존재하는 심리적 관계이다. 권력자는 피권력자의 마음에 작용하는 충격을 통해 그들의 행동을 통제한다. 마음에 작용하는 충격은 세 가지 형태로 나타난다. 첫째는 이익에 대한 기대이다. 둘째는 불이익에 대한 두려움이다. 셋째는 사람이나 제도에 대해 가진 존경이나 사랑이다.

그렇다면 권력자는 탐욕이나 두려움, 사랑과 같은 감정을 자극함으로써 상대의 행동을 바꿀 수 있다. 원하지 않는 일을 하도록 '강제'(强制; compellence)하거나 원하는 일을 못 하도록 '억제'(抑制; deterrence)한다(Schelling 1966).[5] 남의 행동을 바꾸는 것을 달리 말하면 그의 행동에 영향을 준다는 뜻이다. 그래서 남의 생각이나 행동을 통제하는 힘을 달리 영향력이라고도 한다.[6] 그래서 권력과 영향력은 때로 혼동되나 같은 뜻이 아니다. 아랫사람도 윗사람을 간(諫)하여 행동을 바꿀 수 있으나 그것을 권력이라고 하지는 않는다. 그러므로 권력과 영향력의 차이는 분명하다. 모든 영향이 권력에서 나오지는 않는다. 그러나 영향을 주지 않으면 권력이 아니다(Morgenthau, 1948/1973, 29). 권력이 행사되면 반드시 결과가 있다.

모겐소의 말처럼 권력이 "이익에 대한 기대", "불이익에 대한 두려움", "존경이나 사랑"을 통해 상대 마음에 충격을 준다면 권력이 '욕심'과 '두려움' 그리고 '사랑'이라는 세 가지 감정을 자극하여 작동한다는 뜻이다. 권력과 사랑이라는 이질적 요소를 함께 생각하는 것은 쉽지 않으니 사랑에 대한 논의는 일단 뒤로 미룬다.

앞서 "권력자 앞에서 사람들은 공연한 기대에 들뜨고 막연한 두려움에 떤다"라고 했다. 권력이 작동하는 원리는 욕심과 두려움이라는 인간의 감정과 관련이 있다. 권력의 기술은 그 두 가지 감정을 다스리는 방법에 관한 것이다. '당근과 채찍'의 논리가 그것을 잘 보여준다.

....

5 나중에 논의하듯이 이 두 가지의 구분은 국제정치에서 특별한 의미를 지닌다.

6 영어로는 influence인데 영향과 영향력 두 가지 의미로 번역될 수 있다. 영향을 준다고 하면 작동하는 권력이고, 영향력은 보유하는 권력에 해당한다.

2. 권력의 논리: '당근과 채찍', 협박과 회유

당근과 채찍은 게으른 당나귀를 부리는 두 가지 방법에서 유래된 비유로 일상에서 흔히 쓰인다. 아이가 잘하면 칭찬하고 잘못하면 야단치는 부모, 승진 기회의 차별적 적용이나 성과급의 차등 지급을 통해 직원을 독려하는 회사조직 등이 알게 모르게 당근과 채찍의 논리를 적용한다. 모든 조직, 특히 국가 운영의 기초를 이루는 신상필벌(信賞必罰)의 원칙도 그 논리를 따른다. '당근과 채찍'의 논리는 바로 권력의 논리이다. 권력에 대한 논의를 이것으로 시작하는 이유가 거기에 있다.

'당근'은 "잘하면 상을 주겠다"라는 식의, 상대의 순응에 대한 '조건부 시혜'의 약속이다. '채찍'은 "잘못하면 혼내겠다"라는 식의, 상대의 불응에 대한 '조건부 징벌'의 협박이다. 이것을 세밀하게 분석하면 몇 가지 주목할 점이 드러난다.

1) 신빙성 문제

우선 시차(時差) 문제가 있다. 보상을 약속하든 징벌을 협박하든 그 내용은 상대의 행동이 일어난 다음에 실현되든 말든 한다. 즉, 미래에 일어날, 어쩌면 일어나지 않을지도 모를 일로써 상대의 현재 행동을 통제하려는 것이다. 이처럼 막연한 약속이나 위협이 효과를 발휘하려면 상대가 약속이나 협박을 믿어야 한다. 다시 말해, 약속이나 협박이 '신빙성'(credibility)이 있어야 한다. 그런데 신빙성이란 상대의 믿음에 달려 있으므로 상대적인 동시에 주관적이다. 권력의 요체가 바로 신빙성을 확보하는 데 있고 그래서 권력은 심리적 현상이다.

신빙성은 기본적으로 두 가지 변수의 함수이다. 첫째는 약속이나 협박을 실천하는 데 필요한 '자원'이다. 금전적 이익을 약속하면 그럴만한 재물이, 신체적 고통을 위협하면 그럴만한 폭력 수단이 있어야 한다. 재물이나 폭력 수단은 객관적으로 존재하는 사물일 수 있으나 여전히 상대성과 주관성이 있다. 우선 상대가 그 재물이나 폭력 수단이 있다고 인정해야 한다. 재물과 폭력 수단의 존재를 인정하더라도, 물론 드물지만, 상대가 재물에 대한 욕심이 아예 없거나 고통이나 죽음을 두려워하지 않으면 소용이 없다.

신빙성을 결정하는 두 번째 변수는 약속이나 위협을 실천하겠다는 권력자의 '의지'이다. 구두쇠의 재물 약속은 신빙성이 떨어진다. 마음이 여려 개미 한 마리 못 죽이는 사람의 살해 협박 또한 신빙성이 떨어진다. 상대성과 주관성의 문제는 여기서도 나타난다. 의지를 가진 주체는 권력자지만 그것이 작용하는 것은 상대방의 마음이다. 앞서 언급한 '자원'과 달리 '의지'는 눈에 보이지 않으므로 주관적 판단의 문제는 더욱 크게 나타난다.

신빙성이 그처럼 중요하고 또 주관적이기 때문에 생기는 두 가지 효과가 있다. 첫째, 피권력자는 객관적으로 알기 어려운 권력자의 권력을 짐작하려고 노력한다. 즉 권력자가 보유한 실력과 의지를 점치기 위해 그의 과거 행동이나 주변의 평판을 살피게 된다. 둘째, 바로 그 때문에 권력자는 권력의지가 더욱 커진다. 다시 말해 권력자로서의 평판, 즉 자원과 의지에 대한 주변의 평판을 쌓고자 더 자주 더 크게 권력을 과시하고 남용하는 경향이 생긴다.

2) 당근과 채찍의 차이

권력 수단으로서 채찍과 당근 사이에는 근본적인 차이가 있다. 채찍, 곧 협박이 통하면 비용이 들지 않는다. 불응하면 불이익을 주겠다고 했는데 순응했으니 불이익을 줄 필요가 없어졌다. 반면 당근, 곧 약속이 통하면 비용이 든다. 순응하면 보상하겠다고 했는데 순응했으니 그 약속을 지켜야 한다. 그런 의미에서 당근은 권력의 행사 즉 정치행위가 아니라, 거래 즉 경제행위에 가깝다.

게다가 권력 수단으로서 당근은 두 가지 제약이 있다. 첫째, 당연한 말로, 당근은 아무리 많아도 유한하다. 둘째, 당근의 효과는 오래가지 않는다. 사람은 마냥 고마워하면서 살지 않는다. 심정에 부담되기 때문이다. 그 부담감을 없애기 위해 빨리 갚거나, 더 흔하기로는 당연하게 여긴다. 배은망덕이란 말, '머리 검은 짐승은 거두는 게 아니다'라는 말이 생긴 것은 그게 흔하기 때문이다. 2010년 영화 〈부당거래〉에서 검사역의 배우 류승범이 한 대사가 정곡을 찌른다.

"호의가 계속되면 그게 권리인 줄 알아요."

그러므로 권력 수단은 당근이 아니라 채찍으로 편향된다. 그보다 더 중요한 요소가 있다. 당근이 통하지 않으면 약속을 지킬 필요가 없어지니 비용도 들지 않는다. 다른 사람을 찾아 같은 거래를 시도할 여지도 있다. 반면 채찍이 통하지 않으면 협박을 실행해야 한다. 아니면 협박은 공갈(恐喝)이 아니라 '공갈'(空喝)이 되고 다시는 통하지 않는다. 협박이 공갈(空喝)이 아니려면 실행해야 한다. 요컨대 권력은, 특히 그것을 구축하는 단계에서 더욱, 채찍을 위주로 전개되고 실패한 채찍은 이행되어야 하므로, 정치현상은 대체로 폭력적이다.

지난 20세기는 유난히 정치적 폭력이 난무한 세기였다. 두 차례의 세계대전이 일어나 수천만의 인명이 희생됐다. 그러나 전쟁보다 훨씬 더 많은 인명을 앗아간 것이 독재 권력이었다. 스탈린의 소련, 마오쩌둥의 중국, 히틀러의 독일, 군국주의 일본 등 독재정권에 희생된 자국민의 숫자가 무려 1억 7천만 명에 달했다.[7] 독재 권력을 구축하고 유지하는 데는 그처럼 큰 폭력이 동원된다. 그런데 왜 독재 권력은 그토록 폭력적일까? 바로 인간의 본성과 권력의 본질 때문이다.

3. '권불십년': 권력은 오래가지 않는다

화무십일홍(花無十日紅)이라는 격언이 있다. 열흘 붉은 꽃은 없다는 뜻이다. 그 대구는 세무십년과(勢無十年過)인데 흔히 권불십년(權不十年)이라고도 한다. 십 년을 넘기는 권 력자는 없다는 뜻이다. 권력자에 대한 시샘이 아니라 법칙과도 같은 이치가 있다. 아래에서 반발하고 위에서 부패하는 권력의 속성 때문이다. 정치적 동물로서 인간은 남의 지배에서 자유롭고 나아가 남을 지배하기 위해 권력을 추구한다. 모든 사람이 그러니 권력투쟁은 필연이다. 그 투쟁에서

....

7 20세기를 마무리하는 시점에 영국의 시사주간지 『이코노미스트』 지는 20세기를 회고하는 특집을 실었다. 그에 따르면 두 차례의 세계대전이 있었던 20세기는 유난히 많은 사람이 정치적 폭력에 희생된 세기로 기억된다. 총 2억 7백만 명의 민간인이 희생됐다. 그중 스탈린의 소련, 마오쩌둥의 중공, 장제스의 중국, 히틀러의 독일, 군국주의 일본 등 자국 정부에 의해 죽은 사람이 그중 82%에 달하는 1억 7천만 명이었다. 유난히 길고 크고 폭력적이었던 양차 세계대전을 포함한 국제전쟁에서 죽은 민간인은 3천만 명이었다. 나머지 7백만 명은 내전에 의해 희생된 민간인이었다. *The Economist*, September 11, 1999.

승리한 권력자는 즐거움과 이로움을 누리고 피권력자는 괴로움과 해로움에 시달린다. 그런데 피권력자도 사람인 한 늘 지위의 역전, 곧 반역을 꿈꾼다.

다른 한편 권력은 그 주인을 잡아먹는 마물과도 같은 속성이 있다. 그리스 신화는 신과 같은 절대 권력을 추구하는 인간의 본성, 즉 휴브리스(*hubris*)와 그에 대한 신의 벌, 즉 네메시스(*nemesis*)를 경고한다. 19세기 영국 정치가 겸 문필가 액튼 공은 권력은 부패하고 절대적인 권력은 반드시 부패한다고 했다. 부패한 권력은 더욱 반발을 키우기 마련이다. 그래서 권력은 오래가지 못한다.

역사적으로 권력투쟁은 왕조의 설립으로 귀결됐다. 그러나 대부분 왕조는 오래가지 못했다. 짧게는 수십 년, 길어야 수백 년이었고 천년 제국은 드물었다. 위에서 썩고 아래에서 반발하는 이중 효과 때문이다. 그런데, 백일홍(百日紅)이라는 꽃이 있듯이, 드물지만 오래간 왕조나 제국이 있다. 공화국에서 제국으로 이어지며 천년을 지속한 로마(509 BC~476 AD), 그에서 분리된 동로마 비잔틴 제국(330~1453), 비잔틴 제국을 무너뜨린 오스만 제국(1299~1922) 등이 그랬다. 위에서 썩고 아래에서 반발하여 망하는 '권불십년'의 법칙에도 불구하고 오래가는 권력의 비결은 무엇일까?

이 또한 사람의 심리와 관련이 있다. 항거할 수 없도록 강력한 권력 앞서 사람은 어떻게 할까? 권력은 인간의 욕구나 감정을 자극하여 작동한다. 인간의 감정에는 적어도 일고여덟 가지가 있다. '당근'은 그중 욕심을 자극한다. '채찍'은 그중 두려움을 자극한다. 그런 그것이 전부가 아니다. 오로지 탐이 나서, 또는 겁이 나서 복종한다면 삶이 비참하다. 욕심쟁이나 겁쟁이는 좋은 모습이 아니다. 그래서 항거할 수 없는 권력이 강요하면 마지못해서 하느니 차라리 자발적으로 한다. 시켜서 하느니 알아서 하면 마음이 편하다. '빗자루 들자 마당 쓸라 한다'라는 속담이 괜히 생긴 게 아니다.

그러면서 권력이 요구하는 일이 어차피 내가 원하는 일이라고 자위한다. 나아가 권력의 명령이 곧 나의 뜻과 같으니 그 권력은 나쁘지 않다고 생각한다. 결국 항거할 수 없이 강한 권력 앞서 사람들은 그 권력을 좋아하게 된다. 대체로 왕조의 초기에 치세(治世)가 있고 집권 초 대통령이 득표율보다 높은 지지율을 누리는 이유가 거기에 있다. 독재자들은 바로 그 점을 노리고, 즉 자신의 권력이 항거할 수 없다고 느끼도록 채찍을 휘두른다. 독재 권력이 특히 폭력적인 이유가 바로 그 때문인데 그래도 한계가 있다.

항거할 수 없는 권력 앞서 그 권력을 좋아하게 된다고 하더라도 어쨌거나 그 권력이 좋아할 만해야 한다. 권불십년을 넘어 천년 제국을 이루려면 권력은 정당성이 있어야 한다. 성공한 권력자는 이것을 아는 사람이다. 그가 보기에도 오로지 탐이 나고 겁이 나서 따르는 권력은 야비하다. 그래서 이념이나 종교, 철학, 우상화 등 온갖 방법으로 권력의 정당성을 내세우고 자발적 복종을 유도하려고 한다. 동로마나 오스만의 천년 제국이 정교일치(政教一致) 체제였던 것은 우연이 아니다.

앞서 인용한 모겐소의 권력론에서 권력이 작용하는 통로로 든 세 가지 감정, 즉 욕심과 두려움, 존경/사랑 중 존경/사랑이 권력과 어울리는 방식이 바로 그것이다. 실제로 다른 학자들도 이 점을 놓치지 않았다. 모겐소에 앞서 E. H. 카(Edward Hallet Carr, 1892~1982)도 권력의 3대 요소로 군사력과 경제력에 더해 '생각의 지배'

를 꼽고 그 수단으로 프로파간다(propaganda), 즉 선전을 예로 들었다(Carr 1946/2002). 요즘 말로는 공공외교이다. 철학자 버트런드 러셀의 권력론에서 빌려 온 것이다(Russell 1938). 곧 논의할, 오늘날 유명한 연성권력 또는 소프트 파워(soft power)도 같은 논리이다. 동양철학의 왕도(王道)와 패도(覇道), 덕치(德治)와 법치(法治)의 구분과 닮은 점이 많다. 권력 현상은 물리적 현상이기에 앞서 심리적 현상이다. 따지고 보면 당연한데도 자주 잊어버리는 이 점이 바로 국내, 국제를 막론한 모든 정치의 요체이다.

IV. 국제정치와 권력: 경성권력과 연성권력

지금까지의 권력 논의는 주로 개인과 개인 사이, 나아가 국가 대 국민과 같은 국내정치를 염두에 둔 것이었다. 그런데 국제정치에서 권력의 의미는 더욱 독특하다. 좋은 예로, 국제정치와 권력정치(power politics)가 동의어로 사용되기도 한다.[8] 특히 독특한 것은 영어단어의 power가 국제정치의 핵심 단위인 국가를 지칭하는 뜻으로 사용된다는 점이다. 초강대국은 superpower, 강대국은 great power, 중견국은 middle power, 심지어 약소국도 weak power로 불린다.[9]

....

8 Wight(1978). 이 동의법은 대체로 현실주의 입장이어서 현실주의를 비판할 때 자주 사용된다. 예컨대 Vasquez(1983/98) 참조.

9 어원사전에 따르면 power가 국가라는 의미로 처음 쓰인 것은 1727년의 일이다. 1762년에 출간된 루소의 사회계약론에는 더 분명하게 나온다. 그에 따르면 사회계약으로 형

그런데도 현대 국제정치학에서 권력에 대한 논의는 대체로 등한시됐다.[10] 너무 명백하여 논의할 필요가 없다고 생각했거나 너무 어려워서 회피했기 때문일 것이다. 대신 주로 국력(national power)을 위주로 논의를 전개했고 논점도 군사력이나 경제력, 인구, 영토와 같은 국력의 '요소'에 초점이 모였다. 특히 1950~60년대 '행태주의 혁명' 이후 국제정치학의 계량화를 지향하는 경향이 지배하면서, 국제정치학자들은 군사력이나 경제력을 어떤 구체적인 지표로 측정할지, 이들을 종합한 '종합국력 지수'를 어떻게 개발할지에 큰 노력을 기울였다(제5장 참조. 그러는 가운데 본질적으로 심리적인 개념인 권력이 물화(物化, reification)하고 물량화되었다.[11]

그 결과 '보유하는 권력'과 '작동하는 권력' 사이의 차가 두드러지게 나타나면 그것을 설명하는 데 어려움을 겪을 수밖에 없었다. 예컨대 세계 제1의 초강대국 미국이 베트남전에서 왜 패배했는가? 군사적으로 무력하고 경제적으로 가난한 중동의 산유국들이 석유를 무기화했을 때 미국과 서방은 왜 속수무책이었는가?

이에 대한 해답으로 제시된 것이 권력의 '범용성'(汎用性) 또는

....

성된 국가가 다른 국가와의 관계에서 Power라고 불린다(후술 제6장 참조).

10 좋은 예로 국제정치학에서 가장 널리 읽히고 인용되는 왈츠의 저서(Waltz 1979)는 권력 개념을 따로 논의하지 않는다. 국가의 힘을 이야기할 때 권력(power)이라 하지 않고 능력(capabilities)이라고 한다. 21세기에 들어와 국제정치에서 권력의 본질을 본격적으로 따지기 시작했다. 이 장에서 소개하는 연성권력 개념을 최초로 제기한 나이 교수가 여러 권의 저작을 연이어 발표했다. 그 외에도 Barnett and Duvall(2005), Berenskoetter and Williams(2007) 참고.

11 계량적 국제정치 연구를 주도한 미시간 대학교의 전쟁 연구 프로젝트(Correlate of War; COW)는 인구, 도시인구, 철강생산, 1차 에너지 사용, 군사비, 군대의 수를 종합하여 '종합국력지수'(Composite Index of National Capabilities)를 개발했다.

'대용성'(代用性; fungibility) 문제이다. 군사력은 현금과 달리 아무 때, 아무 곳에서나 쓸 수 없다는 식이다(Baldwin 1977). 그러한 주장은 물리적 능력과 정치적 권력을 혼동한 결과로 학술적 문제이니 현실적으로 중요하지는 않다. 그러나 이 두 가지 권력 사이의 괴리는 소위 '미국쇠퇴론'의 형식으로 나타나 지난 반세기 동안 국제정치 담론을 지배했고 그런 만큼 현실적으로 중요한 의미가 있다.

1. 경성권력(hard power)과 연성권력(soft power)

20세기는 미국의 세기였다. 특히 제2차 세계대전 후 세계는 미국의 압도적인 힘을 바탕으로 평화와 번영을 구가했다. 그래서 압도적으로 강한 힘을 가진 패권국가의 존재가 국제체계의 안정을 가져온다고 주장하는 '패권 안정 이론'(hegemonic stability theory)이 생겼다(제4장 참조). 그 틀 속에서 사람들은 미국이 흔들릴 때마다 세계를 걱정하고 세계가 흔들릴 때마다 미국의 힘을 의심했다. 미국쇠퇴론은 미국이 무역적자를 겪기 시작한 1960년대, 미국이 베트남에서 철수하고 산유국 카르텔에 속수무책이었던 1970년대, "일본이 제일"이라고 외치던 1980년대 등 주기적으로 등장했다. 21세기에 들어와서도, 중국이 베이징 올림픽을 주최하고 러시아가 조지아를 침공하고 미국에서 금융위기가 일어난 2008년 이후 지금까지도 이어지고 있다.

바로 그 같은 미국쇠퇴론에 대항하여 1990년 하버드 대학교의 조지프 나이(Joseph S. Nye, Jr.) 교수가 개발한 개념이 '연성(軟性) 권력'이다. 그는 미국의 경제력과 같은 물질적 자원은 쇠퇴했더라도 그것으로 쌓아 둔 영향력은 쇠퇴하지 않았으므로 미국은 여전히 세계의 지도국이며 앞으로도 그럴 것이라고 주장했다. 그러면서 군사력이나 경제력과 같은 유형의 자원을 도구로 '명령'(command)하는 권력을 '하드 파워'(hard power), 즉 경성(硬性)권력으로, 문화나 제도, 정통성과 같은 무형의 자원에 기초하여 '포섭'(co-opt)하는 권력을 '소프트 파워'(soft power), 즉 연성권력으로 불렀다(Nye 1990a; 1990b).

이 개념과 용어는 크게 주목받지 못하다가, 9·11테러가 발생하고 미국이 아프가니스탄과 이라크와 전쟁을 시작한 이후 2004년에 새로 출간된 책으로 유명해졌다(Nye 2004). 국내에서도 하드 파워는 실력(實力)으로, 소프트 파워는 매력(魅力)으로 번역되고 소개되는 한편 일반용어로서도 널리 쓰이게 됐다.[12]

2. 연성권력론의 비판

나이 교수의 연성권력론은 물리적 능력에 치우친 국제정치학의 권력 개념에서 소홀히 취급되던 정당성 문제, 곧 심리적 요소를 다시 부각한 공을 세웠으나 그 자체로서는 허점이 많다. 첫째, 권력의 본질을 호도한다. 철학자 버트런드 러셀은 "사회동학의 법칙은, 이런 형태의 권력이나 저런 형태의 권력이 아니라, 권력 그 자체의 관

12 개인용 컴퓨터 사용이 시작되기 전 1970년대 '하드웨어'와 '소프트웨어'의 구분은 일반인에게 생소했다. 나이 교수가 하드파워, 소프트파워라는 단어를 만들고, 하영선 교수가 이들을 실력과 매력으로 소개했을 때 hard/soft의 구분은 하드웨어/소프트웨어의 구분을 염두에 둔 듯하다. 하영선·김상배(2006).

점에서만 기술될 수 있다"라고 했다(Russell 1938, 4). 그 말을 받아 외교관 출신 역사학자 겸 국제정치학자 E. H. 카는 "권력은 하나이며 나눌 수 없다"라고 했다(Carr 1946, 173). 그 주장을 수용하면 경성이니 연성이니 하며 권력을 분류하면 원래 하나인 권력 개념이 분명해지지 않고 오히려 흐려진다.

둘째, 연성권력이 매력과 같은 것이라면 그것을 어떻게 키우고 행사하는지의 문제가 있다. 예컨대 막스 베버가 말한 카리스마를 무형적 권력 요소, 즉 연성권력의 요소로 꼽을 수 있다. 그런데 그 어원이 "신의 은총"이듯이 사람이 쉽게 키울 수 있는 것이 아니다(Weber 1946).

또 "제 눈의 안경"이라는 말처럼 매력은 누가 소유하기보다 상대의 마음에 달려 있다. 이와 관련하여 4백 년 전 마키아벨리가 남긴 유명한 말이 있다. 그는 백성이 사랑하는 군주가 나은지 아니면 두려워하는 군주가 나은지를 따지면서, 두려워하는 군주가 사랑받는 군주보다 훨씬 더 안전하다고 했다. 왜냐하면 두려움의 수단은 '나'의 수중(手中)에 있으나 사랑은 '남'의 심중(心中)에 있기 때문이다. 그리고 남이 아니라 나를 믿어야 현명한 군주라고 했다.[13] (제6장 참조).

셋째, 경성권력과 연성권력의 구분이 유용한 점이 있다고 하더

13 니콜로 마키아벨리, 『군주론』, 제17장. 한비자도 이 주장과 놀랍도록 닮은 고사를 소개한다. 송나라의 신하 자한(子罕) 이 임금께 아뢰길 대저 임금은 상과 벌로 백성을 다스리나, 백성은 상 받길 좋아하고 벌 받길 싫어하니 임금께선 좋아하는 상을 주시고 싫어하는 벌은 소신이 맡겠다고 했다. 임금이 좋아하며 그리하라 하니 모든 신민이 자한에게 조아리고 임금은 무시하더라. 자한은 임금을 몰아내고 스스로 임금이 되었다.

라도 나이가 한 구분은 분명하지 않다. 그에 따르면, 경성권력은 '유형'의 권력자원을 가지고 '명령'하여 상대의 '행동'을 바꾼다. 연성권력은 '무형'의 권력자원을 가지고 '포섭'하여 상대의 '마음'을 바꾼다. 달리 말하면 경성권력은 '유형'의 권력자원을 '직접' 행사하여 상대방의 '비자발적' 복종을 가져온다. 연성권력은 '무형'의 권력자원을 '간접' 행사하여 상대의 '자발적' 복종을 가져온다.

그러나 이러한 개념화는 단선적이다. 즉, 이 논리는 유형의 권력자원은 직접 행사하는 것이며 그에 대한 복종은 비자발적이라는 검증되지 않은 가설에 의존한다. 또 무형의 권력자원은 간접 행사하는 것이며 그에 대한 복종은 자발적이라는 가설도 검증되지 않았다. 요컨대 나이의 연성권력론은 유형의 자원을 간접적으로 행사하여 자발적 복종을 가져오는 것처럼 다른 가능성을 생략함으로써 권력이 작동하는 방식을 불필요하게 좁힌다.[14]

E. H. 카는 강자일수록 "작고 문명적"(minor and civilized)인 무기를 사용하는 경향이 있다고 했다. 그것으로 정치적 목적을 달성할 수 있기 때문이고, 그렇다면 굳이 위험하고 강압적인 방법을 사용할 필요가 없기 때문이다(Carr 1946 173). 요컨대 경성권력 자원이 많아서 남이 보기에 강한 나라일수록 그 권력을 연성으로 행사할 여지가 더 크다. 이처럼 경성권력과 연성권력은 별개가 아니라 서로 밀접하게 관련돼 있다.

14 권력자원의 유무형 여부, 행사방식의 직간접 여부, 복종의 자발/비자발 여부를 조합하면 여덟 가지 경우의 수가 있다. 김태현(2010) 참조.

3. 딱딱한 권력과 부드러운 권력: 난세의 권력과 치세의 권력

그러므로 경성권력과 연성권력의 문제는 서로 다른 두 가지 권력, 즉 '종류'의 문제가 아니라 더 딱딱하고 덜 딱딱한 '정도'의 문제이다. 어떤 권력은 다른 권력보다 더 딱딱하고 어떤 권력은 다른 권력보다 더 부드럽다. 모든 권력은 매우 딱딱한 한쪽 끝과 매우 부드러운 다른 쪽 끝을 연결하는 연장선상에서 평가될 수 있다.

달리 비유하여, 권력을 나의 의사에 반하여 행동하도록 강제하는 '매'에 비유하여 생각할 수 있다. 경성권력은 맞아서 몹시 아픈 딱딱한 매, 연성권력은 맞더라도 덜 아프거나 아픈 줄 모르는 부드러운 매에 해당한다. 그렇다면 경성권력은 맞아서 아픈 권력, 연성권력은 맞아도 아픈 줄 모르는 권력이다. 맞아서 아픈 권력은 불복하는 권력이다. 맞아서 아픈 줄 모르는 권력은 승복하는 권력이다. 불복하는 권력과 승복하는 권력의 차이는 그 권력의 정당성 여부에 있다. 경성권력은 난세(亂世)의 권력이다. 연성권력은 치세(治世)의 권력이다.

국내정치든 국제정치든 같은 정치인데 유독 국제정치학에서 연성권력론이 등장하고 유명해진 점이 흥미롭다. 물론 이유가 있다. 바로 국제정치에서 권력 개념과 현상이 국내정치와 달리 나타나기 때문이다. 국내정치에서 권력은 주로 국가의 권력을 의미하고 안정된 국가라면 국가권력의 정당성은 문제가 되지 않는다. 국내정치는 치세가 기본(default)이기 때문이다. 제3장에서 논의하듯이 국가는 '정당한 폭력을 독점한 제도이자 조직'으로 특징지어진다. 국가가 국가답고 치세가 치세답기 위해서는 국가권력이 모든 사적 폭력을

'불법'으로 만들 정도로 강대해야 한다. E. H. 카가 지적했듯이 그런 권력이라면 굳이 폭압적으로 행사될 필요가 없다.

물론 세상에는 언제 어디서나 난세 또는 치세만 있는 것이 아니다. 한 나라의 역사를 돌아보면 난세일 때도 있었고 치세일 때도 있었다. 지금 당장 세상을 둘러보면 난세인 곳도 있고 치세인 곳도 있다. 난세와 치세를 가름하는 것은 그 시대, 그 나라 권력의 성격이다. 자고로 권력은 엄정해야 한다고 한다. 권력이 엄하고 바를 때 그 권력은 도전받지 않는다. 권력이 엄하면 도전할 여지가 없고, 권력이 바르면 그럴 이유가 없기 때문이다. 치세의 권력이 바로 그런 권력이다. 엄하기만 하고 바르지 못한 권력은 오래가지 않는다. 불복하기 때문이다. 바르더라도 무른 권력 또한 오래가지 않기는 마찬가지다. 얕보이기 때문이다. 그래서 진정한 치세는 드물다. 대부분의 권력이 경성권력과 연성권력의 연장선상에 위치하듯이, 대부분의 정치체제도 치세와 난세의 연장선상에 위치한다. 그래도 국내정치에서는 치세가 기본 상태이고 권력의 정당성은 기본 전제이다.

그러나 제4장에서 논의하듯이 국제정치는 난세의 현상이다. 난세란 중앙의 권력이 없거나 약한 가운데 군웅이 할거하여 서로 다투는 세상이다. 역사적으로 중국의 춘추전국 시대, 우리나라 신라 말기 후삼국 시대, 일본의 센고쿠(戰國) 시대 등이 그런 시대였다. 국제정치도 그와 같다. 오늘날 국제정치는 국가 사이의 정치이고, 국가는 대외적으로 주권을 주장하여 국가 위의 권력, 즉 국제 정부를 인정하지 않는다. 국제질서의 기본구조는 무정부 상태이다. 그러므로 현대 국제정치 질서는 "중앙의 권력이 없거나 약한 가운데 군웅이 할거하는" 난세의 구조적 요건을 갖추었다.

난세의 권력은 서로 독점적 지위를 다투며 경쟁하는 세력 사이에 행사되는 권력이다. 국가의 폭력은 국내적으로 법질서의 유지라는 공적 목적을 위해 사용되나, 국제적으로는 사적 폭력에 지나지 않는다. 심하게 말하자면 국제정치에서 국가는 조직폭력배, 국제정치는 조폭들의 세력다툼에 비유할 만하다. 국제정치는 곧 권력정치라는 말은 그래서 나왔다. 그런 국제정치에 대해 치세를 운위할 수 있는가? 국제정치학에서 연성권력론이 등장한 배경에는 당시의 국제정치가 '감히' 치세를 운위할 정도가 됐기 때문이다. 이 문제는 앞으로, 특히 제4장과 제7장에서 더 깊이 따져보기로 한다.

V. 권력의 과정과 기술

앞서 강조했듯이 권력의 개념은 모호하고 권력의 현상은 다양하다. 그 이유 중 하나는 권력이 여러 단계를 거치면서 작동하고 각 단계에서 여러 모습으로 분화하기 때문이다. 지금까지의 논의를 종합하면 권력은 적어도 세 가지 단계를 거치면서 전개된다.

첫째 단계에서 권력은 기초자원에 함유된 '잠재적 권력'(latent power)이다. 둘째 단계에서 권력은 잠재적 힘이 사용할 태세로 전환되어 '보유하는 권력'(power in possession)이다. 셋째는 보유하는 권력이 방출되어 '작동하는 권력'(power in action)이다. 국제정치를 포함한 모든 정치는 각 단계의 권력을 증진하여, 필요에 따라 행사하고, 그것을 통해 권력을 더욱 증진하려는 정치행위자들의 행동으로 이루어진다. 그들의 흥망성쇠는 그 같은 권력 게임의 성공과 실패에 좌우되는바 그 게임에서 이기기 위한 기술이 바로 권력의 기술, 곧 치국경세술이다. 이 절에서, 나아가 제2권에서 본격적으로, 논의할 내용이다.

1. 3단계 권력론

권력의 첫째 단계는 권력으로 활용되는 기초자원, 곧 원료에 함유된 잠재적 권력이다. 개인으로 말하면 보유한 재물, 거느린 조직, 또는 조직 속 지위, 특히 정부 속 권좌 등이 모두 여기에 해당한다. 국가로 말하자면 영토의 크기와 위치, 인구의 수와 질, 군사력이나 경제력 등이 모두 여기에 포함된다. 이들이 모두 같은 것은 아니다. 조악(粗惡)한 자원이 있는가 하면 정제(精製)된 자원이 있다. 군대는 인구보다 정제된 자원이다. 공산품은 원료보다 정제된 자원이다. 돈으로 권좌를 사는 매관매직은 재물을 권좌로 정제하는 과정이다. 아울러 권좌가 재물보다 정제된 고급자원임을 의미한다.

둘째 단계는 권력의 자원에 잠재한 권력이 모종의 전환과정을 거쳐 권력자가 보유하는 권력이다. 예로 대통령의 헌법적 권한은 가장 정제된 권력자원이나 그 자체로서 권력은 아니다. 1960년 노이스타트(Richard E. Neustadt)가 집필하고 케네디(John F. Kennedy, 1961~1963) 대통령이 애독했다고 알려진 『대통령의 권력』이라는 책이 있다. 그에 따르면 대통령의 권력은 헌법적 권한에서 자동으로 도출되지 않는다. 같은 헌법적 권한이 있는 역대 대통령이 실제로 행사한 권력이 같지 않았다. 대통령의 권력은 헌법이 부여한 예산집행권, 인사권, 입법제안권, 군대 지휘권, 사면권 등 각종 권한이 아니다. 대통령의 권력은 그 모든 것을 활용하여 빚어내는 '흥정용 자산'(bargaining advantages)이다.[15] 그 앞서 사람들은 공연한 기대에 들뜨고 막연한 두려움에 떤다.

그런 의미에서 권력은 전기에 비유될 수 있다. 권력의 자원이 권력으로 전환하는 과정은 발전(發電) 과정과 같고 그렇게 생성된 권력은 전기와도 같다. 전기는 수력, 화력, 풍력, 원자력 등처럼 다양한 원천자원에서 생성되나 일단 생겨나면 동질적이다. 그리고 겨울에는 난방, 여름에는 냉방을 하는 등 온갖 일을 한다. 권력도 마찬가지이다. 권력은 재력, 폭력, 또는 정부 내 지위처럼 다양한 원천자원에서 생성되나 일단 생겨나면 동질적이다. 그리고 때로는 웃게 하고 때로는 울게 하는 등 온갖 일을 한다. 전기가 범용(汎用)이듯 권력은 원래 범용이다. 권력의 범용성 또는 대용(代用)성을 둘러싼 논쟁은 권력의 본질을 잘못 이해했기 때문이다.

셋째 단계는 그 권력을 활용하여 '일'을 하는 단계, 곧 '작동하는 권력'이다. 전기가 그 자체만으로는 의미가 없고 일거리, 즉 전기적 저항을 만나 전력으로 작동하듯이 권력도 일거리, 즉 정치적 저항을 만나 작동한다. 권력자는 피권력자를 상대로 원하는 일을 못 하도록 '억제'하고, 원하지 않는 일을 하도록 '강제'한다. 국가권력은 국민을 상대로 모종의 행위, 예컨대 범죄행위를 못 하도록 억제하고 모종의 행위, 예컨대 납세와 병역복무를 하도록 강제한다. 한 나라의 권력은 다른 나라를 상대로 모종의 행위, 예컨대 침략전쟁을 못

....

15 Neustadt(1960/90). 이 점은 2016년 이후 TV드라마로 방영된 〈지정생존자〉(Designated Survivor)에 매우 생생하게 묘사된다.

하도록 억제하고 모종의 행위, 예컨대 체류 국민을 자국민 못지않게 혹은 그 이상으로 보호하도록 강제한다.

권력은 기본적으로 이익의 갈등, 즉 그가 원하는 것과 내가 원하는 것이 다름을 전제로 한다. 그 갈등이 클수록 저항도 크고 권력의 효과는 저항의 강도에 반비례한다. 권력이 저항을 극복하는 데는 두 가지 방법이 있다. 하나는 권력을 키우는 것이다. 다른 하나는 저항을 줄이는 것이다. 전기작용에서 전압을 높이거나, 저항을 줄이는 것과 같은 논리이다. 주어진 전압 조건에서 전기/전자제품을 생산하는 업자는 기술혁신으로 저항을 줄여 전기 효율을 높인다. 그것으로 전력 소비를 줄여 소비자에 소구한다.

2. 권력의 기술 (1): 치국과 경세

그런데 권력이 일하는 과정은 전기처럼 분명하지 않다. 전기작용은 '물리적'인 작용이나 권력작용은 '심리적'인 작용이기 때문이다. 예컨대 권력의 크기와 저항의 강도는 서로 무관하지 않다. 앞서 지적했듯이, 저항할 수 없는 권력 앞에 피권력자는 저항을 포기하고, 나아가 오히려 그 권력을 좋아하는 경향조차 있다. 그러므로 권력을 쌓고 행사하는 일은 전력과 같은 물리적인 힘을 키우고 행사하는 일보다 훨씬 더 미묘하고 어렵다. 권력을 쌓고 행사하는 재주, 곧 권력의 기술은 역사 속 권력자들의 성패를 가르는 기준이었다. 유사 이래 정치학자들이 그 성패의 조건을 궁구했어도 아직 완전한 답을 찾지 못한 문제이다. 그것을 궁구하는 것만으로도 정치학에 발을 들여놓은 셈이다.

권력의 단계와 권력의 주체를 함께 고려하면 국제정치가 모든 정치 중 최상위이며 국제정치학이 '제왕학'임이 두드러진다. 제왕(帝王), 지금은 국가지도자가 갖추어야 할 권력의 기술, 곧 '치국경세술'은 여러 단계를 거쳐 전개되는 복합적인 현상이다.

첫째는 권력의 기초자원을 양적으로 늘리는 일이다. 가장 기본적으로 영토를 늘려 거기에 거주하는 인구와 부존하는 자원을 확보한다. 주인이 없는 땅을 선점하기도 하지만 대개는 주인 있는 땅을 군대로 정복한다. 군사적 천재가 필요하며 알렉산드로스, 시저, 칭기즈칸, 나폴레옹에 이르기까지 '영웅전'의 주인공들이 영웅으로 기억되는 이유이다.

둘째는 영토에 거주하는 인구와 부존하는 자원의 품질을 향상하는 일, 앞의 표현을 빌리면 권력의 기초자원을 정제하는 일이다. 인구를 동원하여 조직하고 또 교육한다. 자원을 개발하고 활용하여 국부를 늘린다. 군사적 정복만으로 제국을 건설할 수는 없다. 혹은 제국을 건설하더라도 오래 유지할 수 없다. 창업(創業) 못지않게 중요한 것이 수성(守城)이다.

셋째는 정제한 자원을 보유하는 권력으로 전환하는 일이다. 인구를 군대로 조련한다. 국부를 '현금'으로 정련한다. 그러나 그것만으로는 권력의 수단일 뿐 아직 권력이 아니다. 권력의 대상이 권력 수단의 존재를 인정하고 그 효과를 생각하며 두려움에 떨거나 기대에 들뜰 때 권력이 된다. 권력 수단의 존재와 효과를 알게 하려면 그것을 과시해야 한다. 국내적으로 법규를 엄정하게, 예산을 공정하게 집행할 때 국민의 행동을 통제할 수 있다. 인구정책, 교육정책, 경제정책, 국방정책 등을 통해 다양한 권력자원의 양과 질을 키우는 것,

그것의 엄정하고 공정한 집행을 통해 국가권력의 안정성을 유지하는 것은 권력의 대내적 측면, 즉 치국(治國)에 해당한다.

나아가 국가는 군대가 행진하고 신무기를 시험하는 방법으로 군사력을 과시하고 대외원조 예산을 넉넉하게 책정한다. 가장 좋은 방법은 실제로 행사하는 것이다. 만만한 적성국에 대해 제한적인, 때로는 전면적인 전쟁을 벌인다. 우방국에는 너그럽게 원조한다. 그것을 본 적성국은 떨고 우방국은 들뜬다. 적성국이 적대적 태도를 완화하고 우호국이 우호적 태도를 강화하면 권력이 작동한 것이다. 권력의 대외적 측면, 곧 경세(經世)에 해당한다. 이처럼 권력의 구축과 행사는 전적으로 별개가 아니다.

넷째는 보유하는 권력을 작동하는 권력으로 전환하는 과정, 좁은 의미의 치국경세술이다. 거듭 말하자면 권력은 기본적으로 이익의 갈등, 즉 권력자와 피권력자의 의사가 다름을 전제한다. 자연히 피권력자는 저항하기 마련이어서 권력은 저항을 거슬러 작용한다. 전기의 효율이 전기적 저항에 반비례하듯이 권력의 효율도 정치적 저항에 반비례한다. 전기의 효율을 높이려면 두 가지 방법이 있다. 하나는 전압을 높이는 것이다. 다른 하나는 저항을 줄이는 것이다. 권력의 효율을 높이려면 두 가지 방법이 있다. 하나는 권력 자체를 늘리는 것이다. 다른 하나는 저항을 줄이는 것이다.

내연기관 자동차를 시동하는 데 필요한 전지의 전압은 12볼트이다. 전기자동차를 굴리려면 300볼트 이상의 전압이 필요하다. 전압이 높을수록 효율이 높으나 대신 감전 사고의 위험이 커진다. 정치권력도 비슷하다. 권력의 크기를 압도적으로 키워 저항을 무색하게 할 수 있다. 역사적으로 많은 권력자가 꿈꾸고, 그러다가 오히려 자멸의 길을 걷기도 한 방법이다. 굳이 멀리 갈 것도 없다. 2024년 12월 3일, 윤석열 대통령이 비상계엄을 선포했다고 탄핵당한 일이 선명하고 분명한 사례이다. 이처럼 고압전기가 감전의 위험이 있듯이 절대 권력은 타락의 위험이 있다. 가정용 전압을 한정하듯 권력을 한정한 것이 민주주의 제도이다.

3. 권력의 기술 (2): 설득

권력의 효율을 높이는 다른 방법이 바로 정치적 저항을 줄이는 것이다. 그리고 저항을 줄이는 방법이 그와 나 사이 이익의 갈등을 축소하고 조화를 강조하는 '설득'이다. 역사적으로 절대권력자에 미치지 못한 지도자들이, 오늘날 민주국가의 지도자들이 현실적으로 사용하는 방법이다. 노이스타트에 따르면 대통령의 권력도 그렇게 작동한다. 대통령은 각종 권한을 활용하여 빚어낸 흥정용 자산을 가지고 국회의원이나 장관 등을 만나 설득한다. 그 과정의 핵심은 대통령이 원하는 일이 그들의 직무이며 따라서 그들이 하길 원하는 일이라고 믿게 하는 데 있다. 그래서 대통령의 권력은 "설득하는 권력"(power to persuade)이다(Neustadt 1060/90, 40). 설득(persuasion)은 말로 상대방의 생각이나 행동을 바꾸는 일이다. 생각이나 행동을 바꾼다는 점에서 영향력이나 권력과 같다. 달리 말하자면 권력도 설득의 과정을 통해 작용한다.

앞서 말한 당근과 채찍도 설득의 논리에 해당한다. 실제로 외교 협상에서 노골적으로 이익을 약속하거나 드러내놓고 불이익을 협박하는 경우는 많지 않다. 주고받는 언사를 통해 순응하면 얻을 이익을, 불응하면 입을 피해를 암시하거나 설명한다. 그럼으로써 상대가 둘 사이를 저울질하도록 유도한다. 앞서 당근은 탐욕, 채찍은 두려움이라는 감정을 자극한다고 했으나, 이익과 불이익 사이를 저울질하는 것은 이성이다. 이처럼 이익과 이성에 호소하는 설득은 '합리적 설득'(rational persuasion)이다. 이성에 대한 호소는 설득이 논리적일 때 가장 잘 통한다는 점에서 아리스토텔레스가 『수사학(修辭學)』에서 말한 '로고스'(*logos*)에 의한 설득과 닮았다.

설득에는 다른 방법도 있다. 극작가는 심금을 울리는 대본과 뛰어난 배우의 연기를 통해 관객을 웃기고 울린다. 법정 드라마에서 검사가 피의자의 잔혹한 행동을 강조하여 배심원의 증오심을 부추기거나 피해자의 비참한 처지를 강조하여 배심원의 동정심을 유도하는 모습을 자주 본다. 우크라이나의 젤렌스키 대통령이 유엔을 비롯한 각종 무대, 그리고 각국의 의회에서 러시아군대의 잔혹한 행위를 고발하고 우크라이나 국민의 참상을 전하는 것도 같은 이치이다. 듣는 사람의 감정에 호소한다는 점에서 '정서적 설득'(emotional persuasion)으로 부름 직하다. 아리스토텔레스가 말한 '파토스'(*pathos*)에 호소하는 설득이다.

그러나 실제 외교무대에서 외교관들이 설전을 벌일 때 가장 자주 사용하는 방법은 국제법을 인용하는 것이다. 국제법도 법인 이상 바로 그 기저를 이루는 규범에 호소하는 것이다. 한국 외교관들은 유엔 등의 국제무대나 양자 외교에서 북한의 핵실험이나 미사일 발사에 대한 제재에 동참하거나 규탄하는 성명을 내라고 설득할 때가 자주 있다. 그럴 때 '핵무기 비확산 조약'(Treaty on the Non-proliferation of Nuclear Weapons; NPT)이나 유엔 안전보장이사회, 즉 안보리에서 채택한 여러 결의문을 인용한다. 노련한 외교관은 조약의 내용을 넘어 조약이 지키고자 하는 법률적 이익을 강조한다. 법과 규범에 호소하는 것은 '규범적 설득'(normative persuasion)이며 아리스토텔레스가 말한 '에토스'(*ethos*)를 이용하는 설득과 닮았다.

경험 많은 외교관들에 따르면 외교협상에서 그들이 가장 자주 사용하는 것이 법과 규범에 호소하는 '규범적 설득'이다. 그들이 법과 규범에 호소하는 '규범적 설득'에 주로 의존하는 이유는 그것이 가장 분명하기 때문이지만, 동시에 가장 유용하기 때문이다. 즉 규범에 호소하는 설득이 가장 잘 통하기 때문이다. 왜 그럴까?

이 질문에 대한 대답은 다음 제3장과 제8장, 그리고 후기에서 논의할 정체성 문제와 관련이 있다. 자포자기한 사람을 제외하면 누구나 좋은 평판을 받고자 하는 욕구가 있다. '오욕칠정'의 오욕 중에 명예욕이 있다. 헤겔이 말한 인정욕구가 있다. 설득하는 대로 행동하는 일이 '옳은' 일이고 그렇게 행동하는 사람이 '정의로운' 사람이라고 생각하도록 하는데 규범적 설득의 요체가 있다. 나아가 세 가지 설득법의 상대적 효과는 국제정치의 상태, 즉 난세인지 치세인지에 따라 달라질 수 있다는 가설도 도출된다. 후속 연구의 주제이다.

VI. 구조적 권력과 네트워크 국제정치

앞서 경성권력과 연성권력을 따지면서 경성권력은 맞아서 아픈 딱딱한 권력, 연성권력은 맞아도 아픈 줄 모르는 부드러운 권력이라고 했다. 그리고 그 차이는 권력의 정당성에 달려있다고 했다. 그 말을 읽고 화가 나서 책을 덮어버린 독자가 있다면 매우 기쁘겠다. 맞아서 아프지 않은 매가 어디 있는가? 맞아도 아픈 줄 모르면 그게 어디 사람인가? 매를 맞고도 아픈 줄 모를 때는 마취제를 맞았을 때다. 권력이 아픈 줄 모를 때는 요즘 유행어로 '가스라이팅'(gaslighting)을 당했을 때다.[16] 그것이 정당한 권력인가?

연극/영화 〈가스라이트〉는 남편과 아내, 곧 개인 사이의 문제이다. 그것이 사회적 차원에서 전개되면 이탈리아 사회학자 그람시(Antonio Gramsci, 1891~1937)가 말한 '문화 패권'(Cultural Hegemony)이다. 문화 패권이란 사회의 소수 지배층이 담론의 흐름, 즉 프레임(frame)을 만들고 지도하여 대수 피지배층이 자기의 진정한 이익을 아예 알지 못하도록 하는 권력 현상이다. 문화 패권을 깨뜨려 피지배층을 '해방'(emancipation)해야 한다는 것이 학파로서 '비판이론'(Critical Theory)의 핵심 주장이다. 이 문제는 제8장에서 다룬다. 현대 국제정치학의 태두 중 하나로 인정되는 E. H. 카의 주장도 전간기 이상주의의 '가스라이팅'에 대한 도전이며 그런 의미에서 비판이론으로 볼 수 있다(제5, 6, 8장 참조).

이 장의 핵심인 권력 개념과 관련하여 문화 패권의 개념은 두 가지 측면에서 주목할 만하다. 첫째는 권력의 구조화다. 앞서 권력 논의는 일 대 일, 양자적이고 직접적이었다. 예컨대 개인 대 개인, 국가 대 국가처럼 수평적인 관계, 또는 왕 대 백성, 왕 대 신하, 상급자

....

16 가스라이팅이란 1940년대 영국과 미국에서 공연되고 영화로 제작된 연극 〈가스라이트〉(Gaslight)에서 유래된 말로 2020년대 들어와 정보 왜곡과 반복 주입으로 세뇌하는 일을 이르는 구어로 사용된다.

대 하급자 등 수직적인 권력관계였다. 그러나 국민에 대한 국가의 통제는 더 복합적으로 행사된다. 대통령부터 말단 공무원까지 상하로 이어지는 위계적 질서가 있다. 부처로, 분야별로 나뉜 수평적 분업이 있다. 그처럼 씨줄과 날줄로 엮어지면서 국가의 권력은 구조화된다. 북한 정권의 권력이 그렇게 구조화되지 않았더라면 김씨 정권은 진즉 무너졌을지 모른다.

국제정치를 보자면 수전 스트레인지(Susan Strange, 1923~98)가 말한 구조적 권력(structural power)이다. 1980년대 미국쇠퇴론에 대응하여 나이 교수가 연성권력의 개념을 도입했을 때 스트레인지 교수는 구조적 권력을 말했다(Strange 1987; cf., Guzzini 1993).

쉽게 말하자면 이렇다. 1997년 외환·금융위기 당시 국제통화기금(International Monetary Fund), 즉 IMF는 마치 저승사자처럼 무시무시했다. 그 무서운 IMF는 지분(quota)에 따른 국가들의 출자금으로 조성됐고 의사결정은 지분율로 가중된 국가들의 투표로 이루어진다. 중요한 결정은 85% 찬성이 필요하다. 역대로 미국은, 미국만이, 15%(현재 16.68%)가 넘는 지분율이 있어 사실상 거부권을 가졌다. 그런데 IMF는 그냥 하나의 기관이 아니다. 은행, 투자회사, 보험회사, 신용평가기관 등 온갖 금융 관련 기관들이 씨줄과 날줄로 엮인 세계 금융체계의 핵심이다. 그러므로 미국의 권력은 단순히 IMF가 내리는 결정의 크기, 예컨대 구제금융의 액수로 측정되지 않는다. 세계금융이 통합될수록 미국의 권력은 커진다.[17]

....

17 1997년 금융위기는 한국의 외환보유고가 바닥나는 국가부도의 위기였다. 외환보유고는 수출과 수입의 차액, 즉 무역흑자로 이루어지는데 당시 한국경제는 지속적인 무역적자를 겪으며 그것을 금융기관의 차입으로 메우고 있었다. 한국의 상환능력에 대한 의심이

둘째, 최근 그렇게 구조화된 권력을 하나의 네트워크로 인식하기 시작했다(Hafner-Burton et al. 2009; Winecoff 2020; 민병원, 2023). 씨줄과 날줄로 엮인 그물 같은 네트워크 속의 위치도 권력의 자원이다. 페이스북(Facebook)과 같은 사회관계망(SNS)에서 '친구'가 많은 '인플루언서' (influencer)는 말 그대로 '영향력자'다. 많은 '친구' 중 인플루언서가 여럿 있을 가능성이 크니 그 영향력은, 페이스북 사용자, 즉 네트워크의 크기에 따라, 기하급수적으로 증폭된다. 다자주의가 시대의 특징이 된 현대 국제체계에서 네트워크로서 국제체계를 인식하면 국제관계, 특히 현대의 국제관계를 개념화하는 데 도움이 될 수 있다. 나아가 권력의 작동을 네트워크를 통해 생각하고 그물의 줄을 권력의 '통로'로 생각하면 권력의 작동 원리를 이해하는 데 도움이 된다.

그러나 지금 단계에서 그것을 논의하는 것은 논점을 흐려서 얻는 것보다 잃는 것이 많다. 이 문제는 제2권에서 더 논의한다.

VII. 마무리하며

권력욕은 인간 기본 욕구의 하나로 인간을 움직여 세상이 돌아

....

제기되자 금융기관들이 벌떼처럼 회수에 나섰다. IMF가 차관을 제공하는 한편 금융기관들을 조정하여 일단락됐다. 대신 IMF는 차관의 상환이 완료될 때까지 한국의 금융/재정정책을 좌우하여 한국은 "경제주권"을 잃었다. 다들 미국 재무장관이 "한국경제의 근본은 튼튼하다"라고 한마디만 해주면 진정될 거라고 했는데, 그러지 않았다. 개인적으로 그때처럼 미국이 우러러 보이고 야속한 적이 없었다. 그보다 20년 전 카터 대통령이 주한미군을 철수하겠다고 했을 때보다 더 그랬다.

가게 하는 기본 동인이다. 권력은 인간의 온갖 감정을 자극하여 상대를 움직이고 행동하게 한다. 정치는 그런 권력을 추구하고 행사하고 그것으로 다투는 과정이다. 국제정치도 예외가 아닐뿐더러, 그 전형이다.

국제정치의 권력 현상이 독특한 만큼 국제정치도 독특하다. 국제정치의 권력 현상이 독특한 것은 권력의 주체가 개인이 아니라 인간의 집단인 국가이기 때문이다. 그러므로 국가를 따지는 것이 다음 순서이다.

연습문제

1 정치와 도덕은 분리할 수 없다는 명제를 권력의 본질에 비추어 설명하시오.

2 '권불십년'(權不十年), 즉 권력이 오래 지속되지 못하는 이유에 대해 논술하시오.

3 '연성권력'(soft power)가 국내정치가 아니라 주로 국제정치에서 논의되는 이유를 논술하시오.

4 전기(電氣)에 비추어 권력의 3단계 과정에 대해 기술하시오.

5 설득이 권력의 한 기술이라는 점을 설명하고 세 가지 설득 방식에 관해 기술하시오.

6 미국이 가진 '구조적 권력'(structural power)에 대해 논평하시오.

3
나라
국가, 민족, 국민

I. 시작하며

'나라'라는 단어는 우리말 중 드물게 다의적(多義的)이다. 영어 단어 country, nation, state 등이 나라의 뜻으로 쓰이는데 물론 같은 뜻이 아니다. Country는 대체로 지리적 존재로서 나라를 말한다. State는 그 땅에 사는 사람들이 어울린 사회에서 전개되는 정치적인 삶을 조직하는 하나의 제도, 곧 국가(國家)를 말한다. 자고로 사람이 모여 사회를 이룬 곳에 어떠한 형태로든 국가가 있었으므로 국가는 매우 보편적인 현상을 일컫는 보통명사이다. Nation이 가장 복잡하고 이해하기 어려운 개념이다. 후술하듯이 nation이라는 개념은 처음에는 시간과 공간이 특정된 현상, 즉 근대 유럽의 현상이었다. 그러다 시간이 흐르면서, 또 공간적으로 확장되어 유럽을 넘어 적용되면서 현상이 다양해지고 개념도 복잡해졌다.

주권국가를 구성원으로 하는 유엔의 공식 명칭이 United Nations이듯이 nation이 국가와 동일시되기도 하나 그것은 20세기 이후의 일이다. nation과 state가 같은 뜻이었다면 nation-state처럼 같은 단어를 반복하는 용어는 생기지 말았어야 했다. 그리고 후술하는 바와 같이 nation이라는 단어 또한 중의적(重義的)이어서 때로는 민족(民族) 때로는 국민(國民)으로 번역된다. 그 말의 의미, 또는 그 말이 지칭하는 현상이 시간에 따라 바뀌고 공간에 따라 다른 모습으로 나타났기 때문이다.

물론 언제 어디에나 있었던 제도로서 국가도 시대에 따라 여러모로 변천했고 같은 시대에도 장소에 따라 다른 모습을 띠기도 했다. 고대, 중세, 근대를 거치면서 고대국가, 중세국가, 근대국가라는 말을 쓰는 이유는 그 때문이다. 현시점을 포함한 근대의 국가는 다른 시대의 국가와 다른 여러 특징을 가지고 그에 따라 다른 이름으로 불린다. 표준 교과서에서는 영토, 국민, 주권을 국가의 3대 요소로 꼽는다. 이들 3대 요소를 붙여 영토국가, 국민국가, 주권국가라고 하는데 이들이 바로 근대국가의 다른 이름이자 다른 시대의 국가와 구별되는 근대국가의 특징이다. 그리고 그 특징이 바로 현대 국제관계의 특징을 규정한다.

국제관계를 개념화하려는 이 책의 목적에 따라 이 장에서는 근대국가의 특징을 따진다. 먼저 보편적 제도로서 국가의 일반 개념을 따지고, 근대적 변형 과정을 역사적으로 추적한다. 뒤에 자세히 논의하듯이 근대라는 시대는 서양의 시대이고 근대국가의 여러 특징도 서양에서 유래한 것들이다. 그러므로 서양의 역사를 살펴보지 않을 수 없다. 그렇더라도 그 개념은 비서양으로 전파되면서 지역적 특성과 조응하여 변형되고 확대됐다. 특히 민족과 국민의 개념이 그렇다. 그래서 근현대 국제정치의 가장 큰 특징인 민족과 국민의 개념과 현상을 그 역사적 전개와 공간적 변형의 과정을 추적하여 밝힌다.

특히 두 가지 점에 초점을 둔다. 첫째는 주권의 의미이다. 통상 "대내적 최고, 대외적 독립"으로 정의될 때 안과 밖의 의미는 어떻게 연결되는가? 역사적으로 어떻게 그런 개념이 탄생했고 그것이 나라 안팎으로 어떻게 전개됐는가? 둘째는 민족으로도 쓰이고 국민으로도 쓰이는 nation의 개념이다. 당연히 왜 한 단어가 두 가지 용례로 쓰이는지에 우선 주목한다. 그것이 가진 마력이 무엇이길래 민족의 현상과 국민의 현상이 달리 나타나고 온갖 정치적 격변, 즉 안으로 혁명, 밖으로 전쟁을 초래했는가?

힌트는 우리나라 헌법 제1조 2항의 규정에 있다. "대한민국의 주권은 국민에게 있고 모든 권력은 국민으로부터 나온다."

II. 국가

앞 장에서 논의했듯이, 정치적 동물인 인간이 어울려 사회를 이루면 필연적으로 권력관계가 형성되고 권력을 둘러싼 다툼이 있기 마련이다. 그것이 바로 정치인데 대체로, 또 자주 폭력적으로 나타난다. 정치를 관리하여 그것의 폭력성을 제어하고자 각 사회에 생겨난 제도가 국가이다. 그런 의미에서 국가는 유사 이래, 아마 선사시대에도 있었다.

시대에 따라 국가를 이루는 사회의 규모와 인적 구성원이 달랐으므로 국가는 그 구성단위를 기준으로 분류되기도 한다. 씨족(氏族)국가, 부족(部族)국가, 도시국가 등이 그런 식이다. 근대국가의 한 특징인 민족(民族)국가도 그렇게 붙인 이름이다. 즉 '민족국가'(nation-state)란 민족을 기초로 세워진 국가이다. Nation을 민족이 아닌 국민으로 번역하면 '국민국가'이다.

그것을 이루는 사회의 단위가 무엇이든 제도로서 국가의 가장 큰 특징은 권력, 특히 그 노골적 수단인 폭력을 독점한 데 있다. 막스 베버(Max Weber)는 국가의 특징으로 '합법적'(legitimate) 또는 공적(公的) 폭력의 '독점'을 꼽았는데 과연 정곡을 찌른 것으로 지금도 널리 회자할 만하다(Weber 1919/46). 이 말을 돌려보면 국가가 다른 폭력을 '불법적'인 '사적'(私的) 폭력으로 만들 정도로 큰 힘, 즉 권력을 가졌다는 뜻이 된다.

그러므로 국가를 이해하고 분류하는 데 있어 국가의 권력이 어떻게 점유되고 사용되는지가 핵심 기준이 된다. 또 권력의 점유 상태와 권력 행사 양태와의 관계가 정치학 핵심 연구과제의 하나이다. 즉 어떤 국가 유형이 좋은 정부인가?

1. 권력의 숫자와 정부 형태: 단두정, 과두정, 다두정, 무정부

공적인 권력이라고 해서 그것이 비폭력적이거나 공정하다는 보장이 없다. 앞 장에서 논의했듯이 권력은 괴물 같고 마물 같아 쉽게 타락하여 폭정이 되고 오래가지 못해 난세가 도래한다. 그래서 동서고금의 정치학자들은 국가권력을 제어하고 타락을 방지하는 데 관심을 두고 정부의 형태를 권력의 집중과 분산을 중심으로 논의했다. 그에 따라 여러 관련된 용어와 개념이 나왔다.

예로 왕정 또는 군주정을 뜻하는 영어 monarchy가 있다. 지배 또는 통치 권력을 뜻하는 -archy라는 단어 앞에 '하나'를 의미하는 접두어 mon-이 있으니 일인정(一人政) 또는 단두정(單頭政)의 의미이다. 경제학에서 시장의 구조 중 독점(獨占)을 가리킬 때 쓰는 monopoly와 같은 방식이다. 로마 시대의 삼두정(三頭頂; triarchy, triumvirate)처럼 권력이 몇 개의 중심으로 나뉘면 oligarchy, 즉 과두정(寡頭政)이 되는데 이 또한 과점(寡占)시장을 뜻하는 oligopoly와 같은 방식으로 만들어진 단어이다. 권력이 다수에 분산되면 다두정(多頭政)이 되는데 이에 해당하는 영어단어는 polyarchy이다. 20세기 정치학자 로버트 달(Robert Dahl)이 민주주의에 빗대어, 그러나 민주주의라는 용어에 포함된 가치 판단을 배제한 분석적 개념으로 제시한 것이다(Dahl 1956).

이들에 비견되는 용어로 전제정(autocracy), 귀족정(aristocracy), 민주정(democracy) 등이 있다. 그런데 굳이 단두정, 과두정, 다두정이라는 표현을 선택한 것은 전제정, 귀족정, 민주정 등에 비해 상대적으로 가치 중립적이기 때문이다. 그런데 그보다 더 중요한 이유가 있다. 그것이 국제정치에서 특별한 의미를 지니기 때문이다. 권력 중심의 숫자에 따라 정부 형태를 구분할 때 그것이 없으면, 즉 영(零; 0)이면 무엇인가? 영어에 '없다'라는 뜻의 접두어로 an-이 있고 -archy와 합하면 anarchy, '무두정(無頭政)', 즉 흔히 하는 말로 '무정부'(無政府)가 된다. 국가와 정부가 있는 것을 '정상'으로 여기는 사고체계에서 무정부는 '비정상'이고 나쁜 것이다. 그래서 '무질서'나 '혼란한 상태'를 지칭하는 단어로 쓰인다. 그런데 국제정치의 단위인 국가가 주권을 주장하고 상위의 권위, 즉 '국제국가'나 '세계국가'를 부정하면 국제정치는 바로 무정부의 정치가 된다. 국제정치에서는 무정부가 비정상이 아니라 정상이다. 제4장의 주제가 바로 이것이다.

권력의 숫자가 국제정치에서 중요한 의미를 지니는 또 한 가지 이유가 있다. 사실 주권평등이라고 하나 국가들은 절대 동등하지 않다. 193개의 유엔 회원국 중 러시아의 영토는 모나코 왕국보다 800만 배 크다. 중국의 인구는 태평양의 도서 국가 나우루보다 15만 배 많다. 미국의 경제는 투발루보다 25만 배 크다. 이처럼 다양한 크기의 국가 중 유난히 크고 강한 나라를 흔히 강대국이라고 한다. 무정부적 기본구조 속에서 강대국의 숫자가 몇인지에 따라 국제정치의 현상이 다르게 나타난다는 주장이 국제정치학의 주요 이론 중 하나다. 이 또한 제4장에서 논의한다.

2. 근대와 근대국가[1]

역사학자들이 하는 일 중 가장 큰 일이 고대(古代; ancient times), 중세(中世; the Middle Age, medieval times), 근대(近代, modern era) 등 시대를 구분하는 일이다. 물론 시대 구분은 지역이나 문명별로 차이가 있다. 그러나 어디든 대체로 정치체제의 변동과 관련이 있다. 예컨대 유럽에서는 (서)로마제국의 멸망(서기 476년)이 고대와

....

1 이 절과 다음 절의 내용에 대한 자세한 논의는 김준석(2018) 참조.

중세를 나누는 기준이다. 우리 역사에서 중세란 주로 고려시대(서기 936~1392년)를 이르는 말이다.

그런데 일상 용어에서 쓰이는 근대는 서양 곧 유럽의 시대이다. 예를 들면 아시아를 비롯한 다른 지역에서 근대화(modernization)는 서양화(westernization)를 의미했다. 그리고 아시아 문화권에서, 아마 곧 새로운 시대가 온다고 예상하고, 지금 즉 현대(現代)가 아니라 가까운 과거 즉 근대(近代)라고 번역했던 시대는 지금도 이어지고 있다. 우리는 현대에도 근대를 살고 있다. 고대가 끝나고 중세가 왔고 중세가 끝나고 근대가 왔듯이, 근대가 끝나면 어떤 시대가 올까? 이름을 무엇이라 할까? '근대 이후'(post-modern) 라는 말이 흔히 쓰이지만, 그것이 근대와 무엇이 다른지 또는 다를지 알 수 없다. 그래서 새로운 이름도 없이 막연히 post-modern, '탈'(脫)근대로 불린다. 적어도 '후'(後)라는 시간의 관념이 포함되어 방향성을 가진 post를 '탈'이라는 방향성을 잃은 표현으로 번역한 것은 방황하는 이 시대의 한 징표인 듯싶다.

한 시대의 전환은 1999년 12월 31일 자정 시보와 함께 시작하는 21세기와 같이 "땡" 하는 소리와 함께 일어나지 않는다. 로마제국이 멸망한 순간, 또 통일신라의 경순왕이 고려 태조 왕건에 항복한 순간에 일어나지도 않았다. 제국이나 왕조의 멸망과 창건은 이미 일어난 변화를 반영하거니와, 이후로도 시대를 나눌 만큼 큰 변화는 시간을 두고 전개된다. 그래도 시대의 전환이 정치적 변화와 궤를 같이한 것은 역사에서 정치의 역할이 그만큼 크다는 것을 보여준다고 하겠다.

그런데 유럽에서 근대로의 전환은 그보다 더 오랜 기간에 걸쳐 점진적으로 이루어졌다. 중세라고 해도 천년의 기간이고 그동안의 변화도 당연히 많았으나 여전히 중세로 한데 묶는다. 이후 근대라는 새로운 시대가 시작됐으니 근대로의 전환은 그만큼 넓고 깊은 변화를 동반했다는 의미가 된다.

1) 중세의 유산

중세의 가장 큰 특징은 봉건제도(封建制度; feudalism)였다. 5세기 말 서로마제국이 무너진 다음 유럽에는 여러 왕국이 명멸했다. 주로 전쟁을 통해 왕국의 영토를 넓힌 정복 군주들은 영토를 자식들에 분할 상속하고[2] 공신들에게 봉토(封土; fief)로 나눠주었다. 로마제국의 행정체계가 무너진 탓에 직접 통치가 어려웠던 탓도 있으나, 로마 이후 유럽을 지배한 게르만족의 전통이 그러했던 탓도 있다. 즉 게르만족의 전통에는 정복 군주들이 정복한 영토를 마치 사유재산처럼 취급하여, 나누어 상속하고 혼인할 때 지참하기도 했다. 그래서 유럽의 영토적 정치 지형은 세대를 거듭하며 끊임없이 바뀌었다.

시간이 흐르며 봉건제도는 중세 유럽의 지배적인 정치, 경제, 사회 제도로 정착했다. 봉토를 받은 제후(諸侯)들은 주군(主君; suzerain)에 대해서는 봉신(封臣; vassal)으로 종군(從軍)의 의무를 지고, 징세와 송사를 대신했으나 봉토 안에서 영주(領主; lord)로 군림했다. 때로는 스스로 주군이 되어 따로 봉신을 두기도 했다. 또 다른 주군으로부터 봉토를 받기도 하여 군신 관계는 배타적이지도 않았

....

2 9세기 초 제국에 버금가는 영토를 확보하여 교황으로부터 '황제'의 칭호를 받은 프랑크 왕국의 샤를마뉴 대제 사후 왕국이 세 아들에게 분할 상속되어 지금의 프랑스, 베네룩스, 독일의 기초가 된 것은 잘 알려진 일이다.

다. 제후들은 봉토의 크기에 따라, 왕실과의 혈연관계에 따라, 조상의 위계에 따라 여러 등급, 예컨대 공후백자남(公侯伯子男)의 작위(爵位)로 불렸으니, 봉건제도는 위계적인 동시에 분권적이었다. 봉건제도의 경제적 기반은 토지와 농업이었다. 농민은 영주의 장원에 묶여 노예처럼 일해야 했으므로 농노(農奴; serf)라고 불렸다.

14세기 중반 '흑사병'(Black Death)으로 불렸던 페스트의 창궐로 유럽 인구의 1/3이 감소했다. 일손이 귀해짐에 따라 농노의 지위가 향상했다. 재앙 이후 으레 나타나는 출산율의 증가에 따라 물자도 귀해졌다. 귀해진 물자를 이곳저곳으로 이동하는 상업, 나아가 공업이 번성하면서 평민 중에 부유한 자들이 생겨났다. 봉건영주의 힘은 상대적으로 쇠퇴했다. 그러는 가운데 중앙의 군주는 왕권을 강화하며 절대군주제의 기틀을 닦아나갔다.

2) 르네상스

1453년, 동로마제국의 수도 콘스탄티노플이 오스만 제국에 함락되고 지도층이 구 서로마제국, 즉 이탈리아로 피신했다. 그들이 가져온 고대 그리스-로마 시대의 유물이 르네상스 운동을 촉발했다. 이 운동은 고대의 문명을 재생(再生; renaissance)한다는 의미로 시작되어 철학, 문학, 미술, 건축 등 문명의 모든 측면에 충격을 주었다. 특히 인간이 무엇인지를 되돌아보게 하여 종교에 눌려 위축되었던 인간의 활력을 되살렸다. 그런 시대에 크리스토퍼 콜럼버스(Christopher Columbus)와 같은 진취적인 탐험가가 나타나 신대륙을 발견함으로써 (1492년) 근대의 정신은 더욱 고양되었다.

3) 종교개혁과 종교전쟁

4세기 초 로마 황제 콘스탄티노플 대제의 개종으로 교세가 커진 기독교는 제국의 영역을 넘는 거대 교회조직을 갖추었다. 교회조직은 서로마제국이 멸망한 다음에도 살아남았을 뿐만 아니라 더욱 강력해져서 교황은 황제 같은 권력을 누렸다. "절대 권력은 반드시 썩는다"라는 명제는 교회라고 예외가 아니었다. 절대 권력을 누리던 교회조직이 부패하여 개혁의 기운이 무르익던 중 1517년 독일의 사제 마르틴 루터(Martin Luther)가 면벌부에 반대하여 '95조의 명제'를 발표함으로써 종교개혁이 시작됐다.

종교개혁 열풍은 엄청난 파장을 몰고 왔다. 영국에는 성공회가 국교가 됐고(1534년), 프랑스에는 '위그노 전쟁'(1562~1598년)이 일어났다. 그 파장은 발상지 독일에서 가장 두드러졌다. 그 지역은 대체로 '신성로마제국'(the Holy Roman Empire)의 영토였는데, 말이 제국이지 수백 개의 정치단체가 왕국, 공국 등 제후국, 자유도시 등의 형태로 준독립적 지위를 누리는 곳이었다. 루터의 도전 이후 많은 영주가 루터의 신교로 개종하며 지배층이 분열했다. 또 그들이 지배하는 영토에 사는 신민의 종교를 결정할 권한이 누구에게 있는지를 둘러싸고 갈등이 생겨 제국을 뒤흔들었다. 당시 신성로마제국의 황제는 대제(大帝)로 불릴 만큼 막강한 카를 5세(Karl V)였으나, 그도 어쩌지 못할 정도로 바람은 거셌다. 결국 카를 5세의 말년인 1555년 아우크스부르크(Augsburg)에서 화의(和議)가 이루어져 "영토를 지배하는 자가 종교를 결정한다"(cuius regio, eius religio; whose region, his religion)라는 원칙이 세워졌다. 신교를 인정했을 뿐만 아니라 신교를 믿는 영주들이 영내 종교를 결정할 권한이 있다고 인정한 것이다.

3. 주권과 주권국가

앞서 지적한 바와 같이 현 국제질서의 특징 중 하나는 그 구성원인 국가들이 그 규모에서 대단히 불균등한 현실과 그런데도 그들이 행사하는 주권(主權; sovereignty)은 평등하다는 명분 사이의 괴리이다. 역사적으로 볼 때 주권은 근대적 현상으로 근대국가를 역사상 다른 시대의 국가와 구별 짓는 큰 특징이다. 그러므로 초중등 교육과정에서도 빠지지 않는데, 주권의 교과서적 정의는 "대내적 최고성과 대외적 독립성"이다. 즉 나라 안에서는 다른 어떠한 권력보다 위에 있고 나라 밖으로는 다른 어떠한 권위에도 종속되지 않는다는 뜻이다. 주권 개념이 생겨나고 그런 의미를 지니게 된 데는 물론 역사적 배경이 있다.

1) 주권과 국가이성

중세의 봉건제도는 여러 면에서 약화하고 있었다. 농업 중심의 장원경제가 무너지면서 봉건영주의 실권이 약해졌다. 영주들의 폭정, 또는 영주들 사이의 끊임없는 전쟁에 지친 민심이 강대한 중앙권력을 원했다. 그런 민심은 부유한 상공인들이 주도했다. 현실에서는 화폐로 중앙정부에 납세하여 왕실의 재정을 도왔다. 명분에서는 왕권이 주권이라는 논리를 내세웠다.

대표적으로 프랑스의 장 보댕(Jean Bodin, 1530~1596)과 영국의 토머스 홉스(Thomas Hobbes, 1588~1679)가 있다. 이들은 각기 프랑스의 위그노 전쟁(1562~1598년), 영국의 내전(1642~1651)을 겪으면서 전쟁의 참화를 막으려면 국가가 강해야 하고 국가권력이란 '현실적으로' 중앙정부, 곧 왕실이라고 주장했다. 그런데 현실에서 왕이 주권자이더라도 왕권과 주권은 같은 것이 아니었다. 국가가 독자적인 이익을 가진 법인격체로 인식되기 시작한 것이다.

국가를 법인격체로 인식하는 것이 '국가이성'(國家理性; *raison d'etat*; reason of state)의 개념과 논리이다. 인문주의 시대인 근대의 사고에서 이성은 인간(만)의 특질이었다. 제도인 국가가 이성이 있다는 것은 곧 국가를 의인화하는 것이다. 영국과 프랑스가 100년간 전쟁했다는 역사에서 시작하여 2022년 카타르 월드컵에서 "한국이 16강에 진출"하고 "아르헨티나가 우승"했다고 하듯이 지금까지 이어지는 생각 방식이다.[3] 그 같은 국가 개념을 주창한 보댕과 홉스가 프랑스와 영국 출신인 것은 두 나라에서는 그 같은 국가 개념이 무르익고 있었다는 뜻이다. 그러나 독일은 달랐다.

2) 신성로마제국

서로마제국이 무너진 이후 유럽에 그런 제국은 다시 없었다. 자연히 황제(Emperor)도 없었다. 대륙을 통일한 중국 진(秦)나라의 시황제가 그러했듯이, 또 후일 나폴레옹이 그러했듯이, 영토를 제국처럼 넓힌 정복 군주는 '왕'보다 높은 '황제'의 칭호로 차별화를 원하곤 했다. 권력욕과 명예욕의 발현이다. 중세 유럽에도 그런 일이 두

....

3 국가이성은 아울러 국가의 이익과 행동은 개인의 잣대로 평가해서는 안 된다는 정치 논리와 정책 명분으로 쓰이기도 한다. 여기서 초점은 국가의 의인화에 있다.

번 있었다. 먼저, 프랑크왕국을 제국처럼 확장한 샤를마뉴(Charlemagne) 대왕이 서로마제국 붕괴 이후 처음으로 교황으로부터 황제 칭호를 받았다 (800년). 150여 년 후, 그의 세 아들이 분할 상속하여 생긴 세 왕국 중 하나였던 동프랑크왕국에서 오토 1세(Otto I)라는 걸출한 정복 군주가 나타나 영토를 제국처럼 넓히고 교황에게서 황제 칭호를 받았다(962년). 점차 그 지역은 '신성로마제국'으로, 지배자는 황제로 불리는 관행과 제도가 굳어져 1806년 새로운 정복 군주 나폴레옹이 스스로 '황제'라 칭하며 경쟁하는 칭호를 없앨 때까지 900년 가까이 이어졌다.

18세기 프랑스의 사상가 겸 재담가 볼테르가 말했듯이 신성로마제국은 '신성'하지도 않았고 '로마'에 있지도 않았고 '제국'도 아니었다. 봉건제도를 반영하여 중앙의 통제는 느슨했고 황제도 "대등한 가운데 첫째"(primus inter pares; first among equals)로 불릴 뿐 황제다운 절대적 권한은 없었다. 황제는 7명의 선제후(選帝侯)로 구성된 선거인단이 제국의 여러 제후 중에서 선출했다. 물론 같은 헌법적 권한을 가진 대통령이라도 실제 행사하는 권력이 사람에 따라 다르듯이, 역대 황제의 권력은 직접 동원할 수 있는 세력과 정치적 기술에 따라 다양했다.

3) 합스부르크 왕가

종교개혁 당시 신성로마제국 황제 카를 5세의 세력은 막강했다. 1519년 오스트리아 공국(公國)의 세후 자격에서 황세로 신출되기 3년 전, 그는 이미 아메리카 신대륙에 제국을 건설하던 스페인 왕국의 왕위에 올라 카를로스 1세로 불리고 있었다. 그러면서 두 개의 제국을 지배했다. 운이 좋았다. 그의 집안인 합스부르크 왕가(The House of Habsburg)가 누대에 걸쳐 추진해왔던 교묘한 혼인동맹이 그의 대에 이르러 완전한 결실을 본 것이었다.[4]

합스부르크 가는 11세기, 지금 스위스 지방의 작은 영주에서 출발하여 일련의 혼인동맹을 통해 영역을 넓혀나갔다. 일족이 유럽 각 지역의 영주 자리를 차지한 것이었다. 카를 5세는 1500년 합스부르크 일족으로 현재 프랑스 북동부 지방에 해당하는 부르고뉴 공국 영주의 아들로 태어났다. 아버지는 요절했으나 할아버지는 오스트리아의 대공이자 신성로마제국의 황제였다. 할머니는 부르고뉴와 네덜란드 일대의 상속녀였다. 외가는 더 대단하여 외할머니는 스페인 왕국의 이사벨라 여왕이었고 외할아버지는 현재 스페인 동남부에 해당하는 아라곤과 남부 이탈리아 왕국의 왕이었다. 카를 5세는 나이 스물이 되기 전 친가와 외가의 유산을 모두 상속하여 유럽 대부분을 아우르고 신대륙을 망라하는 거대제국의 지배자가 됐다.

아우크스부르크 화의 이듬해인 1556년 카를 5세는 스페인의 왕위는 아들에, 신성로마제국 황제위는 동생에게 양위하고 이듬해 사망했다. 이후 합스부르크 왕가는 스페인계와 오스트리아계로 양분되어 이어졌다. 그러나 한 가문이 유럽 대부분을 차지하는 상황은 여전했다. 다른 나라의 처지는 마치 호랑이를 옆에 둔 듯 위험했다.

....

4 합스부르크 가는 혼인으로 얻은 영지를 혼인으로 잃지 않으려고 근친결혼(consanguineous marriage)을 거듭하여 후대에 기형(奇形)이 된 것으로 유명하다.

4) 30년 전쟁(1618~1648)과 베스트팔렌 조약

신성로마제국 내부에서 구교와 신교, 양대 종파 사이의 갈등은 갈수록 커지고 있었다. 그러던 중 1618년 열렬한 가톨릭 신자인 페르디난드 II세가 황제 위에 올라 가톨릭을 믿도록 강요하고 신교 제후들이 반발하여 전쟁이 일어났다. 한편으로는 종교의 영역을, 다른 한편으로는 황제에 대한 제후의 권한을 지키려는 일종의 내전이었으나, 곧 국제전쟁이 됐다. 합스부르크 왕가의 스페인은 같은 왕가의 황제를 도와 처음부터 개입했다. 신교파의 패색이 짙어지면서 신교 국가이자 제국 내 영지가 있던 덴마크가 개입했다(1625년). 덴마크가 패퇴하자 스웨덴이 개입했다(1630년). 그래도 전세가 바뀌지 않자 프랑스가 개입했다(1635년). 원래 종교적 이유로 시작한 전쟁에 구교가 국교인 프랑스가 신교파 편에 선 것이다. 종교전쟁이 아니라 패권전쟁이 됐다.

16세기 이래 합스부르크 왕가에 모든 방향에서 포위됐던 프랑스에 이 전쟁은 절체절명의 위기이자 기회였다. 구교파가 승리하면 신성로마제국이 말 그대로 제국이 되어 프랑스의 내일은 없을지 몰랐다. 반면 이 전쟁은 합스부르크 왕가의 기세를 꺾을 기회이기도 했다. 프랑스의 가세로 전선은 고착되고 지루한 소모전이 이어졌다. 그 결과 신성로마제국의 인구 1/3 이상이 희생됐다. 1648년, 뚜렷한 승자가 없는 가운데 탈진한 나라들이 합의하여 일련의 평화조약이 베스트팔렌(Westfalen)에서 맺어졌다.

이 조약은 여러 면에서 특기할 만했다. 우선 전쟁의 한 원인이었던 "영토를 지배하는 자가 종교를 결정한다"라는 원칙을 포함, 제국 내 제후국의 독자적 권리를 명기하여 주권의 대외적 측면이 완성됐다. 또 유럽의 거의 모든 정치단위가 참석하고 서명함으로써 근대 국제법의 초석을 낳은 것으로도 평가된다. 그래서 국제정치학자들은 근대 주권국가로 구성된 현재 국제체계를 '베스트팔렌 체제'라고도 부른다.

그러나 그것 역시 조약의 서명과 함께 생겨난 것이 아니라 그 이전에 나타난 권력 현실을 반영하고 향후 전개된 권력정치의 결과 점진적으로 굳어졌다고 봐야 마땅하다. 즉 내부적으로 최고를 주장할 수 있던 권력 현실이 외부의 개입을 거부할 수 있는 기반이었으므로 주권의 내부적 측면과 외부적 측면은 동전의 양면이나 마찬가지였다(박상섭 2008, 214).

결과적으로 유럽을 제패하려던 합스부르크 왕가의 시도는 실패로 끝났다. 신성로마제국 황제의 권위와 권력은 약해졌고, 스페인은 네덜란드의 독립을 인정해야 했다. '기독교 아래 하나의 제국'이라는 이상이 약해지고 유럽은 여러 주권국가가 서로 경쟁하는 치열한 전장이 되었다(Kennedy 1987, 31). 중앙정부의 권한이 커지고 그 권한이 왕에 집중되면서 봉건 영주들은 실권을 잃고 귀족으로 만족해야 했다. 안으로 절대 왕정(absolutist monarchy)의 시대가 열렸다. 밖으로는 그들이 상위의 권위를 인정하지 않은 채 서로 경쟁하는, 때로는 죽이고 죽는, 무정부의 정치, 곧 국제정치적 난세가 시작됐다.

문득 드는 생각이 있다. 무정부가 주권의 효과인가 아니면 주권이 무정부의 결과인가? 다시 말해, 국가들이 주권을 주장하며 상위의 권력체를 거부해서 무정부인가, 아니면 국가들을 압도할만한 제국 같은 세력이 없어서 주권을 주장할 여지가 있는가? 닭이 먼저인지 알이 먼저인지처럼 부질없는 생각일까? 아니면 뭔가 '보이지 않는 손'이 작동한 결과일까?[5]

III. 민족과 민족국가, 국민과 국민국가

1. Nation의 개념: 민족인가 국민인가?

국가가, 비록 그 이름과 형태는 다르더라도, 정치를 조직하는 제도로서 동서고금을 막론하고 존재했다면, 민족/국민의 개념은 그처럼 보편적이지 않다. 오랜 정치 역사를 통해 조금씩 발전하다가 근대에 와서 폭발적으로 중요해진 현상이자 개념이다. 특히 20세기에 일어난 많은 정치적 격변, 예컨대 혁명과 전쟁은 "민족에 의한, 민족을 위한, 민족의" 것이었다고 해도 과언이 아닐 정도였다. 민족이 이처럼 중요해지면서 그 모습도 극도로 다양해져 그것을 한마디로 정의하기가 거의 불가능할 정도가 됐다. 심지어 그것의 실체가 있는지도 의심스러워 민족이 "상상 속의 공동체"(imagined community)라는 주장이 널리 인용되기에 이르렀다(Anderson 1983).

민족 연구의 대가로 알려진 앤서니 스미스(Anthony Smith)는 민족을 "역사적으로 내려온 영토, 신화와 역사 기억, 대중 공공 문화, 공동의 경제, 그리고 모든 구성원이 법적 권리와 의무를 공유하는 가운데 독자적인 이름이 있는 인구집단"이라고 정의한다(Smith

....

5 '보이지 않는 손'은 세력균형의 법칙을 염두에 둔 말이다.

1991, 14).

이처럼 조심스럽고 포괄적인 정의가 의미하듯이 민족은 크게 두 가지 의미를 함축하고 민족의 현상을 설명하는 이론도 통상 두 가지 설이 있다. 하나는 '생득설'(生得說; primordialism)이다. 다른 하나는 '생성설'(生成設; constructivism)이다. 생득설에 따르면 민족이란 언어, 문화, 신화와 기억 등을 공유하는 인간 집단, 말하자면 '문화공동체'이다. 이런 의미에서 민족은, 국가와 마찬가지로, 동서고금을 막론하고 언제 어디에나 있었다. 그런데 그 구성원들이 자신이 속한 집단을 민족의 관점에서 이해한 것은 역시 근대 이후의 일이다. 생성설에 따르면 민족은 국가와 밀접하게 관련된다. 즉, 하나의 법 테두리 안에서 경제생활을 영위하고 법에 따른 권리와 의무를 함께 지는 '정치공동체'이다. 전자는 '종족형 민족'(ethnic nation), 후자는 '시민형 민족'(civic nation)으로 불린다(Smith 1991, 8-14). 우리말로 전자는 민족(民族), 후자는 국민(國民)이라는 말이 딱 맞다.[6] Nation이라는 한 단어가 적어도 두 개의 별개 현상을 지칭하는 뜻으로 분화한 데는 그럴 만한 역사적, 정치적 이유가 있다.

....

6 우리 말의 국민에도 두 가지 뜻이 있다. 하나는 국적을 가진 개개인을 지칭하는 말로 영어로는 citizen이다. 최근 정치인들이 시민이라는 말을 쓰기도 했다. 다른 하나는 나라의 국민 모두를 지칭하는 집합명사이다. 영어로는 nation, 아니면 people이다. "국민의 의사를 반영한다"라고 할 때는 그런 뜻인데, 이때는 "국민들"이라고 복수형을 쓰지 않는 게 문법적으로 맞다.

2. Nation: 어원(語原)과 어의(語義)의 진화

Nation의 어원은 라틴어의 *natio*였다. '출생'과 어근(語根)이 같다. 이 단어는 제국의 수도로 대단히 다문화적 도시였던 로마에 거주하는 외래인을 '출생지' 별로 묶어서 지칭하던 말이었다. 로마인을 그렇게 부르지는 않았으니 별로 좋은 뜻은 아니고 '촌놈' 정도의 부정적 의미로 쓰였을 것이다. 사람들을 출생지별로 묶는 것은 중세까지 이어져 대학에서 학생들은 출생지 별로 묶여 nation으로 불렸다. 또 기독교 공동체를 지향하던 중세 유럽에서 자주 열린 범유럽 '국제회의'에 참석한 각 지방의 대표단이 지역 이름을 앞에 붙인 nation으로 불렸다(Zernatto 2000).

나아가, 지금도 국가대표는 엄선하듯이, 그들은 지역의 대표이자 엘리트였다. 이로써 nation은 긍정적 의미로 쓰이기 시작했다. 당시 한 종교회의에서 루마니아의 대표가 떠듬거리는 라틴어로 루마니아 nation이라고 하자 다른 대표들이 와르르 웃으며 루마니아에 무슨 nation이 있냐며 비웃었다는 기록이 있다. 즉, 당시 각 지역 내에서 nation은 여러모로 자격요건을 갖춘 특권층을 지칭했다.

그런데 근대에 들어와 주로 프랑스에서 쓰였던 이 단어가 절대군주로서 '태양왕'으로 불렸던 루이 14세(1638~1715) 시절에는 쓰이지 않았다. 문서에도 찾을 수 없다. 마치 조선시대 임금의 이름자를 쓰면 불경스럽게 여기던 것과 같았다. 왜 그랬을까?

루이 14세가 30년 전쟁이 한창이던 1643년 왕위에 올랐을 때 그의 나이 불과 5세였다. 이후 1715년까지 72년간 재위한 그는 '짐이 곧 국가다'(*L'État, c'est moi*)라는 말로 유명하듯 절대 군주의 상징처럼 여겨졌다. 이 말은 문헌상 근거가 없으나, 임종 때 남긴 "짐은 죽으나, 국가는 영원하리라"(*Je m'en vais, mais l'État demeurera toujours*)라는 말은 문헌상 근거가 있다.

이 두 말 사이에 의미상 모순이 있다. 그래서 문서상 근거가 없는 앞말의 진위를 두고, 또는 루이 14세가 과연 절대 군주였는지를 놓고 논란이 있다. 그러나 따지고 보면 그의 재위가 72년이나 되고 앞의 말과 뒤의 말 사이에 5~60년의 시차가 있었다. 그동안 국가라는 단어의 뜻이 변했기 때문이라는 짐작이 가능하다.

국가에 해당하는 영어단어는 state로 상태를 뜻하는 라틴어 status에 어원을 둔다. 지금도 '상태'라는 뜻으로도 쓰이는 state가 국가의 뜻으로도 처음 쓰이게 된 것은 르네상스 시대 이탈리아에서였다. 정치적으로 난세였던 이탈리아에서 언제 멸망할지 모르는 군주의 권력 상태를 지칭하는 말로 쓰이다가 점차 독자적인 법인격을 가진 제도로 개념화되면서 국가이성의 개념도 생겨났다. 국가가 왕실과 분리되어 관념되면서 영토에 기준을 둔 영토국가의 개념도 굳어졌다.[7]

루이 14세가 말한 국가도 그런 국가였다. 국가는 쉽게 말하자면 주식회사 법인(法人)과 같고 자신은 그것을 소유한 유일한 주주(株主)였다. 주식회사와 주주의 관계는 오늘날 국가와 국민의 관계와 같다. 곧 nation은 국가의 주인이고 국민이다. 역사적으로 또 나라

....

7 박상섭 교수(2008)에 따르면, 중국을 비롯한 한자 문명권에서 '나라 국'(國) 자는 주나라 시대부터 쓰였고 '집 가'(家) 자와 합쳐진 '국가'(國家)는 진나라의 통일 이후부터 쓰였다. 우리나라의 경우 가장 오래된 사서인 삼국사기에 쓰이고 있는데, 왕실을 넘어 그야말로 '나라'를 의미하는 용어로 쓰였다.

에 따라 국민이 항상 국가의 주인인 것은 아니었다.[8] 또 국민이라 하더라도 자격요건에 따라 그 범위는 다를 수 있다.

18세기 루이 14세의 사후 nation은 시대의 유행어가 됐다. nation이란 지위가 높고 재산이 많고 그에 어울리게 인품이 뛰어난, 말하자면 신사(紳士) 또는 그 이상의 뜻이었다. 누구나 nation의 일원이길 원했다. 정치적 특권, 경제적 부귀, 사회적 인정을 한꺼번에 누리는데 누가 소망하지 않을까?

3. 프랑스 혁명과 '민족의 민주화'

그 소망이 폭발했다. 바로 1789년에 일어난 프랑스 대혁명이었다. 절대 군주의 절대 권력이 절대 부패한 것이 직접적인 원인이었다. 태양왕 루이 14세의 증손자로 증조부처럼 5세에 즉위한 루이 15세는 1774년 재위 59년 만에 손자 루이 16세에게 왕위를 물려주고 사망했다. 사치와 전쟁으로 인한 막대한 재정부채도 함께 물려주었다. 루이 16세 즉위 이후 재정난은 미국 독립전쟁에의 개입 등으로 더욱 악화하여, 왕실은 재산이 많은 교회와 귀족에 세금을 물려 재정난을 해결하려 했다. 이들의 반대에 부닥친 왕실은 재산이 있는 평민을 포함한 삼부회를 소집했다. 이들 평민이 폭동을 일으켜 실권을 장악하고 구체제를 무너뜨린 것이 프랑스 혁명이었다.

이들은 평민이더라도 그냥 평민이 아니었다. 재산을 소유하고

....

8 헌법학에서 (명목상) 국가의 주인이 누구인지에 따라 '국체'(國體)를 구분한다. 대표적으로 군주가 주인인 군주정과 국민이 주인인 공화정이 있다.

재산세를 내는 제3계급, 곧 부르주아 계급이었다. 정권을 장악한 이들은 왕정을 폐하고 공화정을 세웠다. 그 중심에 '국민공회'(National Convention)가 있었다. '인민공회'(Peoples' Convention)가 아니었다. 이전의 국민, 즉 nation은 왕실 외, 성직자와 귀족에 한정됐다. 인구로 따지면 전체의 2% 정도였다. 국민공회를 통해 참정권을 획득한 제3계급은 전체 인구의 20% 정도였다. 배타적인 엘리트 클럽 nation의 회원이 10배 늘어난 것이었다. 그러나 아직 100%는 아니었다. 그래도 E. H. 카는 이것을 nation의 '민주화'라고 불렀다.[9]

4. 민족 개념의 확산과 분화

1) 나폴레옹 보나파르트

프랑스의 절대 왕정이 무너지자 주변 왕국의 조정이 경악했다. 혁명이 자국으로 번질까 우려한 오스트리아와 프로이센의 왕정은 군대를 동원하여 프랑스 혁명을 진압하려고 했다. 혁명의 열기로 들끓던 프랑스의 민심이 불타올랐다. '내 나라'의 일에 간섭하는 '외세'는 죽어도 용납할 수 없었다. '내 나라를 위해 죽어도 좋다'는 민족주의가 그렇게 시작됐다. 프랑스 국민군이 결성됐다. 이들은 돈을 받고 싸우던 용병(傭兵)으로 구성된 여타 왕국의 군대와는 결기가 달랐다. 군사의 천재 나폴레옹(Napoleon Bonaparte)이 등장하여 국

9 Carr(1945). 이 짧은 책은 김태현 역, 『20년의 위기』에 부록으로 첨부돼 있다. 카에 따르면 민족의 개념과 현상은 4단계로 진화했다. 첫째는 민족이 나라의 이름으로 의인화(personification)하는 단계로 주권자 이름으로 개인화하는 단계나 마찬가지였다. 민주화는 제2단계이다.

민군을 이끌고 승승장구했다. 그의 정복 행보와 더불어 나라의 주인으로서 '국민'과 다른 나라 사람과 구별되는 '민족'의 개념이 프랑스를 넘어 유럽 각지로 전파됐다.

나폴레옹은 성공한 권력자의 함정 '휴브리스'에 빠져 황제를 칭했다(1804년). 프랑스 공화국은 프랑스 제국이 됐다. '감히' 제국이라는 이름을 써온 '신성로마제국'은 이름조차 사라졌다. 휴브리스는 과신과 오판을 동반하는 법이었고 나폴레옹도 예외는 아니었다. 200년 전 유럽을 제패하려던 합스부르크 왕가를 좌절시킨 '보이지 않는 손', 이 책에서 두고두고 논의할 '세력균형의 법칙'이 다시 작동했다. 영국, 러시아, 오스트리아, 프로이센 등 모든 강대국이 연합하여 대적하면서 나폴레옹은 패했다. 엘바섬의 유배에서 탈출하여 권토중래를 꾀했으나 워털루 전투에서 완전히 패했다. 프랑스 혁명으로 뒤집혔던 유럽의 정치는 구체제(*Ancien Régime*)로 돌아갔다(1815년). 왕정복고 후 강대국의 지위를 인정받은 프랑스를 비롯한 5대 강국은 '유럽의 강대국 협조체제'(Concert of Europe)를 설립하여 구질서를 유지하려고 했다. 그러나 대세는 어쩔 수 없었다. 혁명의 열기는 식지 않았다.

2) 민족의 '통일'과 '분열'

제7장에서 논의하듯이, 근대를 이끈 정치 사조는 자유주의(liberalism)였다. 개인의 자유와 권리를 내세우는 자유주의는 프랑스 혁명에서 위력을 과시했다. 나폴레옹의 정복 행보와 함께 그 정신이 전파되어 유럽 전역은 끓기 직전의 물과 같았다. 때로 끓어 혁명이 일어나면 강대국들이 협조하여 진압했다. 그런데 그 물이 강대국

에서 끓으면 대책이 없었다. 혁명의 진원지 프랑스에서 1830년 7월 다시 혁명이 일어나 절반의 성공으로 입헌군주정을 채택했다(7월 혁명). 1848년 2월에 다시 혁명이 일어나 왕정이 폐기되고 제2 공화정이 수립됐다(2월 혁명).

같은 해 3월 독일에서도 혁명이 일어나 프랑크푸르트에서 '국민의회'(Nationalversammlung; National Assembly)가 열렸다. 그러나 독일은 프랑스와 달랐다. 오래지 않은 신성로마제국의 기억과 언어를 공유하는 여러 나라의 제3계급이 독일 '국민'이자 '민족'이었다. 여기서 Nation은 신분에 따른 정치공동체인 동시에 문화공동체였다. 그러나 문화공동체로서 '민족'과 정치공동체로서 '국민'이 일치하지 않는 곳이니 성공하기 어려웠다. 독일 민족으로 구성된 여러 국가 중 두 국가, 프로이센과 오스트리아는 강대국이었다. 게다가 오스트리아는 합스부르크 왕가의 지배하에 있었고 그 치하에는 독일 민족 말고도 다른 많은 '민족'이 포함돼 있었다.

언어가 같거나 닮고 역사의 의식을 공유하는 문화공동체가 하나의 정치공동체를 이루자는 민족주의 운동은 이탈리아에서 먼저 성공하여 통일 이탈리아 왕국이 설립됐다(1860년). 1862년, 독일 민족으로 구성된 강대국 프로이센에 비스마르크(Otto von Bismarck)라는 귀족이 재상의 지위에 올랐다. 1848년의 통일운동이 탁상공론에 지나지 않았음을 강조하고 '철(鐵)과 혈(血)', 곧 군대와 전쟁을 통한 통일이 유일한 대안임을 강조하여 철혈재상으로 불렸다. 그는 덴마크(1863~64년), 오스트리아(1866년)와 전쟁을 벌여 프로이센의 영토를 확장하고 독일문제에 대한 오스트리아의 영향력을 배제했다. 독일 전역에 대한 사실상의 지배권을 확보한 이후 프랑스와의 전쟁(1870~71년)에서 이겨 통일독일을 신성로마제국을 이은 제2 제국으로 선포했다.

이탈리아와 독일의 통일은 민족의 개념이 정치공동체를 넘어 문화공동체로 확산하고 문화공동체로서 민족과 정치공동체로서 국가를 합치하려는 '민족주의' 운동의 결과였다. 이 같은 '일(一) 민족 다(多) 국가'에서는 민족이 '구심력'으로 작용하여 통합을 이루었다. 그 반대, 즉 '일 국가 다 민족'이라면 민족이 '원심력'으로 작용하여 분열과 해체로 작용하는 것이 순서였다. 그런데 프로이센과의 전쟁에서 패한 오스트리아의 합스부르크 왕조는 함께 지배하던 헝가리를 합쳐 '이중군주국'(Dual Monarchy)을 수립했다. 다민족 국가라면 해체가 흐름인 시대에 그 흐름을 역행했으니 언젠가 파국을 맞을지 모를 일이었다. 그러나 강대국 정치 속에서 파국은 지연됐다. 각국의 내부 사정이 더 급했다.

3) 산업혁명, 마르크스, '민족의 사회화'

19세기 전체를 통해 유럽을 뒤흔든 정치적 격변에도 불구하고 나폴레옹 전쟁이나 그 이전의 '7년 전쟁'(1756~1763년)처럼 대규모 전쟁은 일어나지 않았다. 독일통일 과정에서 발생한 일련의 전쟁도 짧고 작은 '찻잔 속의 태풍'이었다. 길게 보아 1815년 나폴레옹 전쟁이 끝난 이후 1914년 제1차 세계대전이 발발할 때까지 100년 동안 유럽은 목가적(牧歌的)인 평화를 누렸다. E. H. 카의 분석에 따르면 유럽 강대국들의 지도층이 나름대로 동질성이 있었고 그 동질성에서 유래된 공동이익에서 대규모 전쟁을 삼갔기 때문이었다. 그 동질성은 '부르주아'(bourgeois)라는 공통된 신분이었다. 공동이익은 상공업으로 얻는 경제적 이득이었다. 경제적 이득과 전쟁은 천적 관계였다(Carr 1945). 그리고 더 큰 공동이익이 있었다.

서기 1848년은 30년 전쟁이 끝난 200년 전처럼 획기적인 해였다. 프랑스에서 혁명이 성공하여 두 번째 공화정이 수립됐다. 독일에서는 실패로 끝났으나 프랑크푸르트 '국민의회'가 열려 통일운동의 시발을 알렸다. 그런데 그때는 몰랐으나 나중을 생각하면 그에 못지않게, 어쩌면 더, 획기적인 일이 있었다. 바로 마르크스(Karl Marx)와 엥겔스(Friedrich Engels)가 집필한 『공산당 선언』(*The Communist Manifesto*)이 출간된 것이었다. 인류 역사에 큰 영향을 미칠 이 출간물은 "유럽에 유령이 출몰하고 있다. 공산주의의 유령이다"라는 말로 시작했다.

유럽의 19세기는 평화의 세기였지만 동시에 혁명의 세기였다. 프랑스 혁명 이후 대륙을 휩쓴 자유주의 정치혁명은 이미 언급했으나, 아직 언급하지 않은 혁명 또한 대륙을 휩쓸고 있었다. 바로 '산업혁명'이었다. 18세기 후반 영국에서 시작된 기술혁신은 생산력의 혁신적인 증진을 가져와 영국을 단숨에 강대국의 지위로 끌어올렸고 곧 유럽 대륙으로 전파됐다. 공장이 세워지고 농민들이 몰려와 노동자가 되고 도시화가 진행됐다. 노동자와 농민은 돈은 없으나 숫자가 많았다. 마르크스와 엥겔스는 그 많은 숫자를 동원하고 조직한 프롤레타리아 혁명을 예측했다. 그 예측의 설득력이 커질수록 부르주아의 두려움도 커졌다. 부르주아의 더 큰 공동이익은 바로 그 혁명의 예방에 있었다.

부르주아는 프롤레타리아를 '포섭'하려 했다. 구체적으로 그들에 참정권을 부여하여 '국민'의 일원으로 포섭했다. 이로써 배타적인 클럽인 '국민'(nation)은 모든 성인 남자에게 개방되어 보통선거(universal suffrage)가 실시됐다. E. H. 카는 이것을 nation의 '사회화'(socialization of nation)라고 불렀다.

5. 세계대전: 민족의 절정과 쇠락

1) 대전의 전조

E. H. 카에 따르면 19세의 평화는 또한 산업혁명에 따른 생산성의 지속적인 증진으로 각국의 지배층이 굳이 해외에서 다툴 필요가 없었던 덕분이기도 했다. 그러나 곧 그 모순과 한계가 드러났다. 각국은 넘쳐나는 생산물을 소비하고 원료를 보급하기 위해 식민지 경략에 나섰고 곧 그들 사이 경쟁이 펼쳐졌다. 경쟁은 승자와 패자를 가르고 경쟁심과 적대심을 키웠다. 이탈리아와 독일의 통일과 같은 정치적 격변이 가진 국제정치적 의미도 곧 드러났다.

산업혁명과 정치적 통합으로 각국의 국력과 전쟁잠재력이 폭발적으로 증가했다. 무기의 파괴력이 커진 가운데 도시로 집중된 산업시설은 그에 취약했다. 어느 나라든 선제공격으로 치명적인 손상을 줄 수 있다는 자신감과 아울러 그 반대의 두려움이 커졌다. 그래서 서로 동맹국을 찾아 안전을 확보하려고 했다. 동맹국이란 도움을 받을 때는 자산이지만 도움을 줘야 할 때는 부채였다. 자산과 부채가 뒤섞이면서 외교정책의 자율성과 융통성이 떨어졌다. 그런 상황에서 어쩌면 사소한 사건, 유럽의 중심에서 떨어진 발칸반도의 사라예보에서 오스트리아의 황태자가 암살당한 사건이 발생했다. 이 사건은 마치 가스가 가득 찬 방에 떨어진 불씨처럼 유럽을 순식간에 전쟁으로 몰아넣었다. 제1차 세계대전이었다.

2) “유럽의 화약고”

1차대전을 앞두고 발칸반도가 ‘유럽의 화약고’(the powder-keg of Europe)라는 말이 무성했다. 그러나 지금 돌이켜 보면 잘못된 비유였다. 유럽 전체가 화약고였고 발칸반도는 불씨와 같았다. 그리고 불씨는 프로이센이 오스트리아에 승리하여 독일을 통일했을 때 패배한 오스트리아가 헝가리와 합쳐 이중군주국을 세운 것처럼 시대의 흐름을 역행할 때 자라났다.

발칸반도는 산악이 많아서 골짜기를 따라 사람이 모여 살며 사회를 이루었다. 산을 넘어 소통하기 어려워 언어가 다르고 문화가 다르고 역사적 기억이 다른 ‘문화공동체’가 많이 생겼다. 15세기 이후 이 지역은 대체로 오스만 제국의 치하에 있었는데 19세기 후반 오스만 제국이 약해지면서 강대국의 각축장이 됐다. 1878년 러시아가 오스만과 전쟁에서 이겨 발칸반도로 진출했다. 영국과 오스트리아가 그것이 세력균형을 흔드는 행위라며 시비를 걸었다. 그 결과 싸우지 않고도 러시아의 전리품만 못하지 않은 불로소득을 획득했다.[10] 덤으로 여러 ‘민족’이 오스만 제국으로부터 독립하거나, 자치권을 얻고 러시아나 오스트리아의 세력권에 편입됐다. 러시아와 오스트리아 양국은 서로 원한을 품은 채 발칸반도에 발을 디뎠다. 그러나 민족 사이의 경계는 칼로 자르듯이 분명하지 않았다. 더 크게

....

10 1877~78년간 러시아와 튀르키예 간의 ‘러-터 전쟁’과 그 결과 맺어진 산스테파노 조약, 이후 열린 베를린 회의와 조약을 말한다.

나눌 수도 있고 더 작게 나눌 수도 있었다. 그래서 '민족'의 경계를 둘러싼 분쟁이 끊이지 않고 지역 차원에서 두 차례 전쟁(1911~12년, 1913년)이 일어나기도 했다.

3) 착각의 전쟁

그 무렵 1910년 영국의 작가 노먼 에인절(Norman Angell)이 『커다란 착각』(*The Great Illusion*)이라는 제목의 책을 펴냈다. 산업과 무역의 시대에 전쟁으로 경제적 이득을 볼 수 있다는 생각이 착각이라고 주장했다. 책은 폭발적인 인기를 누리며 11개 언어로 번역됐다. 집필 의도는 '그러니 전쟁하지 말라'고 국가지도자들을 설득하는 것이었다. 그러나 결과적으로 독자들이 전쟁이 일어나지 않을 줄 착각하도록 만들었다. 전쟁이 일어났으니 착각이었다. 착각은 그것만이 아니었다.

대전은 한 세기 동안 일어난 변화의 동력이 압축적으로 나타나, 발발과 종식, 전후 처리까지 모든 사람의 예상을 초월하여 전개됐다. 산업화와 자유무역의 시대에 전쟁은 시대착오적이어서 일어나지 않을 것이라는 예상은 틀렸다. 현대 무기의 파괴력으로 인해 짧게 끝날 것이라는 예상도 틀렸다. 전쟁 중 프롤레타리아 혁명이 일어날 것이라는 공산주의자들의 기대도 어긋났다.

전쟁은 지리적 범위에서 세계대전으로 불렸다. 그러나 유사 이래 처음 본 '총력전'(total war)이란 것이 더 중요했다. 참전국들은 국가의 모든 자원을 동원하고 그것이 고갈될 때까지 처절하게 싸웠다. 전제적 권력을 가진 왕이 귀족 출신 장군/외교관의 조언을 받아 시작한 전쟁이었다. 그 전쟁에서 싸우다 죽은 사람들은 '내가 죽어

나라를 지킨다'라는 신념으로 무장한 '국민'이었다. 전쟁은 이제 왕의 전쟁이 아니라 국민의 전쟁이 됐다. 왕이 시작했으나 왕이 끝낼 수 없었다.

4) 20년의 위기와 민족의 클라이맥스

모두 탈진한 끝에 전쟁이 끝났다. 뒤늦게 참전하여 승패를 결정짓고도 탈진하지 않은 미국이 신흥강대국으로 부상했다. 그 미국의 28대 대통령 우드로 윌슨(Woodrow Wilson, 1913~21)이 전후 처리의 원칙으로 '민족자결'(national self-determination)을 내세웠다. 그로부터 많은 혼란이 초래됐다. 누구에게 민족은 '국민'이었다. 패전국 독일과 오스트리아의 제정(帝政)이 무너지고 공화정이 수립됐다. 국민이 나라의 주인이 됐다. 누구에게 민족은 '민족'이었다. 오스트리아와 오스만-터키 등 제국에 속했던 '민족'들이 나라를 되찾고 독립했다. 일본에 나라를 앗긴 한국에 민족은 '민족'이었다. 한민족은 독립하지 못했고 '내 나라를 위해 죽어도 좋다'고 생각하는 민족주의자들이 독립운동에 나서 본인의 소중한 것들을 희생했다.

어설픈 전후 처리는 많은 숙제를 남겼다. 노먼 에인절의 통찰이 맞았다. 산업화시대 국민의 전쟁은 과연 파멸적이었다. 이겼어도 얻은 것이 없던 '승자'는 전쟁의 '원흉'을 '처벌'하여 '징벌적 보상'을 받고자 했다. 승부가 간발의 차이였다고 생각하는 '패자'는 억울했다. 이겼어도 남들보다 얻은 것이 적어 억울하다고 생각하는 나라도 있었다. 억울한 민심을 등에 업은 일부 나라에서 '민족'을 앞세운 전체주의가 등장했다. 독일에서 히틀러(Adolf Hitler)가 '민족사회주의'(National Socialism; Nazism)당, 이른바 나치당을 만들어 정권을 장악했다. 나치즘은 독일식 이름이고 더 일반적으로는 파시즘이라고 불린 이런 체제는 이탈리아와 일본에 굳게 똬리를 틀었다.

파시스트 국가들은 '민족'의 이름 아래 국민을 쥐어짰다. 밖으로도 '민족자결'의 원칙을 내세우고 국제질서의 추축(樞軸)을 자임하며 전후 질서에 도전했다. 제2차 세계대전을 일으켰다. 2차대전은 '원흉'이 확실하다는 점에서 1차대전과 달랐으나 파괴적인 면에서는 다르지 않았다. 아니 오히려 더 파괴적이었다. 추축국의 '국민'은 한 번도 보지 못한 '상상 속의 민족'을 위해 땀과 피를 흘려야 했다. 그리고 이들 추축국은 더는 싸울 힘이 없어진 다음에야, 조건을 걸 수 없을 정도로 파괴된 다음에야 항복했다. 유례없는 '무조건 항복'이었다.

민족은 원래 봉건적 압제로부터 평민의 정치적 해방을 의미하는 진보적인 개념이었다. 파시즘에서 민족은 보수적, 그것도 극단적으로 보수적인 개념이 됐다. E. H. 카는 그것을 민족주의의 클라이맥스, 곧 정점(頂點)이라고 불렀다.

5) 민족주의와 그 이후?

정점에 올랐으면 내려올 일이 남았다. 민족주의 다음에는 무엇일까? 1945년에 카는 그다음 모습을 2차 대전 승자의 모습에서 찾았다. 이념을 초월한 대동맹을 맺고 전쟁에서 승리한 미국과 영연방, 소련은 모두 '일 민족 일 국가'의 패턴을 뛰어넘은 다민족 국가였다. 그로부터 카는 유럽연합과 같은 다민족 탈근대(post-modern) 국가의 가능성을 내다봤다. 대단한 혜안이었다. 전쟁이 끝나고 새로운 전쟁, 곧 냉전이 시작됐다. 민족의 전쟁이 아니라 이념의 전쟁이었다. 민족주의(nationalism)가 아니라 국제주의(inter-nationalism)가 대세가 되었다. 민족의 시대는 끝났는가?

그렇지 않았다. 2차대전의 결과 1차대전 때 해체되지 않았던 제국이 해체되고 식민지가 독립 국가가 됐다. 그런데 그들 중 많은 나라는 국가는 있으나 '국민'이 없었다. 식민지 경계가 강대국 정치의 결과 편의적으로 그어진 결과였다. 편의적 국경 안에는 여러 개 '민족'이 있는 경우가 많았다. '국민'이 생기려면 '민족'을 파괴해야 했다(Connor 1972). '민족'을 파괴하려면 국가가 강해야 하고 국가가 강해지려면 국민이 튼튼해야 했다. 그런데 국민이 없었다. 악순환이었다. '실패한 국가'(failed state)가 그런 나라다.

여러 민족을 품고도 강한 나라가 없지 않았다. 소련이 있었고 유고슬라비아도 있었다. 그러나 냉전이 끝나면서 소련은 15개의 독립국으로 쪼개졌다. 유고슬라비아도 6개 국가로 해체됐다. 어디에 선을 긋는지를 둘러싸고 많은 피가 흘렀다. 체코슬로바키아도 둘로 나뉘었다. 반면 2차대전 후 둘로 나뉘었던 독일은 다시 하나가 되었다. 통일독일은 유럽의 통합을 주도하여 유럽공동체가 유럽연합이 되는 데 앞장섰다. 민족이 가진 원심력과 구심력이 재확인되었다.

6) 21세기 "부족주의"

2016년 지금껏 경험하지 못했던 유형의 정치가가 미국에 등장했다. '미국 제일주의'(America First)를 통해 '미국을 다시 위대하게 만들겠다'(Make America Great Again: MAGA)라는 구호를 내세운 도널드 트럼프(Donald J. Trump)였다. 그가 11월 대통령 선거를 앞두고 열린 공화당 후보 경선에서 승승장구하고 있을 때 영국에서는 유럽연합 탈퇴(Brexit) 여부를 놓고 국민투표가 열렸다. 모두의 예상을 뒤엎고 탈퇴가 결정됐다. 11월의 대선에서 트럼프 후보가 모두의 예상을 뒤엎고 당선했다.

'부족주의'(tribalism)라는 용어가 유통되기 시작했다(Neack 2018/20). 앞서 말했듯이, 인구가 증가하고 교통과 소통이 쉬워지며 인간 집단의 단위도 씨족 → 부족 → 민족으로 확대일로를 걸었다. 근대의 조직 단위는 민족이고 조직이념은 민족주의였다. 교통과 소통의 기술이 더욱 발전하면 논리적 귀결은 민족주의를 뛰어넘는 탈민족주의(post-nationalism)였다. 그것이 국가를 위주로 한 국제주의(internationalism)일지, 국가를 초월하는 세계주의(globalism)일지는 여러 처지에 있는 당사자의 판단에 따라 다르다고 믿었다,

그런데 확대일로를 걷던 인간 집단의 기준이 뒤로 돌아 '부족' 중심이 될 줄은 예상하지 못했다. 민족이 국가사회의 단위인 시대에 부족이란 사회 내부의 특정 집단을 의미한다. 다민족 국가 중 국가 건설에 실패한 나라에 여러 부족이 있는 것은 놀라운 일이 아니다. 그러나 21세기 국가의 모델인 영국과 미국이 '부족'으로 나뉜 것은 놀랍다. 1982년 90세의 일기로 타계한 E. H. 카가 아주 오래 살아 2016년 브렉시트를 봤더라면 뭐라고 했을지 매우 궁금하다. 여기서 부족이란 정치적 진영이다. 부족주의란 진영정치이다. 21세기에 두드러진 정치적 양극화의 결과이다. 왜 그런 현상이 나타났는지는 깊이 연구해볼 만한 주제이다.[11]

....

11 이 문제는 크고 중요한 주제이므로 확실한 연구 결과를 소개하지 못하고, 필자가 가진 가설적 생각을 밝힌다, 필자가 생각하기에 이것은 세계화의 이중 효과 때문이다. 첫째, 세계화에 따라 개인의 삶이 국가 밖, 즉 세계에 노출됐다. 둘째, 세계화에 따라 국가의

그러나 여전히 국가와 민족/국민이 핵심이다. 왜 국가, 국민, 국민국가는 그토록 공고한가? 다음 절에서 짚어본다.

IV. 민족정체성, 국민정체성, 국가정체성[12]

1. 오이디푸스

민족주의에 관한 연구를 이끌어 온 영국의 사회학자 앤서니 스미스는 『민족정체성』(*National Identity*)이라는 제목의 저서를 고대 아테네 비극작가 소포클레스(Sophocles)의 명작 〈오이디푸스 왕〉 이야기로 시작한다. 익히 아는 바와 같이 이 극은 고대 그리스시대 유력 도시국가 코린토스의 왕자 오이디푸스가 "아버지를 죽이고 어머니와 결혼할 운명"이라는 신탁(神託)을 피하려다 오히려 운명의 덫에 빠지고 마는 비극을 다룬다. 극 중에서 오이디푸스는 신탁의 운명을 피하려는 여행길 중 테베를 방문하고 괴물 스핑크스의 공포[13]를 해결하여 영웅이 된다. 사람들의 요청에 따라, 마침 왕이 서거하

....

권능이 약해졌다. 노출된 삶으로 위협감을 느낀 개인이 무력해진 국가보다 인기영합적 정치인들의 거짓 선동에 현혹됐다. 정진영 교수(2018)가 이와 유사한 주장을 발표했다. 하나가 더 있다. 바로 '긴 평화'(long peace)의 효과이다. 1945년 2차대전이 끝난 이후 지금까지 80년간 강대국 사이의 전면전이 없는 '긴 평화'가 있었다. 전쟁은 국민을 하나로 엮는 가장 큰 동력의 하나인데, '긴 평화'로 그것이 약해졌다.

12 이 부분에 대한 더 상세한 논의는 김태현(2004) 참조.

13 괴물 스핑크스는 행인을 잡고 "아침에는 네 발, 낮에는 두 발, 저녁에는 세 발로 걷는 동물"을 맞추라는 퀴즈를 내고 못 맞추면 살해했다. 그래서 도시가 공포에 떨었는데 오이디푸스가 "사람"이라는 정답을 내어 그 공포를 해결했다.

여 홀로 된 왕비와 결혼하여 왕이 되고 2남 2녀의 자식을 둔 유능한 왕으로 산다. 세월이 흐른 후 괴질이 도시를 덮치고 다시 왕의 활약을 바라는 사람들의 요청에 따라 행동하면서 극이 전개된다. 이 극이 암시하는 바는 많으나, 스미스가 주목하는 것은 '정체성'의 문제이다.

현자에게 괴질을 원인을 물으니 선왕(先王)의 죽음에 얽힌 미스터리를 해결하지 않은 데 대한 신벌(神罰)이라고 했다. 그 사건을 추적하니 선왕을 죽인 사람이 바로 오이디푸스 자신임이 드러난다. 그런데 고국 코린토스의 사자가 찾아와 부왕(父王)의 죽음을 알리고, 더욱 충격적으로 오이디푸스가 원래 코린토스의 왕자로 출생한 것이 아니라 버려진 고아였다는 사실을 밝힌다. 그렇다면 나는 누구인가? 불길한 예감을 느낀 왕비가 그만하라고 만류하나, 자신이 누군지 반드시 알고야 말겠다는 왕을 막지 못한다. 끝내 밝혀진 진실은 이랬다. 테베의 선왕과 왕비는 태어난 왕자가 "아버지를 죽이고 어머니와 결혼할 운명"이라는 신탁에 놀라 아기 왕자를 죽이라고 명한다. 차마 그러지 못한 신하가 신생아를 코린토스의 지인에게 건네고 자식이 없던 그곳 왕실의 왕자로 자랐다. 나중에 스스로 신탁을 들은 오이디푸스는 그 운명을 피하려다 오히려 운명의 덫에 빠졌다.

아버지의 아들이자 살인자, 어머니의 아들이자 남편, 아이들의 아버지이자 이종형제인 지독한 정체성의 혼란 속에 오이디푸스는 스스로 눈을 멀게 하고 방랑에 나선다. 딸이자 막냇동생인 안티고네가 농행한다. 정체성을 잦겠다는 욕구는 그처럼 크고 정체의 일체성은 그토록 중요하다(Smith 1991, 1-3).

민족정체성에 관한 또 다른 연구도 오이디푸스로 시작하는 점이 흥미롭다(Bloom 1990). 심리학자 프로이트(Sigmund Freud)가 극의 플롯에 착안하여 개발한, “아들이 어머니를 좋아하고 아버지를 미워한다”라는 오이디푸스 콤플렉스(Oedipus Complex) 이야기다. 인간은 동물 중 수유 기간이 유난히 길다. 그래서 젖먹이는 생존 욕구에 따라 매우 이기적일 수밖에 없다. 프로이트는 그처럼 이기적인 아이가 자라면서 그 이기심을 극복하는 사회화의 과정을 오이디푸스 콤플렉스의 심리학으로 풀었다. 아이는 젖먹이 시절 어머니를 집착하고 아버지의 존재에 대해 거부감을 보인다. 그러다 아버지 또한 자신의 생존에 필요하다는 점을 깨닫고 갈등한다.

2. 개체적 정체성과 사회적 정체성

그 갈등이 오이디푸스 콤플렉스이며, 그것을 해소하는 심리적 기제가 바로 ‘정체화’(identification)이다. 곧 아버지와 나를 동일시함으로써 그 갈등을 해소하고, 그러면서 생물적 개체로서 자신뿐만 아니라 사회적 존재로서 자신의 정체성을 개발한다. 전자가 개체적 정체성(corporate, intrinsic identity), 후자가 사회적 정체성(social identity)이다. 개인은 크고 작은 여러 단체에 소속하기 마련이므로 사회적 정체성은 여러 가지이고, 소속 단체의 크기에 따라 일종의 동심원 같은 구조를 이룬다. 그 단체가 민족일 때 민족정체성, 국민일 때 국민정체성이다. 영어로는 모두 national identity이다.[14]

....

14 사회적 정체성 중 소속 집단의 일원으로서 정체성은 집단 정체성(collective identity)으로도 불린다. 제8장 참조.

정체화의 욕구는 자신의 정체를 향상하려는 욕구도 포함한다. 개인 차원에서는 자기애이다. 사회 차원에서는 애향심, 애교심, 그리고 애국심으로 나타난다. 정체를 향상한다는 것은 정체가 모습을 가진다는 뜻이고, 그만큼 정체성은 질적인 개념이다. 그런데 자기애, 애향심, 애교심, 애국심의 강도는 사람에 따라 다르다. 즉 정체성은 양적인 개념이기도 하다.

정체성의 질적 측면과 양적 측면은 관련이 있다. 내가 속한 집단의 모습이 보기 좋을수록 사랑하고 자랑하고 싶은 마음이 크다. 그렇지 않으면 관계를 부정하고 싶어진다. 임의적인 집단이라면 탈퇴한다. 국가처럼 임의적이지 않더라도 "이민 가고 싶다"라는 생각이 들기도 한다.

좋든 싫든 사회적 정체성은 소속한 단체의 존재를 강하게 느낄수록 커진다. 국가의 존재는 압도적이고 상시적이다. 강도나 외적으로부터 보호받을 때도 그렇지만 세금을 내고 전쟁에 봉사할 때도 그렇다. 국가의 존재와 행동으로 국민정체성이 커지면 국민이 된다. 그렇게 국민정체성이 생성되고 성장한다. 공교육을 받고 국민의례를 올리고 세금을 내고 병역에 복무하는 모든 과정이 그와 관련된다. 그런데 그중 가장 중요한 것이 정치적 참여이다. 곧 투표나 혁명을 통해 지도자 또는 대표자를 뽑거나 바꿀 때다. 그것을 통해 개인은 자신이 국가라는 권력 조직의 주인임을 확인한다. 그때 개인은 루이 14세 같은 절대 군주의 기분이 된다. 여러 사회적 정체성 중 국민정체성이 특히 강한 이유가 거기에 있다.[15]

....

15 모겐소는 민족주의, 또는 국민정체성을 그의 지론인 권력욕과 관련하여 설명한다. 사람

정체성은 행동의 동기가 된다. 자기가 속한 집단의 정체성, 즉 가치나 모습을 향상할 기회가 있거나, 그것을 훼손할 위협이 있으면 행동한다. 현실적으로 민족이나 국가가 개인이 속한 가장 큰 단위이므로, 게다가 국민정체성은 다른 사회적 정체성에 비해 특히 강하므로 그로부터 대규모 정치적 운동이 나올 수 있다. 이것을 '국민정체성의 동학'(national identity dynamic)이라고 한다(Bloom 1990, ch. 4).

3. '대~한민국'의 국민정체성 동학

1987년 대한민국은 혁명을 통해 민주화를 쟁취했다. 15년 후 2002년 6~7월 한일월드컵이 열렸다. 한국대표팀은 그토록 바라던 월드컵 첫 승을 넘어 2승 1무의 성적으로 16강에 올랐다. 이탈리아를 이겨 8강에 오르고 스페인을 이겨 4강에 올랐다. 온 나라가 뜨겁게, 붉게 타올랐다. 수백만 명의 인파가 에어컨이 시원한 거실이 아니라 뜨거운 길거리에서 함께 대형화면을 시청하고 응원했다. 벅차오르는 감동을 홀로 주체할 수 없어서만은 아니었다. 온 세계에 "대~한민국!"의 모습을 자랑할 절호의 기회였다.

바로 그 무렵 6월 13일, 여중생 2명이 하굣길에 미군이 운전하던 장갑차에 치여 숨지는 안타까운 일이 발생했다. 11월 하순, 미국 군사 법정의 배심원단은 운전한 미군 병사 2명에 무죄를 평결했다.

....

은 타고난 권력욕을 제도적 장치로 제약된 국내정치에서 풀지 못하고 국제정치에서 자신과 국가를 동일시함으로써 대리만족을 통해 푼다. Morgenthau(1948/73, 104-105). 그렇다면 강대국의 국민일수록 국민정체성이 강하다는 가설이 성립한다. 이 가설을 민주국가일수록 강하다는 필자의 가설과 비교 검증해봤으면 좋겠다.

그것이 알려지자 국민이 고개를 갸웃거리기 시작했다. 아무리 실수였더라도 '과실치사'라는 죄명이 있는데 '무죄'라니? 미국에 과실치사라는 죄명이 없더라도 '로마에 가면 로마법을 따르는 법'이 아닌가? '주한미군의 지위에 관한 협정'(Status of Forces Agreement; SOFA)에 따른 것이라면 불평등한 협정이 아닌가? 월드컵 4강인 우리나라가 도대체 주권국가인가?

월드컵으로 분기된 국민정체성이 다시 타올랐다. 월드컵이 국가정체성을 고양할 기회였다면 이 사태는 국가정체성을 부숱지 모를 위협이었다. SOFA의 개정과 미국의 사과를 요구하는 촛불시위가 시작됐다. 시위는 전국으로 들불처럼 퍼지고 눈덩이처럼 커졌다. 미국의 부시(George W. Bush) 대통령이 직접 사과 성명을 발표해야 했다. 바로 그때 "반미면 어떻습니까"라고 한 노무현 후보가 대통령으로 당선했다.

이듬해 말 노 대통령은 지지하는 일부 의원과 함께 소속 정당을 탈퇴하여 새로 정당을 만들었다. 여당 국회의원의 숫자는 1/3이 못 되었다. 대통령에 대한 지지도는 10%를 밑돌았다. 2004년 3월 12일, 193명의 야당 국회의원이 찬성하여 대통령 탄핵소추안이 가결됐다. 갑자기 역풍이 불었다. 아무리 대통령이 하는 일이 마음에 들지 않더라도, 그래서 지지율이 10%를 밑돌더라도, '내'가 뽑은 대통령을 '그들'이 쫓아낼 수는 없다고 생각한 민심이 끓어 올랐다. 4월 15일 열린 국회의원 총선거에서 54석이었던 여당 열린우리당이 과반인 152석을 얻었다. 5월 14일 헌법재판소는 탄핵소추안을 기각했다.

12년이 지난 2016년 여름, 박근혜 대통령의 배후에 어떤 사람이 있어 '국정을 농단'한다는 의혹이 제기됐다. 이 의혹은 갈수록 커져 중고생들까지 "이게 나라냐"라고 적힌 손팻말을 들고 시위에 나섰다. 시위대는 "대한민국의 주권은 국민에게 있고, 모든 권력은 국민으로부터 나온다"라는 헌법 제1조2항의 규정을 외쳤다. 12월 9일 국회는 234명의 찬성으로 대통령 탄핵소추안을 가결했다. 3월 9일 헌법재판소는 탄핵소추안을 인용하여 "대통령 박근혜를 파면"했다.

V. 마무리하며

2021년 2월 이후 미얀마 사태와 2022년 2월 이후 러시아-우크라이나 전쟁은 정치참여를 통한 국민정체성의 함양, 그리고 국민정체성 동학의 가설과 통하는 바가 있다. 미얀마, 과거 버마는 1962년 이후 반세기 동안 일인 독재(1962~1988년)와 군부 독재(1988~2010년)에 시달렸다. 그러다가 2008년 이후 한 차례의 국민투표와 세 차례의 총선거를 치렀고, 선거를 통한 정권 교체를 이뤄냈으며 적어도 10년간 민주화에 따른 정치적 자유를 경험했다. 2021년 2월 1일, 군부가 헌법상 비상 대권을 내세워 선거 결과를 뒤집었을 때 군부가, 또 세계가 깜짝 놀랄 정도로 강하게 저항했다. 민주화를 통해 고양된 국민정체성이 그 원천이라고 생각한다. 필자는 미얀마 민주화 초기인 2013년부터 미얀마를 오가며 지켜봤다. 2016년 선거를 통한 정권 교체가 있었고 그것이 거듭되면 미얀마의 고질병인 인종 정체성을 넘는 국민정체성이 함양될 것으로 기대했었다. 안타까운 일이다.

2022년 2월 24일 러시아가 "특별 군사작전"이라는 이름으로 우크라이나를 침공했을 때 그 전쟁이 2년이 넘도록 이어질 것으로 생각한 이는 별로 없었다. 그러나 우크라이나 정부와 국민은 역부족인 상황에서 놀라운 단결과 의지로 저항하였다. 이에 국제여론이 우크라이나를 지원하고 정부들도 지원에 나섰다. 2004년의 '오렌지 혁명'과 2013년의 '유로마이단'(Euromaidan) 등을 경험하며 고양된 우크라이나 국민의 국민정체성이 그 원동력이 됐다는 것이 나의 가설적 생각이다. 이 가설은 이 책을 관통하는 한 주제이기도 하다.

연습문제

1 주권은 흔히 '대내적 최고, 대외적 독립'으로 규정되는데, 그 내외적 측면이 사실은 동전의 양면과 같다는 점에 관해 설명하시오.

2 권력 중심의 숫자에 따라 정부의 형태를 분류하고, 그 분류법이 국제정치 분석에 대해 가지는 의미에 대해 논술하시오.

3 민족(nation)의 유형에는 '종족형'(ethnic)과 '시민형'(civic)이 있다고 하며, 이는 우리말의 민족과 국민에 해당한다. 아울러 민족의 형성에 대해서는 '생득설'(primodialism)과 '생성설'(constructivism) 등 두 가지 이론이 있다. 민족의 유형과 형성에 관한 개념과 이론을 연관지어 설명하시오.

4 국민정체성(national identity)은 개인이 가진 여러 사회적 정체성, 집단적 정체성의 하나이다. 그런데 국민정체성이 그중 특히 크고 강해 대규모 정치 운동으로 발전하는 이유에 대해 논술하시오.

5 최근 각국에서 민주주의 정치제도는 여러 문제점을 표출하고 있다. 그런데도 필자는 민주주의가 정치적 문제를 해결할 잠재성이 가장 높다고 본다. 그 이유를 주식회사와 주주를 예로 들어 설명하시오.

4
세상
국제사회와 국제체계

I. 시작하며

근대에 들어와 시간이 지나면서 국가는 독자적인 인격과 이익을 가진 일종의 법인격체로 관념됐다. 게다가 국가는 '안으로 최고, 밖으로 독립'이라는 주권을 갖춘 존재이다. 개인이 모여 사회를 이룬다면 법인이 모여 사회를 이루지 못할 바 없다. 그것이 국제사회다.[1] 그런데 국제 '사회'는 어떤 사회인가?

정치적 동물로서 인간이 모여 사는 사회에는 권력투쟁이라는 의미에서 정치가 있고 정치의 폭력성을 제어하는 국가가 있기 마련이

1 일상 대화에서 흔히 말하는 국제사회는 영어로 international community로 번역되며 여기서 말하는 국제사회(international society)와 다르다. International society는 기본적으로 주권국가를 단위로 하는 집합체이다. International community는 국가와 정부 외에도 국제기구나 언론, 비정부 단체 등 다양한 행위자를 포괄한다.

다. 그런데 탈식민지 시대 국가를 인위적으로 건설하는 과정에서 민족을 해체하여 국민을 건설하는 데 실패한 사례, 곧 '실패한 국가'가 생겼다. 리어나도 디캐프리오(Leonardo DiCaprio)가 주연을 맡은 2006년 영화 〈블러드 다이아몬드〉(Blood Diamond)는 그런 나라의 하나였던 시에라리온(Sierra Leone)의 모습을 생생하게 보여준다. 온갖 무장단체가 할거하며 세력을 다투고 민생은 극도의 어려움에 시달렸다. 국가 또는 국가권력을 대행하는 정부가 무력할 때 나타나는 무정부 상태(anarchy), 곧 난세의 전형이다.

국가가 주권을 주장하여 상위의 권위를 인정하지 않고 그에 따라 국제사회를 통치하는 세계국가나 정부가 없는 국제사회는 무정부, 굳이 수식어를 붙이면 국제무정부라고 불린다. 국제관계학을 접하면 제일 먼저 배우는 개념의 하나다. 그처럼 무정부 상태의 국제사회가 과연 '사회'인가? 이 문제는 국제정치학에서 가장 핵심적이고 논쟁적인 주제이다. 국제정치학을 공부하는 것은 이 주제에 대한 답을 구하는 것과 같다.

이 장은 크게 두 부분으로 구성된다. 첫째는 '전통적' 방식으로 국가를 구성원으로 하는 국제사회를 관념하고 그 무정부적 특징과 그로부터 나타나는 국제정치의 주요 특징을 따진다. 굳이 이름을 붙이자면 영국식 접근법이다. 둘째는 '과학적' 방식으로 국제사회를 하나의 체계(system)로 관념하고 그 본원적 및 행태적 속성 사이의 인과관계를 따진다. 말하자면 미국식 접근법이다. 전체적으로 제2부에서 소개하고 논의하는 국제정치 '이론'을 위한 예비 작업으로도 볼 수 있다.

II. 국제'사회'의 세 모델

인간 집단으로서 사회는 시간과 공간별로 다양한 모습을 보였다. 약육강식하는 '난세'도 있고 격양가를 부르는 '치세'도 있으며 그 둘 사이에 무수한 변종이 있다. 난세와 치세를 가르는 기준은 대체로 국가의 '유무'와 '성격'이다. 역사 속 정치사상도 대체로 그것을 위주로 전개됐다.

거칠게 말하자면 모든 사적 폭력을 불법화할 정도로 강력한 힘을 가진 국가의 존재가 치세의 필요조건이다. 그 국가의 권력이 신민이 사랑할 정도로 어진 것이 치세의 충분조건이다.[2] 강한 국가가 어질지 못하거나 어진 국가가 강하지 못하면 치세가 흔들린다. 강하나 어질지 않은 국가는 반란을 키운다. 어질더라도 강하지 못한 국가는 반란을 부른다. 국가가 반란에 휘말리면 난세가 시작된다.

여러 국가가 모여 이룬 국제사회도 시간과 장소별로 다양한 모습을 보인다. 약육강식하는 난세도 있고, 격양가는 아니더라도 국가들이 서로 협력하여 평화와 번영을 누리는 치세 같은 시대도 있다. 그런데 국제사회는 본질에서 국가 위의 국가가 없는 무정부적 구조이다. 따라서 아예 없는 세계국가의 강함과 어짊으로 난세와 치세를 가를 수 없다. 치세의 기본조건인 국가가 없으므로 국제사회는 난세

....

2 사실 '격양가'를 운위하면서 강력한 국가를 치세의 조건으로 꼽은 것은 모순처럼 들릴 수 있다. 격양가의 유래인 요임금의 신화도 그렇거니와 노자도 〈도덕경〉에 그 존재를 모르는 임금이 최고라는 말을 남겼기 때문이다. 제2장의 논리를 전개하자면 국가의 권력이 강하고 어질어 신민이 저항할 엄두도, 필요도 느끼지 못하는 상태로 이해할 수 있겠다.

로 편향된다. 난세로 편향된 국제사회에서 치세의 조건을 찾는 일은 더 어려울 수밖에 없다.

국제 무정부를 대하는 국제정치사상은 대체로 세 부류로 나눌 수 있다. 첫째는 치세의 필요조건인 (국가 위의) 국가가 없으니 구조적 난세를 주어진 것으로 받아들이는 '현실주의'이다. 둘째는 어떻게든 구조적 난세를 극복할 방법을 찾는 '이상주의'이다. 셋째는 무정부의 구조적 조건은 어쩔 수 없더라도 그것이 반드시 난세는 아니라는 일종의 '절충주의'이다.[3] 말하자면 '난세론', '치세론', '혼세론'이다.

1. 난세론(亂世論): '전쟁상태'

중앙의 권위가 없거나 약해져서 군웅이 할거하는 상황은 역사에서 흔히 있었다. 중국의 춘추시대(기원전 770~403년)와 전국시대(기원전 403년~221년), 15세기 중반부터 16세기 말까지 이어진 일본의 센고쿠 시대(戰國時代)가 대표적이고 우리나라 역사상 통일신라 시대 말기 후삼국 시대가 그랬다. 그런 시대를 흔히 난세라고 부른다. 난세 상황은 유럽 역사에도 쉽게 발견된다. 기원전 4세기 알렉산드로스가 등장하기 전 그리스 도시국가가 그랬고 마키아벨리가 활동하던 15세기 전후의 이탈리아가 그랬다. 크게는 근대 유럽 전체가

....

3 국제질서를 삼분법으로 분류하는 예는 물론 처음이 아니다. 마틴 와이트(Wight 1991)는 국제정치사상을 마키아벨리적(현실주의), 그로티우스적(합리주의), 칸트적(혁명주의) 전통으로 구분하였다. 또 웬트(Wendt 1999)는 국제 무정부의 '문화'를 홉스적, 로크적, 칸트적 문화로 유형화하였다.

그랬다.

난세의 상황을 영국의 사상가 토머스 홉스(Thomas Hobbes)가 1651년에 출간한 저서 『리바이어던』(*Leviathan*)에서 절묘하게 묘사하고 설명한다. 그에 따르면 국가성립 이전의 상태 곧 '자연 상태'(the state of nature)는 '만인에 대한 만인의 전쟁상태'(the state of war of every man against every man)이다. 그 이유는 자못 논리적이다. 인간은 타고나길 약하고 또 서로 대등하다. 물론 육체적 정신적으로 개인차는 있으나 그 차이가 기본적인 대등함을 뛰어넘을 정도는 아니다. 약한 인간도 강한 인간을 해칠 수 있다. 더불어 사는 인간 사이 갈등은 불가피하므로 사람들은 늘 횡사(横死)의 두려움에 시달린다. 그럴 때 '인간다움'이란 없다. 사유재산도 없고, 거래도 없고, 문명도 없다. 법도 없고 질서도 없고 정의도 없다.

국가 사이의 관계도 마찬가지다. 왕이나 기타 주권자들은 서로 질시한다. 그래서 국경에 요새를 세우고 병사를 배치하여 상대를 향해 총칼을 겨눈다. 그래서 국제관계도 전쟁상태에 있다. 전쟁 '상태'란 항상 전쟁하고 있다는 뜻은 아니다. 비유적으로 말하자면 장마철과 같다. 장마철에는 지금 당장 비가 오지 않더라도 언제든지 올 수 있으므로 현명한 사람은 늘 우산을 가지고 다닌다. 마찬가지로 전쟁상태에서는 지금 당장 싸우지 않더라도 언제든지 싸움이 벌어질 수 있다. 현명한 군주는 장마철의 우산처럼 평시에도 군대, 즉 상비군을 유지한다.[4]

....

4 토머스 홉스, 『리바이어던』, 제13장. 자연 상태의 논리적 귀결이 국가, 홉스가 '리바이어던,' 곧 '인조인간'에 비유한 국가를 설립하는 사회계약이다. 즉 개인이 천부적 자유를 국가에 양도하고 대신 안전을 보장받는 계약이다. 그러나 홉스 자신이 인정하듯이 국가

2. 치세론(治世論): 자연법과 국제법

'전쟁상태'의 국제사회를 과연 '사회'라고 부를 수 있는가? 사회가 안정되려면 공적 폭력을 독점한 국가가 필요하다. 그런데 국가의 폭력은 대내적으로는 공적일지 몰라도 대외적으로는 사적 폭력에 지나지 않는다. 그런데 17세기 주권 개념이 무르익으면서 국가의 폭력이 대외적으로도 공적으로 행사될 수 있다는 주장이 나왔다. 바로 전쟁이다. 네덜란드의 법률가 위고 흐로티위스(Hugo Grotius, 1583~1645년)가 1625년에 출간한 『전쟁과 평화의 법』에서 그렇게 주장했다. 그에 따르면 전쟁은 법률행위이며 전쟁에서 사용된 폭력은 공적이다.

폭력을 합법화할 국가 위의 권위가 없는데, 그래서 폭력조직과 다를 바 없는 국가의 폭력이 공적으로 될 수 있는가? '자연법'(the natural law)이 있기 때문이다. 신의 소명 또는 인간의 이성에 따라 보편타당한 자연법은 국가와 국가의 법에 정당성을 부여한다. 그에 따라 국가의 대외적 폭력행위, 즉 전쟁도 정당화될 수 있다. 물론 전쟁이 법적 정당성을 갖추려면 까다로운 요건이 있다. 하나는 그 명분이다. 다른 하나는 그 방법이다. 그래서 국제법은 기본적으로 두 가지로 구성된다. 하나는 '전쟁의 명분에 관한 법'(*jus ad bellum*; law of war)이다. 다른 하나는 '전쟁의 수행 방법에 관한 법'(*jus in*

....

는 개인처럼 취약하지 않으므로 국가 사이의 전쟁상태는 개인 사이의 전쟁상태처럼 비참하지 않다. 따라서 국가 형성을 위한 사회계약에 대한 유인도 적어 국제적 전쟁상태는 더 지속적이다. 그래서 불은 국제관계를 홉스가 말한 개인 사이의 자연 상태에 유추하는 것은 잘못이라고 비판한다. Bull(1966a).

bello; law in war)이다.

전쟁의 명분으로는 세 가지가 있다. 첫째는 상대의 공격을 방어하기 위한 전쟁이다. 둘째는 빼앗긴 것을 회복하기 위한 전쟁이다. 셋째는 상대의 부당행위를 응징하여 정의를 실천하기 위한 전쟁이다. 명분이 있는 전쟁이라도 정당한 방법으로 수행돼야 했다. 절차에 따라 선포되고, 전투원과 비전투원을 엄격히 구별하여 비전투원의 살상은 금지된다. 이 책은 큰 반향을 일으켜 최초의 다자적 평화조약이었던 베스트팔렌 조약(1648년)에 법적 근거를 부여했다. 그런 점에서 흐로티위스를 흔히 '국제법의 아버지'라고 부른다. 나아가 그의 주장은 1차대전 후 설립된 국제연맹 규약과 현행 유엔 헌장을 관통하는 원칙의 기초가 됐다.

그러나 그것은 후일의 이야기이고, 국가가 전쟁할 권리가 제한된다는 주장은 점차 강해지던 주권 개념과 양립하기 어려웠다. 오히려 주권의 논리가 갈수록 강해지고 국제정치가 권력정치와 세력균형의 논리에 지배되면서 18세기 이르러 흐로티위스의 '정전론'(正戰論; Just War Doctrine)은 거의 사장되었다. 1758년 출간되어 외교관들의 필독서가 된 바텔(Emmerich de Vattel)의 『국제법』은 어느 나라가 너무 강해지는 것을 막기 위한 '예방전쟁' 또한 정당하다고 기록했다. 법의 정당성과 강제력은 오로지 국가의 권력으로 확보된다는 '실정법'(the positive law)론이 자연법론을 대체했다.

3. 혼세론(混世論): '무정부적 사회'

그렇게 주권국가, 특히 강대국들이 중심이 된 18세기 이후 유럽 국제정치는 전형적인 '권력정치'(power politics)로 전개됐다. 국가들은 다른 국가들에 대해 권력을 유지하고 늘리고 과시하기 위해 전쟁을 서슴지 않았다. 전쟁도 고통스러웠으나 전쟁에 져서 나라를 잃는 것은 더 두려웠다. 그래서 각국의 지도자들은 자국뿐만 아니라 타국 권력에 대한 감시도 게을리하지 않았다. 어느 나라의 국력이 어떤 이유로든 급격히 성장하면 더 늦기 전에 홀로 또는 다른 나라와 연합하여 견제하거나 전쟁을 벌였다. 그 결과 어느 나라나 연합이 체계 전체를 지배하는 상황은 생기지 않았다. 강대국들 사이에는 대체로 '세력균형'(balance of power)이 유지되었다. 세력균형 속에서 국가들은 승리를 확신하지 못해 전쟁을 자제하고, 그로 인해 30년 전쟁과 같은 대형 전쟁은 일어나지 않아 복수의 국가가 주권을 주장하는 무정부적 상황은 이어졌다. 강대국 사이 세력균형은 좋은 것, 그것이 무너지면 나쁜 것이라는 인식이 공유됐다. 세력균형을 위한 전쟁은 정당하다는 생각도 그렇게 생겼다. 세력균형 정치는 세력균형에 능동적인 영향을 줄 정도의 힘이 있는 강대국을 중심으로 전개됐다. 세력균형의 논리에 따라 약소국은 주권을 잃기도 했다. Power politics는 권력이 법이나 규범에 우선한다는 의미에서 '권력정치'로만 이해되지 않았다. '강대국 정치'라는 뜻을 아울러 포함했다.

그렇더라도, 국제정치를 홉스가 말한 전쟁상태로만 보는 것은 지나치다. 설사 세계정부가 없더라도, 그래서 실정 국제법은 미약하더라도 국제정치는 제도화됐다. 타국의 수도에 외교관을 상주시키고 서로 면책특권을 부여하는 외교 제도가 좋은 예다. 국가 간 분쟁이 있으면 외교적 절차에 따라 접근하고, 흥정의 과정에서 최후통첩을 내고, 전쟁을 선포하는 등 전쟁조차 제도화됐다. 국제사회는 무정부적 전쟁상태, 즉 난세도 아니고, 안정된 사회 속 치세도 아니다. 무정부되 무질서는 아니며 사회이되 사회성이 약한, "무정부적 사회"(the anarchical society)이다.[5] 소위 '영국학파'의 핵심 주장이다. 굳이 우리말로 이름하자면 '혼세'이다.

III. 무정부 속 국제정치

난세론, 치세론, 혼세론 등은 국제정치를 보는 눈은 달라도 한 가지 사실적 전제는 부정하지 않는다. 곧 무정부적 구조이다. 세계정부가 없는 가운데 독립적이고 주권적인 국가들이 서로 부대끼며 살아가는 상태는 국제정치의 기본전제 또는 존재 이유이다. 합법적 폭력을 독점한다는 의미의 국가가 국가 위에 있으면, 즉 세계국가 또는 국제국가가 있으면, 국가의 폭력 수단은 사적 폭력이 되고 국제정치는 아예 존재의 근거가 없어지기 때문이다. 무정부의 구조 속에서 국제정치는 어떤 특징을 보이는가? 이하에서는 무정부 속 국제정치의 두드러진 패턴을 논의하여 국제정치의 특징을 부각한다. 그

....

5 Bull(1977). 국제관계를 홉스적인 난세, 흐로티위스적인 치세로 생각하는 두 견해에 대한 불의 비판은 Bull(1966a; 1966b)를 참조할 것. 아울러 그는 홉스식이든, 흐로티위스식이든 모두 국제사회 그 자체를 보지 않고 굳이 국내 사회에 유추하여 생각하는 접근 방법(domestic analogy)이라며 두 가지 점에서 비판했다. 첫째, 비유(比喩)나 유비(類比)는 효율적이지 않은 연구 방법이다. 둘째, 홉스의 자연 상태는 국가 수립의 전 단계이고, 흐로티위스류 국제법도 세계정부를 전제하므로 국제사회의 독자성을 인정하지 않는다. 국제정치학이 연구할 대상이 없어진다.

렇게 특정한 패턴을 고르는 것 자체가 특정 이론에 편향된 결과일 수도 있다. 그러나 대안 이론도 같은 현상을 달리 설명하므로 그런 현상의 기술은 나름대로 가치가 있다.

1. 자력구제와 권력정치

국가는 법의 이름으로 통치한다. 입법부에서 만든 법을 행정부가 집행하고, 다툼이 있으면 사법부에서 해석한다. 형법의 엄격한 집행을 통해 국민의 생명과 재산을 보호한다. 민법을 적용하고 집행하여 국민 사이 다툼을 권위적으로 해결한다. 형법이 엄격하게 적용되고 효율적으로 집행되면 범죄를 예방한다. 범죄자가 예외 없이 응당한 벌을 받으면 어쩌다 딴생각을 품었던 사람도 단념한다. 그로부터 국민은 신체나 재산상의 위해로부터 보호받는다. 세금 낸 보람과 계속 낼 가치가 있다. 권리와 이익을 둘러싼 개인 사이 분쟁이 있을 때 국가는 법원을 통해 분쟁을 가리고 그 결과를 집행하여 사적 폭력을 예방한다.

그런데 국제사회에는 그런 일을 하는 국제 정부가 없다. 국가는 자국의 영토, 국민의 생명과 재산, 무엇보다 국가의 주권과 독립을 자력으로 지켜야 한다. 권리와 이익을 둘러싼 분쟁이 있으면 알아서 해결해야 한다. 그나마 네덜란드 헤이그에 '국제사법재판소'(International Court of Justice; ICJ)가 있으나 강제 관할권이 없다. 분쟁의 당사자가 모두 동의하지 않으면 재판할 수 없다는 뜻이다. 재판 결과가 나오더라도 당사자가 불복하면 강제 집행할 힘이 없다. 승소한 국가가 직접 집행에 나설 명분이 생길 따름이다. 명분을 얻어도 힘이 없으면 소용이 없다.

그러니 국가는 자국의 안보와 이익을 위해 자력에 의존하지 않을 수 없다. 소위 '자력구제(self-help)의 원칙'이다. 국력의 요소는 다양하고 행사하는 방법도 여러 가지이지만, 자고로 국력의 제1요소는 군사력이었다. 행사하는 방법은 전쟁이었다. 그 결과는 권력정치(power politics)였다. 아무리 원칙을 따지고 법을 내세우고 명분을 구축해도 힘이 없어 전쟁에 이기지 못하면 쓸모가 없다.[6] 그래서 국제정치는 권력정치이다. 그리고 힘 있는 국가, 곧 강대국 정치이다.

2. 세력균형

무정부라는 구조적 조건 속에서 국가들이 안보와 이익을 위해 권력정치를 전개한 결과 모종의 법칙과도 같은 패턴이 생겼다. 바로 '세력균형'(Balance of Power)의 법칙이다. 여러 나라가 권력정치를 위해 스스로 국력을 단련하고 남과 연합하여 세력을 키우면 주요 강대국 사이, 나아가 국가들의 연합 사이에 세력이 대체적인 균형을 이루는 경향을 말한다. 그럴 때 어느 쪽도 쉽게 승리를 장담하지 못해 전쟁을 자제하고 그래서 강대국 사이에 평화가 유지된다. 그에

....

6 다음 문장을 보라: "아무리 머리를 굴려 계획을 세우고 준비를 해도 결국 끝을 맺는 것은 힘밖에 없는 세계. 어떤 원칙과 정당성보다도 힘이 우위에 서는 세계. 야수의 그것과 같이 '강자존(强者存)'이라는 세 글자가 의심의 여지도 없이 군림하는 세계. 그것이 무림이었다." 좌백, 『혈기린외전』, 제1권, 479쪽. 여기서 '무림'을 국제정치로 바꾸어도 손색이 없을 듯하다.

따라 국가들의 생존도 보장된다.

학자들은 그 패턴을 분석하여 (1) 개별국가가 의도하지 않아도 절로 형성되는 '자동식 세력균형', (2) 약간은 떨어진 위치에서 필요에 따라 개입하는 균형자의 존재에 따라 이루어지는 '반자동식 세력균형', (3) 어쨌거나 '다모클레스의 칼'(Damocles's Sword)을 이고 사는 위정자들이 노심초사한 결과라는 '수동식 세력균형'으로 나누기도 한다.[7]

세력균형은 국제평화와 국가의 독립에 이롭다는, 따라서 도덕적으로 좋다는 인식이 일반화됐다. 그러자 위정자들은 그것을 전쟁의 개시를 포함한 온갖 정책의 명분으로 삼았다. 세력균형이라는 표현이 정치적 목적으로 오용되고 남용된 것이다. 그 결과 용어로서 '세력균형'은 정치적으로 오염되고 온갖 때가 묻어 학술용어로서 엄밀성을 잃었다.[8]

3. 안보딜레마

세력균형이 학술적 용어에 앞서 정치적, 정책적 용어로 존재했다면 학자들이 학술적으로 개발하여 정책적으로 일반화한 용어가 20세기에 등장했다. 바로 '안보딜레마'(security dilemma)이다. 1950

....

7 김태현(2004). 세력균형에 대해서는 제6장과 제8장에서 다시 논의한다. '다모클레스의 칼'은 고대 그리스시대 이야기에서 유래된 말로 왕좌 위에 한 가닥 말총으로 메어 있는 칼로 왕좌의 위태로움을 지칭하는 말이다.

8 세력균형 용어의 다양한 의미에 대해서는 Haas(1953); Wight(1966); Butterfield(1966) 등 참조.

년 처음 등장하여 1970년대에 유명해진 이 개념은 냉전 중 동서 화해의 이론적 기초가 되어 현실정치에 큰 영향을 미쳤다.[9] 안보딜레마는 안보를 걱정하며 증진하고자 하는 여러 나라의 정책 행동이 맞물려 의도와는 달리 모두 더 불안해지는 딜레마를 말한다. 풀어서 설명하면 이렇다. 이쪽이 안보를 걱정하여 군사력을 증강하면 의도치 않게 저쪽에 위협이 된다. 불안해진 저쪽이 자위를 위해 군사력을 증강하면 도리어 이쪽에 위협이 된다. 이렇게 이쪽과 저쪽의 행동이 맞물려 작용-반작용-상호작용이 일어나면 여러 가지 역효과가 발생한다.

첫째, 군사적으로 더 불안해진다. 군사력 균형은 개선되지 않은 채 무장 수준이 높아진다. 전쟁이 나면 더 오래가고 더 많이 파괴될 수 있다. 둘째, 정치적으로 상호불신과 적대감이 높아진다. 굳이 적대할 생각이 없는데 상대가 적대적 행동을 보이기 때문이다. 셋째, 경제적으로 교육이나 국민복지처럼 달리 쓰일 수 있는 국가 자원이 낭비된다. 넷째, 그런데도 쉽게 벗어날 수 없으니 더욱 큰 딜레마다.

이런 현상이 일어나는 데는 몇 가지 이유가 있다. 첫째, 안보는 국가가 추구하는 가치 중 가장 원천적이고 중요하다. 안보가 없으면 번영도 없다. 둘째, 안보를 위협하는 수단과 지키는 수단은 한가지로 같다. 다시 말해 가장 주된 수단인 군사력이 양날의 칼처럼 지키기도 하고 해치기도 한다. 셋째, 상대방의 의도가 공격인지 방어인지는 확실치 않고 무엇보다 가변적이다. 안보라는 지상의 가치가 문제 되면 정책결정자들은 나쁜 쪽, 즉 상대의 공격 의도를 가정하고

....

9 Herz(1950); Jervis(1976). Cf., Butterfield(1951).

행동하는 경향이 있다. 사실 그래야 마땅하다. 넷째, 심리학에서 말하는 거울상 효과(mirror image)가 있다. 사람은 늘 자신이 선하다고 생각한다. 착한 '나'를 위협하는 '그'는 악하다. 내가 하는 일은 옳고 그가 하는 일은 그르다. 그쯤 되면 단순한 안보 정책의 대결이 아니라 선과 악의 대결이다. 선과 악의 대결에서 질 수는 없다.

4. '죄수의 딜레마'와 국제정치

안보딜레마 개념의 유명세는 국제정치학에서 게임이론, 특히 '죄수의 딜레마'(Prisoners' Dilemma; PD) 게임의 유명세와 맥을 같이한다. 죄수의 딜레마는 모종의 게임 상황을 설명하기 위해 사용한 비유에서 유래된 이름으로 현실 속 많은 상황이 이와 닮았다. 특히 무정부 구조 속에 전개되는 국제정치의 여러 상황과는 더욱 닮은 점이 많아 이후 국제정치학 이론의 전개에 큰 영향을 미쳤다.

1) 죄수의 딜레마[10]

죄수의 딜레마라는 이름이 생긴 비유는 이렇다. 두 명의 피의자가 범죄 혐의, 예컨대 불법 마약을 소지한 혐의로 체포되었다. 단순 소지자에 일시적 복용자일 수도 있으나 검찰은 이들이 마약상이라는 심증이 있다. 그러나 물증이 없어 둘을 격리하고 일종의 거래를 제시한다. 마약상이라는 확실한 증거가 될 마약을 은닉한 장소를 고백해라. 그러면 정상참작의 여지가 있다. 다른 이가 고백하지 않으

10 사실 '죄수의 딜레마'는 과하고 '피의자의 딜레마'가 정확한 표현이다.

면 그에게 법정최고형인 25년 징역형을 구형하고 당신은 불기소처분하여 방면한다. 만일 당신이 입을 다물고 그가 자백하면 둘의 처지가 바뀌어 그를 방면하고 당신에게 법정최고형을 구형한다. 두 사람 모두 자백하지 않으면 단순 혐의만으로 2년 징역형을 구형한다. 두 사람 모두 자백하면 마약상 혐의로 기소하나 정상을 참작하여 10년 징역형을 구형한다.

용의자들이 형기만 따진다면 긴 고민이 필요 없고 딜레마라 할 것도 없다. 저쪽이 어떻게 할지 모르나 무조건 자백하는 것이 낫기 때문이다. 저쪽이 '멍청하여' 자백하지 않으면 이쪽은 자백하여 불기소로 풀려난다. 아니면 2년 형을 살아야 한다. 저쪽이 '영리하여' 자백하는데 이쪽이 자백하지 않으면 홀로 25년의 형을 살아야 한다. 나도 자백하여 형기를 10년으로 줄여야 현명하고 당당한 처신이다. 딜레마는 그 결과에 있다. 둘 다 영리하게 자백하면 10년 형을 산다. 그런데 따지고 보면 둘 다 멍청하게 입을 다물면 둘 다 형기를 2년으로 줄일 수 있다. 문제는 그게 안 된다는 점이다. 나 홀로 자백을 번복하면 홀로 25년을 살아야 한다. 번복할 이유가 없다. 그가 번복하면 나로서는 불기소 방면되니 더욱 번복할 이유가 없다. 그도 나처럼 생각하면 번복할 리 없으니 결국 같은 결과가 되풀이된다. 영리함이 어리석음이고 멍청함이 영리함일까? 대교약졸(大巧若拙)이고 대지약우(大智若愚)라는 노자 말씀이 역시 옳은 모양이다.[11]

....

11 죄수의 딜레마 해법에 대해서는 제7장에서 다시 논의한다. 그리고 합리성에서 초래되는 여러 역설과 합리성 개념의 여러 단계에 대해서는 제2권 3, 4장에서 다시 논의한다.

2) 게임이론

게임이론은 원래 가위바위보처럼 여러 참가자의 동시 결정으로 결과가 좌우되는 게임 상황에서 선택의 논리를 분석하는 수학 이론이다. 1940년대부터 경제학에 적용되어 많은 성과를 거두었다. 1960년대에는 냉전을 수행하는 전략에 적용됐고 자연스레 국제정치학으로 옮겨왔다.[12] 죄수의 딜레마 상황을 게임이론의 형식을 빌려 재구성하면 다음과 같다.[13]

우선 게임이론 용어가 있다. 첫째, 참가자 또는 선수들(players)이 있다. 참가자의 수에 따라 양자게임(2-person game)과 다자게임(N-person game)으로 나뉜다. 둘째, 참가자는 선택지가 있다. 선택할 수 있는 대안을 '전략'(strategy)이라고 한다. 셋째, 참가자들이 선택한 전략이 함께 어울려 나오는 것을 '결과'(outcome)라고 한다. 결과에는 각 참가자에게 주어지는 '배당'(payoff)이 있다. 아래 〈표 4-1〉은 각기 두 개의 전략을 가진 양자 게임(2×2 game)인 죄수의 딜레마 게임 배당구조를 행렬(行列)로 나타낸 것이다. 칸 속에 표기된 두 숫자 중 앞 숫자는 행으로 나타난 '갑'의 배당, 곧 형기, 뒤 숫자는 열로 표기된 '을'의 배당을 나타낸다. 형기란 길수록 나쁘므로 음수로 표기했다.

게임이론은 문제의 해(解)를 구하는 수학 이론이다. 이런 게임에서 통상 두 가지 해법이 있다. 하나는 주어진 전략을 비교하여 '지배전략'(dominating strategy)이 있는지를 따지는 것이다. 죄수의 딜

....

12 대표적으로 Schelling(1960).

13 좀 더 자세한, 그러나 여전히 초보적인 설명은 김태현(2004a) 참조.

표 4-1 '죄수의 딜레마' 게임

갑 \ 을	부인	자백[a]
부인	−2, −2[c]	−25, 0
자백[a]	0, −25	−10, −10[b]

a: 지배전략; b: 내시 평형; c: 파레토 최적

레마 게임에서 갑과 을 두 선수는 '자백'과 '부인' 두 가지 전략이 있다. 각 선수의 처지에서 자백하면 상대가 무엇을 선택하든 부인할 때보다 더 좋은 배당이 나온다. 이렇게 따져보자. 상대가 자백했을 때, 내가 자백하면 형기는 10년이다. 부인하면 형기는 25년이다. 그러니 자백이 현명한 선택이다. 상대가 부인했을 때, 내가 자백하면 불기소 방면이다. 내가 부인하면 형기는 2년이다, 그러니 자백이 영리한 선택이다. 이래도 저래도 자백이 낫다. 그러므로 자백하는 전략은 부인하는 전략을 '지배'(dominate)한다.

다른 하나는 쌍방의 선택이 맞물려 도출된 '결과'가 '평형'(equilibrium)인지를 따지는 것이다. 평형이란 하나의 결과가 도출됐을 때 둘 중 누구도 참가자가 홀로 전략을 바꾸어 더 나은 배당을 얻을 수 없을 때 일어난다. 2001년 영화 〈뷰티풀 마인드〉의 주인공 수학자 존 내시(John Nash)가 개발했다고 하여 '내시 평형'이라고 한다. 죄수의 딜레마 게임에서는 상호자백이 내시 평형이다. 상대가 자백을 택했는데 홀로 번복하면 그는 불기소, 나는 최고형으로 더 나빠지니 번복할 이유가 없다. 그도 같은 처지이니 누구고 번복할 이유가 없는 평형 상태가 된다.

죄수의 딜레마 게임은 두 참가자의 전략과 배당구조가 같은 '대칭 게임'(symmetric game)이다. 이 게임에서 두 참가자는 모두 자백이 지배전략이다. 그것을 택한 결과는 내시 평형이다. 그런데 "모든 사람이 타인의 불만을 사지 않고 자기의 만족을 늘릴 수 없는 상태"를 말하는 '파레토 최적'(Pareto Optimality)은 따로 있다. 두 사람 모두 10년이 아니라 2년만 형을 사는 결과가 그것이다. 그러나 그 결과는 누구든 자백하여 불기소 방면되고자 하는 유혹이 생겨 지탱할 수 없다. 그래서 함께 더 나쁜 결과, 즉 10년형을 사는 나락에 빠진다. 이처럼 개인의 합리성이 사회적 합리성을 가져오지 못하는 이 딜레마는 많은 사회문제에서 나타난다.

3) 안보딜레마와 군비경쟁

죄수의 딜레마와 같은 상황은 국제정치에서도 쉽게 찾을 수 있다. 안보딜레마 속 군비경쟁이 좋은 예다. 적대 관계에 있는 두 나라가 일정 수준으로 군비를 낮추기로 합의했다고 하자. 약속이 지켜지면 군사력 균형은 해치지 않고 비용을 줄일 수 있으니 둘 다 이익이다. 그러나 각 나라는 상대가 약속을 지킬 때 홀로 어겨 상대에 군사적 우세를 구축하려는 유혹을 느낀다. 동시에 상대가 약속을 지키지 않는데 홀로 지켜 군사적 열세에 빠질지 모른다는 두려움에 흔들린다. 유혹과 두려움 속에 결국 약속을 어긴다. 군비경쟁이 흔하고 군비축소나 통제가 드문 이유가 그것이다.

앞서 말한 안보딜레마는 무정부의 의미를 강조하느라 두려움의 측면을 과장한 면이 있다. 그러나 유혹과 두려움이 교차하는 권력정치의 결과로 안보딜레마가 국제정치의 특징적 현상의 하나로 나타났다고 봐야 옳다. 이 점은 제6장과 제2권 2장에서 더 깊이 논의한다.

4) 집단행동의 딜레마와 국제협력

양자 게임으로 상정한 '죄수의 딜레마' 게임을 불특정 다수 사이의 다자게임으로 확장하면 이론적으로 흥미롭고 현실적으로 중요한 문제에 접근한다. 가깝게는 교사에게 촌지를 주는 학부모의 심리가 그렇다. 다른 학부모가 촌지를 주지 않는데 나만 주면 우리 아이만 귀염받을 것 같다. 다른 학부모가 다 주는데 나만 주지 않으면 우리 아이만 미움받을 것 같다. 이래도 저래도 주는 것이 나은 지배전략이다.

더 큰 예로 헌법상의 의무인 국방, 구체적으로 병역의무를 보자. 다들 입대하여 훈련받고 무장하여 든든한 군인이 되면 국방이 지켜지고 나도 남도 모두 안전하다. 그런데 대한민국 국군이 50만 명인데 나 하나 빠진다고 국방에 지장이 없으니 빠져서 낮에는 돈 벌고 밤에는 놀고 싶다. 알고 보니 나만 그런 게 아니라 다른 친구들도 다 생각이 같다. 다들 빠지는데 홀로 복무하는 일은 멍청하기 짝이 없다. 남들이 이러든 저러든 나로서는 빠지는 것이 더 나은 지배전략이다.

깨끗하고 공정한 교육환경, 든든한 국방, 안전한 치안 등은 공공재(公共財; public goods)에 해당한다. 소유하며 사는 집, 입고 다니는 의복은 사유재(私有財; private goods)이다. 공공재는 사유재와 다른 두 가지 특징이 있다. 소비의 '비경합성'(非競合性; non-rivalry), 그리고 '비배타성'(非排他性; non-excludability)이다. 첫째, 옷은 내가 입으면 남이 못 입으니 사유재의 사용은 경합적이다. 든든한 국방이나 안전한 치안의 혜택은 내가 누린다고 남이 못 누리지 않으니 비경합적이다. 둘째, 남이 내 옷을 입지 못하도록 할 수 있다. 사유재의 소유와 소비는 배타적이다. 남이 든든한 국방의 혜택을 누리지 못하도록 막을 방법이 없다. 공공재는 비배타적이다.

그런데 옷을 사는 데 돈이 들 듯이 국방이나 치안에도 인적 물적 자원이 필요하다. 징병제 국가라면 국민 다수가 인생의 일정 기간을 희생해야 한다. 모병제 국가라면 위험수당을 포함한 봉급을 줄 예산이 필요하다. 경찰관 봉급을 주고 경찰조직과 활동을 유지하려고 해도 예산이 필요하다. 그런 공공재를 국민의 성금으로 운영할 수 없다. 바로 죄수의 딜레마가 발생하기 때문이다. 남들이 성금을 내서 국방이라는 공공재가 생기면 '무임승차'(free-riding)하고픈 유혹이 생긴다. 남들이 내지 않는데 나 홀로 내봤자 효과도 없이 돈만 낭비할지 모른다는 두려움이 있다. 유혹과 두려움이 교차하는 가운데 누구도 성금을 내지 않아 공공재는 생기지 않는다. 이것을 '집단행동의 딜레마'라고 한다(Olson 1965).

국가의 가장 큰 역할 중 하나가 국방이나 납세의 의무를 강제하는 것이다. 그것을 통해 공공재를 생산하여 공급한다. 그럴 힘이 없는 '실패한 국가'의 인프라가 엉망인 이유가 거기에 있다. 국가 위의 국가가 없는 국제사회도 그렇다. 국가안보는 안으로는 공공재나 밖으로는 사유재다. 개별국가끼리 군비경쟁을 벌이며 안보딜레마에 빠지는 것은 전형적인 죄수의 딜레마 게임이다. 다수 사이의 게임으로 확장하면, 국제적 공공재라고 할 평화가 드물어 전쟁상태가 오히려 정상인 국제정치의 특징을 설명한다. 오늘날 국제정치학을 전공하는 대학원생들의 필독서가 된 왈츠의 저서(Waltz 1979)는 바로 이 논리를 유려한 문장으로 풀어쓰고 다양하게 적용한 것이다. 1980년대 이후 국제정치학의 이론논쟁은 바로 이 점을 둘러싸고 전개됐다.

현대 국제정치학은 이상에서 열거한 국제정치의 여러 특징을 개념으로 정리하고 설명하는 이론을 개발하려고 노력했다. 대표적인 예가 바로 '국제체계' 이론이다. 즉 국제정치 또는 국제관계를 하나의 체계로 관념하고 그것의 행태를 묘사하고 서로 다른 행태를 설명하려는 노력이 현대 국제정치학의 핵심적 과제였다. 이하에서는 그것을 개괄적으로 기술한다.

IV. 국제체계

1. 체계의 개념

태양계니 생태계니 할 때 계(系)는 체계(體系; system)를 의미한다. 교육체계나 의료체계라는 말도 흔히 한다. 일반인은 잘 쓰지 않으나 국제체계(international system)라는 말도 있나. 그런데 '체계'를 설명하라면 말문이 막히기 일쑤이다. 특히 국제체계와 관련하여, 앞의 절에서 국제사회라는 말을 사용했는데, 굳이 국제체계라는 말을 쓰는 이유는 무엇인가? 국제사회라고 할 때, 그리고 국제체계라고 할 때 의미의 차이는 무엇인가?

사회라는 말은 인간의 모임에 해당하는 말이다. 체계라는 말은 자연현상에 먼저 적용되다가 사회로 확대 적용된 말이다. 되돌아가서 체계라는 단어의 용례를 찾아 뜻을 짚어보자. 태양계(solar system)는 태양을 중심으로 행성과 위성이 유기적으로 맞물려 돌아가는 별들의 집단을 이르는 말이다. 생태계(ecological system; ecosystem)는 어떤 지역 안에 사는 생물의 집단과 그것을 둘러싼 비생물적 환경 요인이 종합된 복합 체계로 정의된다. 동물의 몸속에는 심장을 중심으로 하고 혈관으로 연결된 순환계(circulatory system), 입으로 흡수하고 장에서 소화하여 항문으로 배출하는 소화계(digestive system), 뇌를 중심으로 신경조직과 세포로 이루어진 신경계(nervous system) 등이 있다. 가장 기본적으로 인체를 포함한 유기체는 자체로서 하나의 체계이다.

체계란 기본적으로 '단위들의 집합'(a set of units), 또는 단위들의 유기적 결합체를 말한다. 체계 속 단위들은 어떻게든 서로 연관되어 상호작용한다. 그 단위의 집합, 즉 체계 또한 하나의 개체, 또는 유기체로서 외부의 환경 속에서 생활한다. 체계가 유기체로서 존재하려면 단위들 사이에 모종의 균형 또는 평형(equilibrium)이 필요하다. 그래서 체계는 평형이 무너지면 스스로 복원하는 경향, 즉 항상성(恒常性; homeostasis)이 있다. 항상성이 강한 체계는 안정적이다. 약한 체계는 불안정하다.

2. 국제체계

자연 속 유기체를 관념할 때 사용하던 체계라는 용어가 사회에 적용되면서 사회학이 발전했다. 인체 속에 다양한 기능을 수행하는 순환계, 신경계, 소화계 등이 있듯이, 사회 속에도 기능에 따라 정치계, 경제계, 교육계, 금융계 등이 있다. 그것을 국가를 단위로 하는 국제사회에 확대 적용하면서 국제체계라는 말이 시작됐다. 국제체계에 대한 논의는 1957년 모턴 캐플런(Morton Kaplan)이 처음 시작했다. 그리고 1979년 케니스 왈츠가 본격적으로 발전시켰다(Kaplan 1957; Waltz 1979). 그러나 그보다 매우 오래전 국제정치가 하나의 유기체처럼, 즉 체계로 움직인다고 인식한 사람이 있었다. 바로 영국의 철학자 데이비드 흄(David Hume, 1711~1776)이었다(Hume 1752). 그는 유럽의 강대국 사이, 그리고 그 외 역사에서도, 세력균형이 반복되는 패턴을 보고 그것을 유기체의 항상성에 비유했다. 현대 국제정치학의 태두 모겐소도 인체가 생리적 균형을 잃으면 병을 앓듯이 국제정치의 세력균형이 무너지면 전쟁이 난다고 했다. 그리고 세력균형을 국제정치의 '철칙'(鐵則, iron law)이라고 불렀다(Morgenthau 1948/73, 168). 세력균형이 법칙처럼 존재한 것이 맞는다면 국제사회가 체계처럼 움직인다는 좋은 방증이 된다.

체계가 하나의 유기체로서 독자적인 존재라면 나름의 속성, 즉 고유한 성질이 있기 마련이다. 따지자면 체계의 속성에는 두 가지가 있다. 하나는 타고난 모습, 즉 선천적 또는 내재적 속성이다. '본원적 속성'(corporate/intrinsic property)이라고도 한다. 다른 하나는 외형, 주로 움직이는 모습을 묘사하는 '행태적' 속성(behavioral property)이다. 선천적 속성을 후천적으로 계발하여 나타난다고 보는 게 상식적이다. 행태적 속성의 대표적인 예가 안정성(stability)이다. 안정성은 체계 속 평형이 흔들릴 때 복원하는 능력, 즉 항상성의 강도를 말한다. 국제정치를 체계로 관념할 때 세력균형이 곧 평형이다. 세력균형이 무너지면 전쟁이 난다는 관념에서 볼 때 체계의 안정성은 곧 전쟁의 개연성으로 측정된다.

캐플런과 왈츠 등 국제체계이론가들은 본원적 속성을 주로 단위들이 모여 체계를 이루는 방식, 즉 구조(structure)에서 찾는다. 이들이 보는 행태적 속성은 체계 속 단위들이 상호작용하는 과정(process)인데, 그보다 과정의 결과로서 행태(behavior)가 더 적절한 표현이다. 나아가 체계이론가들은 구조와 행태 사이의 인과적 관계를 밝히려고 노력했다. 구조가 다른 두 체계의 행태가 서로 다르다면 구조와 행태 사이에 인과관계가 있다는 뜻이 된다. 대체로 구조가 원인이고 행태가 결과이다. 구조가 독립변수이고 행태가 종속변수이다.

그렇다면 여러 국제체계의 서로 다른 행태를 구조의 차이로 설명할 수 있다. 예로 두 차례 세계대전을 겪었던 20세기 전반의 국제체계와 냉전을 평화롭게 치르고 끝낸 20세기 후반 국제체계의 행태적 차이를 어떻게 설명할 것인가? 현대 국제정치학을 지배한 실증주의 또는 행태주의 이론의 출발점이다. 왈츠가 완성하여 구조적 현실주의, 또는 신현실주의라는 이름으로 지금도 주류의 자리를 차지하고 있다.

3. 왈츠의 국제체계 구조론[14]

1) 국제체계의 3층 구조

왈츠는 흄과 모겐소가 막연히 유기체의 항상성에 비유했던 국제체계의 세력균형을 과학적 체계이론으로 발전시켰다. 그에 따르면 정치체계를 특징짓는 것은 정치 구조이다. 예를 들어, 국내정치 체계가 있고 국제정치 체계가 있으면 그들을 구분하는 것이 바로 구조이다. 그가 보는 정치 구조는 다층, 구체적으로 3층의 구조를 이룬다. 가장 아래, 기단(基壇)에는 체계를 이루는 단위들이 배열되는 원칙(ordering principles of the units)이 있다. 정치의 가장 큰 특징은 수직적, 위계적 배열방식이다. 그런데 국제정치는 특이하게 수평적이다. 곧 무정부적이다. 영어로 위계는 hierarchy, 무정부는 anarchy, 운(韻)이 맞는다. 국내정치 구조는 위계적이고 국제정치 구조는 무정부적이다. 그러므로 국제정치는 국내정치와 구분되는 독자적인 정치영역이다.

3단 구조의 두 번째, 즉 중간층에는 단위들 사이의 기능적인 분화(functional differentiation among the units)가 있다. 국내정치 구조에서 단위들은 서로 다른 기능을 한다. 입법부는 법을 만들고 행정부는 법을 집행하고 사법부는 법을 해석한다. 시장에서도 생산자와 소비자 등 역할의 분화가 있다. 선진사회일수록 분화가 진전됐다. 반면 국제정치의 단위, 즉 국가들은 다르다. 이들은 모두 안으로 질서를 유지하고 밖으로 안보를 지키는 같은 기능을 한다. 그러므로

....

14 Waltz(1979, ch. 5).

국제체계의 단위들은 '동질적 단위'(like-units)이다. 국내정치 체계와 국제정치 체계는 그토록 다르다. 국제정치 체계는 그만큼 후진적이고 원시적이다.[15]

3단 구조의 마지막에는 단위들 사이 힘의 분포(distribution of capabilities across the units)가 있다. 단위들 사이 힘의 차이가 있으면 정치행태가 다르다. 입법부와 행정부의 헌법상 권한이 다르면 정치행태가 다르다. 의원내각제 국가와 대통령제 국가의 정치가 다른 이유이다. 또 여당과 야당 사이 의석 분포, 예컨대 '여대야소'인지 또는 '여소야대'인지에 따라 정치행태가 다르다. 여러 정당이 난립하면 연립정부 수립을 위한 복잡한 정치과정이 펼쳐진다. 국제정치도 그렇다. 국가의 숫자와 그들 사이 힘의 분포가 정치 구조를 가르는 마지막 변수이다.

2) 구조의 인과적 설명력: 극 구조

정치 구조가 위계적인지 무정부적인지는 국내정치 체계와 국제정치 체계를 가르는 가장 큰 차이이다. 단위들 사이 기능적 분화 여부와 정도도 두 정치체계 사이의 가르는 큰 차이이다. 그런데 국제정치학의 관심은 서로 다른 국제체계를 비교하는 데 있지 국내정치와 국제정치를 비교하는 데 있지 않다. 그러므로 이 두 가지는 국제정치에서 설명변수로 도움이 되지 않는다.

첫째, 무정부 구조는 국제정치의 존재 의의와도 같다. 각자 독자

....

15 이것이 많은 비판을 받는 왈츠의 국제체계이론에서 가장 잘못된 부분이다. 제8장에서 자세히 논의한다.

적인 존재를 주장하는 단위가 없으면, 즉 무정부가 아니면 국제정치도 없다. 국제정치의 무정부적 구조는 변수가 아닌 상수이다. 둘째, 단위 사이 기능적 미분화 또한 국제정치를 특징짓는 상수이다. 국제정치학의 관심은 서로 다른 국제체계의 서로 다른 행태, 그리고 그 차이를 설명하는 인과 변수에 있다. 국제체계의 정치 구조의 3요소 중 2가지는 변수가 아닌 상수라서 설명력이 없다.

셋째, 따라서 지역별로 달리 존재하거나, 역사 시기별로 다른 모습을 보인 국제체계를 설명하는 유일한 변수는 단위들 사이 힘의 분포이다. 고만고만한 나라들이 널려있는 가운데 '장대'(pole)처럼 우뚝 선 나라가 강대국이다. 장대, 즉 강대국의 숫자가 국제체계의 정치 구조를 나누는 가장 두드러진 변수이다. 장대를 극(極)으로 치환하면 장대의 수가 셋 이상으로 많으면 다극(多極; multipolar), 둘이면 양극(兩極; bipolar), 하나면 단극(單極; unipolar)이다.

이와 같은 극수(極數) 또는 극성(極性; polarity)을 기준으로 다른 시대, 다른 장소에 존재했던 여러 국제체계를 분류하고 그들의 행태적 속성을 설명하는 일이 현대 국제정치학의 가장 큰 부분이다. 말하자면 국제정치학의 거시이론이다. 거기에 누구나 원하는 '평화'와 누구든 싫어하는 '전쟁'이라는 가치가 끼어들면서 평화학문으로서 국제정치학 이론이 전개됐다.

V. 국제정치의 구조 논쟁

실천적 학문으로서 국제정치학의 기원과 발전은 현실의 전개와 더불어 진행됐다. 1차대전의 참화와 충격에서 시작하여 전쟁을 막으려는 노력에 동참했다. 그런데도 20년 만에 2차대전을 겪은 인류는 그 전쟁이 끝난 다음에도 불안했다. 과거의 강대국(great powers)을 뛰어넘는 초강대국(superpowers)으로 양극화된 세계에서, 바로 그 극인 미국과 소련이 바로 냉전에 돌입했기에 더욱 그랬다. 그런데 2차대전 이후의 국제정치는 이전의 국제정치와는 사뭇 다르게 진행됐다. 베를린 위기, 한국전쟁, 쿠바 미사일 위기 등이 제3차 세계대전에 이르지 않도록 관리됐다. 이에 따라 양극체제가 안정적이라는 믿음이 생겼다. 아울러 양극체계가 무너지면 위험할 수 있다는 인식도 생겼다.

서방 진영 내부에서 전래의 적국인 영국, 프랑스와 독일, 미국과 일본이 화해하고 협력한 것도 이례적이었다. 과거 대공황 때와 비교하면 더욱 그래서 설명이 필요했다. 미국의 압도적인 힘과 정책 덕분이라는 생각에서 후술하는 '패권 안정 이론'이 생기고 유명해졌다. 그 생각의 틀 속에서 '미국의 힘이 흔들리면 세계를 걱정하고 세계가 흔들리면 미국의 힘을 의심하는 경향'도 생겼다. 요컨대 국제체계 속 강대국 사이의 힘의 분포, 또는 체계의 극성에 따라 국제정치 현상이 좌우된다는 가설을 중심으로 국제정치학 논쟁이 전개됐다.

1. 국제체계의 안정성: 양극 대 다극

1차대전은 비교적 사소한 사건으로 촉발되어 대전으로 번졌다. 2차대전은 침략자를 제때 견제하지 못해 일어났다. 다극체계 때 일이었다. 그에 비하면 양극체계 속 냉전은 안정적으로 관리됐다. 다극체계가 불안하고 양극체계가 안정적이라는 믿음이 자리 잡았다. 그런데 그 믿음에 비추어 걱정스러운 일련의 사태가 1960년대 일어났다.

첫째는 중소분쟁과 중국의 핵무장이다. 1949년 대륙을 장악한 중국 또는 중공(中共)은 한동안 동독이나 헝가리 등 동유럽 국가처럼 소련의 위성국 정도로 생각됐다. 그런 중국이 1956년 소련에 이념논쟁을 걸어 공산 세계의 패권을 다투었다. 1964년에는 핵실험에 성공하고 1969년에는 소련과 영토를 놓고 전쟁까지 했다. 영토와 인구의 크기에서 중국이 소련에 버금가는 강대국으로 꼽기에 손색이 없다는 점이 새삼 드러났다.

둘째는 나토의 분열과 프랑스의 핵무장이다. 프랑스는 미국의 핵우산을 거부하고 독자적인 핵무기를 개발하여 보유했다. 그리고 나토통합군에 동참하기도 거부하며 전래의 강대국 역할을 자임했다. 셋째는 서독과 일본의 회생이다. 2차대전의 적국이었던 두 나라가 미국을 위협할 정도의 산업국가로 다시 복귀했다. 세계는 다시 다극체계로 복귀하는 듯했고 사람들은 은근히 불안했다.

그럴 때 국제정치학자들이 양극체계와 다극체계의 상대적 안정성에 대해 이론논쟁을 벌였다. 첫째, 새로 등장한 계량 국제정치학을 주도하던 두 학자, 도이치와 싱어가 있었다. 그들은 논리적으로 볼 때 다극체계가 덜 위험하고 안정적이므로 다극체계의 복귀를 걱정할 필요가 없다고 주장했다. 수학적으로 강대국의 숫자(N)가 증가하면 강대국 사이 양자관계의 숫자는 N(N-1)/2의 공식에 따라 기하급수적으로 증가한다. 두 나라면 하나(1)이다. 다섯 나라면 열(10)

이 된다. 한 나라가 동원할 수 있는 군사력이 고정돼 있다면 그것을 여러 나라에 분산하니 상대가 느끼는 위협감은 그만큼 감소한다. 그만큼 관계의 수가 많으니 개체별로 생겨나는 다양한 변수, 예컨대 특정 국가의 빠른 경제 성장이나 군비 증강에 여러 방식으로 유연하게 대응할 수 있다(Deutsch and Singer 1964).

거의 같은 시점에 왈츠는 반대로 양극체계가 안정적이라는 주장을 펼쳤다. 그의 논리도 분명하다. 첫째, 양극체계란 체계 내부의 전쟁잠재력이 두 나라에 집중돼 있다는 뜻이다. 전쟁이 나면 매우 크고 파멸적인 전쟁이 될 수밖에 없고 그것을 아는 위정자들은 양국 관계 관리에 신중할 수밖에 없다. 둘째, 다행히 관리해야 할 상대가 하나밖에 없어 집중할 수 있다. 셋째, 양극 체계에서 강대국과 동맹국 사이에는 국력 격차가 매우 크다. 1차대전 때 독일처럼 동맹국에 휘둘려 원치 않는 전쟁을 할 개연성이 낮아진다.[16]

그러나 걱정할 필요는 전혀 없다. 국력의 가장 대표적 지표인 군사력에서 미국과 소련 등 극을 이루는 초강대국과 여타 국가들 사이의 격차는 더욱 커졌다. 양극체계에서 세력균형이 작동하지 않는다는 생각도 착각이다. 세력균형을 유지하는 방법에는 동맹의 결성처럼 외부적인 방법, 곧 균세(均勢)만 있는 것이 아니다. 자국의 국력을 동원하고 배치하는 내부적인 방법, 즉 자강(自强)도 있다(Waltz

16 예를 들면, 1차대전을 앞두고 오스트리아와 러시아가 대결했다. 오스트리아의 동맹국 독일은 러시아보다 러시아와 동맹관계인 프랑스가 신경 쓰였다. 그래도 오스트리아가 러시아에 지도록 방관할 수 없었다. 그러기에는 오스트리아가 너무 소중했다. 오스트리아는 독일을 믿고 강하게 나가다가 결국 전쟁이 일어났고 독일은 원치 않는 전쟁에 말려들었다.

1964).

논리보다는 현실에서 왈츠가 이겼다. 이후로도 국제체계는 양극 구조를 유지했고 냉전은 안정적으로 수행됐다. 15년 후 왈츠는 이 주장을 더욱 발전시킨 저서를 출판하여 스스로 구조적 현실주의, 남들은 신현실주의로 부른 학파의 태두가 됐다(Waltz 1979).

2. 패권 안정 이론과 "패권 이후"

1차대전의 충격으로 시작한 현대 국제관계학의 주된 연구 대상은 전쟁과 평화, 즉 군사적 현상이었다. 2차대전이 끝나고도 한동안 냉전의 현실에 압도되어 그 경향은 이어졌다. 그런데 주목받지 못하는 가운데 놀라운 현상이 일어나고 있었다. 미국을 위주로 한 서방세계에서 전래의 강대국들이 구원을 씻고 넓고 깊게 협력하기 시작한 것이었다. '국제통화기금'(International Monetary Fund; IMF) 아래 안정된 통화질서를 구축하고 1993년부터 '세계무역기구'(World Trade Organization; WTO)로 발전한 '관세 및 무역에 관한 일반 협정'(the General Agreement on Tariffs and Trade; GATT)의 틀 속에서 관세를 낮추었다. 그에 따라 무역이 늘어나고 경제가 성장했다. 국가들이 무정부적 구조 속에서 죄수의 딜레마의 유혹과 두려움 속에 협력하지 않는다는 기본 전제와 어긋나는 이런 현상은 당연히 연구의 대상이 됐다. 국제정치경제론(International Political Economy; IPE)이 국제정치학의 새로운 분과로 등장했다.

1) 패권 안정 이론

1973년 경제사학자 킨들버거(Kindleberger 1973)가 1930년대 대공황에 대해 (경제적 설명이 아닌) 정치적 설명을 제시했다. 경제란 원래 호황과 불황을 오가는 주기를 타고 그래서 불황이 오래가지는 않는다. 그런데 1929년에 시작한 불황은 예외였다. 그래서 '대공황'(大恐慌; the Great Depression)이었다. 이전의 불황이 주기를 타고 회복한 이유는 세계 경제를 지탱하는 패권국이 있었기 때문이었다. 하나로 통합된 세계 경제에서 패권국은 시장을 개방하여 자유무역을 선도한다. 환율이 안정되도록 통화체제를 관리하며 무역적자로 인해 외환위기에 처한 나라들에 신용을 제공한다. 그럼으로써 호황-불황의 주기를 반복하는 국제경제 질서의 안정성을 유지한다. 1차대전 이전까지 영국이 그 역할을 했다. 1929년에 시작한 대공황에서 영국은 그럴 능력이 없었다. 미국은 그럴 능력이 있었을지 몰라도 의지도 없고 방법도 몰랐다.

2차대전 이후 국제경제 질서에서 미국이 패권국의 역할을 했다. 시장을 개방하고, 다른 나라 시장의 자발적 개방을 유도했다. 달러를 모든 나라가 신용하는 금으로 바꿔준다고 약속하여 통화질서의 안정을 유지했다. IMF를 설립하여 위급한 나라에 신용을 제공했다. 냉전 시대 서방 국가들이 경제적으로 협력하고 번영하며 평화를 유지한 비결이 거기에 있었다. 역사 속에서 많은 나라가 부침을 거듭한 국제체계에서 어느 나라가 패권적 지위를 유지하면 세계는 개방되고 번영하고 평화롭다. 권력이 무한하지 않으므로 패권은 주기를 그린다. 경제도 주기를 그린다. 전쟁과 평화도 주기를 그린다. 소위 '장주기'(long cycles) 이론의 주장이다. 나아가 역사적으로 검증했을 때 패권의 주기와 경제 주기와 전쟁 주기가 함께 움직이는 경향이 발견됐다. 즉 패권국이 있으면 번영하고 평화롭다. 그렇지 않으면 위태롭다.[17] 패권 안정 이론(Hegemonic Stability Theory)의 주장이다.

과학이론은 패턴, 또는 법칙을 발견하는 데 그치는 것이 아니다. 왜 그런 패턴이 일어나는지 설명해야 한다. 패권 안정 이론은 앞서 소개한 공공재와 집단행동의 딜레마 논리로 그것을 설명한다. 집단행동의 딜레마는 고만고만한 참가자들을 전제로 한다. 그런데 참가자 중 누군가 월등하다면 혼자의 힘으로 공공재를 공급할 능력이 있다. 그 공공재로 비용을 능가하는 이득을 올릴 수 있으면 그럴 의지도 있다. 그런 능력과 의지를 겸비한 나라가 바로 패권국이다(Snidal 1985). 패권국이 있으면 국제적 공공재가 있어 국제관계는 안정적이고 호혜적이다. 평화롭다.

19세기 산업혁명을 선도한 영국은 자국의 시장을 개방하고도 외국산 수입품을 압도할 가격경쟁력이 있었다. 자국 시장개방이라는 당근과 국가별 차별이라는 채찍을 겸비하여 세계 시장의 개방을 유도하여 큰 이익을 누렸다. 런던의 금융시장은 통화와 금융의 안정성을 확보했다. 국제무역의 필요조건인 안전한 해로(海路)를 막강한 해군력으로 확보했다. 19세기의 평화 소위 팍스 브리태니커의 비결이다. 2차대전 후 미국이 정확히 그와 같았다. 팍스 아메리카나이다. 국제체계의 안정성을 체계 내 단일한 패권국의 존재로 설명하는

....

17 Modelski, Gilpin, Krasner, Golstein 등이 관련된 연구를 발표했다. 이 중 Goldstein (1988) 참조할 것.

패권 안정 이론은 체계의 구조로 체계의 행태를 설명하는 구조적 현실주의에 부합하는 좋은 사례였다. 그러나 안정과 평화보다 갈등과 전쟁에 관심이 큰 왈츠는 외면했다.

2) 패권 이후

패권 안정 이론의 논리적 귀결은 이렇다. 패권국이 있으면 번영과 평화가 유지된다. 패권국이 무너지면 그것들을 보장할 수 없다. 1930년의 대공황과 이어진 2차대전이 증거이다. 그러므로 미국의 패권이 유지되는 것은 세계를 위해 좋다. 패권 안정 이론이 미국의 패권적 지위를 정당화하려는 이데올로기라고 비판받는 이유다(백창재 2004). 일반인들은 마냥 불안하고 궁금하다. 1960년대 미국의 산업경쟁력이 독일과 일본에 뒤져 마침내 무역적자를 기록하기 시작했다. 외국이 보유한 달러 총액이 미국이 보유한 금의 가치를 넘었다. 금으로 바꿔준다는, 즉 금 태환(兌換)의 약속을 믿고 보유한 달러의 신용에 금이 가기 시작했다.

1971년 미국 대통령은 달러를 금으로 바꿔준다는 약속을 폐기하고 베트남에서도 철수했다. 1973년 제3차 중동전쟁에서 아랍국가들은 이스라엘을 지원하는 미국과 일부 추종국을 상대로 석유 수출을 중단했다. 미국은 속수무책이었다. 1979년 이란의 대학생들이 미국 대사관을 점거하고 외교관들을 인질로 잡았다. 미국은 여전히 속수무책이었다. 암울한 세상이었다.

그런데 세상은 암흑을 박차고 되살아났다. 원래의 국제정치 논리라면 경쟁하고 싸웠어야 할 선진 강대국들이 G7을 결성하여 협력했다. '국제에너지기구'(International Energy Agency; IEA)를 설립하여 산유국에 대응했다. 시간이 흐르면서 세계 경제는 안정을 되찾았다. 이것을 어떻게 설명할 것인가? 세계질서의 안정과 번영과 평화를 미국의 패권적 지위로 설명했는데 미국의 패권적 힘과 지위가 사라진 다음에도 이어진 안정과 번영과 평화는 어떻게 설명할 것인가? 1984년 하버드 대학교의 커헤인 교수가 발간한 『패권 이후』라는 제목의 저서에서 제기한 질문이었다. 제2장에서 소개한 나이 교수의 연성권력론도 한 대답이었고 스트레인지 교수의 구조적 권력론도 그랬다. 그러나 미국의 쇠퇴를 사실로 인정한 후 그 질문에 대답하려는 노력이 이후 적어도 10년간 주류 국제정치학계를 지배했다. 이하 제5장과 제7장에서 자세히 논의한다.

3. 냉전의 종식, 소련의 붕괴, 단극 체계의 안정성

학문과 연구에도 쏠림현상이 있다. 냉전 초기에는 군사적 현상에 쏠렸고 냉전이 안정된 1970년대 이후에는 경제적 현상에 쏠렸다. 국제정치학자들이 '패권 이후'의 국제정치경제에 대해 꽂혀 논쟁하는 사이 대표적 군사적 갈등인 냉전이 끝났다. 신선놀음에 도낏자루 썩는 줄 모른 격이었다. 근 반세기 동안 국제정치를 지배한 냉전은 순식간에 끝났다. 그 과정을 짧게 설명하면 다음과 같다.

1985년 소련에 마하일 고르바초프(Mikhail Gorbachev)라는 비교적 젊은 지도자가 등장하여 체제를 개혁(*perestroika*)하고 사회를 일사(*glasnost*)고 주창했다. 그것을 위해 국제관계를 안정시킬 필요가 생겨 레이건(Ronald Reagan, 1981~1989) 대통령의 취임 이후 '신냉전' 중이던 미국과의 관계를 획기적으로 개선했다. 동유럽의 국가들이 소련을 뒤따르면서 동서 진영 사이 냉전도 완화됐다. 1989년 소련 진영의 첨병이었던 동독이 무너지고 이듬해 미국과 소련의 용인 아래 동서독이 통일됐다. 같은 해 이라크가 쿠웨이트를 침공하자 1950년 한국전쟁 이후 처음으로 유엔의 '집단안전보장' 체제가 발동하여 이라크를 응징했다. 1991년 말에는 소련이 러시아를 비롯한 15개의 독립국으로 해체됐다.

실험실 연구가 불가능한 국제정치학의 이론을 검증할 절호의 기회가 왔다. 국제정치학자들은 학파로 나뉘어 미래 국제정치를 예측하고 그것으로 각 이론의 우열을 겨루었다. 한 예로 대표적 현실주의 국제정치학자 미어샤이머는 서방의 강대국들을 묶어주었던 냉전이 끝난 이상 국제정치의 본래 패턴, 즉 강대국 사이의 갈등과 전쟁이 돌아올 것으로 예측했다. 그에 대해 커헤인을 비롯한 자유주의 학자들은 냉전 기간 중 구축된 국제제도의 역할에 따라 그 같은 단선적이고 퇴행적인 변화는 일어나지 않을 것이라고 주장했다.[18]

다른 현실주의자들은 소련이 해체됨으로써 양극에서 단극으로 바뀐 국제체계의 안정성과 지속성을 놓고 논란을 벌였다. 앞서 봤듯이 왈츠는 세력균형이 이루어지려면 셋 이상의 강대국이 필요하다는 종래의 전제를 뒤엎고 양극 체계에서도 세력균형이, 어쩌면 더 안정적으로, 작동한다고 주장했다. 그런 그가 보기에도 단극 체계의 등장은 세력균형의 붕괴를 의미했다. 그래서 그는 세력균형의 법칙에 따라 단극 체계는 오래가지 못한다고 단언했다. 제2장에서 논의했듯이, 권력이란 호랑이처럼 가만 있어도 무서운 법이다. 그런데

....

18 Brown et al.(1995)에 관련 논문이 모여 있다.

권력은 호랑이보다 무서운 마물이어서 권력자가 인성을 잃고 갑질하도록 만든다.

그런 논리에서 왈츠는 이렇게 전망했다. 소련이 무너지며 홀로 선 미국의 힘은 가만 있어도 남이 보기엔 무섭다. 그런데 미국은 가만 있지 못한다. 냉전이 끝났으니 용도폐기해야 마땅한 나토를 유지할 뿐만 아니라 오히려 확장한다. 러시아와 중국이 경동(驚動)한다. 러시아와 중국이 경동하여 힘을 늘리면 독일과 일본도 경동한다. 다들 군사력 증강에 나서고 1960년대 프랑스처럼 독자노선을 걷는다. 단극 체계는 기껏해야 10년, 길어야 15년을 가지 못한다. 왈츠의 예측이었다(Waltz 1993; 2000; Layne 1993).

왈츠의 예측은 경고이자 충고였다. 단극 시대 미국이 오만해지면 그 위상이 오래가지 못하니 자제하라는 뜻이었다. 그러나 이미 권력에 취해 오만해진 위정자의 귀에 그런 소리는 들리지 않았다. 오히려 단극 체계는 세력균형의 법칙을 초월한다는 식의 달콤한 소리만 들렸다. 세력균형의 법칙은 역사를 관찰하여 얻은 결론인데 단극 체계는 역사에 유례가 없으니 세력균형이론의 전제가 틀렸다고 주장했다. 그러므로 "단극 체계는 균형 잡을 수 없고 균형 잡을 수 있다면 단극이 아니다"라고 강변했다(Wohlforth 1999, 26).

그것이 조지 W. 부시(George W. Bush, 2001~2009) 행정부의 외교정책을 장악한 소위 네오콘의 신념이자 주장이었다. 2001년 9·11 테러 이후 미국은 군사력을 마구잡이식으로 휘둘렀다. 테러 주범을 감쌌다고 아프가니스탄의 탈레반 정권을 무너뜨렸다. 빈약한 명분으로 이라크를 치고 사담 후세인 정권을 무너뜨렸다. 북한을 공격한다는 소문도 무성했다. 그러던 끝에 안팎으로 수렁에 빠졌다. 밖으로는 아프가니스탄과 이라크 두 개 전쟁의 수렁이었다. 안으로는 2008년 금융위기였다.

4. 중국의 부상과 '투키디데스의 함정'

2008년 8월 8일, 중국의 수도 베이징에서 "하나의 세계, 하나의 꿈"이라는 기치로 하계 올림픽 대회가 열렸다. 그 일주일 전 러시아의 군대가 구소련의 일원이던 조지아를 침공했다. 9월 15일, 미국의 금융회사 리먼 브라더스(Lehman Brothers)가 파산했다. 전 세계가 공포에 휩싸였다. 중국에 세계의 이목이 쏠렸다. 일본과 한국 등이 성공한 수출주도형 성장정책을 통해 고속 경제 성장을 이루고 막대한 외환보유고를 미국 국채로 보유한 중국이었다. 중국이 미국 국채 매각에 나서거나 다른 나라들처럼 자국 화폐의 평가절하에 나서면 세계 경제가 무너질지 몰랐다. 중국은 그러지 않았다. 그렇게 받은 관심과 취한 정책으로 중국이 세계 정치의 주역으로 등장했다. 2년 후 2010년, 구매력 기준으로 따져 이미 세계 제2의 경제 대국이던 중국은 공식환율로도 일본을 따돌리고 제2의 경제 대국이 됐다. 그 성장세가 유지된다면 미국을 앞지를 날도 멀지 않았다.

2013년, 중국 개방과 성장의 물꼬를 튼 덩샤오핑(鄧小平)이 세운 규칙에 따라 10년씩 나라를 이끌던 장쩌민(江澤民, 1993~2003), 후진타오(胡錦濤, 2003~2013)의 뒤를 이어 시진핑(習近平, 2013~)이 중국 공산당 총서기에 이어 국가주석으로 등극했다. 그해 11월 어느 국제회의에서 시진핑은 "투키디데스의 함정"에 대해 경고하고 "신형대국관계"를 제안했다. 덩샤오핑 이후 중국 외교의 지침, '몸을 낮추고 때를 기다린다'라는 '도광양회'(韜光養晦)는 폐기됐다. 2017년 하버드 대학교 앨리슨 교수가 『예정된 전쟁』이라는 책을 낸 이후 "투키디데스의 함정"이란 말은 시대의 유행어가 됐다. 불길한 말이었다(Allison 2014, 2017).

투키디데스(Thucydides, 기원전 460~400?)는 고대 그리스시대 아테네의 정치가 겸 역사학자이다. 그는 당시 패권국 스파르타가 이끄는 펠로폰네소스 연맹과 신흥강대국 아테네가 이끄는 델로스 동맹이 그리스 세계의 패권을 다투며 27년 동안(기원전 431~404년) 이어진 '펠로폰네소스 전쟁'의 역사를 기록으로 남겼다. 그 책 서장 끝무렵에 이렇게 기록했다: "전쟁을 초래한 원인은 아테네 힘의 성장과 그로 인해 생겨난 스파르타의 두려움이다. 그것이 전쟁을 불가피하게 만들었다."[19]

앨리슨 교수가 "미국과 중국이 '투키디데스의 함정'을 피할 수 있는지"를 물었을 때 그가 염두에 둔 생각은 이랬을 것이다. 미래에 미국과 중국이 싸우는 전쟁, 아마 제3차 세계대전이 일어날 것이다. 후세 역사가들은 투키디데스가 그랬듯이 "그 전쟁을 초래한 원인은 '중국' 힘의 성장과 그로 인해 생겨난 '미국'의 두려움이었다. 그것이 전쟁을 불가피하게 만들었다"라고 기록할지 모른다. 과연 그럴까?

앞서 언급한 장주기 이론과 더불어 논의되는 이론이 있다. "세력전이(power transition) 이론"이다(김우상 2004). 역사적으로 볼 때 앨리슨이 지적한 바처럼 체계를 지배하는 제1인자와 제2인자 사이

....

19 Thucydides(1954), Book I, para. 23(p. 49).

의 다툼이 바로 패권전쟁이다. 그 패권전쟁은 양자 사이 세력의 역전이 일어날 전후 시점에서 일어난다. 두 가지 유형이 있다. 제1인자가 제2인자가 더 크기 전에 싹을 자르는 예방 전쟁이 한 유형이다. 제1인자보다 강하다고 생각하는 제2인자가 더는 기다리지 못하고 싸움을 거는 지위 쟁탈 전쟁이 다른 유형이다. 어느 유형이든 제1인자 미국과 제2인자 중국 사이의 전쟁은 '불가피'하다. 투키디데스의 함정을 말하는 사람들이 암시하는 바가 그것이다. 그 속에서 사람들은 괜스레 불안하다. 그사이에 낀 나라 사람들은 자나 깨나 불안하다. 한국이 그중 하나다.

VI. 마무리하며

1870년 유럽의 강대국인 프로이센과 프랑스가 독일통일을 놓고 전쟁한 이후 1914년 1차대전의 발발까지 44년 동안 강대국 사이 전쟁이 없었다. 그것이 '오랜 평화'로 불릴 정도로 국제정치에는 원래 전쟁이 잦았다. 1945년 2차대전이 끝나고 지금까지 강대국 사이 전쟁이 없었다. 44년을 맞은 1989년에 이미 "오랜 평화"라는 용어가 사용됐다(Gaddis, 1989). 그 무렵 냉전이 끝났다. 사회주의 블록이 해체되고 소속 각국이 체제를 전환하고 무엇보다 소련이 15개 독립 공화국으로 쪼개졌다. 이후 세계는 군사비 지출을 반으로 줄이고 산업화와 무역을 통한 경제발전에 매진했다. 냉전 동안 나라 안팎으로 쪼개져서 서로 싸우던 동남아 국가들이 일본과 한국의 전례를 벤치마킹하여 수출주도형 산업화를 통해 경제개발에 성공했다. 유럽연합을 벤치마킹하여 동남아 국가연합(ASEAN)을 확대했다. 아울러 민주화가 진행됐다. 동유럽의 구사회주의권 국가들, 한국, 타이완, 필리핀 등 아시아 국가들이 민주화됐다. "민주화의 제3 물결"이라고 불렀다(Huntington, 1991). 2011년에는 아랍의 봄이 있었다.

무엇보다 세계화가 있었다. 냉전 이후 30년간 냉전기 미국이 구축한 자유주의적 국제질서가 세계로 확산했다. 미국의 힘과 미국이 지지한 각종 제도가 견고한 네트워크로 세계를 지도했다. 무정부적 기본구조에서도 치세의 가능성을 믿었던 이상주의자들의 꿈이 현실이 됐다. 치세의 대가는 무엇인가? 제7장에서 논의한다.

연습문제

1 동서고금의 역사에서 사회는 난세와 치세의 모습을 보였고 그 차이는 주로 국가권력의 강도와 통치의 질(質)에 있다. 이 점을 설명하고, 그것이 국제정치에 대해 가지는 의의와 한계점에 대해 논술하시오.

2 왈츠(Kenneth N. Waltz)가 "국가 사이에 자연 상태는 전쟁상태이다"라고 한 데 대해 논평하시오.

3 '안보딜레마'의 개념을 정의하고 그 원인과 효과에 대해 논술하시오.

4 '죄수의 딜레마' 게임에 대해 간략히 설명하고 그것이 특히 국제정치 분석에 유용한 이유를 설명하시오.

5 체계(system)란 안으로 구성단위들이 상호작용하며 밖으로 환경과 구분되는 일종의 유기체와 같은 개념으로 사회 전체 그리고 그 여러 분야에 적용되는 개념으로 그 자체의 속성을 가진 것으로 관념된다. 국제체계와 관련하여 그 본원적 속성(intrinsic property)과 행태적 속성(behavioral property)을 예를 들어 설명하시오.

제2부

이론"들"

5

이론"들"

현대 국제정치이론의 구조와 전개

I. 시작하며

이 장을 포함하여 네 개의 장으로 구성된 제2부에서는 국제정치 '이론'을 소개하고 논의한다. 그럼으로써 독자들이 국제관계에 대한 나름의 개념화를 하도록 돕는다는 이 책 목적 중 중요 부분을 수행한다.

'이론'이 무엇인지 한마디로 정의하기는 어렵다. 온갖 사전을 뒤져도 사전마다 다르고 그마저 난삽하여 읽어도 이해하기 어렵다. 분야에 따라 또는 맥락에 따라 이론이 지칭하는 바도 많고 이론의 형식도 다르기 때문이다. 철학에서 말하는 이론과 과학에서 말하는 이론이 다르고 경제학에서 말하는 이론과 정치학에서 말하는 이론이 다르다. 그래도 학생과 학자는 각자 전공별로 여러 이론을 배우면서 용례를 통해 이론이 무엇인지에 대한 감을 익힌다. 모든 학자는 자기 분야의 기존 이론을 익히고 나아가 이렇다 할 나름의 이론을 개발하려는 의욕에서 공부한다.

그런데 국제정치학을 가르치고 배우면서 이론의 문제에 이르면 선생은 난감하고 학생은 답답해진다. 거의 모든 국제정치학 교과서는 국제정치학의 주요 이론으로 '현실주의'(Realism), '자유주의'(Liberalism), '구성주의'(Constructivism) 등을 들고 이들이 분야의 3대 이론으로서 우열을 다툰다고 한다.[1] 그 말을 들으면 어리둥절하다 못해 황당하기까지 하다.

첫째, '이론'이라면서 무슨 사상이나 이념을 말할 때 쓰는 '주의'가 이름에 있는 것이 이상하다.

둘째, 이론의 이름을 들어도 내용을 짐작하기 어렵다. '현실주의'라는 이름은 너무 흔하고 일반적이어서 그것이 국제정치에 어떻게 적용되는지 모르겠다. '자유주의'라는 이름은 국내정치나 경제학이나 정책에서 쓰이는 용어가 아닌가? '구성주의'는 또 무엇인가? 구성이 도대체 무슨 뜻인가?

셋째, 이들이 서로 다툰다고 하는데 어떤 의미에서 그런가? 예를 들면 현실주의가 다투는 상대는 이상주의가 아닌가? 자유주의의 상대는 보수주의가 아닌가?

게다가 '○○주의'라는 명칭 앞에 수식어를 붙여 나누기도 한다. 고전적(Classical) 현실주의와 신(Neo-)현실주의를 나누고, 공격적(Offensive) 현실주의와 방어적(Defensive) 현실주의를 나누더니, 심지어 신고전적(Neoclassical) 현실주의를 주창한다. 자유주의에

....

1 예컨대 제1장에서 인용한 Walt(1998) 참조.

도 고전적 자유주의, 신자유주의, 신자유주의적 제도주의(Neoliberal Institutionalism) 등의 이름이 있다. 등장한 지 오래되지 않은 구성주의에도 근대적(Modern), 탈근대적(Post-modern)과 같은 수식어를 붙인다.

해명하자면 이렇다. 다른 분야도 그렇겠지만 국제정치이론에는 여러 급(級)이 있다. 우선 연구하는 분야 전체를 포괄하여 적용하는 '대이론'(grand theory)이 있다. 현실주의나 자유주의처럼 '○○주의'라는 이름이 대체로 그에 해당한다. 흔히 말하는 거대 담론 혹은 세계관 또는 이론적 시각 등으로 이해하면 크게 틀리지 않는다.

다음으로 특정 현상을 지칭하여 설명하는 이론이 있다. 앞 장에서 소개한 '패권안정론', '장주기론', '세력전이이론', 앞으로 소개할 '세력균형이론', '민주평화론', '합리적 억지이론' 등이 그에 해당한다. 많은 학문 분야에서 이론이라면 이처럼 특정 현상을 지칭하고 설명하는 이론을 지칭한다. 그러나 국제정치이론이라고 하면 무엇보다 대이론을 지칭하는 것이 국제관계학 분야의 관행이다. 그만큼 국제관계학이 미숙하고 세련되지 못하다는 뜻이니 국제정치학자로서는 아픈 현실이다.

II. 국제정치이론의 구성요소와 구조

○○주의로 불리는 국제정치이론은 크게 보면 거대 담론이고 따져보면 과학이론이다. 그런 의미에서 각 이론은 대체로 두 가지 측면에서 경쟁이론과 구분되고 비교될 수 있다. 하나는 국제정치의 본

질이 도대체 무엇인지에 관한 생각, 말하자면 '존재론'적 가정이다. 둘째는 그 본질이 무엇이든 그것을 어떻게 아는지에 관한 생각, 말하자면 '인식론'적 전제이다.

존재론(存在論; ontology)이란 사실 무거운 표현이다. 철학의 하나로 존재의 본질에 대한 다툼을 다루는 깊은 연구인데 여기서는 가볍게 그 표면적 의의, 즉 국제정치의 기본 모습이 어떤지에 관한 생각으로 보고 그에 따라 분류한다. 인식론(認識論; epistemology)도 마찬가지로 무거운 표현이다. 지식의 본질에 대한 다툼을 다루는 깊은 연구인데 여기서는 비교적 가볍게 연구방법론의 철학적 전제 정도로 취급한다. 더 깊은 논의는 제8장에서 한다.

1. 국제정치이론의 존재론: '현실주의' 대 '이상주의'

국제정치라는 현상의 본질 또는 그 정체를 보는 존재론적 견해는 일단 '현실주의'(realism)와 '이상주의'(idealism)로 나뉜다. 이들 용어는 일상에서 흔히 쓰여 새롭지 않다. 현실주의는 있는 현실을 주어진 한계로 여기고 그 안에 안주하며 적응하려는 태도를 이른다. 이상주의는 현실에 안주하지 않고 그것을 초월한 현상을 보거나 추구하는 태도를 이른다. 존재론으로서 현실주의는 눈앞에 보이는 것이 전부라고 생각한다. 존재론으로서 이상주의는 그것이 전부가 아니라고 생각한다.

그런데 이 일상적인 구분은 국제정치학에서 특별한 의미가 있다. 후술하는 바와 같이 초기 국제정치학자들이 그 용어로 국제정치학의 사조를 분류했기 때문이다. 현실주의가 보는 국제관계의 기본 모습은 무정부의 정치이고 난세의 정치이며 폭력정치이다. 국제정치에서 전쟁이 정상이고 평화가 오히려 예외이다. 그게 '사실'이고 '현실'이며 그래서 현실주의이다. 현실주의의 반대쪽에는 물론 이상주의가 있다.

이상주의가 보기에 현실주의의 비관적 견해는 착시인 동시에 패배주의적 발상이다. 착시란 현실주의가 근거로 삼는 역사적 '사실' 또는 현실이 전체가 아니라 표본, 그나마 편향된 표본일 수 있기 때문이다. 역사 기록이 없는 선사시대, 관찰되지 않은 고립된 사회의 경험은 반영되지 않았으니 표본일 뿐이다. 비유하자면 현실주의가 보고 묘사하는 세계의 모습은 수면에 노출된 빙산의 일각일 뿐이다. 그리고 노출되지 않은 모습이 어떨지 모르니 그 표본이 편향됐을 여지가 있다.

그보다 더 중요한 오류가 있다. 미래의 표본이 포함되지 않았다. 미래의 국제정치가 과거나 현재의 국제정치와 같다는 보장이 없다. 인간은 만물의 영장이다. 무한한 상상력과 자유의지가 있다. 과거와 현재를 반추하여 미래를 기획한다. 위대한 철학자들이 모두 그랬다. 플라톤이나 아리스토텔레스, 공자와 맹자의 사상은 그때는 이상론이었으나 지금은 현실의 한 부분이 됐다. 무정부가 바로 난세라는 생각도 선입견이다. 노자(老子)는 〈도덕경〉에서 있는 듯 없는 듯, 있어도 모르는 임금이 최상이라고 했다. 임금이 없는 것이 오히려 태평성대 치세일 수도 있다. 무정부 구조 속에도 치세는 가능하다. 설사 과거에 없었다고 해도 미래에도 없을 것으로 생각하여 더 나은 세상을 포기하는 것은 패배주의적 발상이다.[2]

논리적으로 따져 현실주의는 '하나'이다. 현실주의는 있는 '현실'에서 출발하며 현실은 존재론적으로 단 하나이기 때문이다. 제6장에서 보듯이 여러 현실주의 사상가/이론가들의 주장 사이에 차이는 있으나 그 폭은 크지 않다. 현실주의가 보는 국제사회는 '난세'이고, 국제정치는 '권력정치'이며 권력은 '경성권력' 특히 폭력에 기초한다. 과학적 이론으로서 현실주의는 그처럼 폭력적 현실을 묘사하는 '서술(敍述; descriptive) 이론'이다. 나아가 그렇게 기술한 현상이 왜 그런지 '설명'한다. 그래서 과학이론이다. 실천적으로 현실주의는 주어진 현실 속에 살아남아 성공하는 처세술을 가르친다.

논리적으로 따져 이상주의는 무수하고 무한하다. 존재론적으로 하나인 '현실'에서 출발하는 현실주의와 달리 이상주의는 '상상'에 기초하고 인간의 상상력은 무한하기 때문이다. 그래도 여러 이상주의 사이에 공통점은 있다. 이상주의가 꿈꾸는 국제사회는 '치세'이고 국제정치는 '법과 제도'에 따라 관리되며 권력은 '부드럽게' 행사된다. 다만 그것을 어떻게 실현하는지, 무엇에 초점을 두는지에 따라 이상주의는 시간과 공간에 따라 다양한 형태로 나타났다. 과학이라기보다 철학에 가까운 이상주의는 현실보다 나은 그림을 제시하고 따를 것을 요청하는 '처방(處方; prescriptive)이론'이다. 많은 사람이 그 처방을 따르면 사회를 바꿀 수 있다. 이상주의는 변화를 가져오는 개혁과 혁명의 원동력이 될 수 있다.[3]

....

2 이상과 현실에 대한 자세한 논의는 카, 『20년의 위기』, 제2장 참조.

3 바로 이 점에서 현실주의와 이상주의의 구분은 존재론의 원래 의미, 즉 세상이 무엇으로 이루어지는지로 이어진다. 현실주의는 세상이 손에 잡히는 물질로 이루어졌다고 믿는 물질론(materialism)이다. 물질은 바꾸기 어렵다. 이상주의는 세상은 우리의 관념 속에 존재한다고 믿는 관념론이다. 관념은 바뀔 수 있다. 영어로는 여전히 idealism이다. 제8장 참조.

20세기 전반까지 자유주의 국제정치이론이 그런 이상주의 이론의 하나였다. 제7장에서 보듯이 자유주의(liberalism)는 근대 유럽에서 지배적인 정치철학이자 사상이었다. 자유주의 사상가들은 철학의 논리에 따라 정치체제와 경제체제의 모습을 그려주었다. 그것이 현실과 다른 한 이상주의적 '처방이론'이었다. 19세기에 이르러 유럽 여러 나라에서 자유주의의 처방이 정책으로 실현되고 제도로 구현되면서 정치적 경제적 현실이 바뀌었다. 그럼으로써 자유주의는 국내정치와 경제의 '기술 이론'이 될 수 있었다. 1차대전 이후 국제질서의 개조 또는 개혁에 대한 열망이 높을 때 논의된 새로운 질서의 청사진도 자유주의에 바탕을 두었다. 그에 따라 '국제연맹'을 설립하고 그것을 중심으로 국제정치를 논의했다. 그것이 성공하여 현실이 되었더라면 이상주의의 허물을 벗고 국제정치의 '기술 이론'이 될 수도 있었다.

그러나 2차대전이 발발하면서 자유주의의 청사진은 '이상'의 굴레를 벗어나지 못했다. 이후 실망한 학자들이 그때까지의 자유주의 이론에 '이상주의'라는 명패를 붙이고 자신들의 대안 이론에 '현

표 5-1 현실주의 대 이상주의

	현실주의	이상주의
국제질서	난세	치세
정치	권력정치	제도정치
권력	경성권력, 군사력	연성권력
이론의 역할	기술과 설명	처방
존재론적 전제*	물질론	관념론

* 이 점에 대한 자세한 논의는 제8장 참조

실주의'라는 명패를 붙였다. 말하자면 보통명사였던 '현실주의'와 '이상주의'가 그때 국제정치학 분야에 들어와 고유명사가 됐다. 〈표 5-1〉은 국제정치학에서의 '현실주의'와 '이상주의'의 대조점을 요약한 것이다.

2. 국제정치이론의 인식론: 사회'과학' 대 '사회'과학

20세기 후반에 들어와 국제관계학은 사회과학, 그중 정치학의 한 분과로서 자리를 잡았다. 사회과학을 연구하는 방법에 관해서 크게 두 가지 학설이 있다. 하나는 사회과학도 '과학'이고 모든 과학은 동일하며 후발 과학인 사회과학은 선발이자 선진적인 자연과학의 방법을 본받아야 한다는 '과학적 일원론'이다. 다른 하나는 사회과학은 생명이 없는 물질 세상에서 일어나는 현상을 다루는 자연과학과 달리 독자적인 의지와 에너지로 행동하는 인간 현상을 다루므로 달리 연구해야 한다는 '과학적 이원론'이다.

전자는 학문 분야에 따라 또 시기에 따라 실증주의(positivism), 행태주의(behavioralism), 합리주의(rationalism) 등 여러 이름으로 불렸다. 후자도 학문 분야와 시기에 따라 해석적 사회과학(interpretive social science), 성찰주의(reflectivism), 구성주의(constructivism), 탈실증주의(post-positivism) 등 더 다양한 이름으로 불리고 더 다양한 주장으로 전개됐다. 국제정치학에서는 '합리주의' 대 '성찰주의' 또는 '구성주의'로 대비했는데, 합리주의와 구성주의는 다른 의미로 쓰이기도 하므로 이하에서는 실증주의 대 성찰주의로 부른다.[4]

(상대성 이론과 양자물리학의 등장에 따라 흔들리기는 했으나) 근대 과학에 따르면 물질 세상은 이성으로 발견하고 설명할 수 있는 과학적 법칙에 따라 움직인다. 과학의 사명은 현상을 관찰하여 법칙을 발견하고 그 법칙을 (수학적) 논리로 설명하는 이론을 개발하는 데 있다. 그러한 법칙과 이론을 이용해 일상에 일어나는 일을 설명하고 예측하며, 나아가 관리하고 바꿀 수도 있다. 곧 과학을 응용하면 공학(工學; engineering)이 된다. 과학과 공학이 발달하면서 인간은 자연의 질곡을 극복하고 삶의 질을 높였다.

그러한 과학관을 수용한 실증주의 사회과학관에 따르면 인간 세상도 이성으로 발견하고 설명할 수 있는 과학적 법칙에 따라 움직인다. 사회과학의 사명은 인간현상, 사회현상을 관찰하여 법칙을 발견하고 (수학적) 논리로 설명하는 데 있다. 그러한 법칙과 이론을 이용해 일상에 일어나는 일을 설명하고 예측할뿐더러 관리하고 바꿀 수도 있다. 사회과학을 응용하면 사회공학(social engineering)이 된다. 사회과학과 공학이 발달하면 가난과 범죄, 전쟁 등의 사회적 질곡과 병폐를 극복하여 인간 삶의 질을 높일 수 있다.

자연과학의 법칙은 만고 불변이다. 동서와 고금, 즉 장소와 시간을 가리지 않고 타당하다. 1600년경 갈릴레오 갈릴레이가 피사의 사탑에서 떨어뜨린 돌덩이와 지금 남산 타워에서 떨어뜨린 돌덩이는 같은 법칙에 따라 움직인다. 인간 세상과 사회현상에서도 그처럼 보편적인 법칙이 있는가? 실증주의 사회과학관은 그렇다고 믿는다.

....

4 두 가지 대조적 연구 방법은 Moon(1975)에 잘 소개되어 있다. 1988년 로버트 커헤인이 미국 국제정치학회장의 자격에서 합리주의 대 성찰주의로 정리했다. Keohane(1988). 이후 1999년에는 합리주의 대 구성주의로 대비하기도 했다. Katzenstein et al.(1999).

바로 인간에 고유한 이성(理性; reason) 때문 또는 덕분이다. 이성에 따라 행동하는 인간은 같은 상황 속에서 같은 방식으로 행동한다. 이성이 그것이 최선이라고 일러주고 인간은 그에 따라 행동하기 때문이다. 이러한 과학관이 '합리주의'라는 이름으로도 불리는 이유이다. 이에 부합하는 대표적 사회과학이 경제학이다. 경제학은 수요공급의 법칙을 발견하고 수학 이론으로 설명한다.

그와 달리 성찰주의 과학관은 인간의 성찰 또는 자성 능력을 강조한다. 인간의 지적 능력은 단지 이성을 활용하여 주어진 상황에 적응하고 그에 따라 법칙 같은 행위 패턴을 보이는 데에 그치지 않는다. 법칙을 발견하면 그것을 활용하기도 하고 뛰어넘는 초월적 능력이 있다. 그러면 법칙이 무너진다.[5] 따라서 인간 세상, 사회현상에 만고 불변의 법칙은 있을 수 없다. 그것을 찾아 인간 세상을 알려는 노력은 좋게 말해 가성비가 떨어지고 심하게 말하면 황당하고 무망(無望)한 노릇이다. 그러면 인간 세상은 어떻게 연구하는가? 사회과학은 어떻게 공부하는가?

예를 들어 높은 빌딩에서 투신하여 사망한 사람의 사인(死因)을

....

5 오래전 필자가 갓 대학에 입학했을 때 일이다. 제과점도 제대로 가지 못한 고교 시절 규제에 대한 반발로 제과점보다 더 금기였던 '다방'에 자주 가서 커피를 마시며 어른 기분을 냈다. 그 무렵 간암을 유발하는 B형 간염이 언론에 크게 화제가 됐다. 찌개 냄비에 여러 사람이 숟가락을 담그는 한국의 식습관으로 간염이 더 확산할 수 있다는 뉴스도 있었다. 단, B형 간염은 바이러스로 옮는데 바이러스는 열에 약하므로 식기를 삶으면 예방할 수 있다고 전문가들이 처방했다. 어느 날 다방에서 문득 든 생각, 이 다방은 여러 사람이 사용하는 커피잔을 열 소독할까? 아니면 손잡이가 하나인 이 커피잔을 어느 간염 바이러스 보균자가 사용했다면 간접 입술접촉을 통해 내게 옮는 건 아닌가? 아! 한국인 대다수가 오른손잡이이니 왼손을 쓰면 접촉을 피할 수 있겠다. 그 이야기를 하며 함께 간 친구들이 왼손을 사용하여 안심하고 커피를 마셨다. 며칠 후 같은 다방에 가니 모든 손님이 왼손으로 커피잔을 잡고 있었다.

'과학적'으로 설명하면 어떨까? 과학적 설명 방식으로 '총괄법칙 모델'(covering-law model)이 있다. 과학철학자 헴펠(Carl Hempel)이 제시한 설명 모델로 주어진 초기조건(explanans), 즉 원인과 설명하려는 사실(explanandum) 즉 결과에 일반 법칙(general laws)을 적용하여 설명한다(Hempel 1965). 곧 원인과 결과를 따지는 인과적 설명인데, 그것을 원용하면 다음과 같다.

조건/원인: 투신자는 사람이다.
일반 법칙: 사람은 죽는다.
사실/결과: 투신자는 사망했다.

의미가 있는가?

또는 이런 설명이 있을 수 있다. 높이를 고려하면 지상에 충돌했을 때의 속도는 시속 얼마였다. 그 속도에 체중을 곱하면 신체에 작용한 힘은 어느 정도였다. 그 정도의 힘이 작용하면 육체는 견디지 못한다. 의미가 있는가? 혹은, 추락한 사람의 사망확률은 높이의 제곱에 비례하여 높아진다. 이 사람은 몇 미터의 높이에서 추락했다. 그 높이라면 사망확률이 몇 %의 확률이다. 그 확률이 실현되어 이 사람은 사망했다. 역시 의미가 있는가?

언론은 아마 그 사람이 사랑을 잃고, 또는 생활고에 시달려 '극단적인 선택'을 했다고 보도할지 모른다. 실연한 모든 사람이, 생활고에 시달리는 모든 사람이 '극단적 선택'을 하지는 않으니 법칙에 의한 설명은 아니다. 사람들은 그의 사랑이 얼마나 절절했는지, 생활고의 정도가 얼마나 딱했는지에 관한 이야기를 듣고 "아! 그래서 그랬구나"라고 고개를 끄덕인다. 어떠한 행동이나 사건의 맥락을 밝혀 그 행동의 의미를 해석하고 이해한다. 사회과학의 역할은 인과적 '설명'보다 '해석과 이해'에 있다.

실용적인 견지에서 보면 '실증주의 방법론'과 '성찰주의 방법론' 사이의 논쟁은 인간 세상, 사회현상, 국제정치 현상에 대한 지식을 얻는 방법으로 무엇이 더 효율적인지를 둘러싼 논쟁이다. 냉정히 따져보면 과학적 방법으로 얻을 수 있는 지식도 있고 성찰적 방법으로 얻을 수 있는 지식도 있다. 실증주의는 전자가 더 많다고 믿고 주장하고 구성주의는 후자가 더 많다고 믿고 주장한다. 이 둘 사이의 논쟁, 즉 인식론적 논쟁은 '정도' 또는 '양'의 문제를 둘러싼 것이므로, '종류' 또는 '질'의 문제를 둘러싼 현실주의와 이상주의 사이의 존재론적 논쟁보다 가벼워야 마땅하다. 그런데 학계에서는 때로 인식론적 논쟁이 존재론적 논쟁보다 더 치열했다. 그리고 그런 패턴이 현실 국제정치에 영향을 미친다. 왜 그런지는 이 장 뒷부분, 또 제8장에서 설명한다.

3. 현대 국제정치이론의 구조와 분류

이상주의와 현실주의의 존재론적 구분과 실증주의와 성찰주의의 인식론적 구분을 조합하면 〈표 5-2〉처럼 된다. 그리고 다음 절에서 논의하듯이 국제정치학은 지난 1백여 년의 역사에서 한편으로는 현실의 변화에 대응하고 다른 한편으로는 학문 분야 내부의 흐름에 따라 이름을 달리하며 진화해왔다. 그것들을 〈표 5-2〉에 대입하면 〈표 5-3〉처럼 된다. 지난 100년간의 진화가 전간기 이상주의

(1919~1939) → 고전적 현실주의(1939/1948~1979) → 신현실주의(1979~) → 신자유주의(1984~) → 탈냉전기 구성주의(1999~) 식으로 원을 그리며 진화했다는 점이 흥미롭다. 뒤에서 언급하듯이 이론이 반드시 진보하는 것이 아니라는 필자의 입장을 지지하는 한 증거라고도 볼 수 있다.

물론 현실주의 대 이상주의, 실증주의 대 성찰주의의 대조와 조합은 이 표처럼 깔끔하지 않다. '현실주의'와 '이상주의'라는 이름은 가치 판단의 요소가 있어 학자 개개인은 스스로 주장하기도 하기도 하고 부정하기도 한다. 적어도 오늘날 '이상주의자'를 자처하

표 5-2 국제정치이론의 구조

		인식론	
		성찰주의	**실증주의**
존재론	**현실주의**	성찰주의적 현실주의	실증주의적 현실주의
	이상주의	성찰주의적 이상주의	실증주의적 이상주의

표 5-3 현대 국제정치이론의 구조와 분류

		인식론	
		성찰주의	**실증주의**
존재론	**현실주의**	고전적 현실주의 (카 1939; 모겐소 1948)	신현실주의 (왈츠 1979)
	이상주의	전간기 (1919~39) 이상주의 탈냉전기 구성주의 (웬트 1999)	신자유주의 (커헤인 1984; 액설로드 1984)

* 이름 옆 숫자는 대표작이 출간된 연도이다.

는 사람은 거의 없다. 또 '실증주의자'나 '성찰주의자'로 분명하게 자처하는 사람도 많지 않다.

나아가 국제정치학의 존재론과 인식론이 완전히 대척점에 선 것도 아니다. 예를 들어 존재론에서 이상주의로 분류된 자유주의는 인식론에서 실증/합리주의와 자연적 친화성이 있다. 제7장에서 논의하듯이 정치철학, 정치이념으로서 자유주의는 인간의 이성을 믿는 점에서 인식론으로서 합리주의와 뿌리가 같기 때문이다. 또 실증/합리주의 인식론은 행동으로 '나타난 현상'의 관찰을 통해 법칙을 발견하려는 점에서 존재론적으로 물질론에 가깝다. 성찰주의적 인식론은 '마음속 현상'을 강조한다는 점에서 존재론적으로 관념론에 가깝다. 단, 이 문제는 현 단계에서는 어렵게 느껴질 수 있으므로 제8장에서 다시 논의한다.

III. 현대 국제정치학의 '진화'

앞서 언급했듯이 학문 분야로서 국제정치학은 1차 대전의 종전과 더불어 시작하여 100년을 넘기며 진화(進化; evolution)했다. 진보(進步; progress)가 아니라 진화라는 표현을 쓰는 이유가 있다. 진보라는 표현은 발전한다는 판단을 포함한다. 반면 진화론을 주창한 다윈(Charles Darwin, 1809~1882) 식으로 보면 진화란 변화하여 주어진 환경에 적응하는 과정을 지칭할 따름이다. 지금의 환경에 적응하여 번성하는 종(種)이 과거에 번성했던 종보다 모든 점에서 뛰어나 향후 변화한 환경에서도 번성할지 장담할 수 없다.

국제정치이론도 마찬가지다. 필자는 지금 이 시점에 어느 이론이 있어 다수 학자가 주장하고 인용한다고 하여 그것이 다른 이론에 비해 절대적으로 뛰어나다고 믿지 않는다. 단지 이 시점의 국제정치 상황에 대해 더 뛰어난 설명력을 보이기 때문이라고 생각한다. 상황이 바뀌면 이론 사이의 우열도 달라질 수 있다. 그러한 시각이 지난 1백여 년의 세월 동안 국제정치이론의 진화과정과 현재 지배적인 이론을 더 잘 이해하도록 한다고 믿는다.

이하에서 필자는 국제정치이론의 진화과정을 두 가지 준거점에 비추어 설명한다. 하나는 현실 국제정치 상황의 변화이다. 군사적 측면에서 보면, 제1차 세계대전(1914~19)이 끝난 지 20년 만에 제2차 세계대전(1939~45)이 일어났다. 이어 냉전(1946~1990)이 있었고 탈냉전 시대가 이어졌다. 전체적으로는 강대국 사이의 큰 전쟁이 없었다는 의미에서 근 80년의 '오랜 평화'가 이어지고 있다. 경제적으로, 1929~30년간의 대공황이 있었고 이후 강대국들은 식민지를 중심으로 배타적 블록을 구축했다. 2차 대전 이후 그에 대한 반성과 함께 자유주의 국제경제 체제가 미국을 중심으로 한 서방 세계에서 실천됐고 소련이 주도한 사회주의 국제경제 체제에 승리했다. 그리고 탈냉전과 세계화 시대가 왔다. 외교적으로 1919년 사상 최초의 보편적 국제기구 국제연맹이 설립됐고 2차대전의 충격에도 불구하고, 또는 그 때문에 국제연합, 즉 유엔으로 확대 발전했다. 유엔과 각종 산하 기구를 위주로 한 유엔 체제, 그 외에도 각종 범세계적 또는 지역적 차원에서 설립된 국제기구를 중심으로 종래의 양자 외교에서 다자외교로의 이행이 일어났다.

다른 하나는 학문 분야로 자리 잡은 국제정치학계 내부에서 전개되는 학파 사이의 경쟁이다. 1차대전 이후 반쯤은 평화운동으로 출발한 국제정치학은 2차대전 이후 하나의 학문 분야로 굳게 자리 잡았다. 2023년 기준으로 미국 국제정치학회(International Studies Association)는 세계적으로 회원이 6,500명이 넘는다. 일본 국제정치 학회의 회원은 3천 명 수준이다. 한국 국제정치학회의 회원도 2천 명이 넘는다. 학문 분야가 있으면 학자들의 모임인 학계(學界)가 있고 학계가 있으면 학파(學派)가 있기 마련이다. 같은 학파 안에도 분파(分派)가 있다. 주로 사승(師承) 관계로 맺어지고 이어지는 학파와 분파는 파벌을 만든다. 파벌이 있으면 싸움이 있기 마련이다. 학문의 흐름은 때로 그 파벌싸움에 좌우된다.

현실 국제정치에 큰 변화가 있으면 그것을 빌미로 학파는 논쟁을 벌였다. 그렇지 않더라도 학계, 때로는 학과(學科)의 주도권을 둘러싸고 싸움을 벌였다. 그 싸움은 전적으로 학술적이거나 합리적이지 않다.[6] 과학의 발전과정을 설명하며 그런 학계의 모습을 그린 책이 바로 토머스 쿤이 쓴 『과학혁명의 구조』이다(Kuhn 1962/70). 그 내용을 알면 이 장의 내용을 이해하는 데 도움이 되어 소개한다.

....

6 학자 중 대학교수가 가장 많다. 교수라는 직업은 다른 직업과 달리 정년이 보장된다. 그러나 조교수에서 부교수로 승진하여 정년을 보장받으려면 연구실적이 좋아야 한다. 연구실적이란 학계의 다른 학자들이 익명으로 하는 엄격한 심사를 거쳐 출판된 학술논문이나 학술서적이다. "출판하지 못하면 죽는다"(publish or perish)라는 말이 학계의 금언이다. 학계의 '주류학파'에 속하면 논문이나 저서를 출판할 확률이 높다. 같은 학파에 속하여 논문을 우호적으로 평가할 심사자가 많기 때문이다. 주류에 속하기 위한, 혹은 자신이 속한 학파를 주류로 만들기 위한 노력은 전적으로 학술적이거나 합리적이지 않다. 사람이 모여서 어울리는 곳에는 어디든 정치가 있다.

1. 토머스 쿤의 『과학혁명의 구조』

과학자가 아니더라도 누구나 생각하고 수용하기 쉬운 과학에 대한 관념이 있다. 바로 타고난 천재들이 천재 선생에게서 배우고 천재 학생에게 가르쳐 단계적으로 진보한다는 것이다. 선생의 업적에 제자의 업적이 더해지고 제자의 업적에 그 제자의 업적이 더해지는 식이다. 그렇게 생각할 때 학문은 조금씩 그러나 항상 진보하며 발전한다. 그렇게 하여 현대 과학은 뉴턴 시대와 비교할 수 없는, 스마트폰을 일용하고 양자컴퓨터를 실용화할 단계에 이르렀다. 그런데 크고 길게 보면 과학과 학문과 지식은 그렇게 발전하지 않았다. 물리학자이면서 과학의 역사를 연구한 토머스 쿤이 1962년 출간한 『과학혁명의 구조』는 세 가지 논리로 그 같은 상식에 도전한다.

첫째, 과학/학문이란 천재가 홀로 연구하고 그 결과로서 세상을 바꾸는 것이 아니다. 학문은 같은 문제를 놓고 고민하는 학자들의 집단적 활동이다. 어쩌다 탁월한 천재가 나와 획기적으로 뛰어난 이론을 개발하고 같은 분야의 학자들이 심복하고 각자의 연구로 그 이론을 보완하면 그 이론은 그 분야의 패러다임(paradigm)이 된다. 패러다임은 그 분야의 기본이론이자 핵심 이론으로 교과서에 수록되어 후학을 이끌고 지도한다. 패러다임은 그 분야 학자들의 사고를 지배하는 세계관이자 종교와 같은 신념이 된다.

둘째, 패러다임이 있는 과학 분야는 '정상과학'(normal science)이다. 정상과학 분야의 학자들은 그 분야에서 연구 대상이 될 만한 문제가 무엇이며, 그것을 어떻게 연구할지에 관해 교감이 있다. 교감의 범위를 뛰어넘는 주제를 연구하는 사람은 마치 종교에서 이단

자처럼 취급된다. 튀는 연구를 하려던 연구자의 대부분은 위축되고 위축되지 않은 연구자는 축출되어 '망명자'가 된다.

셋째, 그러니 정상과학의 연구성과는 큰 그림에서 보면 사소하기 짝이 없다. 나름 성과를 '축적'한다고 믿겠으나 큰 그림, 긴 안목에서 볼 때 도토리 키재기에 불과하다. 과학의 진보는 다른 방식으로 이루어진다. 현실 속에 기왕의 패러다임으로 설명하지 못하는 변칙적 현상(anomaly)이 하나씩 나타나고 쌓인다. 정상과학에서 축출되거나 속하지 않은 천재 학자가 패러다임과 다른 새로운 이론으로 변칙을 설명한다. 그렇더라도 기왕의 학자들이 새로운 이론으로 '개종'(改宗)하는 일은 잘 일어나지 않는다. 패러다임에 젖은 그들 눈에 변칙은 아예 보이지 않기 때문이다. 다만 패러다임에 젖지 않은 신진학자들이 새로운 이론을 추종하면서 '교세'(敎勢)가 역전된다. 새로운 시대에 적응하지 못한 패러다임은 그렇게 사라지고 적응한 이론이 새로운 패러다임이 된다. 마치 진화생물학에서 말하는 '적자생존'과 '자연도태'의 과정과 같다.

이처럼 파격적인 주장을 내세운 쿤은 가장 지성적이어야 할 학문의 과정을 비합리적 요소로 설명했다고 하여 많은 비판을 받았다. 그래도 이론의 검증과 학문의 진보에 관한 과학철학의 연구를 촉진한 공이 있다. 그리고 그의 분석은 국제정치이론 100년사를 개관하고 평가하는 데 도움이 되는 측면이 있다.

2. 현대 국제정치이론의 '진화': 세 차례 "대논쟁"

흔히 현대 국제정치학은 출범 이후 몇 차례의 "대논쟁"(Great

Debates)을 거치면서 발전, 또는 진화했다고 한다. 대논쟁은 주로 현실에서 큰 변화와 학계 내부의 이론적 분화가 맞물리며 전개되어 국제정치학의 진화를 이끌었다. 이하에는 바로 그 틀에 비추어 국제정치학 100년사를 개관한다.

1) 제1차 세계대전과 국제정치학의 태동: '전간기' 이상주의[7]

국제정치학은 1차대전의 충격으로 시작됐다. 최초의 국제정치학과가 1919년 영국 웨일스 지방에 있는 애버리스트위스 대학교에 설치됐다. 독지가가 거금을 기부하여 당시 미국 대통령의 이름을 딴 우드로 윌슨 석좌교수 자리를 만들었다. 초대 석좌교수 짐먼(Alfred Zimmern)이 젊은 교수 한 명과 함께 시작했다. 짐먼 교수는 이후 미국의 코넬대학교(1922~23)에서 강의하다가, 1930년부터 옥스퍼드대학교 초대 국제정치학 교수로 자리 잡으며 국제정치학의 확산에 이바지했다.

관련 연구소도 설립됐다. 베르사유 평화회의에 참가했던 대표단이 주축이 되어 1920년 영국 런던에 〈채텀하우스〉(Chatham House), 다른 이름으로는 〈왕립 국제문제연구소〉(the Royal Institute of International Affairs), 1921년 미국 뉴욕에 〈외교협회〉(Council on Foreign Relations)를 설립했다. 이들은 일련의 강연과 토론을 통해 새로 설립된 국제연맹을 중심으로 전개된 평화운동에 대해 폭넓게 논의하고 이론적 기초를 제공했다. 또 1922년부터 각기 *Interna-*

....

7 전간기(戰間期)란 영어 interwar period의 번역어로 통상 제1차 세계대전이 끝난 1919년부터 제2차 세계대전이 시작한 1939년까지의 기간을 의미한다.

*tional Affairs*와 *Foreign Affairs*라는 제목의 학술지를 출간하여 연구 결과를 널리 공유했다.

1936년 외교관에서 은퇴한 E. H. 카가 애버리스트위스 대학교의 제4대 우드로 윌슨 국제정치학 석좌교수로 취임했다. 3년 후 1939년 독일이 폴란드를 침공하여 2차대전이 발발한 직후 『20년의 위기』 초판을 출판했다. 여기서 카는 그동안의 국제정치학 연구를 "이상주의" 또는 "이상향주의"(Utopianism, 이하에서는 이상주의로 부른다)라고 부르고 "현실주의"적 국제정치학 연구의 필요성을 설파했다.

카에 따르면 이상주의는 초기 단계에 있는 모든 학문의 특징이다. 학문은 실천적 목적을 위해 출발한다. 납으로 금을 만들겠다는 목적에서 출발한 연금술이 근대 화학의 기초가 된 것이 좋은 예다. 국제관계학도 전쟁을 막고 평화를 추구한다는 목적의식에서 출발했다. 논리적 기초는 19세기까지 영미에서 성행한 자유주의였다. (이하 제7장 참조). 국제연맹이 세계정부에 버금가는 역할을 하고, 국제법과 조약을 통해 평화를 약속한다. 그런 이상향이 실천될 수 있다는 생각에는 추호의 의심이 없었다. 국가들 사이에도 개인 사이와 마찬가지로 '이익의 조화'(harmony of interests)가 있기 때문이다.

1928년 미국 국무부 장관 켈로그(Frank Kellogg)와 프랑스 외교부 장관 브리앙(Aristide Briand)이 〈국가정책 수단으로서 전쟁 포기를 위한 일반 조약〉, 소위 〈부전조약〉을 주도하여 이듬해까지 57개 국가가 참가했다. 1931년 9월 10일 국제연맹 총회에서 영국 대표 세실 공(Lord Cecil)은 "인류역사상 지금처럼 전쟁의 가능성이 낮은 적은 없었다"라고 연설했다. 8일 후 9월 18일 일본이 만주사변을 일으켰다(Carr 1946/2002, 61). 1935년 이탈리아는 에티오피아를 침공했다. 1937년 일본은 본격적으로 중국침략에 나섰다. 1938년 봄 나치 독일은 오스트리아를 강제 합방했다.

그러나 이상주의의 논리와 평화에 대한 희망에 도취한 세계는 여전히 꿈을 버리지 못했다. 히틀러가 오스트리아를 합병할 때 사용한 논리는 당시의 '시대정신'이었던 '민족자결주의'였다. 같은 독일어를 사용하는 오스트리아는 같은 '독일 민족'이니 함께 살아야 한다는 논리였다. 같은 논리로 체코슬로바키아의 독일인 거주지 주데텐란트에 대한 영유권을 주장했다. 군사적으로 준비가 안 되고 논리에서도 밀린 영국은 뮌헨협정(1938년 9월 30일)을 통해 유화했다. 체임벌린 수상은 공항에서 협정문을 흔들며 그것이 "우리 시대를 위한 평화"(peace for our time)라고 외쳤다. 11개월 후 1939년 9월 1일, 독일이 폴란드를 침공하면서 제2차 세계대전이 시작됐다. 시대의 이상, 또는 몽상에 도전하지 않고 그에 편승하거나 오히려 재확산한 국제정치학 연구는 전쟁의 발발에 일정 부분 책임이 있었다.[8]

카에 따르면 이처럼 목적과 당위에 압도된 이상주의 단계의 학문이 실패를 거듭할 때야 현실을 체계적으로 분석하는 현실주의 연구가 시작된다. 그렇게 들여다본 국제정치의 '현실'은 역시 권력정치였다.

2) 제2차 세계대전과 "대논쟁": 현실주의의 독무대

흔히 "제1차 대논쟁"(The First Great Debate)이라 불리는 국제정

8 짐먼이 대표로 카의 몰매를 맞았다. 짐먼의 이력은 Griffiths(1999) 참조.

치학의 이론논쟁은 사실 '논쟁'이 아니었다. 기왕의 학문 풍조를 싸잡아 이상주의로 부르고 자신은 현실주의자로 자처하는 학자들이 기존의 연구 경향을 일방적으로 공격한 것이었다. 미국의 신학자이자 정치비평가 라인홀트 니버(Reinhold Niebuhr)가 있었고, 니버를 깊이 읽고 인용한 카도 그중 한 사람이었다. 그런 사람 중에 독일태생 유대인으로 나치의 박해를 피해 유럽을 떠돌다가 1937년 미국으로 이주한 모겐소가 있었다. 모겐소는 2차대전 중 진행한 일련의 강의를 엮어 1946년 출간한 책에서 자유주의식 접근법을 섣불리 국제정치에 적용하려던 전간기 연구를 통렬하게 비판했다(Morgenthau 1946/2008).

사실 카는 현실주의라는 이름을 짓고 유명하게 했으나 스스로 철두철미한 현실주의자는 아니었다. 카가 보기에 이상주의와 현실주의는 서로의 지나침을 교정하는 천적이자 공생 관계에 있다. 무한한 상상력을 동원한 이상주의는 헤프다. 눈앞만 보는 현실주의는 메마르다. 이상주의의 헤픔이 지나쳐 독이 되면 현실주의가 해독제다. 현실주의의 메마름으로 병이 나면 이상주의가 치료제다(Carr 1946/2002, 29).[9] 정치 현실과 정치학문은 변증법적 관계를 통해 발전하거나 퇴보한다.

과학적 일반이론을 지향하는 사람이 보기에 카의 주장은 상대주의이고 패배주의이다. 이상주의와 현실주의 중 무엇이 옳다고 잘라 말하지 못하니 상대주의이다. 사실과 진실을 찾는 국제정치의 '과

....

9 원문은 이렇다. "[T[here is a stage where realism is the necessary corrective to the exuberance of utopianism, just as in other periods utopianism must be invoked to counteract the barrenness of realism." Carr(1946, 10).

학'이 불가능하다고 말하는 것과 같으니 패배주의이다.

모겐소는 학문을 지향하는 자로서 카와 같은 태도가 옳지 않다고 비판했다. 그리고 1948년에 초판이 나온 『국가 사이의 정치』(*Politics Among Nations*)에서 자신의 국제정치이론을 체계적으로 정리하고 '정치적 현실주의'(political realism)라고 불렀다. 정치적 현실주의의 6개 원칙을 내세우고 제1 원칙으로 "정치는 다른 모든 사회현상과 마찬가지로 인간의 본성에 뿌리를 둔 객관적 법칙이 지배한다"라고 주장했다(Morgenthau 1948/73, 4). 그가 보는 인간의 본성이란, 제2장에서 본 것처럼, 군집 동물이라는 속성에서 도출되는 권력욕이다. 정치적 동물인 인간은 권력을 유지하고, 증진하고, 과시하기 위해 행동한다. 인간의 집단인 국가도 권력을 유지하고, 증진하고, 과시하기 위해 행동한다. 국가의 대외적 행동인 외교정책은 권력을 유지하기 위한 '현상 유지'(status quo) 정책, 권력을 증진하기 위한 '제국주의'(imperialism) 정책, 권력을 과시하기 위한 '위세'(prestige) 정책으로 분류할 수 있다(pp. 40ff). 모겐소는 나아가 이 같은 기본 전제에서 국제정치의 온갖 현상과 국가들의 여러 정책을 설명했다.

이 책은 판을 거듭하며 미국을 비롯한 세계 대학에서 압도적으로 널리 사용된 국제정치학 교과서가 됐다. 현실주의가 국제정치학의 기초이론(default theory)이 됐다. 2차대전이 끝나고 대전 중 동맹이었던 미국과 소련이 적이 되어 세계를 무대로 권력투쟁을 벌인 냉전의 임혹한 현실이 현실주의의 소구력을 높여 주었다. 조지 케넌과 헨리 키신저 같은 학자들은 주요국 대사로 또 장관으로 정책에 큰 영향을 미쳤다. 학자로서 자신을 이상주의자로 부르는 사람은 없고 (제7장에서 논의하듯이) 자유주의는 국제정치이론으로 자리 잡기에 너무 폭넓은 이름이었으므로 당시 국제정치학은 현실주의의 독무대였다.

3) "행태주의 혁명"과 제2차 대논쟁: '전통' 대 '과학'[10]

2차대전 이후 국제정치학은 "미국의 사회과학"이 됐다. 미국의 주요 대학교, 주로 정치학과에 국제정치학 전공이 자리 잡고 전공교수를 뽑고 별도로 국제관계학과와 국제관계 전문대학원도 설립됐다. 1947년 *International Organization*, 1948년 *World Politics* 라는 제목의 전문학술지가 창간되어 학자들이 연구 결과를 발표하고 다른 학자들과 논쟁할 공간이 생겼다. 1950년대 사회과학을 더욱 엄밀하게 연구하자는 움직임이 정치학계, 나아가 국제정치학계를 휩쓸었다. 혁명과도 같은 열기에, 혁명과도 같은 폭넓은 변화를 초래하여 "행태주의 혁명"(Behavioralism; Behavioral Revolution)이라고 불렸다.[11]

최초의 국제정치학 교수 알프레드 짐먼과 제4대 우드로 윌슨 교수가 카는 역사학자였다. 모겐소는 법학자였다. 이들의 연구 방법은 문헌과 문서와 언술을 분석하는 '전통적' 방법이었다. 그에 반해 과학을 지향하는 새로운 국제정치학은 '과학적' 방법을 지향했다. 과학적 방법은 관찰할 수 없는 '생각'(ideas)이 아니라 관찰할 수 있는

....

10 이 논쟁에 대해서는 Kaplan(1966); Knorr and Rosenau, eds.(1969) 참조,

11 요즘은 잘 사용하지 않으나 정치학 분야에 유행한 행태주의(behavioralism)는 심리학의 행태주의(behaviorism)와 영어단어가 다르듯이 다른 의미로 쓰였다.

'행태'(behavior)에 주목한다. 행태주의란 용어는 거기서 유래했다.

물론 이전이라고 '과학적 방법'에 의한 국제정치연구가 없지는 않았다. 평화운동이 절정에 달했던 1920~30년대 온갖 분야의 학자들이 평화 문제, 곧 국제정치 문제에 매달린 결과였다. 예로 1930년대 기상 물리학자로 명성을 쌓던 리처드슨(Lewis F. Richardson)은 제1차 세계대전의 원인으로 지목되던 강대국, 특히 영국과 독일 사이의 군비경쟁을 수학적으로 묘사하고 설명하는 모델을 개발했다. 그리고 그 모델을 적용하고 검증하려고 관련 통계자료를 모았다. 그 연구는 그의 사후 1960년 행태주의 열풍 속에 출간되었다(Richardson 1960a; 1960b). 또 시카고 대학교의 정치학 교수 퀸시 라이트(Wright 1942)는 전쟁에 관한 학제적이고 포괄적인 연구를 이끌어 1942년 그 결과를 방대한 책으로 발간했다. 역대 전쟁에 대한 많은 통계자료를 모아 분석했다.

정치학을, 물리학까지는 아니더라도, 적어도 경제학처럼 '과학화'하려는 노력이 미국 정치학계를 태풍처럼 휩쓸었다. 과학은 우선 '법칙을 발견'하고 나아가 법칙을 설명하는 '이론을 개발'하는 것이었다. 법칙을 발견하려면 현상을 체계적으로 분석해야 했다. 수량으로 측정되는 자료를 모아 통계적 기법으로 분석하는 것이 가장 좋고 손쉬운 방법이었다. 미시간 대학교의 연구팀은 전쟁에 관한 온갖 수량적 데이터를 모았다(Singer 1972). 예일대학교의 연구팀은 세계 각국의 통계자료를 모았다. 숫자로 측정한 온갖 변수 사이의 통계적 상관계수를 측정했다(Russett 1964). 대학원 교과과정에 통계학이 필수과목으로 포함됐다. 1957년 계량적 연구만을 출판하는 *The Journal of Conflict Resolution*이라는 학술지가 창간됐다. 리처드

슨의 수학모델과 통계가 재조명된 것도 같은 맥락에서였다. 기존의 학자 중에 '개종'을 선언하는 학자도 생겨났다. 행태주의 국제정치학이 대세로 떠올랐다. 게임이론과 같은 '합리적 선택' 이론이 유명해진 것도 같은 맥락이었다.

4) 신현실주의와 신자유주의: 정상과학 패러다임 '내부'의 논쟁

왈츠는 1979년 저서에서 기존의 현실주의를 실증주의적 과학관에 따라 새로 구성했다. 행태주의와 전통주의, 이 장의 용어로 표현하자면 실증주의와 성찰주의 사이의 인식론적 논쟁은 전자의 승리로 끝났다. 왈츠의 저서 제1장 제목은 "법칙과 이론"이다. "법칙이란 변수들 사이의 (반복되는) 관계"를 말하며 "이론이란 법칙을 설명하는 명제들"로 구성된다고 했다(Waltz 1979, 1, 5). 왈츠는 국제정치를 하나의 체계로 관념하고, 그 구조를 따지고, 구조에 따라 달리 나타나는 국제정치 현상을 설명하는 자신의 이론을 '구조적 현실주의'(Structural Realism)라고 불렀다. 학계에서는 '신현실주의'(Neo-realism)로 불렸다.[12] 이전의 현실주의는 '고전적 현실주의'(Classical Realism)라는 이름을 얻었다.

이후 신현실주의는 국제정치학의 패러다임이 되었고 국제정치학은 정상과학이 됐다. 왈츠의 저서는 전공 대학원생들의 필독서가 됐고 본인은 "없어서는 안 될 이론가"로 인정받았다(Booth 2011).

....

12 '신현실주의'라는 명칭은 1983년 서평에서 러기가 처음 쓴 용어로 1986년 커헤인이 편집한 책에서 공식화되었다. Ruggie(1983); Keohane, ed.(1986). 책 제목이 암시하듯 왈츠의 이론은 많은 비판을 받았다. 그러나 흔히 "무플보다 악플이 낫다"라고 하듯이 학설도 비판을 많이 받을수록 유명해지는 경향이 있다.

패러다임에 비추어 예외적인 '변칙'(anomalies)도 두드러졌다. 변칙을 기존의 이론으로 설명하거나 새로운 이론으로 설명하려는 노력이 이어지면서 풍요로운 학계 논쟁이 전개됐다. 소위 '신현실주의' 대 '신자유주의' 사이의 논쟁(Neo- vs. Neo- Debate)이다.[13]

예를 들면 무정부적 구조 속에서 국가들이 처한 질곡, '죄수의 딜레마'를 극복할 수 있다는 주장이 나타났다. 1984년 액설로드(Robert Axelrod)는 게임이 무한 반복되면 게임의 배당구조가 달라져서 협력이 가능해진다고 수학 논리로 입증했다. 또 단둘이 아니라 다수가 상호작용하는 환경에서는 협력이 확산할 수도 있다고 예시했다. 이에 따라 다자주의적 국제제도 속에서 국제협력이 활성화된다는 신자유주의적 제도론이 주요 이론으로 등장했다.[14] 그러자 그들이 국제 무정부의 본질을 오해했다는 신현실주의자의 반론이 나왔다. 즉 무정부의 문제는 약속의 이행을 강제할 민법이 없어서 생기는 게 아니다. 주권을 보호할 형법이 없어서 생기는 문제이다. 그렇다면 국가들은 협력을 통한 공동이익의 실현보다 그것의 분배가 후일의 세력균형에 미칠 영향을 고려하지 않을 수 없다. 따라서 자기만의 이득, '절대적 이득'이 아니라, 남과 비교하여 많거나 적은 '상대적 이득'의 극대화가 행동의 기준이 된다. 그러므로 국제협력은 여전히 어렵다. 그러자 상대적 이득을 추구하는 국가들도 다자적 상황에서는 여전히 협력한다는 반론도 나왔다(Grieco 1988; Snidal 1991; Powell 1993).

....

13 Nye(1988); Baldwin(1993). 이 논쟁에 대한 자세한 소개는 김태현·정진영(1993) 참조.

14 Axelrod(1984).Oye, ed.(1986). 이하 제7장 참조.

이런 논쟁의 현실적 배경이 있었다. 곧 "패권 이후" 지속된 서방 선진국 사이의 협력이다.[15] 비과학적이고 이상주의적인 처방이론으로 치부되던 자유주의가 과학적 설명이론으로 화려하게 등장했다. 이 논쟁은 흔히 신현실주의와 신자유주의라는 '패러다임 사이'(inter-paradigm)의 논쟁으로 불리나, 필자가 보기에 오히려 '패러다임 내부'(intra-paradigm)의 논쟁이었다.

신현실주의와 신자유주의는 모두 '무정부'라는 국제정치의 구조를 인정하고, 무정부는 '정부가 없는 상태'를 의미할 뿐 그것이 반드시 무질서와 혼란을 의미하는 것은 아니라는 전제에 동의했다. 그리고 국제정치의 가장 중요한 행위자가 국가라는 점에도 의견을 같이했다. 나아가 그 국가가 마치 개인처럼 합리주의적인 의사결정 과정, 즉 비용을 줄이고 이익을 늘려 순이익을 극대화하는 과정을 따른다고 합의했다. 다만 그 결과가 갈등인지 협력인지에만 차이가 있었다. 존재론과 인식론을 공유하니 이들이 서로 다른 패러다임이 아니다. 따라서 이들 사이의 논쟁은 '패러다임 사이'의 논쟁이 아니라 '패러다임 내부'의 논쟁이었다.

굳이 비유하자면 이들의 다툼은 법정에 선 변호사들의 다툼과 같았다. 그 다툼도 치열하나, 세상에는 온갖 다툼이 있고 모든 다툼이 법정으로 모이지는 않는다. '신현실주의'와 '신자유주의' 사이의

....

15 예를 들면 1985년 미국, 영국, 프랑스, 서독, 일본 등 G5는 미국의 지속적 무역적자 해소를 위해 서독 마르크화와 일본 엔화의 대 달러화 환율을 인위적으로 절상하는 '플라자 합의'를 도출했다. 미국의 압력에 서독과 일본이 굴복한 일로 보면 현실주의적 권력정치의 일환이었다. 그러나 국제경제질서의 안정을 위해 서독과 일본이 반자발적으로 협력했다면 자유주의적 협력 행동이었다.

'법정 다툼'은 바둑판을 앞에 둔 '신선놀음'에 지나지 않았다. 어쩌면 '달팽이 뿔 위의 싸움'(蝸角之爭)이라는 표현이 적당할지 모른다.

5) 냉전의 종식과 '망명자'의 귀환: 사회 구성주의의 부상

신선놀음에 취한 이들은 도낏자루 썩는 줄 몰랐다. 근 반세기 동안 국제정치학자들의 연구주제를 제공했던 냉전이 '갑자기' 끝났다. 신선놀음에 취한 '주류' 국제정치학자들은 그것을 외면했다. 눈에 들어오지 않았다는 표현이 정확하다. 신현실주의와 신자유주의를 막론하고 실증주의적 과학관에 젖은 주류 국제정치학자들의 인식론은 그들의 존재론도 지배했다. 냉전이라는 사건과 현상을 미국과 소련이 지출하는 군사비, 그 결과 누적한 핵탄두와 미사일의 수, 세계 각지 동맹국의 숫자 등으로 '구체화'(operationalization)하여 측정했다. 그럼으로써 냉전이라는 사회적 현상이 물화(物化)하고 물량으로 측정됐다. 미국과 소련이 여전히 엄청난 액수의 예산을 군사비로 사용하고, 각기 1만 개의 핵미사일을 보유하고 있는 이상 냉전은 끝난 것이 아니었다.

그럴 때 누군가 뒤통수를 때리며 "깨어라!"라고 외쳤다. 그리고 이렇게 말한다. 냉전은 미국인과 소련인이 서로를 적으로 여기고 미워하고 두려워하면서 시작됐다. 그에 따라 무장을 늘리고 동맹국을 늘리고 서로 비난하는 외교적 언사를 날리면서 안으로 깊어지고 밖으로 확산했다. 그런데 미국인과 소련인이 더는 서로를 적으로 여기지 않아 서로 미워하거나 두려워하지 않으면, 그리고 그에 따라 행동하지 않으면 끝난 것이다. 냉전은 누구나 부인할 수 없는 '객관적'(objective) 사실이 아니라 내가 인정하는 '주관적'(subjective) 사실, 나아가 너와 내가 인정하는 '상호주관적'(inter-subjective)사실이다. 내가 아니라고 생각하고 네가 아니라고 생각할 때 사라지는 마음속 현상이다. 인간 세상은 그것을 인식하는 사람과 별도로 존재하는 물체가 아니라 인식함으로써 존재하는 마음속의 존재이다. 그렇게 뒤통수를 때린 사람이 당시로는 젊은 알렉산더 웬트(Alexander Wendt)였다.[16]

웬트가 보기에 "무정부=난세"라는 등식은 문제가 있다. 사회의 구조는 행동 주체들 사이의 상호작용을 통해 창발적으로 구성(construct)된다. 그 과정 끝에 나타난 권력정치의 패턴은 필연적인 것이 아니다. 어느 분수령에서 이쪽으로 넘었기 때문이지, 저쪽으로 넘었더라면 다른 패턴도 나타날 수 있었다. 나아가 현재의 국제 무정부도 항구적인 자연법칙은 아니다(Wendt 1992). 주권의 개념과 현상은 사회적으로 구성된 것이다. 주권 개념이 달라지면 국제 무정부도 달라진다. 주권 개념의 발상지인 유럽의 국가들이 유럽연합을 형성하고 주권의 큰 부분을 포기했다. 제3장의 논의에 비추어 쉽게 말하자면, 세계를 이루는 80억 인구가 국민정체성보다 지역정체성이 강하면 지역통합이 가능하다. 인류 정체성이 강하면 인류 공동의 세계정부가 등장할 수도 있다.

그런 점에서 구성주의는 어느 정도 상대주의적 측면이 있다. 사전에 예측하지 못하고 사후에 설명한다. 나아가 현실주의나 자유주

....

16 실증주의, 합리주의적 인식론과 방법론에 반대하는 주장을 국제정치학에 도입하려는 시도는 이전부터 있었다. 1980년대 전체적으로 '탈실증주의'(postpositivism)라는 이름으로 제기되는 인식론적 비판을 함께 묶어 '제3의 논쟁'으로 이름하기도 했다. Lapid(1989). 이에 대해서는 정진영(2000) 및 이하 제8장 참조.

의와 달리 국제정치의 본질(substance)에 관해 일체적인 모습을 보여주지 못한다. 그래서 이 장의 앞부분에서 존재론적 가정이 아니라 인식론적 주장으로 분류했다. 그러므로 구성주의적 현실주의라는 이름도 있음 직하다(이근·전재성 2001). 그래도 구성주의는 이제 국제정치학계에서 무시할 수 없는 학파로 자리 잡았다. 제8장에서 더 깊이 논의한다.

6) 단극 체계와 세계화 시대: 패러다임의 전쟁과 '30년의 위기'

그러나 전체적으로 보아 구성주의의 부상은 현실주의 대 자유주의의 양자구도를 바꾸지는 못했다. 냉전이 "갑자기" 끝난 충격으로 구성주의가 부상했다. 냉전이 "평화롭게" 끝난 덕에 자유주의가 기세를 탔다. 국제정치학의 기초이론으로서 패권적 지위를 누리던 현실주의가 갑자기 수세에 몰렸다. 냉전의 '갑작스러운' 종식으로 구성주의에 일격을 허용했다. 냉전의 '평화스러운' 종식과 이후의 전개에 자유주의에 연타를 허용했다.

냉전 이후 국제정세의 전개는 자유주의에 유리했다. 냉전의 한 축이었던 소련과 그 진영이 해체됐을 뿐만 아니라 체제를 전환하여 서방 진영으로 통합됐다. 소련 진영에 속했던 중부와 동부 유럽의 나라들은 경제적으로는 유럽연합에, 군사적으로는 나토에 가입했다. 세계가 하나로 통합하고 '세계화'(globalization)가 시대의 이름이 됐다. 서방에 한정됐던 '자유주의적 국제질서'(liberal international order)는 '자유주의적 세계질서'(liberal world order)가 됐다. 세계는 드물게 '치세'를 맞았다. 자유주의 국제정치이론의 전성시대가 왔다. 현실주의가 국제정치학의 '기초이론' 자리를 내주게 됐다. 그리고 신현실주의와 신자유주의 '패러다임 사이'에 '논쟁'이 아니라 '전쟁'이 시작됐다.

그 전쟁이 희한한 방식으로 전개됐다. 과거나 현재의 '설명력' 경쟁이 아니라 미래의 '예측력' 경쟁으로 전개된 것이다. 현실주의자들은 '두고 보라지'라는 식으로 미래를 '예측'하여 이론의 우위를 과시하고 그를 통해 학계의 패권을 회복하려고 했다. 제4장에 소개한, 탈냉전은 곧 '미래로의 복귀'라고 예측한 시카고 대학교의 존 미어샤이머 교수가 선봉에 섰다. 왈츠 등 원로 학자가 단극 시대의 단명을 예측하며 힘을 보탰다.

그러나 정치적 민주주의, 경제적 상호의존, 국제적 협력의 '삼중 구조'를 완성한 자유주의 이론은 공고했다(Russett and Oneal 2001). 무엇보다 담론의 '헤게모니'를 장악했다. 냉전의 종식과 더불어 일찌감치 "역사의 종언"이 선언됐다. 그에 따르면 정반합(正反合)의 변증법으로 전개되던 역사는 이제 끝났다. 자유주의 정치경제 체제는 완벽하여 반(反)을 허용하지 않기 때문이다. 유력언론인들이 그에 동참하여 담론의 헤게모니를 지켰다(Fukuyama 1992; Friedmann 2005; Zakaria 2008). '신자유주의'는 국제정치학을 넘어 사회과학의 패러다임이 됐다.

그에 맞서 비관적 미래를 점치는 신현실주의의 '예측'은 갈수록 과격해져 '예언'의 수준이 됐다. 그래도 외부의 도움, 충격적인 현실이 필요했다. 마침내 한줄기 서광이 비쳤다. 바로 중국의 부상이었다.

IV. 국제정치학의 실천성과 이론논쟁의 함정[17]

1. 중국위협론

1990년대 후반, 미국의 조야(朝野)에 소위 '중국위협론'(China Threat)이 등장했다. 세계에서 세 번째로 큰 영토에 가장 많은 인구를 가진 중국이 세계에서 가장 빠른 속도의 경제 성장을 계속하면 조만간 미국의 제1 지위를 넘보게 될 것이다. 그것은 경제적 현상에 그치지 않고 정치적 의미를 지녀 미국과의 패권 경쟁, 어쩌면 전쟁으로 이어질 것이다. 덩샤오핑의 유훈이라는 도광양회(韜光養晦), 즉 칼 빛을 감추고 때를 기다린다는 말도 세계제패를 노리는 중국의 음흉한 속셈을 반영하는 것으로 여겨졌다(Bernstein and Munro 1997). 2003년 집권한 후진타오(胡錦濤) 정권은 그를 의식한 듯 중국의 부상은 '평화로울 것'(和平崛起, peaceful rise)이라고 주장했다. 호사가들의 논쟁에 정치지도자가 응답한 것이다. 거기에 국제정치 이론가가 뛰어들었다.

2006년 왈츠를 잇는 대표적 신현실주의자, 시카고 대학교의 존 미어샤이머(John Mearsheimer) 교수가 "평화로운 부상"(Peaceful Rise)이라는 말을 받아 "중국의 평화롭지 않은 부상"(China's Un-peaceful Rise)이라는 제목의 논평을 썼다(Mearsheimer 2006). 이후 그는 아시아 각국을 돌며 중국위협론을 설파했다. 2011년 한국에도 왔다. 자신만의 이론 '공격적 현실주의'에 따라(제6장 참조) 다음과

....

17 이하는 김태현(2017)의 주요 내용과 주장을 요약한 것이다.

같이 주장하여 안 그래도 떨고 있는 한국 사람들을 더욱 떨게 했다.

100년의 치욕 끝에 성장의 흐름을 탄 중국은 '법칙에 따라' '지역 패권'(regional hegemony)을 추구한다. 현존하는 유일한 지역 패권국, 미국이 두고 못 보는 것도 법칙에 따른 현상이다. 그러므로 중국과 미국 사이의 패권 경쟁은 불가피하다. 중국이 아시아 지역의 패권국이 되면 한국 등 중소국은 무릎을 꿇어야 한다. 왜냐하면, 투키디데스가 말했듯이 "강자는 할 수 있는 일(what they can)을 하고 약자는 해야 하는 일(what they must)을 하기 때문이다." 그 주장의 의미는 분명했다. 그게 싫으면 한국은 미국과 연합하여 중국에 맞서야 한다.

2년 후 2013년 12월, 미어샤이머 교수는 그런 주장을 타이완에 적용한 논문을 타이완 국제관계학회에서 발표했다. 타이완 해협(Taiwan Strait)을 패러디한 "타이완의 지난한 곤경"(Taiwan's Dire Straits)이라는 제목이었다. 2월 말, 이 논문은 미국의 유력 시사 학술지에 실렸다(Mearsheimer 2014). 3월 18일, 타이완에서 200명에 달하는 대학생들이 입법원(立法院), 곧 국회를 점거했다. 그때 국회에서 논의하던 중국과의 무역협정 비준에 반대하기 위해서였다. 3월 30일, 50만 명의 시위대가 운집하여 학생들을 지지했다. 그들은 그 무역협정이 시행되면 타이완은 중국 일부가 되고 말 것이라고 믿고 주장했다.

그들의 행동에 미어샤이머의 주장이 영향을 미쳤는지는 알 수 없다. 그들이 행동이 2년 후 2016년 타이완의 독립을 주장하는 민진당의 차이잉원(蔡英文) 총통의 당선과 8년 집권에 영향을 미쳤는지도 알 수 없다. 나아가 중국의 시진핑 주석이 타이완에 대한 무력

통일을 공언하기에 이른 데 영향을 주었는지도 알 수 없다. 그래도 학문과 실천 사이의 관계를 반추하는 계기는 됐다.

2. 예측과 예언 - 국제정치학의 이론과 실천

국제정치학자들이 미래에 대한 예측(prediction)으로 이론의 우위를 다투고 그러면서 특정 국가의 운명을 점치고 처방하는 것은 학문적으로, 실천적으로 나아가 윤리적으로 바람직하지 않다. 실증주의 과학관에서 예측은 관찰한 사실에서 추출한 이론과 법칙의 논리적 추론에 따라 미처 관찰하지 못한 사실에 대해 하는 것이다. 그러므로 예측은 이론을 검증하고 새로운 발견을 유도하는 중요한 절차이다.

여기서 두 가지 주목할 점이 있다. 첫째, 과학에서 예측이란 이미 일어났거나 존재하되 발견하지 못한 사실을 두고 한다. 즉 과거나 현재에 대해 하지 미래에 대해 하지 않는다. 미래에 대한 예측은 예언(prophecy)이라고 불린다. 둘째, 그래도 현재가 과거의 연장이고 미래가 현재의 연장이라면 예측과 예언은 차이가 없다. 천체 물리학자들이 미래 어느 시점에 한 혜성이 지구 행성에 접근한다고 예측하면 예언인 동시에 예측이다. 둘째, 이처럼 예측과 예언이 일치하려면 중요한 전제가 있다. 즉 사실과 이론이 서로 별도로 존재한다는 것이다.

그런데 사회과학은 그 전제가 맞지 않는다. 행동하는 주체가 성찰하는(reflective) 인간이다. 영웅의 활약으로 접근하는 혜성을 파괴하거나 진로를 바꾸는 일은 1998년 영화 〈아마겟돈〉처럼 좋은 영화 소재가 된다. 더 일반적으로, 사회생활에서 성찰적 인간은 주변 환경과 자기의 행동, 그리고 자기의 행동이 낳은 결과를 보고 그에 따라 행동을 조절한다. 그 결과 사회과학에서 학문과 현실은 재귀적(再歸的; recursive)이다. 즉 서로가 서로에 영향을 미친다. 이론이 현실에 영향을 주고 그 현실을 반영하여 이론이 변한다.

좀 더 따져보자. 사회과학적 예측 또는 예언이 일반적으로 수용되면 두 가지 중 한 가지 결과를 초래한다. 하나는 '자기부정'(self-defeating)이다. 지구에 접근하는 혜성을 파괴하듯이, 예측된 결과를 피하려고 행동하여 그 예측을 틀리게 만드는 것이다. 다른 하나는 '자기실현'(self-fulfilling)이다. 예측된 결과를 활용하려고 행동하여 그 예측이 맞도록 만드는 것이다. 혹은 예측된 결과를 피하려고 한 행동이 서로 맞물려 그 예측이 더욱 맞도록 만들 수도 있고, 활용하려고 한 행동이 서로 맞물려 더욱 틀리게 할 수도 있다.

학문의 측면에서 볼 때, 이론에 따른 '예측'이 자기부정의 효과를 가져와 틀리게 되면 이론의 '힘'이 약해진다. '예측'이 자기실현적 효과를 가져와 맞더라도 이론을 위해 바람직하지 않다. 이론의 힘에 대한 독립적 평가가 불가능해지기 때문이다. 예측이 자기부정의 효과를 가져오는 것은 행위자들이 이론의 '힘'을 믿었기 때문이나, 결과적으로 그 이론의 '힘'을 부정하는 결과를 가져오는 모순이 있다. 마찬가지로, 예측이 자기실현적 효과를 가져 맞게 되더라도 그것이 이론 자체의 '힘'에 따른 것인지, 행위자들의 이론의 '힘'을 믿었기 때문인지 분별이 어려워진다.

실천적 측면에서 볼 때도 같은 문제가 있다. 사회과학에서 미래에 대한 예측은 대체로 좋거나 나쁜 실천적 의미를 띠기 마련이다.

긍정적 미래, 즉 행운에 대한 예측이 자기실현적이면 실천적으로 굳이 나쁘다고 평가할 이유는 없다. 그러나 부정적 미래 또는 불행에 대한 예측이 자기실현적이면, 그것을 예측한 학자는 칭송의 대상인지 비난이 대상인지 불분명해진다.[18]

그럴 때 윤리적인 문제가 제기된다. 사회과학은 자연과학과 다르므로 사회과학자의 처신은 자연과학자의 처신보다 더 조심스러워야 한다. 일찍이 모겐소는 객관적으로 존재하는 사물을 연구하는 자연과학과 달리 사회과학은 살아 움직이는 역사를 대상으로 하며, 사회과학자 그 자신과 그 연구조차도 바로 역사의 일부라고 지적했다(Morgenthau 1946/2008). 사회과학에서 학문의 대상과 주체는 별개가 아니다. 사회과학에서 학문하는 것은 곧 실천하는 것이다. 지금처럼 세상이 혼란스럽고 미래를 내다보기 힘들어 사람들이 믿음과 종교에 귀의하고 학자들의 권위에 귀를 기울일 때면 더욱 그러하다.

V. 마무리하며

이 책의 서두에 쉬운 책을 약속했으나, 온갖 '주의'가 난무하고

....

18 우스갯소리가 있다. 남아선호가 높고 초음파기술이 없던 옛날 태아의 성별을 족집게처럼 맞춘다고 알려진 점쟁이가 있었다. 누가 비결을 묻자, 무조건 여아라고 예측한다고 했다. 예측이 맞을 때 용하다는 평판을 얻고 틀려도 좋은 방향(남아)이니 항의하지 않는다는 것이었다. 그런데 남아를 원하는데 여아라고 예측하여 혹시 강제 낙태라도 하면 심각한 윤리적 문제가 있다. 낙태한 태아가 원하던 남아라면?

존재론이니 인식론이니 하는 철학 용어가 등장하는 이 장의 내용은 어렵다. 다음 3개 장을 읽고 돌아와 다시 읽으면 쉬워질 것이다.

……

노파심에서 몇 마디 더 붙인다. 이 장에서 제시한 논의는 특정 학자나 학파를 비판하기 위한 것이 아니다. 오히려 국제정치이론을 단순한 사고의 틀이 아니라 현실 세계와 상호작용하는 사회적 실천으로 이해하고, 그 속에서 이론이 갖는 영향력과 책임을 성찰하도록 독려하려는 취지에서 쓴 것이다.

앞서 거칠게 훑어보고 앞으로 더 깊이 따져 볼 여러 이론은 복잡한 현실을 단순화하여 보여준다. 이론은 어떤 측면을 밝히는 대신 다른 측면을 간과할 수밖에 없다. 국제정치학자로서 필자는 국제정치이론의 분석적 힘을 절대 부정하지 않는다. 다만 그것이 공적 담론이나 정책 세계에 영향을 미칠 때 발생할 수 있는 '실천적 효과' 또한 독자들이 인식하기를 바란다. 즉, 절대적 진실로서 이론의 우위에 집착하지 말고 언제나 미완의 것으로서 시대적 맥락에 따라 재검토되어야 하는 학문의 겸허함을 되새기려는 취지에서 덧붙이는 글이다.

연습문제

1 ‘현실주의’와 ‘이상주의’ 사이의 대척(對蹠)이 현대 국제정치학의 출발점을 이루었다. 그 점에 착안하여 현실주의가 국제정치학의 기초이론이 된 이유 및 과정을 논술하시오.

2 사회과학에 관한 실증주의적 견해를 간략히 소개하고 그것이 국제정치학에 어떻게 적용되어 나타났는지를 설명하시오.

3 사회과학의 한 분과로서 현대 국제정치학의 역사는 이제 100년 남짓이다. 그 사이 국제정치학에는 여러 이론이 나름의 우위를 다투며 부침했다. 그 부침 과정을 현대 국제정치 역사에 비추어 간략히 기술하시오.

4 ‘패권 이후’의 국제협력을 둘러싸고 전개된 ‘신현실주의’와 ‘신자유주의’ 사이 논쟁을 패러다임 ‘사이’의 논쟁으로 평하는 이들이 있다. 이에 반해 본 필자는 그것을 패러다임 ‘내부’의 논쟁으로 평한다. 그 평에 대해 논평하시오.

5 ‘신현실주의’와 ‘신자유주의’ 사이 논쟁이 큰 그림에 비추어 보면 한가한 ‘신선놀음’ 또는 ‘와각지쟁(蝸角之爭; 달팽이 뿔 위의 싸움)’이라고 한 필자의 평가에 대해 논평하시오.

6 사회과학 이론가의 예측과 점술가의 예언이 같은 역할을 할 수 있다는 논리에 대해 논평하시오.

6

정치 현실주의

난세의 이론

I. 시작하며

제3장에서 힘을 의미하는 power라는 영어단어가 국제정치에서 국가, 주로 강대국을 의미하는 단어로 쓰이는 특이한 경향에 대해 말했다. 초강대국(superpowers), 강대국(great powers), 심지어 약소국(weak powers)도 그렇게 불린다. 그처럼 특이한 일이 또 있다. 일상에서 흔히 쓰이는 현실주의라는 보통명사가 국제정치학에서 특정한, 그것도 주력 이론을 지칭하는 고유명사로 쓰인다. 그런데 E. H. 카가 국제정치이론으로서 현실주의라는 이름을 먼저 쓰고(1939년) 모겐소가 나중에(1948년) 쓰면서도 표절 시비가 없었다. 국제정치에서 현실주의라는 말이 새로운 것이 아니었기 때문이다. 한 세기 전 19세기 중반에 이미 '현실정치'(*Realpolitik*; '레알폴리티크'로 발음된다)라는 독일어 단어가 국제정치나 외교정책을 지칭하는 뜻으로

쓰이다가 20세기 초에 영어권 국가에도 널리 쓰이고 시작했다(Bew 2015).

정치가들이나 정치학자들이 '이상'과 '현실'을 자주 언급하는 이유가 있다. 바로 권력 현상으로서 정치, 그리고 권력의 본질 때문이다. 제2장에서 봤듯이 권력은 도덕과 분리될 수 없다. 모든 사람은 자유롭고 평등하다는 명제에 비추어 보면 '남'에게 '나'의 의지를 강요하여 '남'의 자유를 제한하는 권력은 부도덕하다. 또 피권력자는 권력에 지배받는 삶의 비참함을 잊으려고, 권력자는 권력에 대한 반발을 무마하려고 권력에 도덕적 권위를 부여한다. 그래서 권력의 행사에는 도덕적 제약이 따르기 마련이다. 정치 담론은 도덕 담론과 구분될 수 없다.

그런데 국제정치의 세계, 즉 난세는 권력자와 피권력자가 분명하게 나뉘는 세상이 아니다. 누구나 권력자가 되려고 다투는 세상이다. 그 다툼에 걸린 것은 단지 지배하고 지배당하는 정도가 아니다. 이기면 살고 지면 죽는, 삶과 죽음을 가르는 다툼이다. 그런 세상에서 도덕과 의리와 명분을 따지면 그야말로 '송양지인'(宋襄之仁)의 어리석음을 범하는 것이다.[1] 그러므로 국제정치는 도덕적 정치 담론의 예외이다. '레알폴리티크'는 난세의 국제정치에서 도덕과 윤리를 따지면 안 된다는 외교정책 원칙을 의미했다. 현대 국제정치학의 현실주의는 그러한 세계관에서 출발했다.

현실주의는 국제정치학의 기초 이론(default theory)이다. 왈츠에

....

1 송양지인(宋襄之仁)은 중국 춘추시대의 고사에서 유래됐다. 초나라와 전쟁에 나선 송나라 왕 양공(襄公)이 쓸데없는 인정을 베풀다가 전쟁에서 패망한 일을 들어 불필요한 인정을 비꼬는 말로 쓰인다.

따르면 "나라 사이에서 자연 상태는 전쟁상태이다."[2] 전쟁상태란 곧 난세(亂世)이다. 국제정치학자들이 자주 인용하는 역사 속 현실주의 사상가들이 난세의 인물인 것은 우연이 아니다. 고대 그리스시대의 투키디데스, 중국 전국시대의 한비자, 르네상스 시대 이탈리아 난세의 마키아벨리, 근대 유럽 난세의 홉스와 루소가 그들이다. 이들의 이름이 기억되는 이유는 물론 그들의 저작이 시간의 흐름과 비평을 이겨낼 힘이 있었기 때문이다. 이 장에서는 우선 그들의 사상을 낳은 시대적 배경과 더불어 핵심 주장을 따져본다. 그럼으로써 시간과 공간을 뛰어넘는 현실주의의 통찰을 알아보고, 그것이 어떻게 현대 국제정치학 이론으로 이어지는지를 살펴본다. 역사적 배경과 사상을 함께 보는 이유는 앞장에서 논의한 국제정치이론의 실천성 때문이다.

다음으로 현대 국제정치학에서 현실주의 이론의 전개와 분화를 추적한다. 즉 고전적 현실주의와 구조적 현실주의 또는 신현실주의, 방어적 현실주의와 공격적 현실주의, 나아가 신고전적 현실주의 등 현실주의의 여러 유파의 주장을 그들이 등장한 현실적 배경과 학문적 맥락에 비추어 살펴본다.

....

2 "Among states, the state of nature is a state of war." Waltz(1979, 102).

II. 역사 속 난세와 현실주의 이론가

1. 고대 그리스의 난세와 투키디데스

기원전 5세기 그리스, 특히 아테네는 찬란한 문명을 자랑했다. 대표적 유적지 파르테논 신전과 더불어 지금까지 전해 오는 헤로도토스의 사서(史書), 히포크라테스의 의서(醫書), 소포클레스의 희곡, 소크라테스의 철학, 플라톤의 정치학이 모두 그 무렵 아테네에서 나왔다. 미국의 대학도시 중 아테네의 이름을 딴 곳이 여럿이다. 그런 시대가 왜 난세로 꼽히는가?

1) 고대 그리스의 도시국가: 스파르타와 아테네

그리스는 발칸반도 남쪽을 차지한 본토와 좁은 지협(地峽)으로 그에 연결된 펠로폰네소스 반도로 구성된다. 수도 아테네는 본토 동남쪽 에게해에 면해 있다. '스파르타식 훈련'으로 유명한 스파르타는 반도 동남쪽 내륙지방에 있다. 기원전 5세기 무렵 고대 그리스는 이 둘을 포함하여 많은 도시국가로 이루어져 있었다. 지금도 전해오는 신화를 공유하고, 트로이 전쟁에서 외세에 대항해 함께 싸운 역사가 있고, 정기적으로 올림픽 경기를 치렀으니 모종의 국제사회를 이루었던 것은 분명하다. 그러나 그들은 대체로 독립적이었고 그들 사이에 다툼이 자주 일어났으니 구조적으로 무정부였다. 그러나 무질서하지는 않았다. 그런 구조적 조건 속에서 일어나 27년간 이어진 펠로폰네소스 전쟁(기원전 431~404년)으로 그리스의 질서는 급속히 무너지고 사람들의 삶은 물질적으로, 또 정신적으로 피폐해졌다. 진정한 난세가 됐다.

당시 그리스의 맹주는 스파르타였다. 일족의 숫자는 많지 않으나 모두 일당백 전사로서 주변 부족을 정복하고 농노로 삼아 삶을 영위했다. 농노의 숫자가 스파르타 주민의 열 배가 넘어 그들을 계속 지배하려면 일당백의 전사 체제를 유지해야 했다. 남아가 태어나면 체질을 심사하여 거른 다음 혹독하게 훈련하여 전사로 단련했다. '스파르타식 훈련'의 유래가 그것이다. 정치적으로는 두 명의 왕이 시민을 대표하는 소수 귀족과 더불어 과두정 체제를 유지했다. 기원전 6세기 그리스의 각 도시에 참주(僭主), 곧 독재자가 성했다. 스파르타의 전사들이 각국의 참주를 몰아내고 스파르타처럼 소수 귀족이 지배하는 과두정을 세웠다. 그들이 스파르타에 충성을 맹세하여 스파르타는 맹주가 되었다.

아테네를 포함한 아티카 지방은 토지가 척박하여 자생적 도시가 없었다. 이후 여러 도시에서 권력투쟁이 일어나고 패배한 세력이 아테네로 이주해오면서 도시가 생겼다. 그런 세력이 한둘이 아니고 10개에 이르러 인구가 폭발적으로 증가했다. 척박한 토지로 그 인구를 지탱할 수 없으니 세 가지 현상이 생겼다. 첫째, 생업이 농업이 아닌 상업이 됐다. 둘째, 인구를 무주지로 보내 식민지를 개척했다. 셋째, 10개 부족 사이의 관계를 관리하느라 민주정체가 생겼다. 아테네에도 한때 참주가 있었고 스파르타의 도움으로 참주를 몰아냈다. 그러나 스파르타에 충성을 맹세하지 않고 독자적인 민주정체를 발전시켰다. 정치인이 참주가 될 가능성을 보이면 투표를 통해 추방하는 도편투표 제도(ostracism)도 그때 생겼다. 대체로 기원전 500년을 전후한 시기였다.

2) 페르시아 전쟁과 아테네의 부상, 그리스 세계의 양극화

그 무렵 지금의 이란, 페르시아가 정복 전쟁을 통해 제국을 이루었다. 소아시아 반도로 팽창하면서 아테네를 비롯한 그리스계가 개척한 식민지 도시들을 지배했다. 이들이 페르시아의 지배에 반발하여 자주 반란을 일으키자 대왕 다리우스 1세가 그 배후로 의심되는 아테네를 정벌하여 후환을 막고자 전쟁을 일으켰다. 기원전 490년의 일이다. 아테네인들이 마라톤 평원에서 영웅적으로 싸워 물리쳤다. 42km를 쉬지 않고 달려 아테네에 승전 소식을 전하고 죽은 전령을 기려 마라톤 경기가 시작됐다.

10년 후 다리우스 1세를 이은 크세르크세스가 아테네만이 아니라 아예 전체 그리스를 정복하려고 압도적인 전력으로 침공했다. 2006년 영화 〈300〉에 나오듯이 레오니다스 왕을 포함한 스파르타 전사 300명이 전원 옥쇄(玉碎)하며 항전했다. 이에 분기한 그리스 국가들이 일어나 연합군을 결성했다. 그리스 연합군이 전력의 열세에도 불구하고 뛰어난 전술과 용맹으로 싸워 이겼고 페르시아군은 패퇴했다. 이 모든 전투에서 스파르타는 맹주 국가로서 총사령관 지위를 맡았다. 스파르타에 버금가는 전력을 제공한 아테네는 부사령관이었다.

아테네를 비롯한 해상세력은 여세를 몰아 페르시아가 지배하던 에게해의 도서 도시와 소아시아 반도의 해안 도시를 해방하자고 주장했다. 스파르타는 전사들이 자리를 비운 틈을 타 본국 농노들이 반란을 일으킬까 우려하여 따르지 않았다. 결국 아테네를 주축으로 한 원정군이 편성됐다. 원정의 과정과 결과로 아테네는 에게해와 연안의 그리스계 도시국가들을 속국으로 삼아 해상제국을 구축했다.

그 해상제국의 수입으로 아테네는 향후 50년간 그리스 최고의 번영을 누렸다. 지금 기억하는 그리스 고대문명은 그때의 산물이다.

전쟁 직후 아테네는 육지 쪽으로 장성(長城)을 쌓았다. 바다 쪽은 막강한 해군이 있으니 아테네는 난공불락의 도시가 됐다. 그것을 기반으로 아테네는 그리스 본토로 영토를 넓히다가 스파르타의 공격을 받고 하마터면 패망할 뻔했다. 스파르타 왕을 매수하여 30년 평화조약을 맺었다. 기원전 446년 말의 일이었다. 그러나 30년 평화조약은 15년 만에 깨어졌다. 기원전 431년, 펠로폰네소스 전쟁이 일어난 것이었다.

3) 펠로폰네소스 전쟁

펠로폰네소스 전쟁은 당시 세계의 지배권, 나아가 문명의 표준을 다툰 전형적인 '패권전쟁'(hegemonic war)이었다(Gilpin 1988/1997). 스파르타는 전래의 패권국이었다. 아테네는 신흥강국이었다. 정치적으로 스파르타는 소수 귀족이 지배하는 과두정이었다. 아테네는 직접 민주정이었다. 경제적으로 스파르타는 노예 농업국가였다. 아테네는 해상 무역 국가였다. 군사적으로 스파르타는 일당백의 전사로 상징되듯 육군이 강했다. 아테네는 해군이 강했다. 그리고 각자 동맹의 맹주였다. 스파르타가 이끄는 동맹은 '펠로폰네소스 연맹'이었다. 아테네가 이끄는 동맹은 '델로스 동맹'이었다. 각국이 두 개의 대립 동맹으로 모일 때 동맹을 바꾸면 한쪽에서 빼고 다른 쪽에 더하는 이중 효과가 있었다.

언제 어디서나 그렇듯이 각 나라 안에 권력투쟁이 있었다. 그 무렵 권력투쟁은 체제 안의 다툼이 아니라 아테네식 민주정 대 스파르타식 과두정이라는 정치체제를 둘러싼 다툼이었다. 권력다툼은 내전으로 비화했고 그 향배에 따라 각국의 동맹 선택이 달라지고 동맹 사이 세력균형이 무너질 수 있었다. 그리스 세계는 지극히 위험하고 발화점이 낮아졌다. 1차대전 직전 유럽이 그랬듯이 작은 불씨에도 타오를 참이었다.

유럽의 모든 강대국이 서로 싸운 제1차 세계대전은 런던, 파리, 베를린 등 유럽의 중심과는 먼 사라예보의 암살사건으로 시작했다. 펠로폰네소스도 아테네와 스파르타에서 멀리 떨어진 곳에서 일어난 사건이 불씨가 됐다. 오늘날 알바니아에 해당하는, 먼 곳의 그리스계 국가 에피담노스의 권력투쟁이 내전으로 비화했다. 내전 세력이 각자 외부의 개입을 요청하고 외부 세력이 경쟁적으로 개입했다. 외부 세력 사이에 갈등이 생겨 다른 지역의 국가가 말려들었다. 이처럼 갈등이 확산하고 깊어진 가운데 펠로폰네소스 연맹의 주요 국가 코린토스가 스파르타에 아테네에 대한 개전을 요구했다. 일련의 외교 공방 이후 431년 스파르타가 펠로폰네소스 연합군을 이끌고 아티카 공략에 나서면서 전쟁이 시작됐다.

개전 초기, 전쟁은 절제되고 전략적으로 수행됐다. 펠로폰네소스군은 육군으로 아티카 지방을 짓밟고 약탈했다. 아테네는 주민을 장성 안으로 소개하여 방어하는 한편 해군으로 펠로폰네소스 지방에 상륙, 짓밟고 약탈했다. 절친한 사이이기도 했던 스파르타의 아르키다모스 왕과 아테네의 페리클레스는 가벼운 공방으로 서로의 힘을 가늠하고 과시하고자 했다.

그러나 일단 전쟁이 발발하면 통제하기 어려웠다. 두려움과 원한과 같은 감정이 지배하며 확전됐다. 우연적 요소도 있었다. 개전

2년 차, 전대미문의 괴질이 아테네를 덮쳐 인구의 1/3을, 그리고 영명한 지도자 페리클레스까지 앗아갔다. 기원전 425년, 아테네군이 지상에서 스파르타군과 마주쳐 크게 이겨 귀족 전사 수백 명을 포로로 잡는 대승을 거두었다. 4년간의 어려운 협상 끝에 기원전 421년 휴전에 합의했다.

그러나 전쟁의 열기와 광기는 가라앉지 않았다. 동맹국들은 나름의 구원을 해결한다고 곳곳에서 서로 싸웠다. 기원전 416년, 아테네는 애꿎게도 에게해 상 섬나라, 중립국 멜로스를 침공하여 아테네 편을 들라고 강요했다. 멜로스 인들이 거부하자 모두 살해하거나 노예로 삼았다. 그때 아테네인들과 멜로스인이 주고받은 대화록은 현실주의의 논리를 잘 보여준다고 하여 현실주의자들이 자주 인용한다.

또 기원전 415년 아테네는 난데없이 시칠리아의 원정에 나섰다. 명분도 약하고 실리도 없었던 2년간의 전쟁에서 아테네가 져서 전력이 크게 약해졌다. 그 틈을 탄 스파르타가 페르시아의 해군력을 지원받아 전쟁이 재개됐다. 이후 8년간의 전쟁 끝에 스파르타가 이겼다. 스파르타는 아테네의 장성을 허물고 아테네 제국을 해산했다. 그러나 그리스의 북쪽 마케도니아에서 걸출한 영웅 알렉산더 대왕이 일어나면서 고대 그리스 세계는 역사의 뒤안길로 사라졌다. 기원전 331년, 펠로폰네소스 전쟁이 일어난 지 정확히 100년 후의 일이었다.

4) 투키디데스의 '현실주의'

투키디데스는 아테네 출신이었다. 전쟁이 발발할 때부터 이 전쟁이 전례 없이 크고 긴 전쟁일 것을 예감하고 기록하기 시작했다. 전쟁 초기 아테네 10명의 '장군' 중 한 명으로 선출되어 참전했으나 전투에서 패하여 추방됐다. 그로써 오히려 전쟁을 중립적으로 기록할 수 있었고 그 기록을 정리하고 분석하여 책으로 썼다. 2,400년의 세월을 살아남은 그의 기록은 역사적 자료의 보고이다. 그의 분석은 세월을 뛰어넘은 철학적, 정치학적 통찰을 보여준다. 학파경쟁을 벌이던 현대 국제정치학자들은 그를 자신의 학파로 끌어들이려고 경쟁했다. 신현실주의자들은 투키디데스의 주장이 만고불변의 법칙을 믿고 탐구하는 신현실주의와 잘 부합한다고 주장했다. 이런 식이다.

책의 도입부에 나오는 "아테네 힘의 성장과 그에 대한 스파르타의 두려움이 전쟁을 불가피하게 만들었다"라는 말은 국제체계의 구조가 가장 큰 변수라는 구조적 현실주의의 주장과 부합한다. "이 책은 일회용 읽을거리가 아니라 영구 소장용으로 썼다"라는 말은 만고 불변의 법칙을 믿는 실증주의적 과학관에 해당한다. 그리고 여러 연설을 기록하면서 모든 "그때그때 상황이 요구했음 직한 발언"을 기록했다고 했다. '합리적 재구성'(rational reconstruction), 즉 합리주의적 방법이다.[3]

앞 장에서 봤듯이 미어샤이머 같은 현실주의자는 기원전 416년 '멜로스 대화록'에 나오는, 예컨대 "강자는 할 수 있는 일을 하고 약자는 해야 하는 일을 한다"라는 말을 현실주의적 논리가 만고불변의 진리인 증거처럼 인용하기도 한다. 반면 투키디데스가 케르키라

....

3 투키디데스, "펠로폰네소스 전쟁사," 제1권 22-23절 (이하에는 본문에 I.22-23처럼 표기한다). Garst(1989).

내전 등을 기술하는 내용과 방식은 구성주의적이라고 주장하는 학자도 있다(Lebow 2001). 그러나 그가 신현실주의자인지 구성주의자인지는 중요하지 않다. 학파적 편견을 버리고 있는 그대로 읽는 것이 더 중요하다.

우선 구조적 관점에서 보자. 스파르타가 아테네 힘의 성장이 "두려워" 먼저 침공했다는 점에서 세력의 역전을 우려한 스파르타의 '예방전쟁'(a preventive war)이라는 해석이 있다. 그런데 자국의 증대한 힘을 주변국이, 특히 스파르타가 인정하지 않는데 실망한 아테네가 '인정욕구'에서 힘을 과시하려고 일부러 도발한 '지위쟁탈전'이라는 해석도 일리가 있다. 그런 도발에 스파르타가 '두려워서가' 아니라 '분노하여' 침공했다는 것이다.[4]

그리고 당시 그리스 세계의 세력 판도가 양극 구조인 것은 맞으나 (제4장에서) 왈츠가 안정적이라고 주장한 냉전 시대의 양극 구조와는 달랐다. 코린토스, 테베, 케르키라와 같은 이등 국가가 양극 구조에 충격을 줄 여지가 많았다. 케르키라는 자국의 함대가 코린토스에 흡수되면 아테네의 일등 지위가 흔들린다고 반협박했다. 스파르타는 테베가 플라타이아이인을 몰살하는 잔혹한 행동을 말리지 못했다. 테베의 힘이 필요했기 때문이다(III.68). 각국 내부 사정도 있었다. 어디나 권력투쟁이 있었다. 내부 투쟁이 지역의 두 표준 스파르타의 과두정 대 아테네의 민주정의 형식을 띠면서 동맹 선택에 영향을 주고 그에 따라 강대국이 경쟁적으로 개입하며 국제전으로

....

4 코린토스가 아테네를 성토하고자 요청하여 스파르타에서 열린 동맹국 회의에 아테네 대표가 우연을 가장하여 참석하여 "여러분이 전쟁을 택한다면 어디서든 싸워주겠다"라고 하여 스파르타인들을 격분케 했다.(I.73-79).

비화했다.[5]

무엇보다 주목할 것은 인간의 본성이다. 투키디데스는 페리클레스를 극찬한 데서 보듯이 인간의 본성이 사악하다고 보지는 않았다(II.65). 다만 완성되지 않거나 약하여 상황에 쉽게 흔들렸다. 괴질의 공포 앞에서는 나약했다. 그로 인해 사회질서가 무너졌다(II.47-55). 두려움과 권력욕이 교차한 내전 속에서는 야수처럼 잔인해졌다(III.82).

그러나 전체를 관통하는 주제는 성공이 실패를 잉태하는 그리스 비극의 주제, 마물과 같은 권력의 속성 휴브리스였다. 기원전 427년 식민지 미틸레네에서 반란이 일어나고 어렵사리 진압한 아테네 인들은 모반자들의 처분을 놓고 논쟁을 벌였다. 한쪽은 일벌백계로 다스려 향후 반란을 예방해야 한다고 주장했다(III.37-40). 다른 쪽은 가혹한 처벌이 오히려 반란을 부추길 따름이라고 반박했다(III.42-48). 말하자면 패도(覇道)와 왕도(王道)의 대결인데 패도 측 주장이 통해 모반세력은 가혹한 처벌을 받았다. 투키디데스는 전쟁 중 세력의 이탈이 초래할 위험과 그에 대한 두려움이 동기였다고 기록했다. 그러나 전쟁이 진행되며 아테네인들의 타락은 다른 방향으로 흘렀다. 두려움이 아니라 오만이 지배했다.

416년 멜로스의 대화에서 아테네인들은 "우리가 멜로스를 우호적으로 대하면 남들이 우리가 약해졌다고 믿을 것"이며 "당신들이

....

5 제1장에서 분석의 수준과 관련하여 왈츠가 사용한 제1, 제2, 제3 이미지라는 용어를 소개했다. 이 부분은 "제2 이미지", 즉 국내정치가 "제3 이미지", 즉 국제정치에 압도된다는 왈츠의 주장과 달리 국내정치가 국제정치를 압도한 사례였다. 제1장 및 Waltz (1959) 참조

우리를 미워하면 그럴수록 우리가 강하다는 증거"라고 주장한다. "강자는 할 수 있는 일을 하고 약자는 해야 하는 일을 한다"라는 말도 그때 나왔다(V.95). 권력에 관한 생각이 완연히 패도로 흐른 것이다. 이듬해 시칠리아의 파병을 놓고 논쟁을 벌였을 때 젊은 층을 대표한 알키비아데스는 아테네가 무적이라고 호언장담했다. 신중파 니키아스가 시칠리아의 힘을 강조할수록 젊은이들의 자만과 호승심은 더욱 타올랐다(VI.8-26). 성공한 자의 권력이 권력자를 오만하게 만들고 자만하게 만들고 또 오판하게 만들어 결국 패망의 길을 걷도록 하는 흐름, 성공이 실패를 잉태한 아테네의 비극은 그렇게 완성됐다.[6]

2. 중국 춘추전국시대의 난세와 한비자

1) 춘추전국시대

같은 무렵 중국에도 난세가 있었다. 바로 중국 역사상 가장 긴 난세로 기록되는 춘추전국시대(春秋戰國時代)이다. 기원전 11세기 중원을 평정한 주(周)나라 왕은 천자(天子)를 자처하는 한편 봉건제도를 통해 나라를 다스렸다. 제3장에서 본 중세 유럽의 봉건제도처럼 중앙의 왕 아래 각 지방은 왕족이나 공신을 제후로 봉하여 다스

....

6 아테네인의 오만과 타락은 세 가지 권력에 기인한다. 첫째는 국내적으로 가장 강한 자를 "도편투표"로 추방할 수 있는 민주정, 둘째는 제국 내 모든 나라 위에 군림하는 제국의 지위, 그리고 무엇보다 전쟁 6년 차에 있었던, 항상 시기하고 두려워하던 스파르타를 지상에서 싸워 이긴 필로스 전투의 승리였다. 비극으로서 펠로폰네소스 전쟁사 읽기는 Lebow(2003)와 Brands and Edel(2019) 참조.

린 체제였다. 제후들은 왕실이 위태로울 때 군사를 이끌고 달려와 지키는 군신 관계를 유지했다. 기원전 8세기 주나라의 왕이 애첩 포사의 웃는 모습을 보려고 외침이 있을 때 제후를 동원하는 봉화(烽火)를 남발했다. 그러다 마치 이솝우화의 양치기 소년처럼 정작 외침을 당했을 때 도움이 받지 못해 수도를 버리고 천도했다. 이로써 왕실의 권위가 떨어져 춘추시대의 난세가 시작됐다(기원전 770년).

이후 제후들은 서로 앞을 다투어 주변 제후국을 침탈하며 힘을 키워나갔다. 수백 개가 넘던 제후국의 숫자는 차츰 줄어들었고 그중 다섯이 마치 '패권 주기 이론'을 방불케 하며 부침했다. 소위 춘추오패(春秋五霸)이다. 제나라 환공(齊桓公, 재위 기원전 685년~기원전 643년), 진나라 문공(晋文公, 재위: 기원전 636년~기원전 628년), 초나라의 장왕(楚莊王, 재위: 기원전 614년~기원전 591년), 오나라의 왕 부차(吳王夫差, 재위: 기원전 495년~기원전 473년), 월나라의 왕 구천(越王勾踐, 재위: 기원전 496년~기원전 465년)이 돌아가며 패자(霸者)를 자처했다.[7]

기원전 5세기, 한때 패자를 자처했던 진(晋)나라의 왕권이 약해지며 귀족들이 나라를 나눠 가졌다. 그들의 성씨를 따라 조(趙), 위(魏), 한(韓) 나라가 생기면서 전국시대가 시작됐다(기원전 404년). 각국의 제후는 서로 왕을 칭하며 중원의 패권을 노리는 각축전을 시작했다. 그러면서 '전국칠웅'(戰國七雄)으로 정리됐다. 진나라를 나눠 가진 위, 조, 한이 그중 셋이었다. 오패의 하나로 지금의 산동

....

7 주나라의 제후국이었던 제(齊)나라나 진(晋)나라의 군주가 공(公)으로 불린 것과 달리 신흥국 초(楚), 오(吳), 월(越) 나라의 군주가 왕(王)을 자처한 것은 그만큼 주 왕실의 권위가 추락한 것을 의미했다.

(山東) 반도에 자리한 제(齊)나라, 그 북쪽 해안에 새로 등장한 신흥 강국 연(燕)나라, 내륙에서 부상한 진(秦)나라, 그리고 오와 월을 합쳐 강성해진 남쪽의 초나라가 그 일곱에 포함됐다.

기원전 4세기, 그중 진나라가 법가(法家)의 상앙(商鞅)을 등용했다. 상앙은 법가의 논리에 따라 중앙집권적 체제를 정비하여 국력을 키우기 시작했다. 그렇게 진나라의 국력이 빠르게 성장하자 연나라를 비롯한 나머지 여섯 나라는 소진(蘇秦)의 합종책(合從策)을 받아들여 다자(多者) 대동맹을 맺고 진나라의 팽창을 견제했다. 이후 15년간 소진은 여섯 나라의 재상을 겸하며 호사를 누렸고 진나라의 팽창은 좌절됐다. 그에 대해 진나라는 장의(張儀)의 연횡책(連橫策)을 받아들여 여섯 나라 각자와 양자 동맹을 맺은 후, 하나씩 격파하여 기원전 226년 대륙을 통일했다. 요샛말로 하자면 '이간하고 지배'(divide and rule)하는 전략이 성공한 것이었다.[8] 그 과정에 장의는 여섯 나라를 감언이설로 꾀었다. 합종의 논리는 멀리 본다. 연횡의 논리는 눈앞을 본다. 눈앞의 이익에 혹하지 않고 멀리 보는 현군(賢君)은 드물다. 혹세무민(惑世誣民)하는 학자는 드물지 않다.

대륙을 통일한 진나라 왕은 '왕'(王)에 만족하지 못하고 '황제'(皇帝)의 칭호를 자칭하며 최초의 황제, 곧 시황제가 됐다. 아방궁을 지어 호사하고 반대하는 선비들을 산 채로 매장하고 그들이 지은 책을 태워 없앴다(焚書坑儒). 제국은 불과 15년 만에 무너지고,

....

8 진나라는 대륙 내부에, 나머지 여섯 나라는 해안에 가까운 쪽 남북으로 자리하고 있었으므로 이들 여섯 나라의 대동맹은 아래위로 합친다는 '합종'으로 불렸다. 진나라를 한 축으로 나머지 중 한 나라와의 양자 동맹은 옆으로 연결한다는 '연횡'으로 불렸다. 합종과 연횡의 국제정치이론에 대한 의의는 아래에서 다시 논의한다.

항우(項羽)와 유방(劉邦)이 대륙의 패권을 놓고 건곤일척의 초한(楚漢) 대전을 치른 끝에 기원전 202년, 한(漢)나라로 통일됐다. 이후 한나라는 삼국지로 유명한 삼국시대까지 4세기 동안 통일왕조를 유지하며 현재 중국 인구의 90%를 차지하는 한족의 기원이 됐다.

2) 제자백가(諸子百家)

고대 그리스에 지식과 학파의 꽃이 피었듯이 춘추전국시대, 특히 전국시대에 지식과 학파의 꽃이 만발하여 후일 제자백가라고 불리었다. 여러 지식인(諸子)이 많은 학파(百家)로 나뉘어 경쟁했다. 이상향의 그림을 제공해 현실을 바꾸어 보자는 이상주의자도 있었고, 현실에 적응하여 군주가 성공하도록 돕고 그에 편승하여 출세하려는 현실주의자도 있었다. 덕(德), 제2장의 표현을 빌자면 연성권력에 의한 통치, 곧 왕도정치를 주장하는 유가(儒家)가 이상주의자였다. 법(法)의 엄정한 적용, 즉 경성권력에 의한 통치, 곧 패도를 주장하는 법가(法家)는 현실주의자였다. 합종과 종횡의 외교술로 유세(遊說)하던 소진과 장의와 같은 부류는 종횡가(縱橫家)로 불렸다.

진나라가 강성하여 대륙통일에 성공할 수 있었던 이유는 법가를 받아들여 국가체제를 정비했기 때문이었다. 그러나 그렇게 통일한 제국이 15년 만에 무너진 이유는 법가에 따른 패도의 부작용, 즉 민심의 이반과 반란 때문이었다. 진나라가 무너진 이후 대륙의 패권을 놓고 벌인 초한(楚漢)대전에서 항우가 번번이 이기고도 한 번의 패배로 무너진 이유도 패도의 부작용에서 찾을 수 있다. 반면 유가를 수용한 한나라가 400년 제국을 이어간 이유는 왕도정치의 장점 덕분이었다.

3) 법가와 한비자

한비자(韓非子, 기원전 ?~233년)는 성씨에서 보듯이 한(韓)나라 왕족 출신으로 순자(荀子)에게서 수학했다. 기원전 3세기 한나라는 쇠락을 거듭하며 칠웅 중 최약체로 전락했다. 한비자는 그것이 안타까워 시무책을 지어 헌납했으나 채택되지 않았다. 10만 자에 달하는 그의 시무책은 오히려 나라 밖에서 유명해져 후일 시황제가 되는 진왕(秦王) 정(政)이 그를 만나고 싶어 했다. 진나라의 재상 이사는 순자 밑에서 동문수학한 사이였던 한비자를 잘 알았고 스스로 그에 미치지 못함도 알아 질투했다. 이사는 한나라를 침공한 다음 화친 사신으로 한비자를 불러 진왕을 만나게 했다. 한비자는 글에 비해 말이 어눌해 진왕을 실망하게 했다. 그 틈을 타서 이사는 계교를 부려 한비자에 사약을 내려 살해했다.

한비자를 필두로 한 법가에서 보는 인간은 탐욕스럽고 감정에 휘둘리는 존재이다. 그들을 인의로 다스린다는 유가의 주장은 몽상에 지나지 않는다. 반드시 신상필벌로 다스려야 한다. 공이 있으면 상을 주어 그들의 탐욕을 채우고 벌이 있으면 크게 다스려 한계를 분명히 해야 한다. 작은 죄를 엄하게 다스리면 큰 죄를 막을 수 있다. 형벌로 형벌을 막는다. 많은 백성이 범죄로부터, 또 외침으로부터 안전하니 그것이 오히려 자비로운 것이다. 자애롭게 대한다고 형벌을 엄격히 하지 않으면 나라의 질서가 무너지고 백성이 왕을 위해 힘써 싸우지 않는다. 안으로 사적 폭력이 지배하고 밖으로 전쟁에 패하여 오히려 백성을 위태롭게 한다. 이것을 '자비의 역설'(paradox of clemency)이라 부른다.

한비자는 특히 왕과 귀족/신하를 엄격히 구분하고 상벌권을 왕이 독점하여 신하들이 세력을 키우지 못하도록 경고한다. 탐욕스럽기는 귀족이 백성보다 훨씬 더하다. 그들이 상벌권을 나눠 가지면 왕의 권력을 나눠 가지는 것이다. 그들이 언제 반란을 일으킬지 모른다.

한비자와 놀랄 만큼 닮은 주장을 한 사람이 1,700여 년의 시간과 대륙의 동서를 나누는 공간을 넘어 나타났다. 르네상스 시대 이탈리아의 마키아벨리이다.

3. 르네상스시대 이탈리아의 난세와 마키아벨리

1) 르네상스시대 이탈리아의 난세[9]

니콜로 마키아벨리(Niccolò Machiavelli, 1469~1527)는 레오나르도 다빈치와 동시대 인물로 이탈리아의 르네상스를 대표하는 인물이다. 아테네 문명이 화려했던 만큼 이탈리아 르네상스 문명도 화려했으나 정치적으로는 불안했다. 당시 이탈리아반도는 두 가지 의미에서 난세였다. 첫째, 안으로 여러 나라로 나뉘어 서로 다투고 있었다. 대표적으로 밀라노 공국, 베네치아 공화국, 피렌체 공화국, 교황령, 나폴리 왕국 등이 있고 그 외에도 크고 작은 여러 나라가 생존과 권력을 다투고 있었다. 둘째, 인접한 국가들은 이탈리아가 하나로 뭉쳐도 상대하기 어려운 스페인, 프랑스, 신성로마제국 등 강대국이었다. 분열되어 연약한 이탈리아는 이들의 좋은 먹잇감이었다.

마키아벨리가 태어난 피렌체는 12세기 초 공화국으로 독립한 도

....

9 이탈리아 난세에 대해서는 김준석, 『국제정치의 탄생』, 제1장 참조.

시국가였다. 15세기 유력 금융 가문이었던 메디치(Medici) 가문이 사실상 피렌체의 군주처럼 지배했다. ('위대한 자'라는 별명이 있는) 로렌초 데 메디치(Lorenzo de' Medici; 재위 1469~1492)는 밖으로 외교를 통해 평화를 유지하고 안으로 문화를 지원해 르네상스 황금기를 이끌었다(조홍식 2022, 9장). 그의 사후 프랑스가 이탈리아반도 남쪽 나폴리 왕국을 침공하려 남하하는 과정에서 메디치 가문이 실권하여 망명하고 피렌체는 공화정을 되찾았다(1494년).

마키아벨리는 1498년 공화정 집행부의 외교를 담당하는 제2 장관으로 기용됐다. 그 자격에서 프랑스, 교황령, 신성로마제국, 그리고 당시 떠오르는 별 체사레 보르자의 진영 등을 방문하며 많은 정치와 외교, 전쟁의 현장을 목격했다. 1512년 교황청이 스페인과 연합하여 프랑스군을 몰아내고 메디치 가문이 복귀했다. 마키아벨리는 해고되고 이듬해 음모에 연루되어 투옥되었다가 석방됐다. 이후 『군주론』을 집필하여 피렌체의 지배자로 복귀한, '위대한 자' 로렌초 데 메디치의 이름을 물려받은 손자 로렌초 데 메디치에게 헌정했다.

2) 〈군주론〉

'위대한' 로렌초 데 메디치가 사망하고 프랑스가 침공한 이후, 즉 마키아벨리가 활약하던 시대 이탈리아는 특히 난세였다. '위대한 로렌초'가 체결했던 평화조약은 깨어지고 프랑스가 침공하여 이탈리아는 마치 후한(後漢) 말기 조조, 원소, 여포, 유비, 손권 등 군웅이 할거하던 때와 같은 난세로 빠져들었다. 그 난세를 현장에서 직접 경험한 마키아벨리는 『군주론』에서 나라를 세우고 지키는 데 필요한 군주의 요건에 대해 논의한다. 난세가 아니라면 드문 일이었겠으나 그가 본 군주국에는 세습군주국과 신생군주국이 있었다. 세습군주의 임무는 물려받은 나라를 지키는 것이다. 신생군주의 임무는 나라를 세우고 또 지켜야 하니 세습군주보다 곱절 많다. 게다가 신생군주국의 백성은 군주의 지배에 길든 세습군주국 백성보다 다스리기가 훨씬 더 어렵다.

따라서 신생군주는 성공하기 어렵고 성공하려면 특별한 '자질과 능력'(*virtù*)을 갖추고 '운'(*fortuna*)이 따라야 한다. 운은 본인이 어쩔 수 있는 것이 아니나 자질과 능력은 본인의 것이니 증진할 여지가 있다. 마키아벨리의 군주론은 그 자질과 능력을 증진하는 방법에 관한 것이다. 그 방법에서 마키아벨리는 한비자와 놀랄 만큼 닮은 점을 보여준다.

첫째, 군주는 당위가 아니라 현실에 따라 행동해야 한다. 군주가 좋은 평판을 듣자고 자비롭게 행동하여 질서와 평화가 무너지면 자비로움이 아니라 더 큰 잔인함이다. 작은 잔인함으로 질서와 평화를 지키는 것이 큰 자비로움이다. 군주는 큰 선행을 위해 작은 악행을 마지않아야 한다. 곧 자비의 역설이다.

둘째, '채찍'이 '당근'보다 효과적이고 안전하다. 인간은 이기적이고 탐욕스러우며 은혜를 쉽게 잊는다. 일시적인 찬사를 얻자고 '당근'을 남발하면 정작 필요할 때 사용할 수 없게 된다. 오히려 '채찍'을 휘둘러 두려움을 주면 그 채찍이 내 손에 있는 한 군주는 내부 반란으로부터, 나아가 외부의 침공으로부터 안전하다. 그러나 절대 신민이 미워하거나 경멸하는 군주가 돼서는 안 된다(제17장).

셋째, 군주의 자리는 언제나 위태롭고 도전이 많으므로 때로는 늑대를 떨게 하는 사자의 용맹이 필요하고 때로는 함정을 피할 줄 아는 여우의 교활함이 필요하다(제18장).

넷째, 전쟁에서 이겨 영역을 확대하면 군주는 평판과 권력을 함께 얻는다. 남이 전쟁할 때도 적극적으로 개입하면 안전과 실리를 얻는다. 강자들의 전쟁에서 승자의 편에 서면 안전하고 패자의 편이 되더라도 후일을 도모할 여지가 있다. 약자들의 전쟁에 개입하여 승리를 이끌면 승패를 좌우하는 큰 실리가 있다. 그러나 동맹을 맺을 때는 더 강한 자와의 동맹을 피하는 것이 좋다. 동맹의 허울을 쓴 복종이나 다름없기 때문이다. 그러나 이 모든 위험한 상황에서 군주가 갖춰야 할 덕목은 최선을 추구하는 대신 최악을 피하는 신중함 또는 '실천지'(實踐智; prudence)이다(제21장).

4. 근대 유럽의 난세와 장-자크 루소

이후로도 이탈리아는 강대국의 각축장이었고, 마키아벨리 사후 급속히 부상한 합스부르크 왕가의 간접 지배하에 놓였다. 반면 전체 유럽은, 제3장과 제4장에서 논의한 것처럼, 종교개혁과 30년 전쟁의 끝에 절대왕정들 사이 난세 대립의 와중에 놓였다.

제4장에서 그러한 유럽의 난세를 '전쟁상태'로 묘사한 토머스 홉스의 논리를 살펴보았다. 근대국가가 자리 잡던 17세기의 홉스는 현대 현실주의 국제정치학의 토대를 놓은 사상가로 널리 인정된다. 그런데 제2장에서 짧게 언급한 18세기의 계몽주의 사상가 장-자크 루소(Jean-Jacques Rousseau, 1712~1778)가 현실주의 국제정치학자로 불리는 점이 흥미롭다. 다음 장에서 현실주의의 대안 이론이자

경쟁이론으로 소개할 자유주의와 관련하여 루소가 자유주의 사상가인 동시에 현실주의 국제정치이론가로 인정되는 것이 더욱 흥미롭다. 곧 현실주의와 자유주의 사이의 차이는 현실주의와 이상주의처럼 양립할 수 없는 게 아니다. 그렇다고 주장하는 오늘날 국제정치이론가들은 틀렸다.

루소는 토머스 홉스보다 100년 후의 사람이다. 제네바에서 태어나 독학으로 공부하여 대성한 천재이다. 인간, 사회, 국가의 본질에 대한 깊이 있는 성찰을 우아하고 힘 있는 필체로 쓴 여러 저작을 남겼다. 그의 독서와 성찰과 저작은 자연히 국제문제에 미쳤다. 백 년 앞을 산 토머스 홉스의 〈전쟁상태론〉이 인간에 대한 애정을 결핍했다고 통박할 때 루소는 자유주의자이다. 생-피에르 선생의 〈영구평화구상〉을 소개하고 비판할 때 그는 현실주의자이다. 그런 루소를 왈츠가 국제정치학의 현실주의자로 소개했다. 1959년 작 『인간, 국가, 전쟁』에서 구조적 현실주의의 출발점을 루소에게서 찾는다. 이하에서 소개하는 루소의 이론은 대체로 왈츠의 요약을 따른다.[10]

루소는 홉스가 인간을 허약하고 잔인한 겁쟁이로 그리고 그들이 구성하는 '사회'가 전쟁상태라고 한 데 대해 분노한다. 분석적으로 보아 홉스의 가장 큰 잘못은 사회가 생성하기 이전 자연상태의 인간이 사회 형성 이후 획득한 속성이 있다고 본 점이다. 루소가 상상한 자연 상태의 인간은 아예 남을 만난 적이 없으니 남 앞에 우쭐대는 명예욕, 남을 지배하려는 권력욕 따위는 없다. 도덕이라는 개념

....

10 Waltz(1959, 165-188). Cf., Doyle(1997). 루소의 국제정치학에 대한 국내 소개는 김용구(2001); 하영선(2019) 참조.

도 없다. 그런 상태에서 인간은 자연이 준 순수한 자유를 누린다.

그러다가 인구가 늘어나면 자원이 부족해지고 다른 사람과 만남이 생기고 협동의 필요가 생긴다. 협동이 시작되면 갈등도 시작된다. 함께 사슴을 잡기로 약속해놓고 눈앞에 토끼가 나타나면 토끼를 잡느라 사슴을 놓친다. '축록자불고토'(逐鹿者不顧兎), 즉 '사슴을 쫓는 사람은 토끼를 돌아보지 않는다'라는 금언은 물론이거니와 약속을 지키지 않으면 다른 이가 굶주린다는 사실도 아랑곳하지 않는다. 이기적이거나 비합리적이라서가 아니다. 남이 '불고토'한다는 보장도 없고 그가 내가 '불고토'한다고 믿는다는 보장이 없기 때문이다. 그렇게 자연 상태의 인간은 자원의 부족과 사회적 갈등이라는 이중의 어려움에 부닥치게 된다.

그럴 때 무리를 형성하여 협동과 분업의 이점을 누리는 집단이 나타난다. 곧 사회가 형성되고, 그것의 규모가 어느 정도의 '임계점'에 이르면 일종의 선순환 효과가 생긴다. 다른 이들도 동참하여 사회의 이점을 누리려 하므로 사회는 눈덩이처럼 커진다. 그 이점을 누리지 못하는 인간은 도태하기 때문이다. 그렇게 인간은 자연 상태에서 시민사회 상태로 이행한다. 그러한 이행은 절대 사소한 일이 아니다. 행동의 기준이 본능이 아니라 정의와 도덕이 된다. 자연이 준 자유는 상실하나 시민으로서 자유와 소유권, 나아가 도덕적 자유를 획득하여 마침내 만물의 영장인 인간이 된다.

그렇게 이행하는 과정이 사회계약이고 그렇게 생성된 정치체가 바로 국가(State)다. 그 국가가 시민에게는 주권자(Sovereign)이고 다른 국가와의 관계에서는 권력체(Power)이다. 국가를 구성하는 사람은 집합적으로 인민 또는 국민(people)이고 주권에 참여하는 자격에서는 시민(citizen)이며 국가의 법률을 따를 때는 신민(subject)이다.

국가는 독자적인 정체성과 의지, 즉 일반의지(the general will)가 있다. 일반의지는 모든 시민의 개별 의지를 단순히 합한 것이 아니다. 시민 개개인의 의지는 공동 부분과 개별 부분이 있는데 이를 사회 차원에서 합치면 개별 의지는 상쇄하고 공동 부분만 남는다. 그것이 일반의지, 곧 국가이익이다. 만일 개별 의지가 일반의지를 지배하면 국가는 존재할 수 없다. 그러한 상황을 배제하기 위해 국가는 강제력이 필요하다. 아울러 일반의지는 외부로부터의 위협과 그에 대한 적대감으로 강해진다.

자연 상태의 인간이 전쟁상태에 있다고 한 홉스의 주장은 터무니없다. 자연 상태에서 인간은 싸울 리가 없고 시민 상태의 인간은 싸울 수가 없기 때문이다. 전쟁은 인간 사이의 관계가 아니라 국가 사이의 관계에서만 일어난다.

그런데 모든 국가를 함께 놓고 보면 각국의 일반의지는 개별 의지나 다름없다. 개인이 사슴을 쫓다가 토끼를 낚아채듯이 국가도 그럴 수 있다. 그것은 개별국가로서는 일반의지일 수 있으나 국제사회 전체로 보면 개별 의지이다. 국가들은 내부적으로 단결할 필요와 외부적으로 다른 국가에 대한 적대감으로 작은 도발에도 전쟁할 준비가 돼 있다. 어느 한 나라가 바꿀 수 있는 것이 아니다. "다들 미쳤을 때 홀로 제정신인 것은 그 자체로서 미친 것이나 다름없다." 그래서 다들 전쟁할 준비를 하고 작은 도발에도 전쟁한다. 국제관계는 당장 전쟁이 없더라도 언제든지 전쟁이 날 수 있는 '전쟁상태'이다.

루소에 따르면 자연 상태의 개인이 사회상태로 이행할 때 가장 위험한 부분이 바로 사회계약을 맺기 직전 상태이다. 그때는 사람들 사이 접촉이 있고 그로 인한 갈등이 현저하기 때문이다. 루소가 본 국제관계는 그와 같은 단계에 있었다. 국가 사이의 접촉이 빈번하고 그로 인한 갈등이 현저하다. 그러나 그다음 단계, 즉 사회상태로 이행하여 세계국가, 또는 국가 연방을 형성하는 것은 불가능하다. 유럽의 세력균형 체계에서 국가들의 연합 또는 통합으로 이행하는 '임계점'에 도달할 정도의 힘의 결집이 이루어지지 않았기 때문이다.

5. 난세의 이중구조

홉스와 루소의 이론과 주장이 대조적인 이유는 여럿이다. 물론 사람이 다르다. 또 홉스가 앞서고 루소가 뒤따른 시간의 차이가 있어 루소가 홉스의 성찰을 궁구할 여지가 있었기 때문이었다. 그러나 무엇보다 그들이 산 시대가 달랐다. 홉스가 산 시대는 절대 왕조의 형성기였다. 국가권력을 둘러싸고 내전이 끊이지 않아 많은 사람이 고통받던 시대였다. 곧 국가 내부의 난세였고 강한 왕권을 소원하던 때였다. 루소가 산 시대는 그로부터 100년 후 절대 왕조가 절정기에 이르렀을 때였다. 난세는 국가 내부보다 국가 사이의 문제에서 더 크게 나타난 때였다. 국가들 사이 권력정치가 난세의 문제였다.

되돌아보면 홉스보다 150년 앞선 마키아벨리가 본 이탈리아의 난세는 이중구조였다. 하나는 유럽 전체에 여러 강대국이 병존하며 다투는 체계적 차원의 난세였다. 다른 하나는 이탈리아가 쪼개져 안으로 서로 싸우고 밖으로 외세의 개입에 취약한 내전적 상황이었다.

안으로 내실을 다지고 밖으로 경쟁적인 상황을 헤쳐나가는 치국경세술이 필요한 때였다. 그 점에서는 중국 전국시대의 한비자와 닮은 점이 있다.[11]

한비자, 마키아벨리, 홉스가 보기에 난세의 원인은 제1차적으로 국가가 연약하기 때문이었다. 그런 상태에서 제2차적 난세, 즉 외세의 침공을 감당하기가 어려우니 이중의 난세였다. 루소 시대에 이르러 절대 왕정 시대가 완성됐다. 그런 시대에 루소가 본 난세는 강건한 국가들 위에 존재하는 세계국가가 없기 때문이었다. 그럼으로써 현대 국제정치학에서 보는 〈국제체계=국제 무정부〉의 등식이 완성됐다. 그러나 제4장에서 논의했듯이 〈국제 무정부=난세〉라는 등식은 논쟁의 여지가 있다. 국가가 안으로 강건할 때 무정부적 국제

표 6-1 난세의 이중구조

		국제체계의 통합과 분열	
		분열/무정부	통합/연합
국가의 힘/국내적 통합과 분열	강/통합	근대적 난세 (루소)	근대적 치세 (칸트)
	약/분열	고전적 난세 (한비자, 마키아벨리, 홉스)	세계국가, 초국가적 연합, 국제정치의 종언?

....

11 제2장에서 마키아벨리와 한비자가 닮은 점을 소개한 바 있다. 즉 백성이 두려워하는 군주와 사랑받는 군주 중 누가 안전한지, 그리고 왕의 상벌권 중 징벌권을 사취한 송나라 자한이 그것으로 백성을 부려 스스로 왕이 된 고사이다. 이처럼 많은 유사점에 주목하여 혹시 마르코 폴로를 매개로 마키아벨리가 한비자를 접할 기회가 있었는지 궁금했다. 나만 궁금했던 게 아닌지 AI에 물어보니 줄줄 설명이 나온다. 결론: 흥미로운 관측이나 그럴 개연성은 거의 없다. 유사한 상황 속 고심이 유사한 결론을 낳았다고 보는 게 온당하다.

정치도 제도화될 수 있다. 소위 영국학파에서 주장하는 국제사회론이다.

우리나라 역사에서 이중의 난세는 구한말이었다. 서세동점(西勢東漸) 하는 때 왕실은 약하고 정부는 수구파와 개화파, 친일파와 친러파로 나뉘어 싸웠다. 그러다가 국권을 잃고 일본의 식민지가 됐다. 미국의 지도력이 급격히 약화하고 중국이 부상하여 국제정치가 어지러운 가운데 2개 거대정당이 극단적으로 대립하는 현재 상황도 그와 크게 다르지 않은 것 같아 걱정이 크다.

III. 현대 국제정치학에서 현실주의의 전개

제5장에서 이미 설명했듯이 현대 국제정치학은 2차대전을 전후한 위기 상황에서 전간기의 이상주의적 풍조를 비판하면서 본격적으로 시작했다. '없는 이상'을 지향하는 처방이론이 아니라 '있는 현실'을 서술하고 그런 현실의 설명에 초점을 두는 사회 '과학'을 지향했다. 국제정치학자들의 가장 큰 화두는 단연 '전쟁'이었다. 전간기 이상주의가 풀던 문제가 '어떻게 전쟁을 막을 것인지'였다면 현실주의가 풀려는 문제는 '전쟁이 왜 일어나는지', 더 일반적으로 말하자면 '국제관계는 왜 갈등적이고 폭력적인지'였다. 전후 현실주의는 이상주의를 비판하는 점에서 현실주의였다. 아울러 정치, 특히 국제정치는 기본적으로 갈등과 폭력이 기본적 조건이라고 보니 또한 현실주의였다.

이하에서는 카와 모겐소, 왈츠, 미어샤이머 등으로 연결되는 2차대전 이후 현실주의 학파에 속하는 국제정치학자들의 주장을 소개한다. 그럼으로써 그들 사이의 차이점을 부각하여 학파 내 유파(類派)가 등장하여 서로 다투는 쟁점을 밝힌다. 그 목적은 물론 독자들이 국제관계의 전체 모습에 대한 심상을 개발하도록, 즉 개념화하도록 돕는 데 있다.

1. 고전적 현실주의: 한스 모겐소

전후 대표적 현실주의자로 불리는 E. H. 카와 한스 모겐소는 한 가지 공통된 의견이 있었다. 이들은 모두 전간기의 국제평화 프로젝트가 19세기까지 유럽의 정치체제와 경제 제도에 적용되어 크게 '성공'한 자유주의의 제도와 논리를 국제정치에 '이식'하려는 시도로 본 점이다. 의견 차이도 있다. 카는 그 프로젝트가 실패한 원인이 목적에 압도되어 현실분석을 등한시한 이상주의식 접근법에 있다고 봤다. 그러므로 자유주의 프로젝트의 내용에 본질적인 결점이 있다고 보지는 않았다. 반면 모겐소는 더 분석적으로 접근하여 복합적이고 논리적 원인을 찾았다. 그의 주장은 다음처럼 전개된다.

첫째, 19세기 자유주의가 국내정치와 경제 제도의 개혁에 성공한 원인은 제도 자체의 장점 때문이 아니었다. 그것이 성공할 만한 정치, 사회, 경제적 조건이 무르익었기 때문이었다. 다시 말해 자유주의 제도가 채택되면 혜택을 볼 중산층이 개혁이나 혁명을 성공시킬 세력을 형성했기 때문이었다. 그런 조건이 갖추어지지 않은 곳에 이식했을 때 실패는 자명했다. 그런데도 자유주의적 이상주의자들은 자유주의 제도는 생장력이 강한 식물처럼 척박한 토양에서도 잘

자랄뿐더러, 콩과식물처럼 토양 자체를 바꾸는 힘이 있다고 믿었다.

둘째, 자유주의적 이상주의자들은 국제정치에서 정치를 사상(捨象)했다. 그들이 보기에 사회는 이익의 조화 속에 자동으로 돌아가는 세상이다. 정부의 역할은 최소한의 조정, 즉 행정만으로 충분하다. 그런 사회에 정치, 즉 권력투쟁은 존재하지 않기 때문이다. 그런 사회상과 정치관을 권력투쟁이 만연한 국제정치에 이식했을 때 실패는 예정된 것이나 다름없었다.

셋째, 자유주의자들은 인간의 본성과 이성의 역할에 관해 매우 잘못 판단했다. 인간을 움직이는 것은 이성이 아니다. 이성은 홀로서는 움직이지 못하는 등불처럼 인간이 움직일 때 앞을 밝히는 역할을 할 따름이다(Morgenthau 1946/2008, 207). 인간을 움직이는 것은 비이성적 요소이다. 인간 행동의 동기가 되는 비이성적 요소에는 생존 욕구와 번식 욕구와 같은 기본적인 욕구가 포함된다. 그중에 남을 지배하려는 권력욕이 있다.

넷째, 권력욕은 특이하다. 생존 욕구에 따른 식욕이나 수면욕, 그리고 번식 욕구에 따른 성욕은 일시적이나마 충족할 수 있다. 그러나 권력욕은 그런 제한이 없다. 지구상의 마지막 인간을 꿇려야, 곧 신이 돼야 충족할 수 있다(Morgenthau 1946/2008, 250).

권력욕에 따라 인간의 삶은 권력투쟁과 그에 따른 폭력으로 점철된다. 그것을 관리하느라 인간이 개발한 제도가 바로 국가이다. 안정적으로 작동하는 국가 제도 속에서 인간의 권력욕은 잠잔다. 선거를 통해 대표를 뽑거나 응징하는 정도가 한도다. 그러나 국제정치 속에서 권력욕은 오히려 증폭되어 나타난다. 자신이 속한 나라가, 특히 전쟁이라는 형식으로, 다른 나라와 대결할 때 국민은 대리만족을 느낀다. (제3장에서 논의한) 국민정체성과 민족주의가 대리만족의 심리적 기제이다.

대리만족에 머무르지 않고 직접 참가할 수도 있다. 전시에 개인은 국가가 주는 면죄부를 받는다. 즉 전쟁 중 제복을 입은 군인은 사람을 죽이고도 처벌받지 않는 '살인 면허'(licence to kill)를 받는다. 그것으로 사람을 많이 죽일수록 영웅이 된다. 그처럼 국제정치에서 권력욕이 폭력적으로 표출될 때 그것을 통제하는 국제적 제도는 없거나, 있어도 미약하다(Morgenthau 1948/73, 103-106).

그래서 국가는 기본적으로 권력 단위이고 국가들 사이의 정치, 즉 국제정치는 권력정치이다. 정치무대에서 개인들이 그렇듯이, 국제정치 무대에서 국가들도 권력을 유지하고 늘리고 과시한다. 그것이 기본적인 행동의 동인이자 패턴이다. 그러한 행동의 동인과 패턴을 분석하는 틀을 내세우고 정치적 현실주의(political realism)라고 불렀다. 그것을 위한 기본원칙 여섯 가지를 내세웠다(Morgenthau 1948/73, 4-11).

첫째, 모든 사회현상이 그렇듯이, 정치에도 인간 본성에 뿌리를 둔 객관적 법칙이 있다. 인간은 정치적 동물이라는 아리스토텔레스의 명제가 그런 법칙이다.

둘째, 국가의 행동, 나아가 국제정치를 분석할 때 가장 중요한 개념이 "권력의 관점에서 정의한 국가이익"(interest defined as power)이다. 국가이익이란 루소가 말한 일반의지처럼 항상 존재하고 안정적으로 유지된다. 대외관계에서 국가이익은 곧 권력의 관점에서 정의된다. 그것의 존재를 인정할 때만 객관적 관찰자로서 국제정치학자들의 역할이 가능하다.

셋째, 국가이익이 안정적이더라도 불변은 아니다. 그리고 무엇보다 모든 국가의 이익이 같을 수는 없다. 시공간적으로 살아 움직이는 여러 나라의 국가이익이 맞물려 빚어내는 국제정치는 거대한 생물처럼 웅장하게 살아 움직인다.

넷째, 권력이 도덕적 평가에서 벗어날 수 없듯이, 정치가 권력 현상인 한 도덕과 무관하지는 않다. 정치적 현실주의는 각국의 지도자들이 도덕적 명분을 내세워 외교정책을 결정하고 정당화하는 현실을 무시하지 않는다.

다섯째, 그렇더라도 각국의 외교를 도덕적 관점에서 평가하여 칭찬하고 비난하는 것은 정치적 현실주의가 아니다.

여섯째, 바로 그 점에서 국제정치는 독자적인 정치영역이며 국제정치학자들은 국내정치학자, 정치평론가와 다른 독자적인 연구영역이 있다.

국가들의 외교정책은 기본적으로 (1) 현재의 권력을 지키고 (2) 더 늘리고 (3) 과시하는 행동으로 분류될 수 있다. 각기 (1) 현상 유지(status quo) 정책, (2) 제국주의(imperialism) 정책, (3) 위세(prestige) 정책으로 불린다. 현상 유지 정책은 대체로 현상, 즉 국제사회에서 그 나라가 누리는 위상과 권세에 만족한 국가들의 정책이다. 제국주의 정책은 그렇지 않은 국가들의 정책으로 권력의 자원을 확대하려는 팽창정책으로 특징지어진다(Morgenthau 1948/73, 48-54).[12] 위세 정책이란 권력 현상의 사회적 성격을 고려한 정책이

....

12 모겐소도 제국주의가 자본주의 국가들이 식민지를 침탈하는 정책이라는 레닌류의 주장을 모르지 않는다. 다만 자본주의 국가의 팽창정책도 국제정치 무대에서 권력을 증진하려는 노력의 일환이라는 관점에서 그런 이름을 붙였다. 이러한 정책을 내세우는 국가는

다. 군사력 등 권력의 물적 자원을 과시하고 다른 나라의 인정을 받아 위상을 높이려는 정책이다. 북한이 대륙간 탄도미사일을 열병식에서 공개하고 아예 발사하는 것도 그런 정책의 일환이다. 2023년 9월 하순, 한국이 오랜만에 국군의 날 행사를 거행하고 신무기를 공개한 것도 같은 논리이다.

여러 나라의 여러 정책이 맞물려 빚어내는 현상 중 세력균형이 가장 두드러진다(Morgenthau 1948/73, 167ff). 세력균형을 내세워 국가들은 서로 대립하기도 하고 보상이라는 명분으로 남의 영토를 침탈하고 동맹을 맺는다. 그러나 모겐소는 체계 차원에서 반복하여 나타나는 현상으로서 세력균형과 국가 차원에서 정책으로서 세력균형을 구분하지 않아 후일 왈츠가 '정치적' 현실주의를 패러디하여 '구조적' 현실주의를 내세울 여지를 남겼다.

2. 신현실주의: 케니스 왈츠

1) 세력균형의 법칙과 이론

2013년 향년 89세로 타계한 케니스 왈츠는 이미 여러 차례 언급했다. 제1장에서 분석의 수준을 이야기하면서, 제4장에서 국제체계의 구조를 이야기하면서, 제5장에서 신현실주의의 등장을 이야기하면서, 그리고 앞서 루소의 현실주의를 소개하면서 언급했다. 현대 국제정치학에서 그만큼 중요한 인물이다. 제5장에서 언급했듯이 왈

....

흔히 수정주의 또는 현상변경 국가(revisionist states)라고 불린다. 최근 중국, 러시아, 이란, 북한 등이 그런 나라로 꼽힌다(Mead 2014).

츠가 신현실주의자로 불린 것은 1979년 저서 『국제정치이론』이 출판된 이후였다. 이하에서는 그 책을 중심으로 논의한다.

왈츠의 글은 유려하다. 문장도 짧고 현학적 단어도 좀처럼 쓰지 않아 쉽게 읽힌다. 그런데도 문장은 많은 뜻을 함축하고 있어 읽을수록 새로운 맛이 난다. 그런 점에서 이미 고전이다. 국제정치학을 전공하는 대학원생들, 심지어 중견 학자들도 성경처럼 끼고 다니는 이유가 있다. 이 책에서 왈츠는 그가 믿는 실증주의적 과학관을 분명히 했다. 제5장에서 언급했듯이 1960~70년대 행태주의 국제정치학은 법칙의 발견에 매몰돼 있었다. 계량적 자료를 모으거나 만들고 통계적으로 분석하여 '법칙' 또는 '법칙과 같은 일반경향'(law-like generalizations)을 발견하는 데 주력했다. 그러면서 그러한 '법칙'을 묶어서 설명할 이론의 개발은 소홀히 해 '몰이론적'(沒理論的; atheoretical)이라고 비판받았다. 왈츠는 느슨한 패러다임이었던 현실주의 이론을 실증주의적 과학관에 비추어 엄밀하게 새로 쓰고자 했다. 그의 주장은 대체로 다음처럼 요약된다.

첫째, 세상은 이성으로 발견할 수 있는 법칙을 중심으로 돌아간다. 국제정치에 그런 법칙이 있는가? 있다. 바로 세력균형의 법칙이다. 둘째, 초급단계의 과학은 법칙의 발견에 만족할지 몰라도 고급단계로 나아가려면 '법칙을 설명하는' 이론이 있어야 한다. 국제정치학에 세력균형의 법칙을 설명하는 고급 이론이 있는가? 아직 없다. 그래서 내가 개발하겠다. 그 이론의 이름은 모겐소의 '정치적 현실주의'에서 수식어를 바꾸어 '구조적 현실주의'라고 한다.

왜 구조적 현실주의인가? 세력균형이 체계의 현상이기 때문이다. 체계의 현상은 체계 수준의 변수로 설명해야지 단위 수준의 변수로 설명하면 '환원론'(reductionism)의 오류를 범하게 된다. 그러면서 구조적 현실주의의 큰 틀에서 세력균형이론을 실증적 과학철학에서 보는 이론의 요건과 검증 논리에 따라 전개한다. 다만 이 부분은 억지스러운 면이 있어 세력균형이론을 알기 쉽게 설명하지 못한다. 쉽게 풀어서 새로 쓰면 이런 식이다.

근대 유럽을 비롯한 난세에 국가들은 온갖 이유로 서로 싸웠다. 왕가의 계승권을 놓고 싸우기도 하고 왕위가 빈 곳의 지배권을 노리고 싸우기도 하고 (그들이 보기에) 아예 주인이 없는 아메리카나 아시아 등 역외의 영토를 놓고 싸웠다. 이 모든 것이 권력투쟁으로 귀결됐다. 영토와 그곳의 인적, 물적 자원이 모두 권력의 자원이었으므로 그것을 획득하여 국력을 늘리려고 했다. 그 싸움에서 이기려고 국가들은 때로는 동맹이 되고 때로는 적이 되는 이합집산을 거듭했다. 이합집산하는 국가들의 셈법은 단순하기도 하고 복잡하기도 했다. 원칙은 단순히 두 가지이다. 첫째, 싸움에서 이겨야 한다. 둘째, 어떻게든 많은 전리품을 확보해야 한다. 그래도 참가자의 숫자가 많을수록 계산은 복잡해진다. 이합집산 끝에 체계 내 국가들의 연합은 대체로 대등한 두 세력으로 귀결한다. 곧 법칙과 같은 세력균형 현상이다. 왜 그런가?

일단 상황은 의원내각제 체제에 여러 정당이 난립하는 독일이나, 인도, 이스라엘과 같은 나라에서 선거 후 연립내각을 구성할 때와 닮았다. 그때 법칙처럼 나타나는 패턴이 '최소 승리 연합'(minimum winning coalition), 또는 '51 대 49'의 원칙이다(Riker 1962). 이유는 간단하다. 각료 자리라는 전리품의 양은 고정돼 있다. 그 전리품을 나누는 분모가 작을수록 몫이 커진다. 그러므로 의석수가 다양한 정당들의 여러 조합 중 과반수를 가장 작은 차이로 넘기는 최소 승리 연합이 형성된다. 국제정치적 연합도 이와 유사하다.

그런데 국제정치의 이합집산은 국내정치와 두 가지 점에서 다르다. 첫째, 전리품의 양이 고정되지 않았다. 전쟁의 결과에 따라 어쩌면 서로 먹고 먹히는 '올인'의 상황이 될 수도 있다. 국내정치에서는 내각에 들어가지 못해도 정당이 없어지는 일은 드물다. 반면 국제정치에서 전쟁에서 패하면 전리품의 획득은 고사하고 어쩌면 나라가 없어질지 모른다. 둘째, 국력의 평가가 의석수를 세듯이 확실치 않다. 따라서 전쟁의 결과를 쉽게 짐작하기 어렵다.

그 결과는 속된 말로 표현하자면 (화투 놀이의) '파투' 또는 '나가리'다. 전쟁하려고 편을 모았는데 서로 이길 수 없다고 판단하면 전쟁하지 않는다. 그 결과 체계 차원에서는 평화가 유지되고 개별국가 차원에서는 생존이 확보된다. 나쁘지 않다.

그리하여 세력균형은 점차 평화와 생존을 보장하는 좋은 것, 그러므로 세력균형을 깨뜨리면 전쟁의 명분이 될 정도로 나쁜 행위라는 가치평가가 생겼다. 이후 세력균형이라는 용어는 온갖 행위를 정당화하는 명분으로 쓰이면서 정치적으로 오용되고 남용됐다.[13] 그 결과 세력균형이라는 개념 자체에 때가 묻었다. 왈츠는 그렇게 묻은 때를 씻어 세력균형을 분석적 개념으로 다시 세우려고 했다. 그런데

13 좋은 예가 1894년 청일전쟁 이후 일본이 중국에 영향력을 확보하자 러시아, 프랑스, 독일이 세력균형을 명분으로 개입하여 일본에 랴오둥반도의 반환을 요구하고 그들은 랴오둥반도, 산둥반도, 베트남 유역 등에서 조차지를 설정한 삼국간섭이다. 중국의 대표 맥주 칭다오는 그 지역을 조차한 독일이 만들었다. 시쳇말로 내가 하면 로맨스, 남이 하면 불륜, 즉 '내로남불'과 같다.

그때부터 왈츠의 자가당착이 시작된다.

2) 균형잡기와 편승하기, 합종과 연횡

실증주의적 과학관에서 이론의 검증은 예측을 통해 진행된다. 예측이란 일어나지 않은 사실에 대한 예언과 다르다. 일어났으나 아직 발견하지 못한 사실에 대한 추측이다. 그 추측이 가설(假說; hypothesis)의 형태로 제기되어 경험적으로 검증된다. 검증을 통과하면 이론은 힘을 얻는다. 아니면 힘을 잃는다. 여기서 왈츠는 자신의 이론에 따라 중대한 예측적 명제를 제시했다.

그에 따르면 국제정치는 국내정치와 달리 '편승하기'(bandwagoning)가 아니라 '균형잡기'(balancing)가 대세이다. 편승하기란 승자의 축하행렬을 선도하는 악대(樂隊)차에 올라타는 것처럼 승자 또는 강자와 손을 잡는 것이다. 균형잡기란 패자, 정확히는 약자와 손을 잡고 강자의 힘을 균형 잡고 견제하는 것이다. 왈츠의 표현에 따르면,

> [세력의 차이가 있는 두 강대국 또는 두 연합 사이에] 선택의 여지가 있는 제2군 국가들(secondary states)은 약한 측과 손을 잡는다. 왜냐하면 그들을 위협하는 것은 강한 측이기 때문이다. 약한 측에 있으면 그들은 더 나은 대접을 받고 동시에 더 안전하다(Waltz 1979, 127).

무슨 뜻인지 유치한 비유로 생각해 보자. 약육강식하는 정글 속에 호랑이와 늑대, 여우 세 마리 맹수가 있고 각자 나름의 사냥영역이 있다. 사냥영역의 크기는 힘에 비례한다. 힘과 영역에서 호랑이

가 제1, 늑대가 제2, 여우가 제3이다. 상식에는 반하나 어차피 비유이니, 늑대의 이빨과 여우의 지혜가 합치면 호랑이를 상대할 수 있다고 가정한다. 여우는 누구 편을 들까?

왈츠의 논리에 따르면 당연히 늑대다. 호랑이가 가장 위험하다. 게다가 가장 강하니 편을 들어봤자 대가도 없다. 안 잡아 먹히면 다행이다. 반면 호랑이를 견제하는 늑대는 도움이 필요하니 대가도 기대할 수 있다. 잡아먹힐 이유도 없다. 그러다 생사를 다투는 싸움이 벌어지면 어쨌거나 늑대와 여우의 연합세력이 이길 수도 있다.

게다가 이긴 다음 전리품의 배분에 이중의 이득이 있다. 첫째, 호랑이의 세력권인 전리품의 총량이 크다. 둘째, (힘의 비율에 따르면) 전리품의 배분 비율이 유리하다. 더 많은 전리품을 더 나은 비율로 나누니 이중의 이득이다. 그런데, 무엇보다 중요한 점이 있다. 향후 일 대 일의 대결의 벌어지면, 어차피 불리하더라도, 그나마 호랑이를 상대할 때보다 승산이 높다는 점이다. "약한 측에 있으면 더 나은 대접을 받고 동시에 더 안전하다"라고 한 왈츠가 의미하는 바다.

그런데도 굳이 여우가 호랑이와 연합할, 즉 편승할 이유가 있을까? 있다. 곧 호가호위(狐假虎威)하기 위해서다. 여우는 호랑이를 뒤에 두고 평소 하지 못했던 일, 곧 늑대 앞에 이빨을 드러내고 으르렁거릴 수 있다. 그런데 왈츠는 국제정치에서 그런 행동은 위험하다고 경고한다. 생존이 목표이고 권력은 수단이기 때문이다. 권력이든 뭐든 살아야 누릴 수 있다. 목표와 수단 사이의 우선순위를 혼동하면 나라가 위태롭다(p. 126).

왈츠가 말한 '균형잡기'와 '편승하기'의 논리는 앞서 본 전국시대 종횡가의 '합종연횡'의 논리와 정확하게 일치한다. 상대적으로 약한 여섯 나라가 아래위로 연합, 즉 '합종'하여 강한 진(秦)나라의 힘을 균형 잡았을 때 평화가 유지되고 생존이 보장됐다. 이들이 내륙 쪽 옆에 있는 진나라와 손을 잡고, 즉 '연횡'하고 그 힘에 편승하여 주변국을 도모하려고 했다가 진나라에 각개격파 당해 결국 나라를 잃었다. 기원전 3세기 중국 전국시대 말기의 합종과 연횡은 21세기 미국학자 왈츠의 가설을 지지할 좋은 사례이다.

그런데 왈츠가 제시한 이 명쾌한 명제는 후속 연구를 거치면서 논쟁을 초래하고 왈츠 스스로 별로 원치 않을 별명을 얻는 계기가 되었다.

3) '힘의 균형' 대 '위협의 균형'

왈츠의 신현실주의가 국제정치학의 패러다임이 되면서 후속 연구가 그 지도를 따랐다. 대표적으로 '균형잡기' 명제가 경험적 검증의 무대에 올랐다(Vasquez 1997). 제1장에서 언급한 스티븐 왈트가 이 명제를 2차대전 후 중동지역의 동맹 맺기에 적용하여 분석했다. 그리고 국가들은 과연 편승하지 않고 균형잡기를 한다고 했다. 단, 균형 잡는 대상은 힘이 아니라 위협이라고 했다. 논리는 이렇다. 국가가 힘을 균형 잡는 이유는 힘이 제기하는 위협 때문이다. 그런데 위험한 것은 힘만이 아니다. 같은 힘, 예컨대 군사력이라도 그것이 방어용이 아니라 공격용이라면 더 위험하다. 같은 힘이라도 가까운 나라가 먼 나라보다 더 위험하다. 원교근공(遠交近攻)이 말이 되는 이유이다. 또는 국가 이데올로기가 서로 다르면 공격할 이유가 더 많으니 더 위험하다, 등등(Walt 1987). 그럼으로써 왈트는 왈츠의 '세력균형'(balance of power) 이론과 다른 '위협균형'(balance of threat) 이론을 제안했다. 단 자신의 이론이 왈츠의 이론을 부정한 것이 아니라 보완하고 발전시켰다고 주장했다.

왈츠의 이론을 보완하고 발전시켰다는 왈트의 주장은 일면 맞고 일면 틀리다. 첫째, 그가 보는 세계와 왈츠가 보는 세계는 다르다. 왈츠가 보는 세계는 동질적이다. 국가를 나누는 기준은 힘밖에 없다. 왈트가 보는 세계는 이질적이다. 국가들은 힘 말고도 조직이념, 정책 정향 등에서 서로 다르다. 동맹을 맺는 기준도 힘을 포함하여 여러 가지다. 그래서 왈트의 '위협균형'이론은 여러 상황에 적용되는 '일반'이론이다. 왈츠의 '세력균형'이론은 제한된 상황에 적용되는 '특수'이론이다. 일반이론은 여러 상황을 설명하니 강건하다(robust). 특수이론은 주어진 상황에서 틀림없는 설명과 예측을 하니 강력하다(powerful).[14] 이런 점에서 왈트의 이론은 왈츠의 이론을 보완했다.

둘째, 왈츠의 이론에서 왈트의 이론으로 가며 균형잡기와 편승하기의 의미가 달라진다. 왈츠의 이론에서 균형 잡는 대상은 '가장 강한' 나라이다. 왈트의 이론에서 균형 잡는 대상은 '가장 위험한' 나라이다. 가장 강한 나라와 가장 위험한 나라가 같다는 보장이 없

....

14 특수이론과 일반이론의 구분은 아인슈타인의 특수상대성이론과 일반상대성이론을 염두에 두었다. 이론이 가지는 강력함(power)과 강건함(robustness)은 이론을 평가하는 기준의 하나다. 강력한 이론과 강건한 이론을 비유적으로 설명하자면 이런 식이다. 갑과 을, 두 명의 양치기 소년이 있다. 이들은 늑대가 나타나면 종을 울려 동네 사람들을 부른다. 갑은 담이 커서 웬만하면 종을 울리지 않는다. 을은 담이 작아 툭하면 종을 울린다. 을이 종을 울리면 헛걸음할 때가 많다. 갑이 종을 울리면 헛걸음하는 일이 없다. 자연히 갑이 신뢰를 얻는다. 문제는 그 갑이 종을 울리지 않거나 너무 늦게 울려 낭패를 볼 수 있다는 점이다. 그래도 과학은 강건한 이론보다 강력한 이론을 좋아한다. 왈츠의 이론이 그 편협성에도 불구하고 여전히 사랑받는 이유이다.

으니 현실에서 균형 잡는 대상이 다를 수 있다. 그런데 편승에 이르면 그 의미가 완전히 달라진다. 왈츠의 이론에서 편승은 (위험을 모르고 또는 위험을 감수하고) 강자의 힘을 빌려 호가호위하는 것이다. 그 동기는 탐욕이다. 왈트의 이론에서 편승, 즉 가장 위험한 자와의 손잡기는 곧 굴종이다. 동기는 두려움이다. 왈츠의 편승자는 '욕심 많은 기회주의자'이다. 왈트의 편승자는 '결기 없는 겁쟁이'이다. 둘 다 보기 좋은 모습은 아니다.

4) '균형잡기' 대 '편승하기' 대 '헤징': 21세기 '가스라이팅'

21세기 들어와 중국이 빠르게 성장하자 국제정치학자들의 관심이 아시아로 쏠렸다. 그러면서 아시아 국가들이 어떻게 행동하는지 또는 할지를 놓고 논쟁을 벌였다. 논의의 준거점은 '편승하기'인지 '균형잡기'인지였다(Roy 2005). '세력균형이론'에 따르면 여전히 가장 강한 나라는 미국이니 미국에 대항한 행동이 균형잡기이다. '위협균형이론'에 따르면 미국에 필적한 힘을 가지고 지리적으로 가까운 중국이 더 위험하므로 중국에 대항한 행동이 균형잡기이다.

그런데 관련 논의에서는 친중(親中)이면 편승하기, 반중(反中) 또는 친미(親美)이면 균형잡기로 쓰이기 시작했다. 위협 균형 이론이 수용된 것이다. 그런데 균형과 편승 중 뚜렷한 패턴을 발견하지 못했다. 한국 만해도 몇 년 전까지 '안미경중'(安美經中), 즉 안보 문제에서는 미국과 협력하고 경제문제에서는 중국과 협력한다는 식의 담론이 지배적이었다. 아시아 국가들의 행동은 대체로 헤징(hedging), 곧 '등거리 외교' 또는 '양다리 걸치기'에 해당한다는 데 의견이 모였다.

위협균형이론이 제공하는 사고의 틀, 곧 프레임은 이렇게 전개된다. 국제정치에서는 '균형잡기', 즉 미국과 연합하여 중국에 대항하는 것이 기본이다. 그런데 중국과 손을 잡아 편승하면 '결기 없는 겁쟁이'이다. 그 사이에서 헤징하면 '소신 없는 양다리 걸치기'이다. 덜 위험한 미국과 손을 잡아 중국을 견제해야 현명한 처신이다.

이러한 프레임은 국제정치이론을 오해하고 오용한 것이다. 원래 왈츠의 '균형잡기' 명제는 매우 절제된 예측이다. 앞서 그린 세력균형의 그림은 이렇다. 국가들은 어차피 이합집산한다. 욕심에 홀려 편승하기도 하고 두려움에 밀려 균형잡기도 한다. 그러다가 체계 내 갈등과 긴장이 고조되고 동맹의 양극화가 진행되면 마지막에 일종의 '캐스팅 보트', 즉 어느 쪽을 택하여 세력균형을 좌우할 수 있는 중추적(中樞的; pivotal) 힘을 가진 국가가 남는다. 그 국가가 '균형잡기'를 선택한다. 균형잡기 명제는 흔하지 않은 특수한 상황에 적용되는 특별한 명제이다. 그처럼 특수한 상황에 한정하여 왈츠의 명제를 다시 검증하면 적중률이 한결 높아질 것이다.

그런데 그런 상황에서 어느 한쪽을 택해 세력균형을 바꾸는 중추적인 힘, 비유적으로 말해 '캐스팅 보트'가 없는 나라에 균형잡기나 편승하기는 선택지가 아니다.[15] 그런 나라에 두 가지 중 하나를 선택하라는 것은 채식주의자에 닭고기 아니면 소고기를 강요하는 식이다. 그런 나라라면 헤징이 기본이다. 닭고기와 소고기밖에 없으

15 앞서 인용한 왈츠의 문장에는 다음과 같은 조건절이 있다. "물론 그들이 동참하는 연합이 적대세력이 공격하지 않도록 충분한 방어 또는 억지 능력을 갖추게 된다면 말이다." Waltz(1979, 127). 본문의 예에서 호랑이와 늑대 사이에 여우라면 말이 된다. 그러나 토끼에게 양자 중 약자를 선택하여 균형 잡으란 말은 어불성설이다.

면 차라리 굶는 게 채식주의자의 선택이다. 미국과 중국 사이의 힘의 균형을 바꿀 중추적 힘이 없는 대다수 아시아 국가에 균형잡기 대 편승하기의 잣대를 들이대고 친미 아니면 친중을 강요하는 것은 '가스라이팅'과 같은 심리적 고문이다.

IV. 신현실주의의 유파

1. 방어적 현실주의와 안보딜레마

왈츠는 균형잡기와 편승하기를 두 가지 대조적 정책으로 들고 국제정치에서는 균형잡기가 옳다는 명제를 주장하느라 사족을 달았다. 굳이 권력 추구와 안보 추구를 대안적 선택지로 제시한 것이다. 그리고 균형잡기가 옳다고 주장하느라 국가는 권력이 아니라 안보를 추구한다고 주장했다(Watlz 1979, 126). 과연 모든 국가가 그런가? 나폴레옹과 히틀러는 팽창을 추구하다 패망했다. 알렉산드로스도 병으로 쓰러지기 전까지 끝없이 팽창을 추구했다. 그런 나라를 맞아 균형잡기가 아니라 편승하는 나라도 흔했다. 실제로 역사를 따져보면 편승하는 경우가 균형 잡는 경우보다 적지 않았다. 그러다가, 왈츠의 주장처럼, 안보를 희생하는 일도 있었다. 전국시대 열강도 편승의 유혹을 이기지 못해 결과적으로 진나라의 천하통일을 도왔다. 왈츠의 주장은 처방으로서는 옳을지 몰라도 기술로서는 정확하지 않다(Schweller 1994; Schroeder 1994). 그의 이론은 현상에 만족하여 굳이 더 많은 힘을 추구할 필요가 없는 '가진 국가', 20세기 국제정치에서는 대표적으로 미국의 처지에 편향됐다. 그래서 '방어적' 현실주의(defensive realism)라는 이름이 어울린다. 1990년대 당시로는 젊은 슈웰러가 번뜩이는 기지로 찾아낸 허점이다(Schweller 1996).

이후 방어적 현실주의가 현실주의의 유파를 지칭하는 용어로 사용되기 시작했다. 앞서 지적했듯이 기술 이론으로서 현실주의의 가장 큰 과제는 국제정치가 왜 갈등적인지, 폭력과 전쟁으로 특징지어지는지를 설명하는 일이다. 모겐소는 정치적 동물로서 인간에 고유한 권력욕을 이유로 꼽았다. 그래서 '인간 본성 현실주의자'(human nature realist)로 불린다.[16] 왈츠는 국가의 안전을 책임질 국가 위의 국가가 없는 국제 무정부 구조를 꼽았다. 그리고 스스로 구조적 현실주의자를 자처했다. 그런데 무정부적 국제정치에서 각국의 안보불안이 국제 갈등의 원인이라고 주장하여 생각지 않은 방어적 현실주의자의 이름을 얻었다. 그런 점에서 제4장에서 소개한 안보딜레마 이론을 깊이 연구한 로버트 저비스(Robert Jervis)도 대표적인 방어적 현실주의자이다.

2. 공격적 현실주의: 존 미어샤이머

왈츠 이후 가장 주목받는 현실주의 국제정치학자가 시카고 대학

....

16 Mearsheimer(2001). 앞서 지적했듯이 이런 명칭은 적절하지 않다. 모겐소가 보기에 권력욕이 모든 정치의 동인이긴 하나 국제정치가 더 폭력적인 이유는 민족주의를 통한 대리만족과 폭력에 대한 제약이 약한 국제 무정부 구조 때문이다. 제8장에서 더 자세히 논의한다.

교의 존 미어샤이머 교수이다.[17] 흔히 그렇듯이 그도 왈츠라는 거목을 딛고 컸다. 왈츠의 현상 유지 편향성에 대한 비판에 편승하여 공격적 현실주의를 주장했다. 왈츠처럼 그도 국제정치의 무정부적 구조를 강조한다. 왈츠처럼 국제 무정부는 위험한 난세라고 믿는다. 왈츠처럼 두려움이 국가 행동의 동인이라고 믿는다. 단 차이가 있다. 국가가 안보를 지킬 만큼의 권력을 확보하면 그에 안주한다는 왈츠는 현상 유지로 편향됐다. 미어샤이머가 보기에 그렇게 안주할 수 없는 이유가 있다. 첫째, 다른 나라의 의도를 정확히 알 방법이 없거니와 알더라도 가변적이니 믿을 수 없다. 둘째, 안보를 확보하기에 충분한 권력의 양을 알 방법도 없다. 어떻게든 많은 권력을 확보해야 안전하다. 그래서 국가는 할 수 있으면 패권을 확보하여 절대적으로 안전하다고 느낄 때까지 권력 추구를 멈추지 않는다.[18]

그에 따르면 권력 추구는 두 가지만으로 견제된다. 하나는 지리다. 지구 표면의 70%를 차지하는 해양이 팽창의 한계를 설정한다. 그래서 세계패권국(global hegemon)은 없고 지역패권국(regional hegemon)이 한계이다. 지역패권국이란 군사력을 효율적으로 투사할 수 있는 지리적 한계 속에서 현실적으로 군사적 위협을 제기하는 경쟁국이 없는 나라를 말한다. 역사 속에서 많은 정복 군주나 국

....

17 여느 나라와 마찬가지로 정치가 좌우로 나뉘어 양극화된 한국에서 미어샤이머 교수는 좌와 우가 모두 좋아하는 '유명 인사' 또는 '셀럽'(celebrity)이다. 중국의 위협을 강조하는 그를 우파가 좋아한다. 러-우 전쟁 이후 미국을 비판하며 러시아를 옹호하는 그를 좌파가 좋아한다.

18 필자가 보기에 미어샤이머의 공격적 현실주의는 공격적 현실주의가 아니다. 국가가 권력을 추구하는 동기가 무정부 상태의 안보 불안과 두려움이라고 보기 때문이다. 권력이 주는 즐거움과 이로움을 말하는 모겐소가 그 이름에 걸맞다. 이하 참조.

가가 지역 패권을 추구했다. 나폴레옹의 프랑스, 카이저 빌헬름 2세와 히틀러의 독일이 그랬다. 유일하게 미국이 성공했다. 아메리카 대륙에서 미국에 군사 위협을 가할 나라가 없다. 다른 대륙, 예컨대 유라시아 대륙은 패권국이 나오기에 너무 크고 다양하다. 그래도 패권을 추구하는 나라는 끊이지 않는다. 이제 중국 차례이다.

패권 추구에 대한 두 번째 견제는 기존의 지역패권국이다. 지역패권국을 위협할 유일한 세력은 다른 지역패권국이다. 그러므로 기존 지역패권국은 새로운 지역패권국의 등장을 경계하고 견제한다. 20세기 미국 대외정책 역사가 그것을 잘 보여준다. 미국은 1차대전에서 독일제국, 2차대전에서 나치 독일과 일본, 그리고 냉전에서 소련이 지역패권국이 되는 것을 막았다. 그러니 새로 지역 패권을 꿈꾸는 중국을 가만둘 리 없다(제4장 참조).

그러나 미어샤이머의 이론은 독창성도 없고 이론이 갖춰야 할 보편성도 없다. 첫째, 그는 홉스를 좋아한다. 홉스는 국가가 없는 자연 상태의 개인이 횡사(橫死)의 두려움으로 인해 난세 속 삶을 산다고 봤다. 미어샤이머는 서로 해칠 수 있는 무력을 갖춘 국가들도 횡사의 두려움에 시달려 난세를 구성한다고 본다. 홉스의 아이디어를 차용, 심하게 말하면 표절한 것이다. 둘째, 횡사의 두려움에 시달리는 국가가 권력을 추구한다는 주장은 분명하지 않다. 홉스조차도 국가는 개인처럼 취약하지 않으니 국가 위의 국가에 주권을 양도하지 않는다고 봤다. 그런 국가가 홉스 식의 난세 속 개인처럼 행동한다고 본 것은 논리의 비약이다.

무엇보다 미어샤이머의 이론은 부도덕하다. 누차 강조했듯이 권력과 정치는 도덕과 분리될 수 없다. 무정부 속 국가가 두려움 때문에 권력을 추구한다면 가장 확실한 방법은 모든 경쟁자를 제거하는 것이다. 그건 야수의 세계보다 못하다. 그런데 미어샤이머의 세계에서는 정당화된다. 그런 논리를 따라 국가지도자들이, 그 결과 국제정치가 타락할까 봐 걱정된다.

냉철하게 평가하자면 방어적 현실주의와 공격적 현실주의의 구별은 학자들 명예욕의 산물일 뿐 국제정치의 본질을 아는 데 도움이 되지 않는다. 굳이 양자를 구분하려면 제4장에서 소개한 '죄수의 딜레마'를 돌아보면 도움이 된다. 딜레마 속 죄수들은 동료를 배반하고 자백하려는 이중의 동기가 있다. 첫째는 '멍청한' 동료를 물먹이고 무죄 방면되려는 '공격적' 동기이다. 둘째는 '영악한' 동료를 못 믿어 최악의 상황을 예방하려는 '방어적' 동기이다. 방어적 현실주의는 방어적 동기와 그것을 초래한 상황적 두려움에 초점을 둔다. 공격적 현실주의는 공격적 동기와 이면의 이기심과 유혹을 강조한다. 둘 중 무엇이 더 중요한지는 성악설과 성선설 중 무엇이 옳은지와 같이 무모하고 무용한 질문이다. 어떤 상황에서 둘 중 무엇이 더 두드러지는지를 따져야 학자다운 태도이다. 시대의 무기체계가 공격에 유리하면 안보딜레마가 심화하고 방어에 유리하면 완화한다고 본 저비스의 주장이 좋은 예이다(Jervis 1978). 이 문제는 제2권에서 깊이 따져본다.

3. 신고전적 현실주의

편승하기 대 균형잡기의 논쟁은 왈츠의 실증주의적 과학관이 낳은 부작용의 하나다.[19] 또 하나의 부작용이 있다. 실증주의 과학은 간단명료(parsimony)한 이론을 추구한다(King et al. 1994, 20, 29). 가장 적은 수의 변수로 가장 많은 수의 현상을 설명하는 이론이 가장 좋은 이론이다. 왈츠는 개인 수준의 변수, 국가 수준의 변수를 배제하고 체계 수준의 변수만으로 국제정치를 설명하는 구조적 현실주의를 개발했다. 그에 따르면 모겐소의 이론은 인간 본성에 의존함으로써 환원론적일뿐더러 간단명료하지 못하다. 국가 차원의 현상유지형 현상타파형의 구분도 불필요한 변수이다. 앞서 소개한 왈츠의 '세력균형'이론은 왈트의 '위협균형'이론에 비해 단순명료한 만큼 뛰어나다.

그런데 신현실주의는 국가의 외교정책을 설명하지 못한다(Waltz 1979, 120). 균형 잡아야 할 상황에서 균형 잡지 못해 세력균형이 무너지는 현상을 설명하지 못한다. 거시이론인 구조적 현실주의는 미국과 중국 사이의 패권 경쟁이나 전쟁처럼 중대한 화두를 던질 수 있으나, 경쟁이 전쟁이 될지, 되면 언제일지와 같은 결정적인 대답은 주지 못한다. 그러나 국제정치학은 실천 학문이다. 그처럼 중대한 문제에 일말의 힌트라도 주려면 국가 행동에 대한 미시이론, 즉 외교정책 이론이 필요하다. 학계의 패러다임인 신현실주의의 틀 속에서 외교정책 이론이 가능한가?(Elman 1996).

예로, 1930년대 나치독일이 위협적으로 성장하고 행동할 때 왜 영국과 프랑스는 균형 잡지 못했는가, 또는 안 했는가? 이 질문은

19 이 문장은 설명이 필요하다. 앞 본문에서 말했듯이 왈츠의 균형화 명제는 매우 절제된 상황의 예측이다. 이것을 일반화하고 역사적 사례에 비추어 검증하고 논쟁을 벌이는 것이 실증주의적 과학이 하는 일이다. 그래서 과도한 논쟁이 빚어졌다.

세력균형이론의 맥락에서 제기된다. 이처럼 신현실주의 같은 거시적 일반이론의 역할은 연구과제를 던지는 것이다. 답은 달리 찾아야 한다. 예컨대, 당시 영국과 프랑스의 지도부가 문제의 심각성을 깨닫지 못했을 수 있다. 그러면 인식의 문제이다. 아니면, 문제는 인식했으나 제때 국론을 모으고 자원을 동원할 역량이 없었다. 그러면 국내정치의 문제이다. 그러한 문제의식에서 출발한, 중요한 국제정치적 사변에 관한 사례연구가 쌓여 '신고전적 현실주의'(Neoclassical Realism)라는 이름을 얻었다(Rose 1998; Rathbun 2008; Lobell et al. 2009). 그에서 출발하여 신현실주의의 한계를 극복한 새로운 이론으로 발전시키려는 노력도 진행 중이다(Ripsman 2016). 그것을 자세히 논의하려면 맥락을 벗어나니 제2권으로 미룬다.

V. 마무리하며

국제정치이론으로서 현실주의는 세계정부가 없는 무정부적 조건 속에서 전개되는 국제정치를 보는 국제정치학의 기초이론이다. 역사적으로 난세가 나타날 때마다 그것의 본질을 꿰뚫어 보고 그 속에서 살아가는 지혜를 주는 실천 이론이기도 하다.

앞 장에서 학문은 단선적으로 진보하기보다는 현실의 변화 속에서 학술적 논쟁이 어울리면서 적자생존과 자연도태의 진화과정으로 이해할 수 있다고 했다. 그런 의미에서 투키디데스에서 마키아벨리를 거쳐 왈츠와 미어샤이머에 이르는 현실주의 사상가/이론가들을 하나의 연장선 위에 놓고 우열을 가르는 것은 옳지 않다. 이론과 사상은 모두 그것이 태어난 시대적 상황을 반영하며, 시대적 상황이 닮은 점이 있다고 하더라도 똑같지는 않기 때문이다.

국제정치의 기초이론인 현실주의 국제정치학의 관점에서 제기되나 이 장에서는 다루지 않은 주제들이 여럿 있다. 그것들은 제2권에서 논의한다.

연습문제

1 이상주의 대 현실주의처럼 일상에서 보통명사처럼 쓰이는 '현실주의'가 국제정치학 분야의 핵심이론이라는 고유명사가 된 데 대해 논술하시오.

2 소위 '투키디데스의 함정,' 즉 국제체계의 패권적 지위에 변동이 있으면 전쟁이 날 가능성이 크다는 주장에 대해, 중국의 부상이라는 관점에서, 논평하시오.

3 '자비의 역설'에 관해 설명하시오.

4 본문에서 말한 '난세의 이중구조'에 대해 설명하시오.

5 왈츠(Kenneth N. Waltz)의 세력균형이론은 특수이론이고 왈트(Stephen D. Walt)의 위협균형이론은 일반이론이라는 주장에 대해 논평하시오.

6 필자는 중국의 부상과 관련하여 동아시아 국가들의 대외정책을 '균형잡기' 대 '편승하기'라는 관점에서 논의하는 일이 마치 채식주의자에게 쇠고기 요리와 닭고기 요리 중 택일하라는 주문 같은 고문일 수 있다고 했다. 무슨 의미인지 설명해 보시오.

7 소위 '방어적 현실주의'와 '공격적 현실주의'를 죄수의 딜레마 게임에 연계하여 설명하시오.

7

국제 자유주의

치세의 이론

I. 시작하며

앞 장에서 보통명사인 현실주의가 '뜬금없이' 국제정치학의 주요 이론을 지칭하는 고유명사로 사용되는 일이 전혀 뜬금없는 일이 아니라고 설명했다. 19세기 중반 이후 '현실정치'(*Realpolitik*)라는 독일어 단어가 국제정치/외교정책의 의미로 쓰이기 시작했다는 점, 그리고 그 용례가 권력정치로서 국제정치의 본질을 반영한다고 했다. 그런데 국내정치와 경제문제에서 논의되는 자유주의가 '뜬금없이' 국제정치학의 주요 이론으로 등장한 것을 어떻게 설명할 것인가? 무엇보다, 제5장에서 논의했듯이, 과거 규범적 이상주의의 대명사였던 자유주의가 어떻게 오늘날 과학적 설명이론을 자처하게 되었는가? 이 장에서 논의할 주제이다.

제5장에서 논의했듯이 인간의 무한한 상상력 또는 사유 능력에

서 나오는 따른 이상주의는 무수한 모습으로 나타날 수 있다. 그들 중 일부는 인간의 사고나 행동과 조응하여 사회적 행동 패턴을 바꾸기도 한다. 종교가 그렇고 철학이 그런데, 그중에 자유주의가 있다. 근대 초기의 시대 현실과는 다른 그림을 그려주는 이상론으로 출발한 자유주의는 현실에 영향을 주고 그 현실의 변화와 어울려 오늘날에는 처방이론을 넘어 설명이론으로 부상했다. 자유주의는 자유민주주의 정치체제와 자본주의 시장경제 체제의 사상적, 이론적 기반이 되었다.

그 자유주의가 제1차 세계대전 이후 국제정치의 영역에 적용되어 현대 국제정치학의 초석이 됐다. 앞 장에서 현실주의가 국제정치학의 기초이론(default theory)이라고 했다. 그런데 사실 100여 년의 역사를 가진 현대 국제정치학이 자유주의에서 출발했다는 점도 흥미로운 아이러니이다. 이후 국제정치이론으로서 자유주의의 부침은 지난 한 세기 국제정치학의 역사를 특징지었다. 즉, 자유주의는 1차 대전 후 국제정치학의 출범과 더불어 주력 이론으로 나타났다가 2차 대전을 전후하여 '이상주의'라고 공격받고 거의 사장되었다. 그러다가 20세기 말엽 현실의 변화를 설명하는 이론으로 다시 나타나 앞 장에서 본 바와 같은 현실주의의 독보적 위치를 위협하기에 이르렀다.

이후 국제정치학은 현실주의와 자유주의 두 패러다임 사이의 '전쟁'처럼 전개되는 바람직하지 못한 양상을 드러냈다고 제5장에서 지적했다. 이장은 자유주의라는 단어의 세 가지 용례에서 출발하여, 자유주의 정치철학의 기본논리와 국제정치에의 적용, 나아가 현대적 변용 과정을 기술한다. 곧 설명하듯이 자유주의는 최소한 세

가지 의미가 있고 그중 국제정치이론으로서 자유주의는 소수 용례이다. 이 장과 이 책에서 국제정치이론으로서 자유주의는 '국제 자유주의'(International Liberalism)로 칭한다.

II. 자유주의의 세 가지 의미

오늘날 일상 용어에서 자유주의, 영어단어 liberalism은 대체로 세 가지 의미로 쓰인다. 첫째는 그 본래의 의미로 인간의 자유를 핵심 가치로 내세우는 정치사상이자 철학이다. 이 의미에서 자유주의는 동양과 서양, 고대, 중세, 근대 등 여러 시대에 나타났던 많은 정치사상 중 하나를 특정하는 고유명사이다. 둘째는 변화와 개혁을 통해 현실의 개선을 추구하는 정치이념으로 보수주의(conservatism)의 대칭 개념이다. 이 의미에서 자유주의는 진보주의(progressivism)로도 불리며 사람들의 정치적 성향을 구분하고 묘사하는 보통명사이다. 셋째는 제5장에서 말한 바와 같이, '현실주의', '구성주의' 등과 대비되는 국제정치이론의 하나이다. 국제정치학을 전공하는 사람이 아니면 생소한 용례(用例)로 이 장의 내용이다.

이상 세 가지가 모두 '자유주의'라는 같은 이름으로 불리는 것은 결코 우연이 아니다. 이념적 정향으로서 자유주의와 국제정치이론으로서 자유주의는 모두 그 원래 의미, 즉 정치사상으로서 자유주의에서 파생된 것이다.

유럽에서 생겨난 정치사상 또는 철학으로서 자유주의는 중세와 근대를 나누는 근본적인 세계관의 차이를 반영하며 긴 시간에 걸쳐 점진적으로 발전하며 논리적으로 세련되고 적용 분야를 넓혀왔다. 오랜 세월을 지나며 뛰어난 사상가들이 큰 틀 속에서 다양하게 논쟁하고 발전시키는 한편 정치, 윤리, 경제, 외교 등 여러 분야에 적용하였으므로 그것을 일목요연하게 정리하기는 매우 어렵다. 그러나 두 가지 점은 분명히 지적할 필요가 있다.

첫째, 자유주의 사상이 주장하는 바와 근대의 정치 사회 경제적 변화가 함께 어울리면서 그 논리에 따라 행동하려는 추종자들, 즉 자유주의자들이 생겼다. 그럼으로써 자유주의는 정치철학을 넘어 정치이념, 즉 이데올로기로 자리 잡았다. 둘째, 자유주의가 담론의 논리와 신념의 강도에서 대안 이론을 누르는 한편 자유주의자들이 지배적인 세력으로 등장하면서 자유주의는 19세기 이후 정치적, 경제적 현실을 바꾸었다.

1789년 프랑스 혁명은 그 자유주의가 극단적인 정치적 동력으로 표출된 것이었다. 새로운 사상과 혁명의 열기가 함께 어울려 기존 질서를 '마구잡이'로 파괴하는 데 충격을 받은 영국의 철학자 에드먼드 버크(Edmund Burke, 1729~97)가 과거의 제도에도 보존할 가치가 있다며 '보수주의'를 주창했다. 이후 자유주의는 보수주의와 대칭되는 가지 정치적 신념 또는 이념을 지칭하는 용어로 쓰이기 시작했고, 우리말로는 '진보주의'로 번역된다. 이에 따라 개인의 정치이념 정향도 '진보'(進步; liberal, progressive)와 '보수'(保守; conservative)의 연장선에서 평가됐다.

보수와 진보라는 정치이념의 차이는 여러 면에서 나타나지만, 가장 기본적으로는 현재의 상태, 즉 현상(現狀)을 대하는 태도, 그리고 그 현상을 벗어나는 변화에 대한 태도의 차이에서 두드러지게 나타난다. 진보주의자는 현상이 불만스러워 모든 변화는 더 나은 상태로의 '진보'를 의미한다고 생각한다. 보수주의자는 현상이 불만스럽지 않아 변화가 반드시 진보를 의미한다고 생각하지 않는다. 굳이 퇴보라고 주장할 것은 없으나 진보일지 퇴보일지는 불확실하다고 생각한다. 그러면 굳이 바꿀 필요가 없다.[1] 그래서 보수주의는 기득권층, 즉 "가진 자"의 이념이고, 진보주의는 "없는 자"의 이념으로 알려졌다.

그런 의미에서 보수주의와 자유주의의 구체적 내용은 시대에 따라 또는 사회에 따라 상대적이다. '현상'이 시대에 따라 바뀌고 나라마다 다르기 때문이다. 대표적인 예가 미국의 경우다. 미국은 영국의 자유주의자들이 이주하여 건설한 나라였다. 그들이 자유주의 철학과 원칙에 따라 나라의 정치적, 경제적 체제를 만들었다. 그것이 '현상'이었다. 19세기 말 이후 상황의 변화에 따라 그 '현상'의 변경을 요구하는 주장이 제기됐다. 특히 국가의 역할이 최소한에 머물러야 한다는 기존의 '야경국가'(night-watch state)론에 대항하여 국가의 더 큰 역할을 요구하는 '복지국가'(welfare state)론이 등장했다.

그때까지의 '현상', 즉 작은 정부를 보존하자는 믿음이 보수주의였다. 그것을 바꾸어 정부의 역할을 확대하자는 주장이 진보주의로서 자유주의였다. 원래 자유주의적인 것을 지키자는 믿음이 미국

....

1 우리 정치사에서 보수와 진보 사이 차이를 가장 극명하게 보여주는 선거 구호가 1956년에 나타났다. 당시 해공 신익희 선생을 대통령 후보로 내세운 민주당의 구호는 "못 살겠다 갈아보자"였다. 이에 맞서는 여당 자유당의 구호는 "갈아봤자 별수 없다. 구관이 명관이다"였다. 구호의 길이에서, 또 내용의 공수(攻守)에서 민주당이 이겼다. 신익희 후보가 선거를 앞두고 급서하지 않았더라면 우리 역사가 크게 바뀌었을지 모른다.

의 보수주의이고 그것을 바꾸자는 것이 자유주의로 표현되는 미국의 진보주의이니 헷갈릴 수밖에 없다. 그래서 원래의 의미의 자유주의는 '고전적 자유주의'(classical liberalism), 19세기 말 이후 등장한 진보적 성향의 자유주의는 '현대적 자유주의'(modern liberalism)로 구분되기도 한다. 나아가 1980년대 레이건 대통령 이후의 정책은 고전적 자유주의의 부활이라는 의미에서 '신자유주의'(neoliberalism)로 불린다.

이상주의와 대비되는 보통명사로서 현실주의가 국제정치학에 들어와 하나의 고유명사가 된 것처럼, 자유주의가 국제정치학에 들어와 고유명사가 된 것도 독특하다. 실제로 자유주의 국제정치이론과 관련하여 모겐소나 왈츠의 저서에 비견할 대표적 이론서는 아직 없다. 그 점에서도 현실주의가 국제정치학의 '기초이론'(default theory)이라는 앞 장의 주장은 유효하다. 그러니 자유주의를 현실주의와 같은 반열에 놓고 이야기하는 것도 어쩌면 섣부른 일일지도 모른다. 그러나 학계의 역사와 관행이 그러하고 그럴 만한 이유가 있으므로 이하에서 자세히 설명한다.

III. 자유주의 정치철학

'자유주의'라는 용어는 19세기 초 영국 자유당(The Liberal Party)의 강령 정도의 의미로 쓰이기 시작했다. 그러나 사상의 골격은 유럽의 근대와 더불어 발아하고 진보했다. 사상사적으로 말하자면 15~16세기 르네상스 시대의 인문주의(humanism), 17~18세기 계몽주의(Enlightenment)를 거쳐 19세기 자유주의에 이르렀다. 이하에서 자유주의는 그 모든 흐름을 포괄하는 넓은 의미로 쓰인다.

1. 자유주의의 기본구조: 개체주의와 합리주의

중세에서 근대로의 이행은 "땡" 하는 시보와 함께 일어나지 않았다. 오랜 시간에 걸쳐 일어난 정치, 사회, 경제적 조건의 심대한 변화가 있었고, 르네상스의 문화적 충격이 있었다. 그리고 그에 따라 사람들의 철학 또는 세계관에 근본적인 변화가 생겨났다. 그중 하나가 인간과 사회를 보는 존재론적 기본 시각이 총체주의(holism)에서 개체주의(individualism)로 이행한 변화였다.[2] 총체(總體)주의는 전체를 먼저 본다. 개체는 전체의 구성물일 뿐이다. 사회가 없으면 개인도 없다. 개체주의는 개체를 먼저 본다. 개체가 모여 전체를 구성한다. 개체가 없으면 전체도 없다. 인간 세상을 인식하면서 그것을 구성하는 개체, 즉 개인이 출발점이자 기본적인 존재가 됐다. 개인이 없으면 사회도 세상도 없다. 개인은 그처럼 소중한 존재이다.

개인이 소중하니 그에 어울리는 대접이 필요하다. 바로 권리와 자유이다. 루소가 단언했듯이 개인은 자유롭게 태어난다. 그렇다면 자유를 누릴 권리가 있다. 그럴 자격도 있는가? 그렇다. 인간은 자유에 합당하게 행동할 능력이 있으므로 자유를 누릴 자격도 있다.

....

2 Holism을 전체주의로 번역할 수도 있으나, 전체주의는 영어 totalitarianism의 번역어로 정치체제를 지칭하는 용어로 더 자주 쓰인다.

그 능력은 바로 이성(理性; reason)에서 나온다. 이성은 모든 생물 중 가장 뛰어난 두뇌와 재주를 타고나 만물의 영장으로 불리는 인간만이 가진 특별한 능력이다. 이성의 무한한 능력을 믿고 전개한 철학이 합리주의(rationalism)이다. 자유주의 정치철학은 개체주의와 합리주의가 만나 전개됐다(Carr 1946/2002, 46).

합리주의 철학에서 이성의 의미는 발전하고 확장했다. 첫째, 이성은 기본적으로 뛰어난 두뇌를 활용하여 개인의 복지를 증진할 줄 아는 지성적, 인지적 능력이다. 그 능력을 활용하여 인간은 자신에게 좋고 나쁜 것을 분별하고 좋은 것은 더, 나쁜 것은 덜 가지려고 행동한다. 둘째, 사회적 동물로서 인간에게 이성은 사회 속에서 옳고 그른 것을 분별하는 도덕적 판단 능력이다. 셋째, 이성은 자신에게 좋고 나쁜 것, 사회적으로 옳고 그른 것을 분별할 뿐만 아니라 그에 따라 행동하는 적극적이고 육체적인 행동 능력을 의미한다. 따라서 이성을 가진 사람의 행동은 본인에게 좋고 사회적으로 옳다.

2. 정치적 자유주의

개체주의와 합리주의로 이루어진 자유주의의 기본논리가 정치영역에 적용될 때 편하게 정치적 자유주의(political liberalism)로 부른다. 정치영역은 곧 권력과 정부의 문제이다. 정치적 자유주의의 논리는 이렇다. 세상의 중심으로서 인간은 자유를 누릴 자격이 있다. 이성을 가진 인간은 자유를 행사할 능력이 있다. 정치적 동물로서 인간은 자기를 다스릴 자격과 능력이 있다. 그 논리적 귀결은 국민이 주권을 보유하고 자치(自治)하는 정치체제, 곧 '공화정'(共和政;

republican government)이다. 그러나 그러한 논리적 귀결은 대부분 국가가 절대 왕정인 당시의 현실과 맞지 않았다. 현실과 맞지 않는 한 그런 주장은 '이상주의'였다. 그래도 현실이 바뀌면 '현실주의'가 될 수도 있었다.

제4장과 제6장에서 봤듯이 근대 초기(15~17세기) 유럽 국가들은 봉건적 잔재가 강하게 남아 있고 왕권이 약해 국내적으로 난세였다. 그러한 국내적 난세에서 이탈리아의 마키아벨리, 프랑스의 보댕, 영국의 홉스는 강력한 국가를 지지했고 결과적으로는 절대 군주정의 사상적 기초를 제공했다. 그로부터 시간이 지나 절대 군주정이 대세가 된 17~18세기 사상가들은 절대 군주정의 폭정에서 해방된 개인의 자유를 희구했다. 그래서 자의적인 사람의 지배가 아니라 안정된 법의 지배(the rule of law)를 강조했다. 홉스 이후 한 세기의 세월 동안 영국의 존 로크(John Locke, 1632~1704), 프랑스의 몽테스키외(Montesquieu, 1689~1755), 제네바 출신의 루소 등이 공화정을 중심으로 한 정치체제의 모습을 완성해 나갔다.

근대 초기의 사상가로 절대 왕정을 옹호한 홉스도 국가의 기초로 개인의 자유의사에 기반한 사회계약을 주장했다. 이후 로크는 주권의 주체로 인민을 내세우고 전제 군주의 폭정에 대항한 인민의 저항권을 정당화하여 '명예혁명'(the Glorious Revolution, 1688년)의 명분을 제공했다. 나아가 몽테스키외는 삼권분립을 주장했다. 루소는 사회계약을 통해 수립된 국가의 국민주권과 일반의지를 강조했나.

정치적 자유주의는 미국의 독립(1776년)과 프랑스 대혁명(1789년) 등 대형 사건의 동력이 되고 그 성공으로 다시 동력을 얻었다.

그러나 나폴레옹의 등장과 패전으로 구체제가 다시 등장(1815년)하며 현실에서 타격을 입었다. 이후 군주정이 지배하는 현실과 타협하여 입헌주의(立憲主義; constitutionalism)로 전개됐고 전체적으로 성공했다. 법의 지배가 현실화하고 권력분립이 제도화됐다. 1848년 유럽 전체를 휩쓰는 혁명이 일어나 프랑스에는 짧으나마 공화정이 다시 수립됐다. 독일의 혁명은 통일운동과 맞물리면서 실패로 끝났으나, 여러 나라에서 다양한 형태의 헌법을 채택했다. 제3장에서 본 것처럼 민족/국민의 개념과 범위가 확대했다. 19세기는 대체로 중산층 또는 유산계급의 정치적 열망과 참여가 두드러진 시기였다.

3. 경제적 자유주의

개인주의와 합리주의로 이루어진 자유주의의 기본논리가 경제영역에 적용되면 경제적 자유주의(economic liberalism)이다. 자유주의 논리에 따르면 이성을 가진 개인은 자기의 이익을 누구보다 잘 알고 그것을 추구할 능력이 있다. 따라서 남이 이래라저래라할 일이 아니다. 그런 믿음에서 18세기 프랑스에서 자유방임 경제정책을 주장하는 중농주의(重農主義; physiocracy)가 생겨났다. 그런데 '경제학의 아버지'로 추앙받는 애덤 스미스(Adam Smith, 1723~1790)는 그에서 한발 더 나아가 사회적, 국가적 차원의 순효과를 내다봤다.

그에 따르면 개개인이 자기의 이익에 따라 행동할 때 '보이지 않는 손'이 작동하여 국가 전체의 부(富)가 극대화된다. 시장이 제약 없이 작동하면 개인은 타고난 조건과 자질에 따라 특화하고 분업하여 생산성과 그에 따른 부를 극대화한다. 그러면 모든 국민이 부유해지고 담세능력이 높아져 국가가 동원할 수 있는 자원도 많아진다. 국가의 부는 중앙은행이나 왕실 금고에 쌓인 금은보화가 아니다. 진정한 국부는 시장에 있다. 국부를 늘리는 가장 좋은 방법은 시장이 제대로 돌아가도록 내버려두는 것, 곧 '자유방임'(*laissez-faire*)이다.

시장이 제대로 돌아가면 사람들 사이에 '이익의 조화'(the harmony of interests)가 발생한다. 1차산업에서 생산한 원료를 2차 산업에서 가공하고 3차산업에서 유통하며 가치를 부가 한다. 그렇게 생긴 부가가치는 모두의 이익을 높여 주므로 이익의 조화가 있는 것이다. 국가 사이도 마찬가지다. 국가가 부존자원의 차이를 반영하여 특화하고 분업하여 자유롭게 교환하면 생산이 극대화하고 국부도 증진한다. 권력관계의 상대성으로 인해 '이익의 갈등'이 있을 수밖에 없는 정치영역과 달리 경제영역에는 이익의 조화가 있다. 사회과학의 분과로서 경제학의 독자적인 영역이 열렸다.

자유주의의 논리에 따르면 국가는 할 일이 없다. 국가가 설치면 개인의 자유를 침해한다. 국가가 날뛰면 시장의 자율성이 떨어진다. 국가의 역할은 국방과 치안, 나아가 공공재 공급이라는 최소한에 그쳐야 한다. 곧 '야경국가'이다. 국가는 필요악처럼 됐다. 정치적 자유주의의 논리는 절대 왕조와 그를 둘러싼 봉건세력의 압제로부터의 자유, 나아가 참정권을 희구하는 중산층의 열망과 부합했다. 경제적 자유주의의 논리는 중상주의적 경제정책의 현실 속에서 시장의 자유를 희구하는 중산층의 이익과 부합했다.[3] 자유주의 사상이

....

3 종래의 경제정책은 부국강병의 논리에 기초한 중상주의(重商主義; mercantilism)였다.

제공하는 그림이 당시의 현실과 다른 만큼 이상주의였다. 그러나 그 논리가 사회의 지배적인 세력으로 성장하던 상공인 중산층의 이익과 공명(共鳴)함으로써 자유주의 논리는 철학자들의 사변(思辨)에 머무르지 않고 일반인 특히 중산층의 이데올로기가 됐다. 그런데 현실 또한 그에 부응했다. 미국이 독립을 선언하고 애덤 스미스가 『국부론』을 출간한 바로 그해(1776년), 제임스 와트가 발명한 증기기관이 처음 실용화됐다. 산업혁명의 시작이었다. 이후 정치, 경제 양면에서 혁명적인 변화가 19세기 유럽을 휩쓸었다. 자유주의는 '시대의 정신'(*Zeitgeist*)이 됐다.

IV. 국제적 자유주의

개인주의와 합리주의로 이루어진 자유주의의 기본논리가 국제관계 영역에 적용되면 국제적 자유주의(international liberalism)이다. 근대 자유주의 이론가들이 자유주의 기본논리를 국제문제, 곧 전쟁과 평화의 문제에 적용하여 많은 저작을 남겼다. 현대 국제정치학의 대표적 자유주의 이론가 커헤인은 이런 저작을 다음 네 가지 유형으로 분류하고 소개했다: (1) 공화정(republican) 자유주의,

....

18세기까지 군대는 주로 보수를 받고 전쟁하는 용병(傭兵; mercenary)으로 구성됐다. 국가가 부유해야 뛰어난 용병을 많이 고용하여 강한 군대를 보유할 수 있었다. 부유한 국가란 현금, 즉 국제적으로 통용되는 금과 은이 많은 나라였다. 현금을 확보하는 가장 좋은 방법이 무역이었다. 많이 팔고 적게 사서 이문을 남기면 그것이 현금이었다. 그래서 수출을 장려하고 수입을 규제하여 무역수지 흑자를 추구하는 중상주의 정책이 일반적 관행이었다.

(2) 상업(commercial) 자유주의, (3) 규제(regulatory) 자유주의, (4) 복합(sophisticated) 자유주의(Keohane 1990). 이하에서는 이 분류를 따르되 구성을 달리하여 논의한다.

1. 공화정 자유주의와 상업 자유주의

공화정 자유주의는 공화정이 군주정보다 평화애호적이라는 명제를 말한다. 독일의 프로이센 왕국 출신 대철학자 임마누엘 칸트(Immanuel Kant, 1724~1804)가 『영구평화론』이라는 소책자에서 한 주장으로 그 논리는 분명하다. 첫째, 이기적이고 합리적인 국민은 전쟁을 혐오한다. 전쟁으로 얻을 것보다 잃을 것이 훨씬 더 많기 때문이다. 육체적 위험을 감수하고 경제적 부담을 감당하고 심리적인 가책을 느껴야 한다. 둘째, 공화정의 경우 전쟁과 같은 중대한 결정은 국민의 동의가 필요하다. 합리적인 국민은 당연히 전쟁을 반대한다. 반면 전제 군주와 같은 독재자에게 전쟁은 심하게 말하면 유흥, 아니라도 도박 정도에 불과하여 쉽게 결정할 수 있다. 그러므로 공화정은, 더 넓게 민주국가는 독재국가보다 평화애호적이다.

상업 자유주의는 무역이 평화를 함양한다는 명제를 말한다. 두 가지 이유가 있다. 첫째, (소수 무기 상인을 제외하면) 상인은 전쟁에서 이득을 보지 못한다. 오히려 전쟁은 무역을 방해하여 손해를 초래한다. 따라서 무역의존도가 높은 나라일수록 전쟁을 망설이게 된다. 둘째, 무역은 상대가 있는 현상이므로 전쟁을 망설이는 효과도 이중으로 나타난다. 이 점은 애덤 스미스가 주장했고 칸트도 주목했던 것이나, 산업혁명의 선두주자 영국이 수출경쟁력이 압도적이던

19세기 중반 이후 체계적인 운동으로 전개됐다. 대표적인 보호무역법이었던 곡물법 폐지(1843년)에 앞장섰던 영국 정치가 리처드 코브던(Richard Cobden, 1804~65)은 자유무역의 정치적 효과, 즉 평화 함양 효과를 내세우며 자유무역의 전도사 역할을 자처했다. 그는 또 1860년 역사상 최초의 '자유무역협정'(FTA)을 프랑스와 체결하는 주역이 됐다. 그 협정에서는 또 '최혜국 대우' 조항을 최초로 규정하여 향후 무역자유화를 촉진하는 데 큰 역할을 했다.[4]

2. 국제 무정부와 규제 자유주의

앞서 소개한 두 가지가 정치체제의 민주화와 시장의 자유화를 주장한 자유주의 논리를 국제적으로 확대하고 응용했다면, 규제 자유주의는 국제사회의 무정부적 구조를 직접 해결하려는 노력의 결과였다. 국제사회의 무정부적 구조가 전쟁이 일어나는 가장 큰 원인이라면 어떻게든 그것을 극복하거나 관리하여 평화를 추구하자는 주장으로 근대 이후 대체로 두 가지 방향에서 꾸준히 전개되어 왔다. 하나는 제4장에서 살펴본 흐로티위스의 『전쟁과 평화의 법』(1625년)에서 출발하여 바텔(1758년), 헨리 휘튼(1836년) 등으로 이어진 국제법 연구였다.[5] 다른 하나는 아베 드 생-피에르(Abbé de

....

4 최혜국 (Most-Favored-Nation; MFN) 대우란 무역협정을 맺으며 관세율 등 조건에서 "다른 나라보다 나은 최고의 대우"라는 표면적 의미와 달리 다른 어떤 나라에 비해 불리한 적용을 하지 않을 것을 약속하는 조항이다. 따라서 후일 다른 나라와의 협정에서 더 유리한 내용이 합의되면 그 내용이 이전의 국가에 자동으로 적용된다.

5 Vattel(1758); Weaton(1836). 휘튼의 책은 1864년 『만국공법(萬國公法)』이라는 제목으로 중국에서 한역(漢譯), 출판되어 일본과 우리나라에 소개됐다.

Saint-Pierre, 1658~1743)의 『영구평화구상』(1713년)에서 출발하여 칸트의 『영구평화론』(1795년)에 이르는 주권국가 사이의 자발적 연합(federation) 구상이었다.

흐로티위스의 국제법은 그가 꿈꾸던 방식은 아니더라도 어쨌거나 유럽의 국제정치 행태에 영향을 미쳤다. 아베 드 생-피에르 이후 국제연합의 구상도 루소의 검토와 비판을 거쳐 칸트로 이어졌다. 이러한 사상은 후일 네덜란드의 헤이그에서 열린 두 차례(1899년, 1907년)의 평화회의, 나아가 최초의 보편적이고 정치적인 국제기구로서 국제연맹의 사상적 초석이 됐다. 비록 국제연맹은 실패로 끝났으나, 2차대전 이후 국제연합, 즉 유엔으로 이어졌다. 정치적 기구로서 유엔의 성과와 한계는 많은 논란과 연구의 대상이었다. 특히 주 기능인 국제 안보와 평화 문제에 대해서는 비판적 시각이 많다. 그렇더라도 유엔의 각종 산하 및 협력기구를 포괄하는 유엔 체제는 현대 국제정치의 가장 큰 특징적 부분으로 자유주의 국제정치이론의 실천적, 경험적 기반이 되었다.

3. 복합 자유주의: 칸트의 영구평화론

공화정 국가, 일반적으로 민주주의 국가가 평화애호적이라는 칸트의 주장은 분명한 논리에도 불구하고 많은 비판과 조롱의 대상이 됐다. 전쟁은 상대가 있는데 아무리 민주주의 국가라도 왼뺨을 맞고 오른뺨을 내밀 수는 없기 때문이다. 물론 칸트처럼 위대한 사상가가 그것을 몰랐을 리 없다. 실제로 칸트의 구상은 세 가지 요소로 구성되며 '공화정'은 그 첫 번째에 불과하다.

그의 구상에 더 중요한 것은 두 번째, 즉 자유국가 사이의 '연합'이다. 자유국가는 주권국가이므로 그들이 주권을 포기하고 국가 위의 국가를 구성한다는 기대는 비논리적이고 비현실적이다. 반면 그들의 주권적 의지에 따른 연합은 논리적일뿐더러 현실적이다. 제6장에서 봤듯이, 루소는 자연 상태에서 시민사회로 이행하는 과정에서, 시민사회가 어느 정도 규모에 이르면 그로부터의 이득을 누리려는 개인이 자발적으로 가담하여 스스로 확대하는 속성이 있다고 했다. 흥미롭게도 칸트도 같은 논리에서 공화정의 평화연합이 어느 정도 규모에 이르면 그 자체로서 확대하고 확장하여 영구평화의 기반이 될 수 있다고 주장한다.

세 번째 요소는 국가의 시민들 사이 우의(友誼; hospitality)에 기초한 보편적 법률이다. 그런데 국경을 초월한 우의는 서로가 이익을 보는 무역을 통해 가장 잘 보장된다. 공화정 또는 민주정체, 자유무역, 그리고 국제기구는 항구적인 평화의 조건으로 평화의 삼각형으로 불리게 된다.

4. 윌슨의 '14개 조항'과 전간기 '이상주의'

누차 언급했듯이 제1차 세계대전은 '착각의 전쟁'으로 불릴 만큼 그 기원과 진행방식에서 충격적이었고 이에 따라 평화에 대한 대중의 열망과 미래 전쟁의 예방을 위한 요구와 연구가 있었다. 1914년 발발 이후 치열하나 지루한 소모전으로 이어지던 1차대전은 1917년 4월 미국이 참전하면서 전세가 기울었다. 그때 볼셰비키 혁명이 일어난 소련이 독일과 별도의 평화협정을 체결하면서 전쟁이 마무리되기 시작했다. 1918년 1월 8일, 미국의 우드로 윌슨 대통령은 의회에서 발표한 연두교서에서 전후 처리의 조건으로 14개 조항을 내세웠다.

제1항에서 공개외교, 제2항에서 항해의 자유, 제3항에서 무역장벽의 폐지, 그리고 제4항에서는 군축을 주창했다. 또 제5항~13항에서는 민족자결의 원칙에 따른 식민지 문제의 해결을 주장했다. 그리고 무엇보다 제14항에서 "크고 작은 나라를 막론하고 정치적 독립과 영토의 일체성을 보장하기 위한 일반적인 국가연합"의 설립을 주창했다.

14개 조항은 앞서 소개한 국제적 자유주의를 집대성했다고 해도 과언이 아니다. 공개외교와 민족자결의 원칙은 민주주의가 평화를 함양한다는 공화정 자유주의를 반영한 것이다. 항행의 자유와 무역장벽의 폐지는 무역을 통한 평화의 함양, 즉 상업 자유주의를 반영했다. 그리고 군축과 국제연맹의 설립은 칸트의 영구평화론의 내용이었다.

이 구상은 현실에서 많은 제약에 부닥쳤다. 민족자결의 원칙은 승전국인 동시에 대표적 식민국가였던 영국과 프랑스 등의 반발에 직면했다. 주창자였던 미국이 먼로 선언으로 대표되는 고립주의적 외교 전통에 따라 국민 여론이 따라주지 않고 그를 의식한 상원의 비준 반대로 국제연맹에 가입하지 못했다. 그런데도 자유주의 사상과 평화주의 운동은 학문 분야로서 국제정치학의 창설을 가져오고 향후 20년간 그 담론과 연구를 지도했다. 그리고 2차대전으로 저참한 실패를 기록하고 현실주의의 공격에 무너져 한동안 국제정치학 연구에서 뒷전에 머물러야 했다.

V. 현대 자유주의 국제정치 이론의 전개

엄밀히 말하자면 단일한 자유주의 국제정치이론은 지금껏 없었고 아직도 없다. '자유주의적' 국제정치사상, 즉 개체주의와 합리주의를 기초로 한 자유주의적 사상과 그것을 추종하는 열정을 반영한 여러 제안이 단편적으로 나왔을 뿐이었다. 윌슨 대통령은 그것들을 종합하여 14개 조항을 제시했고 이를 토대로 국제연맹이 설립됐으며 이후 국제정치 담론은 이 구상을 중심으로 전개됐다. 앞서 여러 차례 언급했듯이 윌슨의 주장은 국제정치의 현실을 바꾸지는 못했으나 담론을 바꾸는 데는 성공했다. 다만 담론과 현실 사이의 엄청난 괴리로 자유주의적 국제정치이론은 '이상주의'로 폄하되고 현대 국제정치학에서 설 자리를 잃었다.

그러나 2차대전 후 정치적, 경제적 현실에서 넓고 깊은 변화가 일어나고 쌓이면서 현실주의 시각으로만 설명할 수 없는 현상, 즉 변격(anomalies)이 나타났다. 첫째는 전래의 경쟁국이자 2차 대전 적국들 사이에 나타난 정치적, 군사적 협력이다. 1949년 미국은 북미의 두 나라와 유럽의 10개국을 엮어 다자동맹체 북대서양조약기구, 즉 나토를 결성했다. 1951년 한국전쟁의 와중에 미국과 일본이 동맹을 맺었다. 1955년에는 서독이 나토에 가입했다. 둘째는 유럽에서의 기능적인 협력과 통합이었다. 1952년 프랑스, 서독, 이탈리아는 벨기에, 네덜란드, 룩셈부르크 등 베네룩스 3국과 함께 주요 전략자원인 석탄과 강철을 공동관리하는 유럽 석탄 강철 공동체(European Coal and Steel Community; ECSC)를 설립했다. 1957년에는 유럽 원자력 에너지 공동체(European Atomic Energy Community;

Euratom)와 유럽 경제공동체(European Economic Community)를 설립하고 함께 유럽공동체(European Communities; EC)로 불렸다.[6]

셋째, 무엇보다 중요한 것은 물밑, 경제영역에서 일어나는 변화였다. 1944년 설립한 연합국들은 금-달러 본위제의 국제통화체제와 그것을 뒷받침할 '국제통화기금'(IMF)과 '국제부흥개발은행'(I-BRD)을 중심으로 한 브레튼-우즈 체제를 마련했다. 나아가 1947년 '관세 및 무역에 관한 일반 협정'(GATT)을 설립하고 여러 라운드의 다자간 무역 협상을 통해 관세 및 비관세 무역장벽을 낮추어 나갔다. 이에 따라 세계무역은 빠른 속도로 증가하고 그에 따라 경제도 성장했다. 각국은 비교우위에 따라 특화하고 국가들 사이에 넓고 깊은 교류와 그에 따른 복합적인 상호의존이 형성됐다.

그 같은 상호의존에 주목하여, 그것이 어떠한 국제정치적 효과를 미칠지에 관한 탐구로 자유주의적 시각의 국제정치 연구가 태동하기 시작했다. 그렇더라도 자유주의 국제정치이론이 복권한 것은 아니었다. 자유주의(liberalism)는 여전히 '진보주의'의 의미로 쓰였고 국제정치이론으로서 자유주의는 나타나지 않았다. 1979년 영국에 마거릿 대처가 총리로 집권하고 1981년 미국에 로널드 레이건이 대통령으로 취임하면서 '보수주의'를 지칭하는 말로 '자유주의'가 다시 등장했다. 작은 정부를 지향하던 고전적 자유주의의 부활이라

....

6 이로부터 자유주의적 시각의 연구가 나왔다. 좋은 예로 하스의 '신기능주의'적 통합이론, 도이치의 '다원적 안보공동체'론이 있다. Haas(1958); Deutsch et al.(1957). 안보공동체론 개념은 탈냉전 시대 유럽, 나아가 동남아의 통합과 같은 현실의 변화, 그리고 구성주의 등장과 같은 이론의 진화에 따라 새로 주목받았다. Adler and Barnett, eds.(1998). 이하 제8장 참조.

고 해서 '신자유주의'로 불렸다. 냉전 종식을 전후한 무렵 국제정치학에서도 신자유주의라는 이름이 쓰이기 시작했다(Nye 1988; Baldwin 1993). 국제정치이론으로서 자유주의가 복권됐다.

1970년대부터 주목받기 시작하여 1980년대 발전하고 냉전 종식과 세계화로 주류 이론이 된 자유주의 국제정치이론은 기본적으로 앞 절에서 본 국제적 자유주의를 더 세련되고 복합적 논리로 새로 전개한 것이었다. 곧 상업 자유주의, 공화정 자유주의, 규제 자유주의, 복합 자유주의의 재전개라고 불러도 무리가 없다.

1. 상업 자유주의와 상호의존론

1970년대 들어와 경제적 상호의존의 국제정치적 효과에 관한 관심이 커졌다. 시작은 경고였다. 경제적 상호의존의 평화함양 효과에 대한 종래의 기대가 재연되자 현실주의 국제정치학자, 특히 케니스 왈츠가 경고하고 나섰다(Waltz 1970; cf., Rosecrance and Stein 1973). 왈츠는 두 가지 점에서 상호의존이 '신화'(myth)에 지나지 않는다고 지적했다. 첫째는 경험적 문제이다. 그는 20세기 후반의 상호의존이 높다는 인식과 달리 1차대전 이전 유럽 국가들 사이 상호의존의 정도가 더 높았다고 지적한다. 그런데도 1차대전의 발발을 막지 못했다. 그러므로 20세기 후반의 경제적 상호의존으로 평화를 기대하기는 시기상조라고 주장했다.

둘째는 논리적인 문제이다. 1차대전 이전의 높은 상호의존이 대전의 발발을 막지 못했듯이, 상호의존이 평화함양 효과가 있다는 가설은 검증되지 못했다. 상호의존이라는 용어 자체가 두 나라 사이에 대칭적인 상호의존을 암시하나 어떠한 상호의존도 대칭적이지 않은 것이 논리적이고 현실적이다. 그리고 비대칭적 상호의존은 그 자체로서 권력정치의 한 요소가 된다. 즉 '덜' 의존적인 나라가 '더' 의존적인 나라에 권력을 행사할 여지가 새로 생기는 것이다.[7] 그리고 권력투쟁은 당연히 갈등적이고, 잠재적으로 폭력적이다.

그러나 20세기 후반의 상호의존론을 주창한 커헤인과 나이는 상호의존의 다른 측면을 지적한다. 우선 20세기 후반에 나타난 상호의존은 전 세기에 비해 '복합적'이다. 첫째, 국가들 사이의 상호작용은 외교부 대 외교부 사이의 공식 채널 말고도 다양한 경로로 일어난다. 정부의 다른 부처들도 담당하는 이슈에 대해 다른 나라의 부처와 소통하고 협력한다. 민간기업이나 여러 비정부 단체들도 국경을 넘나들며 소통하고 협력한다. 둘째, 안보와 정치를 상위정치로, 경제나 복지를 하위정치로 나누던 과거의 분류도 무색해졌다. 경제적 상호의존이 안보 논리에 압도되던 것은 과거의 일이다. 셋째, 가장 중요한 것으로, 복합적 상호의존 상황에서는 군사력의 필요성과 유용성이 낮아진다. 상호의존이 보편화한 상황에서 국가들은 경제제재처럼 대안적 권력 수단이 있으므로 굳이 위험하고 역효과가 우려되는 군사력을 사용할 이유가 줄어든다(Keohane and Nye 1977, ch. 2).

동시에 커헤인과 나이의 주장은 다른 면에서 자유주의 국제정

....

7 Waltz(1979, 138-158). 상호의존에는 두 가지 측면이 있다. 하나는 민감성(sensitivity)으로 나라 밖에서 일어나는 일에 나라 안의 일이 반응하는 정도를 말한다. 다른 하나는 취약성(vulnerability)으로 나라 밖의 충격을 완충할 대체재의 유무와 다소를 말한다. 비대칭적인 상호의존 상황에서 한 나라가 다른 나라에 취약하면 권력 효과가 가장 크다.

치이론의 전개에 큰 역할을 했다. 바로 '국제 레짐'(international regimes), 나아가 국제제도의 등장과 역할에 대한 새로운 이론 영역을 열었다는 점이다. 그로써 뒤에서 논의할 '신자유주의적 제도론'(Neoliberal Institutionalism)의 초석을 쌓았다.

2. 규제 자유주의와 국제 레짐

국제 레짐이라는 용어는 커헤인과 나이가 1977년 저작에서 처음 사용한 표현이다. 그들에 따르면 고도로 상호의존적인 현실을 관리할 필요에 따라 국제 레짐이 생겨난다. 국제 레짐은 국가의 행동을 정형화하는 한편 그 효과를 통제하고 규율하는 규칙, 규범, 절차의 네트워크를 의미한다. 국제 레짐은 현실주의에서 말하는 국제체계의 구조와 국가들이 상호작용하는 과정 사이에 자리 잡고 국제정치의 패턴에 영향을 준다.

1982년 현실주의적 성향의 스티븐 크래스너(Stephen Krasner) 교수가 권위 있는 학술지 *International Organization*의 특집호를 편집하여 국제 레짐 이론을 신현실주의가 지배하던 국제정치학 분야에 주요 이론으로 수용했다. 크래스너에 따르면 국제 레짐은 "특정한 이슈 영역에서 국제 행위자들의 기대가 수렴하는 명시적 또는 묵시적인 원칙, 규범, 규칙, 그리고 의사결정 절차 등의 집합"으로 정의된다(Krasner 1983, 2).

이 정의는 매우 함축적이다. 첫째, 레짐은 유엔처럼 모든 영역을 포괄하는 일반적 정치조직이 아니라 특정한 이슈 영역에서 작동한다. 둘째, 레짐은 원칙, 규범, 규칙, 의사결정 절차를 포괄하는 국제

제도로서, 설립조약이 있고 본부 건물이 있으며 예산과 직원이 있는 국제기구와 다르다. 셋째, 특정한 규범이나 규칙을 강제하는 권위가 없는 국제 무정부 속에서 행위자, 즉 국가들의 "기대가 수렴하는" 제도가 곧 레짐이다.

처음 크래스너는 강대국 사이의 세력 구조가 지배하는 국제정치에서 레짐이 독자적인 설명변수가 될 수 있다고 믿지 않았다. 힘과 힘이 맞물려 돌아갈 때 윤활유의 역할을 하는 매개 변수 정도의 중요성이 있다고 봤다. 그러나 나중에는 레짐이 독자적인 설명변수, 즉 하나의 독립변수가 된다고 결론지었다. 이후 국제 레짐 이론은 신자유주의적 국제제도론(Neoliberal Institutionalism)이라는 이름으로 발전하여 신현실주의의 독보적인 지위에 도전하기에 이르렀다.[8]

....

8 제4장에서 "혼세"의 모델로 소개했던 불(Hedley Bull)의 국제사회론은 이후 영국 국제정치학계에서 하나의 연구프로그램으로 후속 연구를 지도하며 소위 '영국학파'(English School) 이론으로 인정받기에 이르렀다. 영국학파는 무정부의 기본구조를 인정하면서 그 속에서 주로 국가, 그러나 국제기구나 비정부기구 등 다양한 행위자들이 모종의 제도적 틀 속에서 정형화된 행동을 보여준다는 점에서 국제사회의 관념을 개발하고 전개했다. 국제사회 속에서는 현실주의적 권력정치의 정형이라고 할 수 있는 세력균형, 심지어 전쟁조차도 국제관계를 정형화하는 제도이다. 역사 속에서 다양한 정치가들이 세력균형을 정책 명분으로 내세웠던 일, 전쟁을 수행하면서도 그 방법에서 서로 비난하고 변명하는 모든 행동이 결국 국제정치가 홉스적인 전쟁상태가 아니라 모종의 사회임을 보여주는 증거이다. 영국학파의 대변인 격인 배리 부잔은 영국식 사고에 친숙하지 않은 미국계 학자들은 레짐 이론을 염두에 두고 접근하면 쉽게 이해할 수 있다고 주장한다. Buzan(1993).

3. 신자유주의적 국제제도론

1984년 신자유주의적 국제제도론의 등장에 힘을 실어준 두 권의 저작이 출판되었다. 하나는 커헤인의 저서 『패권 이후』로 내용 자체가 새롭다기보다 그 이론적 및 현실적 맥락을 밝힌 점에서 더 중요했다(Keohane 1984). 첫째, 앞서 여러 차례 밝힌 바와 같이 2차 대전 이후 이어진 평화와 번영을 미국의 힘과 정책으로 설명하는 패권 안정 이론이 암묵적이나마 널리 수용되었다. 왈츠의 구조적 현실주의는 그 이론에 결정적인 힘을 실어주었다. 둘째, 그런데 그것만으로는 아무래도 불완전하고 불안했다. 미국의 힘이 흔들릴 때마다 세계를 걱정하고 세계가 흔들릴 때마다 미국의 힘을 의심하는 일 없이 세계질서의 안정성을 설명할 더 확실한 이론이 필요했다. 그래서 커헤인은 전후의 평화와 안정이 미국 단독의 힘이 아니라 주요 선진국 사이의 협력 덕분이며, 그 협력도 미국의 정책 보다는 국제 레짐, 더 일반적으로는 제도의 역할 덕분이라고 주장했다.

1) 협력의 진화

그런 주장에 액설로드의 『협력의 진화』가 결정적인 힘을 실어주었다(Axelrod 1984). 제5, 6장에서 설명했듯이 왈츠의 1979년 저작은 무정부 속 국제정치를 '죄수의 딜레마' 게임에 비추어 유려하게 설명한 것이었다. 그리고 죄수의 딜레마 상황은 (총 576개에 달하는) 모든 2×2 게임 중 가장 독특한 게임으로 인정되어 많은 학문 분야에서 연구되고 있었다(Rapoport and Guyer 1966). 그런 가운데 액설로드의 짤막한 책은 세 가지 새로운 주장을 통해 많은 여운을 남졌다.

첫째, 액설로드는 사회적 현상을 설명하면서 게임이 일회로 끝난다고 보는 기존 게임이론은 편협하고 비현실적이라고 주장했다. 게임이 반복, 특히 무한히 반복되는 상황이 현실에 가까우며 그럴 때 죄수의 딜레마를 해소하는 방법이 있다고 주장했다. 그 논리는 이렇다. 게임이 무한반복되면 경기자는 현재 시점에 게임을 하더라도 그것이 미래에 줄 영향을 염두에 두기 마련이다. 예로 협력을 선택하면 상대의 선택에 따라 협력이 계속될 여지가 있다. 반면 배신을 선택하면 이어질 게임에서 상대가 배신을 택할 여지가 높다. 그러면 나도 배신을 택하지 않을 수 없어, 결국 상호배신의 결과가 이어진다. 반복되는 상호협력의 배당을 합하면 최초 게임에서 일방적 배신으로 얻을 이익을 상쇄하고도 남을 이익이 나올 수 있으므로 협력을 선택하는 것이 합리적이다.

둘째, 그는 또 여러 가지 전략을 구사하는 다수참가자 사이에 일대일 게임을 컴퓨터로 시뮬레이션했다. 무한반복은 불가능하므로 200회 반복한 후 누적 배당을 비교한 결과 래퍼퍼트(Anatol Rapoport) 교수가 제안한 TFT(Tit-For-Tat) 전략이 가장 많은 점수를 얻었다. TFT 전략은 첫째 게임에서는 협력을 택하고 이후에서는 무조건 상대가 이전 게임에서 한 선택을 반복하는 전략으로 '선의의 상호주의 전략'으로 부름 직하다. 이 전략은 단순명료하면서도 매우 강건(robust)한 특징이 있다. 이 전략은 모든 상대를 이기는 최선의 전략은 아니다. 그러나 누구를 상대하더라도 큰 손해는 보지 않고 대개의 경우는 좋은 점수를 얻어 합산점수에서는 다른 전략을 이긴다는 의미에서 강건하다.

이 두 가지를 좀 더 분명하게 보기 위해 약간의 수학을 사용하자. 〈표 7-1〉의 (A)는 〈표 4-1〉에 표기된 죄수의 딜레마 게임 배당구조를 약간 변형한 것으로 기본구조에는 차이가 없다. 즉, 상호 배신하면 얻고 잃는 것이 없이 0, 상호협력하면 서로 3의 이익을 얻으며, 일방배신을 하면 5를 얻고 배신당하면 3을 잃는다.

표 7-1 죄수의 딜레마 게임 배당구조 (1회 및 반복)

		(A) 1회 게임		**(B) 반복 게임**	
		선수 "을"		선수 "을"	
		C	D	C	D
선수 "갑"	C	3, 3	−3, 5	$\frac{3}{1-w}, \frac{3}{1-w}$	$\frac{-3}{1-w}, \frac{5}{1-w}$
	D	5, −3	0, 0	$\frac{5}{1-w}, \frac{-3}{1-w}$	0, 0

(B)는 게임이 무한반복될 때의 배당구조로 약간의 설명이 필요하다. 첫째, 무한반복 게임에서 미래의 게임에서 얻을 배당을 합하여 계산한다. 단 미래의 불확실성 때문에 현재 시점에서 보는 미래의 배당은 실제 가치보다 낮다. 쉽게 말해 다시 만날 확률로 '할인' 된다. 이 경우 "할인계수"를 w로 표기하며 할인의 의미상 w는 0과 1 사이의 값을 가진다. 즉, $0 \leq w \leq 1$. 그리고 할인율은 반복되는 게임에서 고정되어 있다고 가정한다. 이와 같은 가정하에 지금 시점에서 보는 다음 시점 상호협력의 수익은 $w \times 3$, 그다음 시점 상호협력의 수익은 $w \times w \times 3 = w^2 \times 3$ 등이 된다. 상호협력의 결과가 무한정

되풀이된다고 할 때 지금 시점에서 보는 상호협력 수익의 총합은 $3+w3+w^2 3+w^3 3+ \cdots$ 로 계속된다. 곧 무한 기하급수의 합산과 같아 $3/(1-w)$ 로 간단해진다. 무한반복 게임에서 두 참가자가 TFT 전략을 선택하면 각자 받을 누적 배당이 그것이다. 반면 한 참가자가 상대의 전략을 악용하여 첫 게임에서 배신하면 5의 배당을 받으나 이어지는 게임에서는 계속 0을 받아 누적 수익은 5에 머무른다. 만일 누적 수익 $3/(1-w)$가 5보다 크다면, 즉 $w>2/5$의 조건이 충족되면 협력은 합리적 선택이 된다(Axelrod 1984, ch. 1).[9]

표 7-2 무한반복 PD 게임에서 상대 전략별 누적 배당

	할인 계수		상대전략			배당 합계
			AC	AD	TFT	
선택전략	w=0.5	AC	–	−9	6	−3
		AD	15	–	5	20
		TFT	6	−3	–	3
	w=0.5	AC/TFT	–	−3	6	3
		AD	5	–	5	10
		TFT	6	−3	–	3
	w=0.9	AC/TFT	–	−3	30	27
		AD	5	–	5	10
		TFT	30	−3	–	27

9 후술하는 상대적 이득의 관점에서 보더라도 첫 게임의 일방적 배신의 배당(5+3=8)이 커서 협력의 조건이 $w>5/8$로 어려워질 뿐 불가능하지는 않다.

다음으로 복수, 예컨대 3인의 선수가 서로 다른 전략을 선택할 때 일어나는 일을 보자. 〈표 7-2〉는 항상 협력만 하는(Always Cooperate; AC) 선수와 항상 배신만 하는(Always Defect; AD), 그리고 TFT전략을 구사하는 세 선수가 서로 무한반복 게임을 할 때 받을 누적 배당을 보여준다. 일단 할인 계수는 0.5, 즉 w=0.5로 가정한다. 그럴 때 무골호인(無骨好人) AC는 AD와의 게임에서 첫 게임에서 3을 잃고 반복되는 게임에서 누적 6(= -3/0.5)을 잃어 총 -9의 배당을 받는다. TFT와는 반복되는 상호협력으로 누적 6(=3/0.5)을 얻어 전체로서는 -3이다. 반면 TFT는 AC를 상대로 총 6을 얻고 AD에 첫 게임에서 3을 잃고 나머지에서는 잃지 않아 합계 3을 얻는다. AD는 AC를 상대로 15, TFT를 상대로 5를 얻어 합계 20가 된다.

현실적으로 AC 같은 무골호인은 있기 어렵다. 배신당하면 앙갚음하는 게 인지상정이다. 그래도 상대의 호의는 다시 호의로 갚는 '까칠한 호인' 또는 유골호인(遺骨好人)이 택하는 전략이 바로 TFT이다. 반일 AC가 TFT로 전환하면 상황이 조금 달라진다. 두 번째 게임 이후 AD에 잃지 않으니 총합은 3으로 늘어난다. AD는 AC가 더는 당하지 않으니 총수입이 10으로 줄어든다. 그래도 AD가 유효한 전략임은 부정할 수 없다. 그런데, 할인 계수가 0.9로 높아지면 상황은 완전히 달라진다. TFT는 상호협력으로 총 30(=3/0.9)의 누적 배당을 얻는다. AD는 고립되어 최초의 이득 외에는 수익이 없다. TFT는 여전히 AD에 잃으나 다른 선수와의 협력을 통해 그보다 더 많은 순배당을 얻는다(27>10).

나아가 액설로드는 TFT전략의 또 다른 장점에 주목한다. 즉 TFT 전략은 단순명료하여 다른 참가자들이 벤치마킹하기 쉽다. 그래서

TFT 전략이 널리 채택되면 상호협력이 지배적인 패턴이 된다. 항상 배신만 하는 천상악인(天常惡人)이 있어도 다수가 사는 사회 속에서 강건한 전략을 이기기 쉽지 않다. 그러므로, 천상악인이더라도 남에게 뒤지지 않으려면 개과천선하여 협력에 동참하지 않을 수 없어 협력은 자기 확장적 결과를 가져온다. 즉 협력하는 집단의 크기가 임계점을 넘으면 자기 확장된다고 한 루소와 칸트의 논리와 같다. 나아가 액설로드는 꿀벌의 생태계에서, 혹은 1차대전 중 참호전을 전개하던 적군 사이에도 상호협력이 나타난 사례를 소개하며 협력은 죄수의 딜레마 논리가 의미하는 바와 달리 더 보편적이라고 주장했다.[10]

2) 신자유주의적 제도론

커헤인의 주장과 액설로드의 연구가 어울리면서 신자유주의적 제도론의 관점에서 연구가 활성화됐다(Oye, 1986). 이들은 협력에 영향을 주는 여러 요인, 예컨대 게임이 반복되는지, 참가자의 수는 얼마나 되는지, 그 속에서 어떤 전략이 유효한지를 따졌다. 결국 한 가지 결론이 도출됐다. 바로 제도의 역할이다. 액설로드의 논리가 통하려면 게임이 이어져야 한다. 달리 말하면 참가자들이 같은 경기가 계속된다고 믿어야 한다. 액설로드의 표현에 따르면 '미래의 그

....

10 1차 대전 중 참호전을 전개하던 영국군과 독일군 사이에 희한한 현상이 생겼다. 참호를 벗어나면 저격수의 총격을 피할 수 없는 상황에서 병사들이 참호를 벗어나 모종의 장소에서 용변을 볼 때는 저격하지 않았다. 좁은 참호 내 악취를 피하려는 상호적 필요에 따라 생성된 암묵적인 양해 때문이었다. 2011년에 개봉된 한국 영화 〈고지전〉에도 이처럼 적군 사이에 상호협력이 발전하는 이야기가 나온다.

림자'(the shadow of future)가 현재의 선택에 영향을 주어야 한다.

제도론의 주장에 따르면 국제제도는 최소한 세 가지 측면에서 국제협력에 도움이 된다. 첫째, 제도는 무엇보다 다른 나라의 협조가 없으면 원하는 정책효과를 기대할 수 없는 나라들이 서로 만나 논의할 수 있는 장(場)을 제공한다. 이 장에서 국가들은 게임이 반복된다는, 즉 '미래의 그림자'에 대한 기대를 함양한다. 둘째, 제도는 상대국의 정책과 그 역량에 대한 정보를 제공하여 불확실성을 줄이고 투명성을 높여 준다. 셋째, 제도는 합의의 이행 여부를 감시하고 강제하는 기제가 된다. 합의를 강제하는 기제가 없는 무정부의 핵심 문제가 여기서 해소된다.

물론 신현실주의 시각에서 반격이 없지 않았다. 예컨대 그리코(Joseph Grieco)는 국가들이 협력하지 않는 이유가 협력의 과실이 자국에 불리하게 분배되어 후일의 세력균형에 악영향을 줄지 모른다는 두려움에 있다는 왈츠의 주장을 들었다(Grieco 1988; cf., Waltz 1979, 105-106). 그에 따르면 무정부의 가장 큰 문제는 약속의 이행이라는 민법적 상황이 아니라 안전의 보장이라는 형법적 상황에 있다. 이 주장은 '절대적 이득 대 상대적 이득'(absolute gains vs. relative gains)을 둘러싼 이론논쟁을 초래했다. 흔히 신현실주의 대 신자유주의, 패러다임 사이의 논쟁이라고 부르고 필자가 제5장에서 패러다임 내부의 논쟁이라고 한 바로 그 논쟁이다.

사실 그리코도 국가나 체계에 따라 상대적 이득 문제의 중요도 또는 민감성이 다를 수 있다고 인정하여 반론의 여지를 남겨두었다. 그에 대해 스나이덜(Duncan Snidal)은 게임이론을 적용하여 상대적 이득을 극대화하려는 국가들도 모종의 조건에서는 합리적으로 선택한다고 입증했다. 모종의 조건이란 (1) 협력이 다자적 맥락에서 전개되며, (2) 이미 상당수의 국가가 협력하여 그로 인한 이득을 누릴 때이다. 그러면 상대적 이득을 추구하는 국가는 다른 나라에 뒤처지지 않기 위해서라도 협력에 동참하지 않을 수 없다. 소위 '방어적 협력'(defensive cooperation)이다. 말하자면 루소, 칸트, 액설로드의 주장을 까다로운 상황 속에 적용하여 입증한 것이었다. 그리코의 신현실주의적 반론은 신자유주의의 입장을 오히려 강화해 주는 역설적 결과를 초래했다(Grieco 1988; Snidal 1991a; 1991b; Powell 1991).

3) 상호주의와 다자주의

신자유주의의 주장을 지지하는 연구가 이어졌다. 1986년 커헤인은 TFT 전략의 핵심이 상호주의(reciprocity)에 있음에 착안하여 그 개념을 천착하는 이론적 연구를 발표했다(Keohane 1986). 커헤인은 상호주의의 개념이 모호하다고 했으나, 실제로 상호주의는 국제관계에서 가장 잘 확립된 관행이다. 상주 공관을 개설하고 정상회담의 장소를 결정하고, 정상회담 배석자의 숫자에 이르기까지 상호주의는 국가 사이의 협상을 쉽게 하는 원칙의 하나이다. 국가 사이 상호주의 원칙은 무정부적 상황에서 주권 국가들이 자국의 이익과 위신을 지키려고 노력하는 가운데 생성되었다.

커헤인의 분석에 따르면 상호주의에는 두 가지 구성요소가 있다. 첫째는 행위의 연계성(contingency) 혹은 동시(同時)성이다. 둘째는 질적, 양적인 상응성(equivalence) 혹은 등가(等價)성이다. 다시 말해 쌍방의 행위가 연계되어 있음을 주장할 만한 시간적 근접성이 있고, 선의에는 선의, 악의에는 악의라는 질적 상응성과 받은 만큼 돌려준다는 양적 상응성이 존재할 때 상호주의가 성립한다. 여기서 출발하여 커헤인은 두 가지 상호주의를 구분한다. 첫째는 연계성과 상응성, 또는 동시성과 등가성을 엄격하게 적용한 구체적 상호주의(specific reciprocity)이다. 둘째는 그들을 느슨하게 적용한 포괄적 상호주의(diffuse reciprocity)이다.

포괄적 상호주의는 (1) 시간, (2) 행위자, (3) 사안 등 세 가지 측면에서 생각할 수 있다. 즉 상호적 거래가 시차를 두고, 다수 행위자 사이에, 또는 사안 사이에 교차적으로 나타나면 포괄적 상호주의이다. 포괄적 상호주의는 거래를 쉽게 하고 신뢰 구축에 도움이 되어 협력을 촉진한다(김태현 2002). 예로 들면, 시간 차원의 포괄적 상호주의의 예로 외상거래 또는 신용거래가 있다. 현금이 없어도 되지 거래, 즉 협력이 활성화된다. 행위자 차원의 포괄적 상호주의의 예로 물물교환식 시장거래를 들 수 있다. 양자 거래에서는 교환하고자 하는 물품이 맞지 않으면 거래할 수 없다. 불특정 다수가 모이는 시장 속에서는 거래가 가능해진다. 나아가 여러 이슈를 함께 놓고 흥정할 때 이슈 사이 연계를 통해 거래, 즉 협력이 용이해진다(cf., Haas 1980).

그러므로 액설로드의 협력이론이 구체적 상호주의에 기반하고 있다고 한 커헤인의 주장은 잘못이다(Keohane 1986, 1). TFT 전략이 구체적 상호주의의 표출인 것은 맞으나, 전체로서 그의 협력이론은 시간 차원에서의 무한반복, 그리고 행위자 차원에서 다수에 기초하고 있으므로 포괄적 상호주의에 기초한 협력이론으로 불러야 마땅하다.

이와 관련하여 다자주의(multilateralism) 제도에 관한 러기(John G. Ruggie)의 연구는 기념비적이다(Ruggie 1993). 러기는 20세기의 역사적 특징이 제도화에 있다는 주장을 받아 20세기 후반 국제정치의 특징이라고 할 수 있는 다자주의 제도를 개념적으로 해부했다. 그에 따르면 다자주의는 "셋 이상의 행위자들 사이의 관계를 일반화된 행동 원칙에 따라 조정하는 제도의 한 유형"으로 정의된다. 이 정의에 따르면 다자주의는 두 가지 특징이 있다. 첫째는 관련된 문제의 불가분성이다. 좋은 예가 국제표준의 설정이다. 표준에서 벗어나면 아무리 좋아도 버티지 못한다. 둘째는 다자주의의 틀 속에는 '포괄적 상호주의'가 적용되어 협력이 쉬워진다는 점이다. 가장 좋은 예가 국제무역이다. 냉전에서 서방 진영이 소련 진영에 승리한 결정적 이유 중 하나가 다자주의의 장점에 있다. 서방 진영에서는 다자주의적 GATT 체제에서 무역이 활성화되어 함께 성장했다. 반면 양자주의를 택했던 소련 진영에서는 무역에 따른 경제 성장 효과를 누리지 못했다.

4. 공화정 자유주의와 민주평화론

공화정, 더 넓게 민주주의 국가가 평화애호적이라는 칸트의 주장은 논리적, 경험적 문제가 있어 한때 우스갯소리로 치부됐다. 논리적으로 평화를 사랑하는 나라라도 공격받으면 싸울 수밖에 없다. 경험적으로 실제로 민주국가도 독재국가만큼 자주 전쟁했다. 2차대전이후 가장 많이 전쟁한 나라는 바로 미국이다. 그런데 이 이론은 1983년 마이클 도일이 새로운 주장과 증거를 들고나옴에 따라 화려하게 부활했다.

첫째, 칸트의 평화론은 공화정이 평화애호적이라고 한 제1조와 공화정 국가 사이의 연합을 통한 평화라는 제2조를 함께 읽어야 한다. 즉 공화정 사이라면 전쟁이 없을 수 있으나, 단수의 공화정으로는 평화가 보장되지 않는다. 둘째, 미시간 대학교의 전쟁 연구(COW) 프로젝트의 자료를 세밀히 분석한 결과 놀라운 패턴이 드러났다. 나폴레옹 전쟁이 끝난 1815년 이후 일어난 전쟁 중에서 민주국가가 서로 반대편에서 마주 싸운 적은 한 번도 없었다(Doyle 1983).

현실주의와 힘겨운 싸움을 벌이던 자유주의 국제정치 이론가들은 환호했다. 계량적 국제정치연구를 주도해 온 예일대학교 러세트(Bruce Russett) 교수는 '민주평화론'(Democratic Peace Theory)의 전도사가 되어 이와 관련된 온갖 가설을 검증했다(Russett 1993). 또 DPT는 약어로 불리며 한동안 많은 연구논문의 주제가 됐다. 정치가들도 환호했다. 원래 민주주의의 확산을 외교정책의 목표와 명분으로 사용했던 미국은 그 정책을 더욱 공고히 했다.[11]

그러나 민주평화론은 두 가지 문제가 있다. 하나는 이론적인 문제로 민주 평화 현상을 어떻게 설명하는지였다. 전쟁을 싫어하는 국민이 의사결정에 참여하는 공화정이 평화적이라는 칸트의 주장은 말이 된다. 그러나 그의 주장은 특정 공화정의 정책을 설명하는 단방향(monadic)이론이지 민주국가가 서로 싸우지 않는 쌍방향(dyad-

....

11 예로 냉전 이후 최초로 나온 1994년 클린턴 행정부의 〈국가안보전략〉의 제목은 "관여와 확장"이었다. 곧 적성 국가에 손을 뻗어 민주주의의 영역을 확장한다는 뜻이다.

ic) 현상을 설명하지 않는다. 게다가 북한을 포함한 온갖 나라가 국호에 표방할 정도로 오용되고 남용된 '민주주의'라는 용어에도 문제가 있다. 그래서 민주주의적 평화(democratic peace)가 아니라 자유주의적 평화(liberal peace)라고 불러야 한다는 주장도 있다.

민주평화의 '현상'에 대해서는 대체로 두 가지 설명이 있다. 하나는 민주국가의 의사결정 과정을 강조하는 구조적, 제도적 설명이다. 칸트가 말했듯이 전쟁을 싫어하는 국민이 의사결정에 참여하는 민주국가는 자연히 평화애호적이다. 다른 하나는 제도로서 민주주의가 아니라 분쟁의 평화적 해결에 익숙한 자유주의 문화를 강조하는 문화적, 규범적 설명이다. 후술하듯이 민주국가의 국민이 평화애호적이라는 보장이 없다. 게다가 형식적 민주주의는 권위주의적 지도자의 선동에 휘둘릴 수도 있다. 그러므로 대의정치와 사법제도로 분쟁을 해결하는 데 익숙한 자유주의 국가라야 전쟁에 대한 국민의 혐오가 참되다는 주장이다.

민주평화론의 두 번째 문제는 경험적이고 정책적인 문제이다. 1995년 맨스필드와 스나이더는 성숙한 민주국가는 평화애호적이지만, 민주화 단계에 있는 국가는 오히려 전쟁할 확률이 높다는 경고성 연구 결과를 발표했다. 민주화란 국내적으로 정치엘리트의 변화를 가져오고 권력투쟁을 동반한다. 그럴 때 신생 엘리트의 도전을 받는 구 엘리트는 대외적 분쟁, 나아가 전쟁을 권력투쟁에 활용할 유혹에 빠진다. 다른 나라와의 분쟁이나 전쟁이 일어나면 민족주의 정서가 분출하여 정부를 지지하는 성향이 있기 때문이다. 그러므로 형식적 민주주의만으로는 평화가 보장되지 않는다(Mansfield and Snyder 1995; Snyder 2000; Mansfield and Snyder 2005).

그러나 이들의 경고는 냉전의 승리에 도취한 정치가들의 귀에 들리지 않았다. 9·11테러 이후 미국의 부시 행정부는 아프가니스탄과 이라크를 연이어 침공하면서 그 척박한 땅에 민주주의를 옮겨 심으면 이들이 평화애호적인 미국의 우호국이 된다고 믿어 의심치 않았다. 제5장에서 전간기 자유주의자들은 민주주의가 생장력이 강한 식물처럼 척박한 토양에서도 잘 자라고 콩과 식물처럼 토양 자체를 바꾸는 힘이 있다고 믿었다고 했다. 그렇듯이 부시 행정부의 외교를 좌우한 21세기 네오콘(Neo-conservatives; 신보수주의자)들은 전간기 자유주의적 이상주의자들의 좀비와 같았다.

5. 복합적 자유주의와 칸트의 평화 삼각형

무역의 활성화에 따른 경제적 상호의존, 민주주의의 확산, 그리고 복합적 상호의존의 현실을 관리하기 위한 국제제도의 확산과 심화는 2세기 전 위대한 철학자 임마누엘 칸트가 그렸던 '영구평화'의 3대 요소였다. 20세기 말, 21세기 초 그가 그렸던 조건이 완성됐다. 냉전이 끝나고 서방 세계의 자유주의적 국제질서가 세계화됐다. 구사회주의권 국가들이 자본주의 경제체제로 전환했다. 양 체제 사이에서 망설이던 제3세계의 국가들도 동참했다. 세계화라는 이름으로 전 세계 경제가 하나의 질서로 통합됐다. 민주주의의 제3 물결을 타고 동아시아, 라틴 아메리카, 동유럽의 여러 나라가 민주화되고 민주주의 체제가 대세가 되었다. 각종 국제기구가 가맹국의 숫자를 늘리고 그 권능을 강화했다. 새로운 국제기구가 우후죽순으로 생겨났다.

1950년대 이래 계량적 국제정치연구를 주도하고, 1990년대 민주평화론의 전도사 역할을 했던 러세트 교수는 2001년 제자 오닐 교수와 더불어 앞서 복합적 자유주의로 소개한 칸트의 '영구평화론'을 통계자료로 검증한 저작을 출판했다(Russett and Oneal 2001). '민주국가는 평화애호적이다', '자유무역은 평화를 함양한다', '국제기구는 평화를 지킨다'라는 자유주의적 명제들은 하나로는 비판의 여지가 있으나, 함께 어울려 선순환적 상승효과를 일으킨다.

쉽게 말하면 이렇다. 산업화시대, 특히 세계화 시대에 무역 등 외국과의 경제교류로 이득을 얻는 사람들은 평화를 선호하고 전쟁을 혐오한다. 민주국가에는 이들의 목소리가 정책에 반영되어 그 나라의 외교정책이 평화적으로 된다. 각종 국제기구는 이들 정책에 한계를 부여하여 갈등의 소지를 줄이고 갈등이 발생하더라도 평화적으로 해결할 기제를 제공한다. 그리하여 민주주의, 상호의존, 국제기구는 '평화의 삼각형'을 구성하여 든든한 평화 체제를 떠받친다.

6. 새로운 자유주의

제5장에서 1980년대 현실주의 분야에서 '신현실주의'가 등장하자 그에 대항하는 자유주의적 시각의 연구를 묶어 '신자유주의'라는 이름으로 불렀다고 언급했었다. 그러나 신자유주의는 1980년대 이후 국내 정책, 특히 경제정책의 영역에서 고전적 자유주의의 부활이라는 의미로 사용되었다. 특히 1997년 아시아 금융위기의 주범으로 신자유주의가 지목되면서 국제정치학에서는 '신자유주의'라는 이름을 버리고 '신자유주의적 제도론'이라는 이름을 선택했다. 그

런데 신자유주의적 제도론이 자유주의의 이름에 맞지 않으므로 그냥 '제도론" 또는 '제도주의' (institutionalism)로 불러야 한다는 주장이 나왔다(Moravcsik 1997).

국가를 기본 단위로 보는 신자유주의 제도론은 개체주의 또는 개인주의라는 자유주의의 존재론적 전제와 맞지 않는다. 국가이익이 미리 정해졌다고 전제하고 그것을 기반으로 국제정치를 논의하면 자유주의답지 않다. 그러므로 개인과 그들로 이루어진 집단의 선호가 모종의 정치적 과정을 통해 국가이익을 구성하는 과정 등을 포함한 상향식 이론이 출발점이 돼야 한다. 그 주장의 핵심 내용이다. 주목할 만하나, 이 지점에서 굳이 자세히 소개할 필요는 없다고 생각하여 더는 논의하지 않는다.

VI. 마무리하며: '30년의 위기'?

1990년대 이후 냉전이 끝나고 세계화 시대가 전개되면서 자유주의 이론의 전성시대가 열렸다. 민주주의, 상호의존, 국제기구와 제도의 삼중구조로 완성된 자유주의 국제정치이론은 이전까지 패러다임으로서 독보적인 지위를 누리던 신현실주의에 맞서는 새로운 패러다임이 됐다. 그럼으로써 패러다임 사이의 '전쟁'이 일어났다.

필자는 학문적으로 무슨 학파로 분류되는 것이 정치적으로 보수나 진보로 분류되는 것만큼이나 싫다. 그래도 오래 국제정치학을 공부하면서 현실주의에 친숙하고 성향으로도 그에 가깝다고 인정하지 않을 수 없다. 이 장의 논의보다 앞 장의 논의가 힘이 있다고 느낀 독자가 있으면 그 때문일 것이다. 그런데 2022년 2월 24일, 러시아가 우크라이나를 그토록 노골적으로 침공할 줄은 몰랐다. 물론 전부터 전개되던 위기에 주목했으나 어떻게든 전쟁에 이르지 않고 해결되리라 예상하고 기대하고, 더 정확히 말하면 희망했다. 그래서 전쟁이 났을 때 매우 놀라고 실망했다. 왜 그랬을까?

미어샤이머 교수 같은 신현실주의자가 보기에 그것은 진즉 예정된 결과였다. 그의 주장처럼 유럽과 러시아 같은 강대국 사이에 낀 '주제'에 섣불리 핵무기를 포기한 우크라이나의 어리석은 정책의 결과였을 수 있다. 또 강대국 정치의 현실을 무시한 채 나토의 확장을 밀어붙인 미국과 서방의 오만한 정책의 결과였을 수도 있다. 그러나 미어샤이머도 그 전쟁이 2022년 2월 24일 그렇게 일어날 줄 예측하지 못했다.

돌이켜 보건대 2016년 11월, 미국 대선에서 도널드 트럼프 후보가 이길 것을 예상하지 못했다. 트럼프 현상을 분석하는 외신을 읽고, 내심 고개를 끄덕이면서도 그 결과를 예측하지는 못하여 나중에 매우 놀랐다. 언론에서 접하는 트럼프 후보의 행실이 미국이라는 나라의 대통령과는 어울리지 않아, 이런 분이 대통령이 되면 미국이, 나아가 세상이 혼란스러워진다고 생각했던 모양이다. '이런 사람이 대통령이 되면 안 된다, 안 됐으면 좋겠다, 안 될 것이다'로 이어지는 희망적 사고(wishful thinking)에 빠졌던 것이 분명하다.

우크라이나 위기를 보면서 이렇게 생각했다. 2014년 3월 러시아가 우크라이나의 크림반도를 병합한 것은 1938년 3월 나치독일이 오스트리아를 병합한 것과 닮았다. 이후 우크라이나 동부지역에 대한 러시아의 영토적 주장은 오스트리아 병합 이후 체코의 주데텐란트에 대한 나치독일의 영토적 주장과 닮았다. 2021년 이후 고조된 위기는 1938년 8월 이후의 위기에 비견할 만한 것이었다. 그때 영국의 체임벌린 수상이 히틀러의 요구를 유화하여 2차대전이 일어났다는 것이 통설이다. 바이든 대통령은 체임벌린 수상의 전철을 밟지 않고 확고한 억지 신호를 보낼 것이다. 그렇지 않으면 러시아는 구소련의 영광이라는 이름으로 우크라이나를 밟고 발트 3국 등 구소련 소속 국가에 지배권을 확대하려고 들 것이다.

문제는 거기서 끝나는 게 아니다. 러시아의 우크라이나 침공이 미국이나 국제사회의 반대 없이 무난히 성공하면 중국이 고무되어 타이완을 침공할지 모른다. 어쩌면, 북한이 고무되어 남한을 침공할지 모른다. 이런 전략적 상황을 이해하는 미국이, 백악관이, 바이든 대통령이 용인할 리가 없다. 강하게 나서 억지하든지, 아니면 적어도 대화를 통한 해결을 종용할 것이다. 그런데 바이든은 유화하지는 않았으나 용인했다. 전쟁이 일어나 우크라이나인들에게, 러시아인들에게, 세계인들에게 막심한 고통을 주고 있다.

따지고 보니, 엄밀한 과학자로서 현실을 냉철하게 읽고 분석하고 예측해야 할 처지에서 자꾸 틀리는 이유가 있다. 즉, 사건을 분석하고 예측하는 국제정치학자로서의 처지가 평화롭고 번영하는 치세 속에 살고 싶다는 평범한 시민의 처지와 소망에 밀린 것이다.

그런데 짚고 넘어가야 할 것이 또 있다. 결과적으로 틀렸던 예측, 그 예측에 영향을 준 기대와 희망이 스스로 편히 살고 후대가 잘 살기 바라는 평범한 시민의 처지와 소망에서 자연스레 발현된 것일까? 트럼프 같은 인물이 대통령이 되면 안 된다는 식의 막연한 명제에 지배됐던 것은 아닐까? 우크라이나를 보는 나의 시각조차도 모종의 명제에 세뇌된 결과는 아닐까? 그렇다면, 책을 써서 독자들과 소통하여 그들을 나름대로 교육하겠다는 지금의 노력이 허튼수작은 아닌가?

이상주의 이론은 평범한 사람의 평범한 소망을 자극하여 그들의 생각을 호도하는 사이비 종교 같은 면모가 있다. 세상이 험하고 어려워 뭔가 초월적 존재에 의지하고 싶은 생각이 강할 때면 더 그렇다. 막연한 이상향을 그려주는 이상주의와 막연한 이상향에 의존하고 싶은 사람들의 소망이 어울리는 결과가 바람직하지 않다는 것을 한 세기 전 '20년의 위기' 역사에서 봤다. 그런 역사를 되풀이하지 않으려면 근거 없는 낙관론이라는 외부의 꼬드김과 그에 안주하고 싶은 내부의 유혹을 뿌리쳐야 한다. 그런데 따지고 보면 지금의 위기는 E. H. 카가 '20년의 위기'라고 했던 시대와 닮은 점은 없는가? 지금은 혹시 '세계화 30년의 위기'의 끝물이 아닌가? 20년의 위기 끝물에 2차 대전이라는 재앙을 만났던 역사에서 어떤 교훈을 얻어야 할까?[12]

....

12 그런 관점에서 2020년 봄 국제정치학 분야 굴지의 학술지인 『한국과 국제정치』 지가 「탈냉전 30년의 조명」이라는 제목으로 신년 특집호를 기획했다. 그때 필자는 객원 편집위원으로 취지문을 썼다. 김태현·류석진(2020). 그 특집을 공동으로 편집했던 1976년 대학 신입생 시절 이후 47년 친구 서강대학교 류석진 교수가 예상치 못한 질환으로 타계한 큰 아픔이 있다. 고맙게도 성균관대학교 차태서 교수가 류 교수와 공동으로 집필했던 특집호 논문을 포함하여 『30년의 위기』 라는 제목의 저서를 냈다.

연습문제

1 자유주의 정치철학의 기본논리를 개체주의와 합리주의를 키워드로 사용하여 설명하시오.

2 '공화정 자유주의'와 민주평화론에 대해 설명하시오.

3 자유주의의 기본논리가 미국 보수주의의 기본 주장이 된 데 대해 설명하시오.

4 경제적 상호의존이 평화를 함양한다는 주장과 갈등의 씨앗이 된다는 상반된 주장에 대해 논평하시오.

5 액설로드(Robert Axelrod)가 소개한 '선의의 상호주의 전략'(Tit-For-Tat)이 이기적 행위자들의 이익을 지키고 증진하여 나아가 사회 전체의 협력을 함양하는 논리에 대해 논술하시오.

6 상호주의의 개념을 두 유형, 즉 구체적 상호주의와 포괄적 상호주의에 초점을 두고 설명하시오.

7 철학자 칸트(Immanuel Kant)가 '영구평화론'에서 주장한 '평화 삼각형'에 대해 설명하시오.

8

사회 구성주의

변환의 이론

I. 시작하며

학문 영역을 막론하고 분야를 설명하는 이론의 폭이 좁아지면 분야 자체가 좁아진다. 국제정치의 무정부적 구조와 그에서 초래된 난세와 같은 모습을 강조하는 현실주의에 매몰되면 그 외의 측면은 놓치기 쉽다. 현실주의의 그림과 다른 국제정치의 치세와 같은 모습에 주목하는 자유주의에 매몰되면 뜻밖의 전쟁이 발발하면 놀랄 때가 많다. 그래서 대안적 이론과 접근법은 성가신 동시에 고마운 존재이다. 성가신 이유는 지적 자만감에 대들기 때문이고 고마운 이유는 지적 나태함을 깨우쳐 주기 때문이다. 배우는 처지에서 대안 이론들의 존재는 시야를 넓혀주고 비판적 시각을 지켜주니 오로지 고마울 따름이다.

따지고 보면 국제정치학의 '현실주의'와 '자유주의'는 동반(同

伴)이었다. 서로 이기려고 노력하는 가운데 더불어 발전하는 좋은 경쟁자였다. 1980년대 이후 '패권 이후' 국제협력의 가능성을 놓고 벌인 소위 '신현실주의' 대 '신자유주의'(Neo- vs. Neo-) 논쟁이 좋은 예였다. 그러다가 그 논쟁조차 큰 그림에 비추어 보면 '신선놀음' 또는 '달팽이 뿔 위의 싸움', 즉 '와각지쟁'(蝸角之爭)처럼 사소한 논쟁에 지나지 않음을 깨우쳐 준 구성주의도 그런 의미에서 고마워해야 할 존재이자 동반이다. 제5장에서 소개한 E. H. 카의 표현을 빌리자면 대립하는 이론은 서로의 잘못을 교정하고 보완하는 순기능을 한다.

좋게 말해서 그렇다. 나쁘게, 심하게 말하면 지난 수십 년 동안의 국제정치이론 '논쟁'은 차라리 '전쟁' 같았다. 두 가지 이유가 있다. 하나는 학파 사이 학계의 주도권을 다투는 '정치적' 경쟁이다. 정치적 경쟁이 극에 달하면 곧 전쟁이다. 학문적 측면에서 보면 둘째가 더 심각한데, 바로 토머스 쿤이 말한 패러다임의 심리적, 철학적 효과다. 쿤에 따르면 서로 다른 이론 또는 패러다임은 철학적 전제가 서로 달라서 아예 소통이 안 된다.

1980년대 실증주의적 사회과학관에 기초한 신현실주의, 그리고 동반으로서 신자유주의 이론이 주류가 되자 그에 대한 반발로 많은 대안 이론이 등장했다. 특히 냉전의 종식이라는 파격적인 현실변화에 따라 여러 학문 분야의 이론을 원용한 다양한 국제정치이론이 등장하여 백가쟁명식 구도가 형성됐다(정진영 2000 참조). '탈-실증주의' (post-positivism), '탈-구조주의'(post-structuralism), '탈-근대주의'(post- modernism), '탈-식민주의'(post- colonialism) 등 온갖 '탈-'이론이 등장했다. 말하자면 '탈-남성주의'라고 할 수 있는 페

미니즘 이론도 있다. 각 이론은 국제정치의 같은 측면을 달리 설명하고 다른 측면을 부각한다. 중요하고 고마운 일이나, 이 책의 목적과 지면 제약을 고려하면 모두 다룰 수는 없다. 이 책은 다양한 이론에 대한 백과사전적 소개가 아니라 독자들이 국제관계의 본질을 개념화하도록 돕는 데 주된 목적이 있다.

냉철하게 말해 이들 대안 이론은 국제정치학의 주류 이론으로 부상하지 못했다. 이론적 가치에 대한 평가가 아니다. 지식사회학의 관점에서 볼 때 그렇다. 대안 이론의 주창자들은 전체로서 다수 집단을 형성하지 못했고 그들 사이에 이견이 많아 집단의 일체성도 공고하지 못했다. 대안 이론이 사용하는 언어와 철학적 전제가 기존의 주류 이론과 너무 달라 널리 전파하는 데 어려움이 컸다. 새로운 추종자가 생기려면 종교의 개종(改宗)처럼 '깨달음'이 필요할 수도 있었다.[1] 그래서 그들은 전체로 소수였다. 게다가 뒤에서 말하듯이, 대안 이론들의 철학적 전제는 본질적으로 방만하여 그들 사이에 일체성을 배양하기 어려웠다.

그런 점에서 이들 대안 이론과 친화적인 '사회 구성주의'(social constructivism)가 국제정치학의 주류 이론에 포함된 것—즉, 스스로 구성주의자를 자처하는 학자의 수가 늘어났고 교과서에 주류 이론의 하나로 소개되는 것—은 주목할 만하다. 세 가지 이유를 들 수 있다. 첫째, 여러 '탈-주의'이론들의 누적적 성과가 있었다. 그래서 이들의 도전을 1940년대 이상주의 대 자유주의 사이의 제1차 대논쟁,

....

1 오래전 미셸 푸코(Michel Foucault)의 탈근대 이론에 심취한 한 선배가 공사석에서 푸코에 대해 열변을 토했다. 내가 전혀 이해하지 못하자, 이해하려면 선승(禪僧)의 깨달음, '각'(覺)과 같은 것 필요하다며 탄식했다.

1960년대 전통주의 대 행태주의 사이의 제2차 대논쟁에 비견할 제3차 대논쟁으로 부르기도 했다(Lapid 1988; Balzacq and Baele 2014). 둘째, 냉전 종식이라는 현실의 급변과 그를 제때 인지하지 못한 데 대한 반성이 있었다. 셋째, 웬트(Alexander Wendt, 1958~)라는 걸출한 이론가가 건널 수 없을 것 같던 강에 다리를 놓아주었고 존 러기, 크라토크빌, 카첸스타인 등과 같은 중량감 있는 학자들이 가세했다(Wendt 1999; Ruggie 1998; Kratochwil 1989; Katzenstein 1996).

이 장에서는 '정치' 현실주의와 '국제' 자유주의에 대한 대안 이론으로서 '사회' 구성주의를 주로 웬트의 주장을 중심으로 소개하고 논의한다. 웬트를 비롯한 구성주의 학자들에 따르면 구성주의는 국제정치의 내용과 본질, 즉 전쟁과 평화의 문제를 다루는 '실질 이론'(substantive theory)이 아니다. 여러 이론을 평가하고 대안적 분석의 틀을 제공하는 '사회 이론'(social theory) 또는 메타이론에 해당한다. 비유적으로 말하자면 사회 구성주의는 인터넷 공간에 마련된, 기존과는 달리 새로운 알고리즘을 활용하는 플랫폼과 같다. 그 플랫폼을 채울 콘텐츠는 아직 많지 않다. 구성주의가 현실주의와 자유주의에 비견할 실질 이론으로 성장할지는 향후 그 플랫폼을 채울 콘텐츠에 달려있다. 그리고 그 콘텐츠의 양과 질은 플랫폼 자체의 튼실함에 달려있다. 이 장에서는 플랫폼을 따져본다.[2]

....

2 구성주의를 현실주의 및 자유주의와 나란히 놓고 제3의 이론으로 이해하면 본질을 놓칠 우려가 있다. '사회 이론'으로서 구성주의는 '실질 이론'으로서 현실주의 또는 자유주의와 접목하여 구성주의적 현실주의, 구성주의적 자유주의, 또는 뒤집어 현실주의적 구성주의, 자유주의적 구성주의 이론으로 발전할 여지가 있기 때문이다. 그러므로 이하에서 소개하는 신현실주의 등 주류 이론에 대한 구성주의의 비판은 현실주의의 통째로 부정하기보다 특정 측면을 비판한다고 보면 온당하다.

II. 구성주의 국제정치이론의 등장 배경

구성주의 이론은 기존의 주류 국제정치이론, 즉 신현실주의와 신자유주의의 대안 이론, 더 정확히는 비판이론이다. 그러므로 주류 이론에 대한 비판에서 출발한다. 비판의 기준은 이론의 존재론과 인식론이다. 제5장에서 애써 피했던 문제를 이 장에서 본격적으로 다룬다.

1. 케니스 왈츠: "없어서는 안 될 우리의 이론가"

제1장에서 소개한, '국제관계학이 미국의 학문'이라고 한 논문에서 스탠리 호프만 교수가 재미있는 주장을 제기했다. 호프만 교수는 원래 프랑스에서 나서 공부하고 미국에 이민했다. 그런 배경에서 온 편견일지 모르나 그는 국제관계학이 '미국의 학문'이 된 이유 중 하나가 프랑스에는 레몽 아롱(Raymond Aron, 1905~1983)이라는 대단한 학자가 국제정치 문제에도 완벽한 저서를 내서 후학이 도전할 엄두를 내지 못했으나, 미국에는 대표 학자 한스 모겐소의 저서가 유명세에 비해 허술하여 후학의 도전 의욕을 고취했기 때문이라고 했다.[3]

같은 말을 왈츠에도 적용할 수 있다. 왈츠는 이 책에서 가장 자주 언급될 정도로 유명하고 명망 높다.[4] 2011년, 2년 후 그의 타계를

....

3 Hoffmann(1977). 모겐소의 저작은 Morgenthau(1948/73)을 의미한다. 아롱의 저작은 Aron(1962/66).

4 제1장에서 분석의 차원을 논의하며, 제4장에서 국제체계를 논의하며, 제5장에서 신현실

예감하기라도 한 듯 굴지의 국제정치학자들이 모여 책을 내서 그에 헌정했다. 헌정사에 왈츠를 "없어서는 안 될 우리의 이론가"(our indispensable theorist)라고 묘사했다(Booth 2011). 실제로 1979년 그의 저작 『국제정치이론』이 출판된 후 그와 그가 대표하는 학파에 대한 비판적 논문이 쏟아졌다(Waltz 1979). 그것들을 모아 출판한 『신현실주의와 그에 대한 비판』이라는 책 또한 필독서가 됐다(Keohane 1986). 흔히 '무플'보다 '악플'이 낫다고 하듯 그럴수록 왈츠의 성가는 올라갔고 그의 저서는 국제정치학을 전공하는 대학원생이, 심지어 중견 학자들도, 성경처럼 끼고 다니는 필독서가 됐다. 그의 이론을 익히기 위해, 또 그의 이론을 비판하기 위해. 왈츠는 뛰어남 못지않게 모자람으로 인해 "없어서는 안 될 우리의 이론가"가 됐다. 물론 왈츠 한 사람이 학파를 이룬 것은 아니었다. 왈츠는 그 시대를 풍미한 국제정치학 연구의 풍조를 대표하고 또 집대성했다. 그리고 많은 후학이 그를 인용하고 따르면서 신현실주의, 나아가 20세기 국제정치학계의 대표 학자가 됐다.[5]

2. 왈츠와 신현실주의에 대한 비판

1) 존 러기

흔히 '신현실주의'라는 명칭을 바로 이어 소개하는 애슐리가 1984년 발표된 논문에서 처음 썼다고 하는데 사실은 그보다 일 년

....

주의의 등장을 논의하며, 그리고 제6장에서 현실주의의 세력균형이론을 소개하며 왈츠를 언급했다.

5 왈츠의 성과와 영향에 대해서는 이근욱(2009) 참조.

전 1983년에 나온, 서평 형식을 띤 러기(John G. Ruggie)의 논문이 먼저였다. 그 서평에서 러기는 왈츠의 구조적 현실주의가 사실은 에밀 뒤르켕(Emile Durkhein, 1858~1917)의 사회체계 개념을 차용했다고 소개했다(Ruggie 1983. Cf., Durkheim 1982). 그러나 왈츠는 몰랐거나 알아도 모른 척하며 뒤르켕을 충실히 따르지 않았고 그 결과 미완성된 이론을 남겼다고 비판했다. 그러나 왈츠의 이론을 배척하지는 않고 자신의 지적을 수용하여 "완성된 신현실주의"(neorealist synthesis)가 되길 제안했다.

러기는 왈츠의 국제체계이론을 뒤르켕의 사회체계이론에 비추어 소개한 후, 왈츠의 모델이 정태적이어서 변환(transformation)의 여지를 남기지 않았다고 비판했다. 두 가지 이유 때문이다. 첫째, 왈츠의 구조 개념이 잘못됐다. 왈츠는 (4장에서 소개한 것처럼) (1) 단위의 배열원리(ordering principle of the units), (2) 단위가 수행하는 기능에 따른 분화 또는 차별(functional differentiation among the units), (3) 단위 사이 힘의 분포 상태 (distribution of capabilities across the units) 등 3 층위(層位)로 구성된 정치구조 모델을 제시했다. 그리고 이 모델에 비추어 국내정치 구조와 국제정치 구조를 대비하고 국제정치의 독자성을 주장했다.

즉 (1) 국내정치는 위계적 구조이나 국제정치는 무정부적 구조이다; (2) 국내정치는 입법, 행정, 사법 등으로 기능이 분화돼 있으나, 국제정치는 모든 국가가 안보와 질서유지라는 같은 기능을 수행하며 분화되지 않았다; (3) 무정부는 국제정치구조의 본질이고 단위는 서로 차별되지 않으므로, 하나의 국제체계를 다른 국제체계와 구별 짓는 유일한 변수는 주로 강대국의 숫자에 따라 단극, 양극, 다극 등으로 말하는 힘의 분포 상태밖에 없다.

러기는 왈츠가 구조의 제2 층위, 즉 단위의 분화를 잘못 이해했다고 지적하고 예로서 유럽의 중세체계와 근대체계를 대비한다. 로마제국이 해체된 후 유럽의 중세체계는 무정부적 구조에서 근대체계와 다르지 않다. 그러나 단위의 분화라는 측면에서는 달랐다. 이렇게 중세와 근대를 비교하면 국제체계를 구분하는 기준으로 힘의 분포만이 아니라 기능의 분화 또한 상수가 아닌 변수가 된다.

러기가 보기에 왈츠의 잘못은 분화 또는 차별(differentiation)을 차이(difference)로 본 데 있다. 차라리 분열 또는 단절(separation)로 봐야 한다. 중세 시대 유럽에서 토지에 대한 지배권은 복잡했다. 행정권, 사법권, 경제권이 서로 다른 주체에 속하고 중첩되는 다절(多節; heteronomous) 체제였다. 그것이 근대로 이행하면서 하나로 합해져서 배타적 소유권 즉 재산권이 형성됐다. 나라의 영토에 대한 주권자의 배타적 지배권, 즉 주권도 개인 차원의 배타적 재산권의 확립과 같은 논리와 절차를 따라 확립됐다. 그러므로 중세 유럽 체계와 근대 유럽 체계는 왈츠가 말한 정치구조의 제2 층위에서도 구분할 수 있는 별개의 국제체계이다. 이렇게 볼 때 국제체계가 극 구조 외 다른 기준에 따라 변환할 수 있는 여지가 생긴다.

둘째, 왈츠가 뒤르켕이 말한 사회의 동력 개념까지 차용했더라면 변환을 수용할 여지가 커질 수 있었다. 바로 동태적 밀도(dynamic density)의 개념이다. 흔히 밀도라면 인구밀도처럼 단위 공간에 존재하는 개체의 숫자로 측정된다. 대한민국의 인구밀도는 1제곱킬로미터당 500여 명으로 세계에서 인구 1천 만이 넘는 나라 중 5위에 해당한다. 1,200명이 넘는 방글라데시가 압도적 1위이다. 그렇게 측정한 밀도는 정태적(static) 밀도이다. 동태적 밀도는 개체의 숫자뿐만 아니라 그들의 질량과 움직이는 속도를 함께 고려한다. 풍선에 열을 가하면 분자들의 움직임 활발해져 풍선이 커진다. 만일 대한민국 인구의 움직이는 양과 속도가 방글라데시의 3배라면 한국의 동태적 인구밀도는 방글라데시보다 높다. '다이내믹 코리아'(Dynamic Korea)가 한때 한국의 간판이었다. 그러나 왈츠의 정태적 모델은 그처럼 동태적 변환을 수용하지 못했고 따라서 변환의 여지를 남기지 않았다.

2) 리처드 애슐리

비교적 온건한 러기의 비판에 비해 애슐리(Richard K. Ashley)의 비판은 신랄하다. 애슐리는 1984년, 카를 포퍼가 말한 〈역사주의의 빈곤〉, E. P. 톰슨이 말한 〈이론의 빈곤〉 등 '빈곤' 시리즈를 이은 "신현실주의의 빈곤"(The Poverty of Neorealism)이라는 제목의 논문을 발표했다.[6] 이 논문에서 애슐리는 왈츠를 필두로 당시 내로라하는 이론가를 싸잡아 신현실주의자로 이름 짓고 통렬한 비판을 퍼부었다.[7]

애슐리는 신현실주의자를 국제정치학계의 두 차례 대논쟁의 승리자 집단으로 규정한다. 두 차례 대논쟁이란 1930~40년대의 '현실주의' 대 '이상주의', 1950~60년대의 '행태주의' 대 '전통주의'

....

6 Ashley(1984). '빈곤' 시리즈는 Popper(1957), Thompson(1978)을 말한다.

7 왈츠 외 애슐리가 거론한 이름은 로버트 커헤인, 로버트 길핀, 로버트 터커, 조지 모델스키, 찰스 킨들버거 등이다. 제7장에서 자유주의 국제정치이론가의 대표로 소개한 커헤인이 포함된 것이 흥미롭다.

사이의, 소위 제1차, 2차 대논쟁을 말한다. 1차대전은 현실주의의 승리로 끝났다. 2차대전은 행태주의의 승리로 끝났다. 신현실주의는 승자들의 교집합, 또는 현실주의와 행태주의의 접목이다. 애슐리가 보기에 이렇게 나타난 신현실주의는 '오류투성이'이다(an orrery of errors).

애슐리가 보는 신현실주의의 오류는 (1) 국가중심주의, (2) 공리주의, (3) 실증주의, 그리고 (4) 구조주의 등 네 가지이다. 이 네 가지는 하나하나가 모두 문제가 있으나 그들이 함께 어울리면서 더욱 큰 문제를 낳았다.

첫째, 신현실주의의 출발점은 국가중심주의(statism)이다.[8] (제1장에 쓴 것처럼) 여러 국제 행위자 중 국가가 제1차적 행위자다. 유엔 회원국만 따져서 193개의 국가가 있고 그들 사이의 차이는 개인 사이의 차이와 비교할 수 없을 정도로 크나, 유엔 총회에서 한 표씩 행사한다. (제3장에서 설명했듯이) 그럴 만한 역사적 배경이 있으므로 그 자체로서는 큰 문제가 없다. 나아가 국가중심주의는 개인과 집단의 결사체인 국가를 자체의 이익과 이성을 가진 단일한 행위자처럼 취급한다. 그 또한 그럴 만한 역사성과 논리가 있으니 일단 수용한다. 문제는 국제체계의 구조이론을 추구하면서 체계의 구성요소인 국가의 존재를 체계에 앞세우는 원자론적(atomist) 또는 개체주의적

....

8 영어단어 statism은 1978년 크래스너(Krasner 1978)가 미국처럼 다원적인 나라, 온갖 이익집단이 정책결정 과정에 개입하는 나라에도 단일하고 일관적인 국가이익이 있어 국가가 사회에 흔들리지 않는다고 주장하며 처음 쓴 단어이다. 한국처럼 국가 주도형 경제발전을 설명할 때 강성국가론, 또는 국가 통제주의로 번역되기도 한다. 여기서는 국가중심주의(state-centrism)가 옳은 번역이다.

(individualist) 존재론이다.

둘째, 공리주의는 영어 utilitarianism의 번역어이다.[9] 이 용어는 제러미 벤담(Jeremy Bentham, 1748~1832)이나 존 스튜어트 밀(John Stuart Mill, 1806~1873) 등의 도덕철학을 이르는 말이나, 애슐리는 효용 계산이라는 좁은 의미의 합리성, 도구적 또는 기계적 합리성을 이용하는 분석 방법이라는 뜻으로 사용한다. 곧 (제7장이 아니라) 제5장에서 논의한 합리주의와 거의 같은 뜻이다. 합리성이란 행동과 사고가 이성의 기준에 부합하는 정도를 말하는데 이성의 의미를 어떻게 규정하는지에 따라 합리성의 의미도 달라진다. (제7장에서 봤듯이) 원래 이성이라면 도덕적 기준을 포함하나, 도구적 합리성은 도덕을 제외하고 효용만 따진다. 그러므로 많은 인구가 굶주리는데 핵무기 개발에 한 푼이 아쉬운 외화를 쏟아붓는 북한 정권의 정책도 정권 유지라는 목표를 위해서는 합리적이다.

셋째, 실증주의는 제5장에서 논의했듯이 사회과학을 자연과학처럼 연구하려는 방법론적 경향이다. 이 주장에 따르면 과학은 외부에 존재하는 사물을 연구자가 분석하여 '객관적'인 지식을 추구한다. 이러한 과학관이 사회과학에 적용되면 적어도 두 가지 문제가 발생한다. 하나는 연구자의 주관이 연구에 반영되어 객관성을 확보하지 못할 가능성이다. 다른 하나는 연구자 자신도 연구 대상인 사회의 일원인 사회과학의 본질을 극복하는 문제이다.

넷째, 구조주의는 언어학, 인류학 등에서 개발되어 사회과학에

....

9 공리주의의 공리(功利)는 개인의 공명과 이익이라는 뜻이지 공공(公共)의 이익이라는 뜻이 아니다. 그 영어 표현 utility는 경제학에서 효용(效用)이라고 표현된다.

널리 적용되는 이론으로 왈츠가 국제정치의 구조이론을 표방하고 자신의 이론을 구조적 현실주의로 부른 것에는 이의가 없다. 그러나 그가 생각하는 구조는 잘못이다. "전체는 부분의 합보다 크다"라는 명제는 아리스토텔레스만큼이나 오래됐으나 그가 보는 구조에는 창발(創發)의 여지가 없다. 신현실주의가 가진 개체주의적 존재론에는 구조가 발을 디딜 틈이 없다. 체계의 구조를 국가 사이 (권력도 세력도 아닌) 능력의 분포로만 보는 그의 존재론은 또한 물질론 또는 유물론(materialism)이다.

제7장에서 자유주의 정치사상이 근대사상의 특징인 개체주의와 합리주의의 결합이라고 했다. 그렇다면 신현실주의와 신자유주의는 다를 바가 없다. 그래서 제5장에서 '신현실주의 대 신자유주의'(Neo- vs. Neo-) 논쟁은 패러다임 '사이'(inter-)의 논쟁이 아니라 패러다임 '내부'(intra-)의 논쟁이라고 했다.

요컨대 왈츠의 이론을 비롯한 신현실주의 (그리고 신자유주의) 이론은 역사를 무시한 몰(沒)역사적(ahistorical), 정치에서 빠질 수 없는 도덕의 문제를 제외한 몰(沒)도덕적(amoral) 이론이다. 그들이 그린 국제정치체계의 모습은 시간이 빠져서 (동태적이 아니라) 정태적이며 공간마저 부실하여 (입체적이 아니라) 평면적이다. 나아가 그 존재론적 전제는 총체주의가 아니라 개체주의이며, 동시에 관념론과 다른 물질론이다. 그들의 인식론은 합리주의와 실증주의이다. 개체주의적 존재론은 합리주의적 인식론과 무관하지 않다. 물질론적 존재론은 실증주의적 인식론과 무관하지 않다. 그래서 제5장에서 애써 피한 인식론과 존재론이라는 어렵고 껄끄러운 문제를 재론하지 않을 수 없다.

3. 인식론과 존재론의 재고찰

제5장에서 간략히 언급했듯이 인식론은 지식에 관한 철학이다. 지식은 현실적으로 유용하다. 물이 끓는다는 지식을 활용하여 음식을 익혀 먹고 끓는 물은 뜨겁다는 지식을 활용하여 화상을 피한다. 삼각함수를 활용하면 맑은 날 그림자의 길이와 각도를 재어 올라갈 수 없는 나무의 높이를 알 수 있고 건축에 필요한 나무를 고를 수 있다. 그러한 지식을 어떻게 얻는지, 나아가 안다는 것이 진정 무엇인지를 따지는 철학이 인식론이다.

근대 서양철학에 대체로 두 가지 학설이 등장했다. 하나는 보고 듣고 맛보고 냄새 맡고 만져보는 등 감각기관을 통해 얻는 '경험적' 지식을 강조하는 '경험론'(empiricism)이다. 프랜시스 베이컨(Francis Bacon, 1561~1626) 이래 영국에서 강했다. 다른 하나는 경험과 무관하게 '참'으로 존재하고 인간에 고유한 이성으로 발굴하는 수학이나 기하학과 같은, 선험적 지식을 강조하는 '합리론'(rationalism)이다. 르네 데카르트(René Descartes, 1596~1650) 이래 프랑스와 독일 같은 대륙 유럽에서 강했다.

앞 장에서 국제 자유주의를 완성한 철학자로 소개한 독일의 철학자 임마누엘 칸트(Immanuel Kant, 1724~1804)가 불후의 명저 『순수이성비판』(*The Critique of Pure Reason*)에서 두 가지 인식론을 통합했다.

쉽게 말하자면 인식의 주체(subject)와 객체(object)가 있을 때 객체가 주체의 심상에 남긴 영상이 지식이다. 누구나 같은 영상을 가지니 '객관적'(objective) 지식이다. 이 같은 인식 모델에 따르면 주체는 객체의 영상이 투사되는 화면처럼 소극적 존재이다. 칸트는 객체와 주체를 뒤집었다. 즉 지식이란 객체가 주체에 와 닫기보다 주체가 객체로부터 가져오기 때문에 주체의 의지가 크게 작용하는 '주관적'(subjective) 지식이다. 지식의 근원이 객체가 아니라 주체라는 주장은 마치 태양이 지구를 돈다는 천동설을 부정하고 지구가 태양을 돈다는 지동설을 주창한 코페르니쿠스처럼 획기적인 사고의 전환이었다. 그리고 객체는 주체가 구성함으로써 존재를 획득한다. 구성주의라는 말의 근원이 여기에 있다.[10] 그리고 바로 이 점에서 인식론이 존재론으로 발전했다.

즉, 물질이 세상을 이룬다는 유물론 또는 물질론에 대항하여 마음이 빚어내는 관념이 세상을 구성한다는 유심론 또는 관념론(idealism)이 독일철학의 주류로 등장했다. 피히테(Johann G. Fichte; 1762~1814), 셸링(Friedrich W. J. Schelling, 1775~1854), 헤겔(Georg W. F. Hegel, 1770~1831) 등 대단한 철학자들이 관념론을 천착하여 대단한 업적을 남겼다. 그들에 따르면 인간의 사유 능력은 무한하다. 초인이 될 수도 있다. "있으라"라고 하여 천지를 창조한 하느님의 능력에 버금간다. 불교 화엄경에서 말한 일체유심조(一切唯心造), 즉 '모든 것이 오로지 마음이 지어낸다'라는 원리와도 닮은 점이 있다. 극단에 이르면 관념론에는 인식론과 존재론의 구분이 없다. 과학이 아니라 철학, 어쩌면 종교이기 때문이다.

관념론의 영어 표현 idealism은 제5장에서 논의한 이상주의와

....

10 국제정치이론으로서 구성주의라는 용어는 니콜라스 오너프가 처음 사용했다. Onuf (1989).

같다. 영어단어의 포괄성을 보여주는 동시에 두 용례 사이의 관련성을 보여주기도 한다. 제5장에 소개한 E. H. 카의 말에 따르면 인간의 무한한 상상력에 기초한 이상주의는 헤프다. 관념론도 마찬가지로 헤프다. 고삐 풀린 송아지와 같다. 어디로 뛸지 모른다. 때로는 위험하다. 카가 좋아한 동시대 철학자 버트런드 러셀은 다음과 같은 말을 남겼다.

> 헤겔류의 관념론적 철학은 나치즘이나 공산주의처럼 권위적 정치체제를 낳았고 로크와 같은 경험론적 철학은 자유민주주의 정치체제를 낳았다.[11]

앞서 소개한 애슐리의 비판처럼 1980년대 이후 신현실주의/신자유주의 등 국제정치 주류 이론에 대한 대안으로 등장한 이론들은 주류 이론의 실증주의적 인식론을 비판하여 탈실증주의(post-positivism)라고 불린다. 이들 '탈-' 이론은 정도의 차이가 있으나 대체로 관념론의 전통에 선다. 관념론에는 한계가 없으니 이들 '탈-' 이론은 방만하고 그래서 학파를 형성하지 못했다.

제5장에서 또한 E. H. 카의 표현을 빌려 이상주의의 헤픔이 지나쳐서 독이 되면 현실주의가 해독제고 현실주의의 메마름이 지나쳐 병이 나면 이상주의가 약이라고 했다. 국제정치학의 주류 이론, 신현실주의와 신자유주의는 '과학성'에 집착하고 실증주의/합리주의에 골두하여 메말랐다. 국제정치의 주요 현상이 물화/물상화(reifi-

11 Wright(1952), 각주 1번에서 재인용.

cation)하고 관념적 요소는 배제됐다. 국제정치학의 여러 '탈-' 이론은 신현실주의/신자유주의 주류 이론의 메마름을 치료하는 약으로 제시됐다. 앞서 소개한 애슐리의 비판이 좋은 예다. 애슐리는 위르겐 하버마스의 비판이론, P. E. 톰슨의 탈구조주의, 미셸 푸코의 탈근대주의 등을 국제정치학으로 끌고 왔다.

그런데 관념론에 치우치면 경험적 학문, 즉 과학으로서 국제정치학의 존재를 부정할 위험이 있다. 물질론의 메마름이 병이 되듯이, 관념론의 헤픔/방만함이 독이 될 수도 있다. 그에 대한 경고는 동서양에서 찾아볼 수 있다. 관념론의 초석을 낳은 칸트는 "내용 없는 사유는 공허하고 개념 없는 직관은 맹목적"이라고 했다(Kant 1765/1998, 193-194).[12] 그보다 2천 년 이상 앞서 춘추시대 중국의 공자도 "사유 없는 배움은 공허하고 배움 없는 사유는 위태롭다"(學而不思則罔 思而不學則殆)라고 했다. 그래서 칸트는 고삐 풀린 송아지에 애써 고삐를 채우고 '물 자체'(*das Ding an sich*)라는 말뚝에 묶었다. 웬트가 '과학적 실재론'(scientific realism)을 국제정치학으로 끌고 온 이유가 바로 그 때문이다. 그래도 말뚝이 부실하거나 고삐가 약하면 관념론이라는 '송아지'가 언제 달아날지 모를 위험은 여전하다. 탈근대(post-modern) 구성주의 또는 "두꺼운"(thick) 구성주의가 그렇다. 비교적 고삐가 튼튼하면 근대(modern) 구성주의 또는 "얇은"(thin) 구성주의라 불린다. 앞서 신현실주의의 비판과 관련하여 소개한 애슐리는 두꺼운, 러기는 얇은 구성주의자이다.

....

12 "Thoughts without contents are empty, and intuition without concept are blind." Kant(1765/1998, 193-194).

III. 사회 구성주의의 주요 개념

왈츠의 주저 『국제정치이론』(*Theory of International Politics*)은 제목이 잘못됐다. 수식어를 붙여 〈국제정치의 '경제'이론〉(Economic Theory of International Politics)이라는 제목이 더 정확하다. 그의 존재론과 인식론, 논리를 전개하는 방식, 심지어 시장에의 비유는 모두 미시경제학에서 빌려왔다. 웬트도 그 점을 의식한 듯하다. 그래서 자신의 주저에 『국제정치의 '사회'이론』(*Social Theory of International Politics*)이라는 제목을 붙였다. 그리고 개념과 논리를 주로 사회학 또는 넓은 의미의 사회 이론에서 빌려왔다. 그리고 자신의 이론을 국제정치의 내용을 다루는 '실질(substantive) 이론'이 아니라 그 이론들을 논의하는 '사회(social) 이론'이라고 한다.

국제정치론으로서 구성주의는 기존 주류 이론 신현실주의 및 신자유주의가 전제하는 개체주의적 존재론과 달리 총체주의적 존재론에서 출발한다. 그럼으로써 관념론적 존재론과 성찰주의적 인식론으로 이어진다. 어떻게 그런지 따져보자.

1. 총체주의와 사회적 사실

개체주의의 반대개념으로서 총체주의(holism)는 개인의 집합체인 사회에 주목한다. 그런데 전체가 부분의 합 이상이듯 사회는 개인의 단순 집합보다 크다. 시쳇말로 '플러스알파'가 있다. 사람들이 어울리면서 '사회적 사실'(social facts)이 발생하기 때문이다. 친구가 되고 동료가 되고 경쟁자가 되고 적이 되는 '사실'은 홀로 있을 때는 발생하지 않는다. 가정이나 마을, 학교 등도 사회적 사실이다. 그것이 사회 전체에 적용될 때 사회학 연구의 주된 대상이 된다. 달리 말하자면 사회적 사실은 개인으로 구성된 사회가 개인의 단순 집합보다 클 때 그 차이를 채우는 '알파'에 해당한다. 각종 제도가 사회적 사실의 가장 좋은 예다. 더 넓게는 문화가 있다. 현대 사회학의 아버지로 불리는 뒤르켐(Durkheim, 1895/1982)의 주장이다.

사회적 사실에는 유형과 무형이 있다. 법전(法典)에 실린 법률은 유형이고 그 바탕이 되는 도덕률은 무형이다. 유, 무형을 불문하고 이들은 개인의 행동을 규율한다. 사회적 사실이 어떻게 생성되는지 그것들이 개인의 행동을 어떻게 규율하는지는 사회학뿐만 아니라 심리학, 경제학, 정치학, 법학 등 사회과학 전 분야의 연구주제이니 여기서 다루기에는 너무 크고 많다. 우리의 관심은 무형의 사회적 사실이 과연 존재하는지의 존재론적 질문, 그리고 있다면 어떻게 아는지의 인식론적 문제에 있다. 나아가 개인과 그들의 집합인 사회를 대상으로 개발된 이 같은 개념들이 국가와 국제사회를 대상으로 하는 국제관계학에서 어떻게 작용하는지, 그리고 어떻게 연구할지에 있다.

2. 상호주관과 관념의 인과적 설명력

무형의 사회적 사실은 모든 혹은 대부분 사람이 "있다"라고 믿고 말하면 존재하고 그들이 "이렇다"라고 묘사하면 형상과 속성을 갖추고 "좋다"거나 "옳다"라고 생각하면 행동을 규율한다. 그것을 상호주관(inter-subjectivity)이라고 한다. 간(間)주관으로 번역하기도 한다. 객관과 주관의 절충인 셈인데, 말하자면 이런 식이다. 한 사람의 생각 또는 관념은 주관적이다. 여러 사람의 관념이라고 해서 감히 객관적이라고는 못한다. 단지 상호주관적이다. 상호주관을 통해 도덕이나 문화처럼 형태가 없는 관념적 요소가 형태를 갖추고 행동에 영향을 준다. 그 형태를 밝히고 행동에 영향을 주는 방식을 찾는 일이 현대 사회과학의 한, 큰 과제이다. 구성주의 국제정치이론은 그것을 국가로 구성된 국제사회의 차원에 적용한다. 어려울 수밖에 없다.

뒤르켕과 더불어 현대 사회학의 창시자로 추앙받는 막스 베버가 관념으로 행동을 설명하는 모델을 제시했다. 설명이라기보다 이해 또는 해석에 가까운 방식(*Verstehen*)이다. 세 단계로 진행된다. 첫째는 제2자가 행위자의 처지에서 공감(共感; empathy)하는 것이다. "그래, 나라도 그랬을 것이야"라고 고개를 끄덕인다. 둘째는 그 범위를 넓혀 "너와 나뿐만 아니라 우리가 아는 누구라도 그랬을 거야"라고 하는 단계이다. 셋째는 "우리가 모르더라도, 사람이라면 누구나 그랬을 거야"라고 하는 단계이다(Ruggie 1998, 220-221). "(우리가 아는) 사람이라면 누구나 그랬을 거야"라고 믿는 이유는 주어진 상황에서 효용을 극대화하는 합리적인 사람을 염두에 둔 것이 아니다. 우리 동네에서는 누구나 그랬다는 관습과 전통에 비추어 그랬을 수도 있다. "사람이라면 누구나 그랬을 거야"라고 생각할 때는 사람이라면 마땅히 해야 할 도리에 대한 공감일 수도 있다.[13] 그런 공감은

....

13 이런 관점에서 최고의 저작은 최정운(1999) 교수가 한 5·18에 대한 설명이다. 그는 어떻게 광주의 시민군이 예비군 훈련용 구식 소총으로 잘 무장되고 훈련된 공수부대 병력에 맞설 용기를 냈는지, 그리고 그들이 어떻게 사흘 동안 '절대 공동체'를 유지했는지를

공유하는 문화나 규범에서 생성된다. 또 그런 공감이 쌓여 공감대가 되고 확산하여 문화나 규범을 형성하는 반대 방향의 흐름도 있다. 이렇게 하여 문화와 규범처럼 무형의 사회적 사실, 또는 관념적 요소는 사람의 행동을 결정하는 인과적 변수가 된다.

3. 구조와 행위자

사회학은 개체주의적 존재론에 기초한 미시경제학과 달리 총체주의적 존재론에서 출발했다. 그러므로 사회 전체를 보는 준거 틀로서 체계의 개념을 도입하고 체계를 지지하는 얼개로서 구조를 염두에 둔 것은 자연스러운 사고의 흐름이었다. 국제정치의 체계이론을 지향한 왈츠는 국제정치 '구조'에 착안했으나 개체주의적, 물질론적 존재론에 따른 한계를 드러냈다. 사회적 사실로서 구조를 생각하지 못해 시장을 체계의 예로 들고 시장을 지배하는 기업의 숫자를 구조로 보아 독점과 복점, 과점에 해당하는 단극, 양극, 다극을 국제체계의 구조로 보았다. 그렇게 하여 왈츠의 체계와 구조는 물상화, 즉 관념이 아니라 물질로 규정되었다.

나아가 구조는 행위자가 처한 상황을 규정하고 선택지를 제약하는 방식으로 행동에 영향을 준다. 즉, 구조는 '주어진 상황'을 규정하여 선택지를 제약하고,[14] 행위자는 그 속에서 이익을 극대화하

....

'인간다움', 즉 인간으로서 기본적 정체성으로 탁월하게 설명한다. 이 책이 초판 발행 이후 25년간 베스트셀러인 이유가 있다. 역사적 사실의 설명뿐만 아니라 사회과학 방법론을 위해서도 읽어야 할 책이다.

14 굳이 예를 들자면 단극, 양극, 다극 구조에서 국가들의 동맹 선택지는 달라지지 않을 수

려고 여러 대안을 비용과 수익의 관점에서 비교하여 최선의 대안을 택한다. 그렇게 구조는 행위자의 행동을 규정한다.

이 같은 행동 설명 모델은 두 가지 점에서 문제가 있다. 첫째, 구조가 어떻게 생성되는지 그리고 행위자의 이익이 어디서 기인하는지에 대한 설명이 없다. 구조와 이익은 이론의 설명 대상에 포함되지 않고 외생적(exogenous)으로 주어졌다고 가정할 따름이다. 제대로 된 이론이라면 구조와 이익 또한 이론이 설명하는 내생적(endogenous) 변수라야 마땅하다. 둘째, 첫째 문제의 당연한 귀결이지만, 인과적 흐름이 일방적이다. 구조가 행동을 제약할 뿐 행동이 구조에 영향을 주지 않는다. 다시 말해 행동의 결과로서 구조가 창발하는 과정을 그리지 않거나 못한다.

1) 구조는 '사회적으로 구성'된다

웬트는 구조 → 행동의 일방적 인과관계를 바로잡으려고 사회학의 구조화(structuration)이론을 소개하고 "무정부는 국가가 만든다"라는 환상적인 제목의 논문에서 국제정치에 적용했다(Wendt 1987; 1992). 사실 이 제목은 시쳇말로 어그로(aggro), 즉 시선을 끌기 위해 과장한 측면이 있다. 그 내용은 "권력정치의 사회적 구성"(the social construction of power politics)이라는 부제가 더 정확하게 대표한다. 웬트는 국제사회의 무정부적 구조에서 권력정치라는 행위 패턴이 당연히 도출된다고 생각하는 현실주의의 전제에 도전한다. 현실주의의 그 같은 생각은 (제4장에서 소개한) 토머스 홉스의 '자연

....

없다.

상태론'(the state of nature)을 그대로 수용했을 따름이다. (제6장에서 소개한) 장-자크 루소의 자연 상태론을 수용했더라면 다른 상상력이 발휘될 수 있었다.

자연 상태에서 홀로 떠돌던 인간, 자아가 처음으로 다른 인간, 타자를 만났을 때 경계하며 주먹부터 쥐는 게 자연스러운가? 미소 지으며 반가워하거나, 최소한 고개를 갸우뚱거리면 궁금해하지 않았을까? 최초의 느낌과 그 느낌을 표출하는 방식, 그 방식에 대한 타자의 인식과 반응이 어울려 최초 만남의 성격을 규정한다. 그로부터 시간이 흐르고 경험이 축적되면서 경로의존성(path dependence)의 논리, 즉 지나온 경로가 향후 경로를 좌우하는 방식에 따라 권력정치의 현실과 논리가 고착됐을 수 있다. 그리고 누구도 의도하지 않은 결과일 수도 있다.

웬트는 공부가 넓고 깊어, 스스로 인정하듯이, 말이 어렵다.[15] 앞서 공부한 내용을 바탕으로 쉽게 풀어보자. '안보딜레마'에 대한 로버트 저비스의 설명은 구성주의가 뜨기 전에 쓰였지만, 구성주의적 설명과 부합한다(Jervis 1976). 달리 말해 근대 국제정치의 큰 특징의 하나인 안보딜레마는 국가들이 상호작용을 통해 빚어낸 사회적 사실이자 '구조'이다. 또 세력균형을 하나의 제도로 보는 영국학파의 설명 또한 구성주의식이다. 안보딜레마와 세력균형은 모두 '사회적으로 구성'됐다. 웬트의 주장과 이론이 새롭지 않다고 평가절하하는 말이 아니다. 웬트 덕에 안보딜레마와 세력균형과 같은 중요한

....

15 1999년 저서에서 웬트는 1987년 논문에 대해 당시 선배 학자 제임스 카포라소(James Caporaso)가 이렇게 평했다고 전한다. "여기에 일상어로 표현하지 못할 정도로 심오한 내용은 없다."(Wendt 1999, xiii; cf. Wendt 1987).

국제정치 현상을 새롭게 인식하는 시야가 생겼다.

2) 정체성과 국가이익

앞서 소개했듯이 애슐리는 (신자유주의를 포함한) 신현실주의의 존재론적 전제가 개체주의적인 동시에 원자론(atomism)이라고 했다. 원자(原子)는 원래 더 쪼갤 수 없다는 뜻이다. 신현실주의가 보는 국가가 그렇다. 국가의 존재는 원래 주어진 것이고 국가이익도 외생적으로 주어졌다고 전제한다. 제7장에서 간단히 언급한 모라브칙의 '새로운 자유주의'가 그 같은 전제에 도전하여 국가이익이 생성되는 국내적 과정을 그리고자 했다(Moravcsik 1997). 반면 웬트는 사회심리학자 미드(George H. Mead, 1863~1931)의 연구에서 영감을 얻어 국가이익은 국가정체성에서 나오고 정체성은 사회적으로 구성된다고 했다(Wendt 1994; cf. Mead 1934).

구성주의의 비판에 따르면 신현실주의는 행동을 행위자가 구조적으로 제약된 환경 속에서 주어진 이익을 극대화하려는 도구적인 계산과 선택 과정의 결과라고 본다. 그 이익이 무엇인지, 어디서 나오는지를 따지지 않는다고 비판한다. 그런데 깊게 생각하면 신현실주의자들도 그 점을 염두에 둔다. 다만 따지지 않을 뿐이다.

생각건대 이익은 욕망에서 나온다. 모겐소는 생존욕과 번식욕, 지배욕 등 세 가지를 인간의 기본적 욕망으로 들었다. 동양에서는 식욕, 수면욕, 색욕, 재물욕, 명예욕, 권력욕 등 여섯 가지 욕망을 든다. 이 두 가지 전통은 물론 같다. 식욕과 수면욕은 생존욕에서 나온다. 색욕은 번식욕에서 유래한다. 이들은 모든 생명체의 원초적 욕구이다. 명예욕과 권력욕은 사회 속에서 정의되는, 말하자면 사회적 욕구이다. 재물욕은 원초적 욕구와 사회적 욕구 사이에 양다리를 걸치지 않았을까?

경제학에서 보는 이익은 주로 재물욕과 관련 있다. 모든 정치를 권력투쟁으로 보는 모겐소는 국가이익을 권력욕 또는 지배욕의 관점에서 정의했다. 그런 모겐소를 신현실주의자들은 '인간 본성 현실주의자'(Human Nature Realist)로 부른다(Mearsheimer 2001). 그런데 왈츠와 미어샤이머 등 신현실주의자는 국가의 행동 동기로 국제 무정부에서 초래된 안보 위협과 그로 인한 두려움을 꼽는다. 그들이 보는 이익은 생존욕에서 비롯된다. 그렇다면 그들도 결국 '인간 본성 현실주의자'이다. 인간과 사회를 공부하면서 누구도 인간 본성을 무시할 수 없고, 무시해서도 안 된다.

정체성은 명예욕, 또는 헤겔이 말한 인정욕구와 관련이 있다. 제3장에서 논의했듯이 사람은 누구나 정체성에 대한 욕구가 있다. 본연의 자신이 무엇인지를 묻는 본원적 정체성(corporate/intrinsic identity)과 다른 사람과의 관계에서 정의되는 사회적 정체성(social identity)이 있다. 필자는 교수로서의 정체성이 있고 우리 집을 지은 분은 목수로서의 정체성이 있다. 그리고 그 사회적 정체성에 따라 이익도 달리 규정된다. 필자는 좋은 책을 쓰는 데 관심이 있다. 그는 좋은 집을 쓰는 데 관심이 있다. 물론 그리하여 유명해지고 싶은 명예욕, 책을 많이 팔고 집을 많이 지어 돈을 많이 벌고 싶은 재물욕은 공통이겠으나, 필자는 교수질, 그는 목수질처럼 다른 일을 한다.

사회적 정체성에는 소속된 집단의 일원으로서의 집단 정체성(collective identity)이 포함된다. 자신이 속한 나라의 일원으로서 정체성은 민족 또는 국민정체성(national identity)이다. 정체성은 강하고 약한 양적인 측면과 자신과 자신이 속한 집단의 모습이라는 질적인 측면이 있다. 그리고 그 모습도 남 앞에 자랑스럽거나 남 보기 부끄러운 가치 평가적 측면이 있고 더 자랑스럽거나 덜 부끄러운 양적인 측면도 있다.

제3장에서, 오늘날 현실적으로 여러 집단 정체성 중 '국민정체성'이 범위에서 가장 크고 강도에서 가장 강하다고 인정하며 블룸이 제기한 '국민정체성 동학'이론을 소개했다. 그리고 그에 비추어 2002년의 반미 촛불시위, 2016년의 탄핵 촛불시위 등 한국에서 일어난 정치적 현상을 설명했다(Bloom 1990; cf., 김태현 2004).

그런데 웬트는 정체성 이론을 확장하여 국민국가(nation-state)를 뛰어넘는 국제국가(international state)의 등장을 점쳤다. 간단한 논리이다. 사람들이 국가 위에 존재하는, 혹은 개별국가를 포괄하는 국제 집단, 즉 국제국가에 대한 집단 정체성을 함양하고, 그것이 국민정체성보다 강하면 된다. 경제, 사회, 문화 등 여러 측면에서 세계가 하나로 통합되는 세계화 시대에 그것을 위한 조건은 무르익었다. 유럽연합과 같은 선례도 있다(Wendt 1994).

그러나 웬트는 너무 앞서갔다. 사회적 정체성은 타자의 존재를 전제로 하는 사회적 사실이다. 지구인의 정체성을 함양하려면 외계인을 만나야 한다(Mercer 1995). 지금의 세계는, 집단 정체성이 밖으로 확장하는 대신 안으로 오그라들면서 '부족주의적' 진영정치가 만연해졌다. 영국이 탈퇴하는 등 유럽연합이 흔들렸다. 러시아의 우크라이나 침공으로 유럽연합이 재결집하겠지만, 웬트가 내다본 정도는 아닐 것이다.

3) 규범과 문화

제2장에서 이야기했듯이 권력은 본질적으로 부도덕하고, 그래서 정치와 도덕은 분리될 수 없다. 제6장에서 국제'정치'는 그에 대한 예외라고 주장하면서 변명처럼 등장한 용어가 '현실정치'(*Realpolitik*)이며 현실주의 국제정치이론은 그에 뿌리를 둔다고 했다. 그래서 국제정치학 연구에서 도덕에 관한 논의에 족쇄가 씌워졌다. 이후 '신'현실주의가 등장하면서 국제정치에서 도덕과 규범에 관한 논의에 또 하나의 족쇄가 걸렸다. 신현실주의의 물질론적 존재론은 도덕이라는 무형적 관념 요소를 수용할 수 없었기 때문이다. 전쟁을 막겠다는 도덕적 신념으로 출발했던 자유주의 이론도 '신'자유주의로 전개되면서 같은 족쇄가 채워졌다. 관념론적 구성주의의 등장으로 적어도 두 번째 족쇄는 느슨해졌다.

나아가 구성주의자들은 애써 첫 번째 족쇄를 풀려고, 즉 도덕의 문제를 국제정치에 도입하려고 노력했다. 현실주의 '대' 자유주의 싸움에서 구성주의가 자유주의의 손을 든 것처럼 보이는 이유가 그 때문이다. 구성주의자의 눈으로 보면 규범이 보인다. 19세기의 노예 해방, 20세기의 식민지 해방, 화학무기 및 핵무기 무기의 사용금지 등이 모두 국제적 규범이 국가의 정책에 영향을 미친 사례이다(Finnemore 1996).

그렇다면 규범은 어떻게 생겨나서 어떻게 행동을 규율하는가? 쉽게 말하자면 규범과 도덕은 상호주관적으로 생성되고 존재한다. 엄밀한 의미에서 규범과 도덕은 같은 것이 아니다. '행동의 표준'으로서 규범은 반드시 도덕적 고려에서 생성되는 것은 아니기 때문이다. 가치가 포함되어 다들 "옳다"고 생각하면 도덕률이 된다.

규범은 세 가지 방식으로 행동을 규율한다. 첫째, 성장하며 습득한 규범을 무의식적으로 추종한다. 둘째, 남들의 비난을 피하려고 소극적으로 따른다. 셋째, 남들의 인정을 받고자 적극적으로 행동한다. 규범의 내용이 어떻게 구성되는지는 사회마다 다를 수 있다. 그래도 그 최소한의 도덕률을 규정하려고 동서고금의 철학자들이 노력하고 각종 종교가 가르쳤다. 그 내용이 실천하기 어렵거나 구성원 사이에 이견이 많을 때, 나아가 그것을 어긴 결과가 엄중할 때 국가가 법률로 정하고 처벌 규정을 두어 강제한다.

국제사회의 경우 그 내용을 법률로 정할 주체가 없고 특히 처벌할 강제력이 없다. 국제정치학이 규범을 등한시하게 만든 세 번째 족쇄이다. 어쩌면 더 중요한, 네 번째 족쇄도 있다. 바로 규범의 문화의존성과 문화의 상대성이다. 즉, 규범은 문화에 포함되고 문화는 사회마다 다르다. 문화는 사회가 자연과 소통하는 과정에서 생성되는데 자연조건이 사회마다 다를 수 있기 때문이다. 따라서 국가들이 공유하는 규범의 범위는 좁을 수밖에 없다.

어쨌거나 구성주의 국제정치이론이 신현실주의의 물질론적 존재론의 제약을 깨뜨린 이상 정체성과 규범에 이어 문화도 국제정치학 연구의 대상이 될 여지가 생겼다. 국제사회가 문화의 국가적 상대성을 극복하고 체계 차원의 문화를 형성할 수 있을까? 이 질문에 대한 대답이 국제정치 변환을 논의할 중요한 고리가 된다. 다음 절에서 따져보기로 하고 그 전에 구성주의식 접근법의 위험성을 짚어보자.

4. 상호주관의 허구성과 비판이론

상호주관을 통한 사회적 사실의 구성이라는 생각은 물질론적 존재론과 실증주의적 인식론에 따른 현대 사회과학의 편협성을 교정하는 중요한 역할을 했다. 그런데 그 같은 긍정적 평가는 상대적이다. 즉 관념론적 사회과학의 장점은 물질론적 사회과학의 약점에 비추어 볼 때 두드러진다. 그 자체만으로 봤을 때는 약점도 있고 그에 따른 위험성도 있다.

단도직입적으로 따져보자. 상호주관적 지식이 과연 '참'인가? 동서고금의 경구(警句)가 아닐 수도 있다고 말한다. 일단 세 가지 예가 생각난다. 첫째, 중국 고전 〈전국책〉(戰國策)에 나오는 "삼인성호"(三人成虎)라는 고사성어가 있다. "삼인성시호"(三人成市虎)라고도 쓰는데 세 사람이 입을 모으면 저잣거리에 호랑이가 배회한다는 거짓말도 참말로 들린다는 이야기다.

둘째, 덴마크 출신 굴지의 동화작가 안데르센(Hans Christian Andersen, 1805~1875)이 쓰고 우리 교과서에도 수록된 〈벌거벗은 임금님〉 이야기다. 두 명의 사기꾼이 절대권력자의 교만과 허영심, 그리고 군중의 자격지심과 군중심리를 절묘하게 이용한 이야기이다. 세상에서 가장 아름다운, 게다가 자격 없는 사람 눈에는 보이지 않는 신비한 옷에 관한 이야기는 남에게 뻐기고 싶은 권력자의 심리와 남의 비웃음을 두려워하는 군중의 심리를 자극한다. 보이지는 않으나 비웃음을 살까 두려워 드러내놓고 말하지 못한다. 그러다가 모두 세상에서 가장 아름다운 옷이 실제로 있어 남들은 다 보는데 자신만 못 본다고 생각한다. 그 결과 실제로는 없는 옷이 생겼다. 구성주의자들이 좋아하는 "현실의 사회적 구성"의 좋은 사례이다.

셋째, 더 극적인 이야기가 있다. 1997년 할리우드 영화 〈웩더독〉(Wag the Dog) 이야기다. 재선을 앞두고 스캔들로 위기에 처한 미국 대통령을 위해 정치 공작자 콘래드 브린(로버트 드 니로 분)과 영화 제작자 스탠리 못스(더스틴 호프만 분)가 사회적 공간에 전쟁과 전쟁 영웅을 제작하고 연출하는 이야기다. 이들의 공작과 제작으로 국민은 가상의 전쟁에 흥분하고 가공의 영웅으로 열광한다. 웩더독, 즉 개가 꼬리를 흔들지 않고 꼬리가 개를 흔든다는 이 영화의 제목은 주객전도로 번역되어 금융시장에서는 선물시장이 현물시장을 좌우한다는 뜻으로 사용된다. 국제정치학자인 필자는 영화 내용을 그대로 받아 하위의 국내정치가 상위의 외교를 좌우한다는 뜻으로 사용한다(후기 참조).

심리학이나 언론학에서는 프레이밍(framing)이라고 하고 시쳇말로 '가스라이팅'으로 통칭하는 이러한 현상은 지배적인 지식 담론이 가지는 힘과 사람 인식체계의 취약성을 잘 보여준다. 서구 좌파로 불리는 안토니오 그람시가 일찍이 주장하고 하버마스의 비판이론이 걱정하는 바로 그 지점이다. 지식과 지식인의 역할은 가스라이팅 당한 사람들을 해방(emancipation)하는 데 있다(Ashley 1981).

비판적 사회이론은 세 가지 기능이 있다. 첫째는 인간 세상에 대한 물질론적 접근법의 메마름을 지적하고 교정하는 기능이다. 둘째는 관념론적 접근법의 헤픔을 지적하고 교정하는 기능이다.[16] 셋째

....

16 메마름과 헤픔이라는 단어는 제5장에서 카(Carr)의 지적을 소개하며 사용한 표현이다. 카는 현실주의는 barren하고 이상주의는 exuberant하다고 했고 필자는 메마름과 헤픔으로 번역했다. 식물에 비유하자면 씨를 열 개 뿌려 새싹 하나를 얻기 어려우면 barren

는 물질론적 접근이든 관념론적 접근이든 가리지 않고 지식 담론이 가지는 실천적 의의에 대한 경고이다(Fay 1975).

대학원 시절 하버마스의 저작을 읽고, 제대로 이해하지 못하면서, 내린 결론은 비판이론은 항상 비판이론일 수밖에 없다는 것이었다. 젊은 시절 E. H. 카의 책을 읽고 번역하면서 받은 느낌은 그의 현실주의는 비판이론이라는 점이었다. 이상주의의 헤픔이 지나치고 그것이 참을 수 없는 위선으로 점철될 때 그 위선을 까발리는 해독제가 현실주의였다. 현실주의의 메마름이 지나쳐서 인간의 자유의지와 상상력에 병이 나면 이상주의가 약이다. 그래서 모겐소는 카의 현실주의가 자체로서 완결되지 않은 상대주의라고 비판했다. 그러나 비판이론은 본령이 상대주의이니 감수할 수밖에 없다.

5. 과학적 실재론과 양자(量子)의 세계

이 책의 서두에서 필자는 국제관계를 하나의 현상 덩어리에 비유했다. 실체는 볼 수 없으나 존재를 인정하고 그 모습을 개념화하는 것이 국제관계학이라는 학문의 출발점이라고 했다. 그리고 이 책의 목적이 독자들이 그처럼 보이지 않는 물상에 대해 스스로 개념적 형상을 개발하도록 돕는 데 있다고 했다. 그리고 그러한 생각은 과학적 실재론(scientific realism)에 속한다고 짧게 언급했다. 웬트의

…….

하다. 어쩌다 날아온 잡초 씨 하나가 온 마당을 덮을 정도로 자라면 exuberant하다. 현실주의/물질론은 보이는 것에 집착하여 상상력이 빈곤하다는 뜻에서 '메마르다'라고 표현했다. 이상주의/관념론은 무한한 상상력을 동원하니 '헤프다'라고 했다. '헤픔'이 가벼우면 '넘침'으로 쓸 수도 있겠다.

생각이 바로 그렇다. 웬트는 자신의 첫 논문과 주저에서 과학적 실재론에 대해 길게 설명한다. 그것을 짧게 풀이하면 이렇다.

첫째, 세상은 있다. 그 세상은 우리의 인식과는 별도로 존재한다. 마치 칸트가 말하는 '물 자체'와 같다. 어쩌면 플라톤이 말한 '이데아'가 이에 해당할 수 있다. 둘째, 제대로 된 이론은 바로 이 세상을 연구한다. 셋째, 그러므로 이론은 보지 못하는 것에 관한 지식을 제공한다.

이러한 웬트의 주장은 실증주의자들과 탈근대주의자들이 모두 반대한다. 국제정치학계의 주류를 이룬 신현실주의자 등 실증주의자들은 물질론적 존재론을 믿으므로 눈에 보이지 않고 손에 잡히지 않은 별도의 존재를 인정하지 못한다. 탈근대주의자들은 관념론적 존재론에 깊이 빠졌으므로 관념과 별도로 존재하는 실체를 인정하지 못한다. 그래서 웬트는 스스로 중도파(*via media*)를 자처한다. 그런데 '얇다'라는 점에서 웬트와 닮은 러기도 반대한다. 과학적 실재론을 받아들이면 사회과학은 자연과학과 다를 바가 없어진다. 즉 과학적 일원론으로 돌아가는 것이다. 사회과학의 독자성을 주장하는 구성주의자들이 수용하기 어려울 수밖에 없다.[17]

그런데 웬트는 실증주의자들이 신봉하는 과학적 일원론과 자신이 주장하는 일원론은 다르다고 본다. 자연과학의 모델이 다르기 때

....

17 러기에 따르면 세 가지 부류의 구성주의자가 있다. 첫째는 사회과학의 독자성을 강조하는 "얇은" "신고전적" 구성주의자로 자신을 포함 하스, 크라토프빌, 오너프, 애들러 등으로 사회과학의 독자성을 강조한다. 둘째는 관념론적 성향이 강한, "두꺼운" "탈근대주의적" 구성주의로 애슐리와 워커 등이 포함된다. 셋째는 그사이에 존재하는 "자연과학파" 구성주의인데 웬트가 대표적이거나 유일하다. Ruggie(1998, 241-242).

문이다. 실증주의자들이 보는 자연과학, 특히 물리학은 뉴턴의 고전역학을 모델로 한다. 그러나 20세기에 들어와 물리학은 양자역학(量子力學)으로 전개됐다. 양자의 세계에 가면 자연과학과 사회과학, 심지어 과학과 철학의 구분이 모호해진다. "웬트가 양자로 간 까닭"이 여기에 있다(Wendt 2015; 남궁곤 2008).[18]

필자는 사회 '과학'을 하기로 했으니 여기서 멈추고 양자의 세계에는 들어가지 않는다. 더 갈 재주도 없다. 아인슈타인 같은 희대의 천재도 수용하지 못한 것을 필자가 어찌 감히.

IV. 사회 구성주의와 국제정치의 변환

요컨대, 신현실주의와 신자유주의 등 주류 국제정치이론은 미시경제학과 같은 개체주의적 존재론과 합리주의적 인식론에 경도돼 있었다. 사회 구성주의 국제정치이론은 사회학과 같은 총체주의적 존재론과 성찰주의/구성주의적 인식론을 도입하여 국제정치학에서 사고의 폭, 나아가 연구의 폭을 넓혔다. 분야의 '정체성' 또는 '정통성'을 고집하는 연구자가 보면 못마땅할지 몰라도 배우고 가르치는 처지에서는 고마울 따름이다. 지금처럼 혼란스러운 시대에 현실주의적 비관론을 믿으면 누군가를 탓하고 싶은 음모론에 빠질 위험이 있다. 자유주의적 낙관론은 근거 없는 희망 고문(wishful thinking)

....

18 그러나 이미 80년 전 한스 모겐소가 자유주의 철학의 실증주의적 편향을 비판하면서 양자이론을 언급했다 Morgenthau(1946/2008, 제5장).

에 빠질 위험이 있다. 암담한 현실이 따지고 보면 우리가 구성하고, 때로는 해체하는 사회적 사실이라고 말하는 구성주의는 변환의 가능성을 보여준다. 그러므로 인식적 차원, 즉 궁금한 학자의 처지에서, 또 실천적 차원, 즉 현실을 사는 시민의 처지에서 고맙다. 구성주의 논리에 따르면 국제정치의 현실은 어떠한 방식으로 또 어떠한 방향으로 변환할 수 있는가?

1. 주권과 무정부

제3장에서 주권의 개념과 주권국가의 성립과정에 대해 논의하다가 문득 던진 질문이 있다. 국제무정부가 주권의 결과인가, 아니면 주권이 무정부의 효과인가? 풀어서 말하자면, 국가들이 주권의 논리에 따라 국가 위의 권위를 인정하지 않기 때문에 국제사회가 무정부인가? 아니면 모든 국가 위에 군림할 만한 힘을 가진 제국과 같은 존재가 없어서 국가들이 주권을 주장할 여지가 있는가? 그때는 닭이 먼저인지 알이 먼저인지를 묻듯이 부질없다고 했는데 이장에서 공부한 사회 구성주의 논리에 따라 다시 따져보자.

제3장에서 논의했듯이 주권의 개념은 유럽의 근대 초기 중앙 군주의 권력과 지방 영주의 권력 사이 정치투쟁의 과정에서 나타났다. 프랑스의 보댕, 영국의 홉스 등이 주장한 주권 개념은 지방의 권력을 압도하는 중앙의 권력을 지칭하고 지지했다. 곧 영국과 프랑스 등 선발 국가에서 나타난 현상이었다. 반면 군수와 영수 '위'에 황제가 있었던 신성로마제국(독일)에서는 중앙의 권력(황제)에 대항하여 지방 권력의 독자성을 지칭하고 지지하는 개념이 됐다. 30년 전

쟁에서 중앙의 권력이 압도하지 못한 결과 베스트팔렌 조약이 맺어지고 주권은 거의 유형화된 사회 제도, 이 경우는 국제제도가 됐다. 다시 말해, 주권은 내가 지지하고 당신이 지지하고 모두가 지지하여 상호주관적으로 존재하는 사회적 사실이 됐다.

30년 전쟁에서 합스부르크 왕가가 이기고 유럽을 통합했더라면 (적어도 '독립'이라는 외부적 측면의) 주권 개념은 그때 사라졌을 수도 있다. 황제를 자칭한 나폴레옹이 유럽 정복에 성공했더라도 달라질 수 있었다. 그들이 실패했던 이유는 세력균형의 '법칙'이 작동했기 때문이라는 역사해석도 있다. 그런데 구성주의의 논리로 접근하면, 모겐소가 철칙으로, 왈츠가 과학적 법칙으로 생각한 세력균형도 국제사회의 제도였다. 세력균형은 18세기 철학자 흄(David Hume)이 법칙처럼 개념화하고 동시대의 국제법학자 바텔(Emmerich de Vattel)이 자신의 국제법 저서에 명기하면서 실체를 갖추었다. 이후 각국의 지도자가 그에 비추어 생각하고 행동하고 서로 소통하면서 세력균형은 상호주관적으로 존재하는 사회적 사실이 됐다. 그러다가 그 용어가 남용되면서 엄밀성을 잃고 1차대전의 발발에 책임이 있다고 비난받으며 담론에서 사라져서 이제는 실체조차 의심받기에 이르렀다.

세력균형 '담론'의 성쇠가 국제정치 변환의 가능성과 경로를 보여준다. 무정부와 주권이 닭과 알과 같은 관계라면, 즉 닭이 없으면 알도 없고 알이 없으면 닭도 없는 식의 관계라면, 주권의 제도가 약해지고 개념이 희미해지면 국제무정부도 약해진다. 현실적으로 주권은 약해지고 변형됐다. 인권 개념이 부상하고 그에 따라 인도주의적 개입(humanitarian intervention)이 국제 담론의 일부가 됐다. 그것은 ‘내정 불간섭’이라는 주권의 핵심 원칙과 충돌한다.

담론만이 아니라 현실적으로, 경제, 사회, 문화 등 제반 영역에서 세계가 하나로 통합되고 국내적으로 규제가 완화하면서 주권의 현실적 표출인 국가의 권능이 크게 약해졌다(Strange 1996). 그 공백을 메우려고 ‘글로벌 거버넌스’(global governance), 즉 세계적 차원의 협치에 대한 논의가 활발해지고 있다. 글로벌 거버넌스의 실체와 작동이 현재와 미래 국제정치 연구의 핵심이 될 것이다. 잠깐! 과연 그럴까?

그럴 수도 있고 아닐 수도 있다. 코로나-19 팬데믹에서 경험했듯이, 또 기후변화의 조짐이 갈수록 두드러지는 현재, 국경을 초월하는 글로벌 거버넌스에 대한 수요는 갈수록 커지고 있다. 인류는, 지금까지 그랬듯이, 그 같은 도전과 수요에 현명하게 대응할 방법을 찾아낼 것이다. 2015년 국제사회는 파리기후협약을 도출하는 데 성공했다. 그러나 현실은 그러한 목적론적 낙관론, 즉 인류가 어떻게든 좋은 해결책을 찾아낼 것이라는 믿음에 안주할 수 없는 방향으로 전개된다.

2017년 9월 유엔연설에서 미국 트럼프 대통령은 주권이라는 단어를 21차례나 언급했다. 주권은 원래 약자의 무기인데 세계 최강국의 지도자가 강조하다니?! 그냥 흥미롭다고만 생각했다. 그런데 트럼프 행정부가 파리기후협약에서 탈퇴하고 세계무역기구, WTO의 분쟁 해결 기능을 무력화시키는 걸 보고 우려했다. 코로나-19 팬데믹 가운데 중국의 강권과 미국의 방관 앞에 무력한 세계보건기구, WHO를 보고 낙담했다. 세계적 협치란 희망일뿐인가?

국제정치학의 관점에서 더욱 우려스러운 일이 있다. 제6장에서 난세의 이중구조, 즉 국내적 난세와 국제적 난세를 언급했다. 중앙 정부가 없거나 약할 때 일어나는 난세란 원래 국내적 현상이었다. 세계국가가 없는 무정부적 조건에서 주권국가가 병존하는 상황을 난세로 이름한 것은 일종의 비유법이었다. 역사적으로 진정한 난세는 안으로 국가가 약한데 밖으로 무정부적 국제정치가 전개될 때 나타났다. 현재 국가의 권능이 약해지는 가운데 대체할 국제국가, 또는 세계정부가 없으면 이중의 난세가 도래할 위험이 있다. 그러한 난세가 되면 글로벌 거버넌스를 논하는 자체가 난센스가 될 것이다.

국가 차원의 주권과 세계 차원의 협치 사이의 관계는 어떠한가?

2. 국가의 역할 정체성과 국제정치구조의 재구성

앞서 소개한 서평에서 러기는 왈츠가 정치 구조의 3 층위 중 제 2 층위, 즉 단위 사이의 기능적 분화를 빼놓은 점이 실수라고 지적했다. 나도 동감이나 러기가 제시한 보완방식에는 동의하지 않는다. 필자는 왈츠가 '분화'(differentiation)의 개념을 잘못 이해했다는 러기와 달리 왈츠가 '기능'(function)의 개념을 잘못 이해하고 적용했다고 생각한다. 왈츠는 국제체계의 구성단위인 국가가 모두 같은 기능을 수행하는 "동질적 단위"(like-units)라고 했다. 그 기능이란 안으로 질서를 유지하고 밖으로 안보를 지키는 일이다. 그런데 그 기능은 단위의 존재를 위한 것이지 체계의 존재를 위한 것이 아니다. 반면 체계이론의 관점에서 볼 때 기능이란 체계를 위한 기능이지 단위를 위한 기능이 아니다.

쉬운 예를 들어 보자. 앞서 말한 대로 필자는 교수로서 사회적 정체성이 있고 우리 집을 지은 분은 목수로서 정체성이 있다. 필자는 교수로서 학계와 교육계에 종사하고 그는 목수로서 건축계에 종사한다. 학계와 교육계, 건축계는 모두 사회체계를 위한 기능을 수행한다. 그럼으로써 교수와 목수는 사회체계를 위해 서로 다른 기능을 수행한다. 단, 필자가 하는 교수질과 그가 하는 목수질은 자신과 가족의 생계를 위한, 즉 단위를 위한 기능도 있다. 국가가 제공하는 치안과 국방은 국제체계를 위한 기능이 아니라 단위로서 국가를 위한 기능이다. 왈츠는 이점을 생각지 못했다.

국가도 국제사회 속에서 행사하는 기능에 따른 사회적 정체성이 있다. 곧 국가정체성(state identity)이다. 1970년 캐나다 국제정치학자 칼 홀스티(K. J. Holsti, 1935~)는 사회심리학의 역할이론(role theory)을 빌려서 '국가의 역할 개념'이론을 개발했다. 그에 따르면 각국 국민은 자국의 국제적 역할에 관한 관념이 있고 그것이 그 나라의 외교정책을 설명하는 변수라고 주장했다(Holsti 1970). 영국은 유럽 대륙의 세력균형을 좌우하는 균형자로서 역할을 자임했다. 땅은 넓으나 인구는 적고 초강대국 미국에 인접한 캐나다도 나름의 국제적 역할이 있다. 그것이 캐나다의 '중견국 외교론'의 토대가 됐다. 한국도 중견국을 자처하며 멕시코, 인도네시아, 튀르크에, 호주 등 다른 중견국과 믹타(MIKTA)를 결성했다. 중견국들은 국제질서의 유지를 위해 강대국과 다른 역할을 자처한다.

그런데 왈츠는 홀스티의 이론을 수용하지 않았다. 홀스티는 국가의 역할 개념을 외교정책 연구(Foreign Policy Analysis)의 관점에서 접근했고 왈츠는 외교정책은 국제정치가 아니라고 봤기 때문이다. 왈츠는 처음부터 국가의 속성으로 체계를 설명하는 제2 이미지

이론에 반대했고, 나중에 그런 접근이 환원론의 오류를 범한다고 강하게 비판했다(Waltz, 1959; 1979). 그러면서 왈츠는 스스로 또 다른 개념적 오류에 빠졌다.

제4장에서 말했듯이 모든 체계 또는 개체는 두 가지 속성이 있다. 하나는 내재적 또는 본원적(intrinsic) 속성이다. 다른 하나는 밖으로 표출되는 행태적(behavioral) 속성이다. 외교정책 이론은 국가의 본원적 속성(national attributes)으로 행태적 속성을 설명하고자 했던 국가 차원의 이론이다.[19] 왈츠의 국제체계 이론은 국제체계의 본원적 속성, 즉 구조로 그것의 행태적 속성, 즉 안정성을 설명하려는 국제체계 차원의 이론이다. 왈츠는 국가와 국제체계, 두 분석 차원의 구분을 강조한 나머지 둘 사이의 연계를 무시하는 오류를 범했다. 나아가 그는 사회현상의 인과적(causal) 측면에 몰두한 나머지 구성적(constitutive) 측면을 무시했다.

국가가 표출하는 행태적 속성 중 가장 큰 주목을 받는 것은 국가가 현상 유지적(status quo power)인지 현상 타파적(revisionist power)인지이다. 왈츠는 그것이 국가의 속성이지 체계의 현상이 아니라고 생각하여 분석에서 제외했다. 한 국가의 행태가 체계의 행태를 '결정'(cause)하지 못한다고 봤다. 그러나 국제체계는 국가로 구성된다. 국가의 행태가 국제체계의 행태를 구성(constitute)한다. 즉 국제체계의 한 부분이다. 슈웰러(Randall Schweller)에 따르면 체계 속 현상 유지 국가와 현상타파 국가들 사이의 수적 또는 힘의 균형도

....

19 외교정책 연구 또는 비교 외교정책론이라는 새로운 연구 분야를 개척한 로즈노의 대표 연구가 그것이다. Rosenau(1966).

세력균형 못지않게 중요한 국제정치 현상이고 구조이다(Schweller 1994).

현상 유지 국가와 현상 타파 국가의 구분은 체계의 안정성과 관련하여 행사하는 기능의 관점에서 이루어진다. 현상 유지 국가는 체계의 안정을 위해 순기능을 한다. 현상타파 국가는 역기능을 한다. 국가는 치안과 국가안보의 유지라는, 자국을 위해서는, 동일한 기능을 할지 몰라도 그 기능을 위한 행동은 국가별로 다를 수 있다. 여러 국가의 서로 다른 행동이 국제체계의 행태적 속성을 구성한다. 그 행동은 체계의 안정이라는 측면에서 볼 때 현상 유지와 현상 타파처럼 다른 기능을 한다. 그리고 그러한 행동의 합(合)과 상호작용이 국제체계의 안정, 즉 체계의 행태적 속성을 구성하고 규정한다.

국가를 분류하는 전통적인 기준은 강대국과 약소국의 구분이었다. 그 기준은 물량적이고 정치적이고 또 사회적이었다. 물량적으로 보아 강대국은 세계 전역에 지켜야 할 이익이 있고 그 이익을 지킬 역량, 특히 군사력이 있는 나라이다. 정치적 차원에서 강대국은 그 이익을 지키기 위해 국가의 역량, 특히 군사력을 동원할 '의지'가 있는 나라이다. 사회적으로 강대국은 다른 나라가 그렇다고 '인정'하는 나라이다.

그 분류법이 바뀌었다. 2차대전 이후 초강대국이라는 용어가 등장하여 기왕의 강대국을 세분화했다. 앞서 봤듯이 중견국이라는 용어가 등장하여 비강대국 또는 약소국도 세분화했다. 이제 국가의 분류법은 강대국-약소국의 양분법에서 초강대국-강대국-중견국-약소국의 사분법으로 전개됐다. 그리고 그 기준에 물량적, 정치적, 사회적 기준 외에 국제질서를 유지하는 기능이라는 요소가 추가됐다.

이처럼 체계 속에서 국가가 행사하는 기능에 따라 국가를 분류하면 왈츠가 3층 정치구조를 논의하면서 변수가 아니라고 생략한 제2 층위의 구조를 복원할 수 있다. 그러면 국제체계와 구조의 개념이 완전해진다. 그에 비추어 국제정치를 조망하면 그 모습이 달리 보일 수 있다. 그러면 국제정치 담론이 변하고 국제정치의 변환도 가능해진다. 구성주의적 시각이 소중한 이유이다.

3. 무정부의 문화

사회 구성주의가 국제정치학의 주요 이론으로 등장하면서 실증주의에 편향된 주류 이론이 무시하던 관념적 요소, 즉 문화, 규범, 정체성 등이 주요 분석 변수로 재조명됐다(Katzenstein 1997). 그런데 이들 변수는 국가 차원의 연구, 즉 각국의 외교정책을 설명하는데 적용됐을 뿐 국제체계의 차원에서는 깊이 연구되지 않았다. 예컨대 각국의 '전략 문화'(strategic culture)가 새롭게 관심을 끌었으나 여전히 개별국가의 외교정책을 분석하는데 원용됐을 뿐 국제체계를 분석하는 데는 활용되지 못했다(예컨대 Johnston 1995).

웬트는 국제체계 차원의 문화, 또는 "무정부의 문화" 문제에 직접 도전한다. 첫째, 문화는 자아와 타자의 상호적 정체성과 그 관계를 규정한다. 둘째, 그 정체성과 관계는 (1) '적'(敵) 사이의 적대(enmity) 관계, (2) '경쟁자' 사이의 경쟁(rivalry) 관계, 그리고 (3) '친구' 사이의 우호(friendship) 관계 등으로 나눌 수 있고 이들을 각기 홉스, 로크, 칸트 식 문화라고 부른다. 셋째, 행위자들은 그러한 문화를 세 가지 방식으로 내면화 또는 습득한다. (1) (현실주의 이론이 주목하듯이) 강요받아서이다. (2) (신현실주의나 신자유주의가 원용하는 효용 이론이 주목하듯이) 현실적으로 유익해서이다. (3) (이상주의 또는 구성주의 이론이 주목하고 주장하듯이) 그렇게 하는 것이 옳기 때문이다(Wendt 1999, ch. 6).

그 말을 하려면 굳이 홉스, 로크, 칸트까지 인용하며 독자의 기를 죽일 필요가 없었다. 상식으로 생각해보자. 문화는 인간사회가 자연에 적응하고 그것을 이용하면서 생성된다. 그렇다면 인간의 본성이 같더라도 자연조건에 따라 다른 문화가 생성된다. 예컨대 생존조건이 너무 척박하면 식인(食人)의 문화가 나타날 수도 있다. 홉스의 자연 상태가 대체로 그렇다. 남을 보면 사냥감으로 생각한다. 남도 사냥하러 왔다고 생각한다. 굶어 죽을 정도는 아니더라도 굶주리는 상태라면 로크식인 자연 상태다. 모자라는 먹잇감을 위해 서로 경쟁하는 관계가 형성된다. 남을 만나면 약탈의 대상으로 생각하든지 약탈하러 왔다고 생각한다.

굶주리지 않으면 삶의 다른 면을 돌아볼 여유가 있다. 식(食)을 넘어 의(衣)와 주(住)를 찾는다. 남는 음식을 주고 모자라는 옷감을 얻는다. 누구는 농사짓고 누구는 사냥하여 식량과 모피를 교환하는 분업도 나타난다. 외래인을 만나면 무엇을 찾아 무엇을 가지고 왔는지 묻는다. 칸트 식의 문화이다. 웬트가 보기에 베스트팔렌 체제의 국제관계는 로크식 문화이다. 그런데도 현실주의 국제정치학은 홉스식 문화를 견강부회했다.

20세기 후반에 이르러 1950년대 길 도이치가 상상했던 '다원적 안보공동체'(pluralistic security community)를 연상할 현상이 널리 나타났다. 미국과 캐나다가 외교적 분쟁 때문에 전쟁을 염두에 두는 일은 상상하기 어렵다. 이제는 프랑스와 독일도 그렇다. 심지어 베트남, 킬링필드의 캄보디아를 포함한 동남아 국가연합, 즉 아세안도 그렇다. 그러한 현상은 홉스식 문화에 익숙한 현실주의, 로크식 문화까지는 읽는 신자유주의는 설명하지 못해 애써 피하던 것이었는데, 구성주의의 부상으로 연구의 대상이 됐다(Deutsch 1957; Adler & Barnett 1997). 이처럼 문화는 행동을 지배하나 누적된 행동과 그 결과는 문화를 바꾼다.

4. 문화의 힘 또는 "권력정치의 권력"?[20]

앞서 소개한 비판이론과 관련하여 고백할 게 있다. 1990년 봄, 베를린 장벽이 무너지고 독일통일 논의가 한창일 때 필자는 아직 학위논문을 끝내지 못한 상태에서 미국의 모 대학교에서 교편을 잡고 있었다. 어느 날 강의 중 문득 생각이 나서 학생들에 단언했다.

> 만일 제3차 세계대전이 발생한다면 그것은 소련이 아니라 1차, 2차 대전처럼 독일에 의해 촉발될 것이다.

논리는 이랬다. 언론보도에 따르면 통일은 엄청난 경제적 비용

....

20 "권력정치의 권력"이라는 표현은 Vasquez(1983/1998)의 책 제목에서 따왔다. 현실주의 국제정치학이 현실 담론과 정책에 미치는 영향을 비판한 책으로, 이 책은 원래 작은 출판사에서 나왔으나 15년 후 부제를 A Critique에서 From Classical Realism to Neo-Traditionalism으로 바꿔 대형출판사인 Cambridge University Press에서 재출판됐다. 구성주의가 부상 덕분으로 보인다.

이 들 것이고 그것은 서독인들의 증세와 그에 따른 고통으로 연결될 것이다. 서독인들이 그 고통을 감내할 힘은 민족주의에서 나올 것이다. 일단 불이 붙으면 민족주의는 걷잡을 수 없게 타오를 수 있다. 2차대전 후 폴란드에 양보한 오데르-니세강(江) 동안(東岸)의 영토를 회복하겠다고 나설 수 있다.[21] 동서독의 통합만으로도 엄청난 영토적 현상의 변경이다. 그에 더해 2차대전의 전후처리가 문제시되면 판도라의 상자를 여는 격이다. 당시 국제체계가 그 같은 현상 변경을 감내할 안정성이 있는지 의문이다.

30년 넘게 지난 지금 생각하면 낯 뜨겁다. 부시(George H. W. Bush) 미국 대통령, 고르바초프(Mikhail Gorbachev) 소련 대통령, 콜(Helmut Kohl) 독일 총리 등의 탁월한 리더십과 경세술(經世術; statecraft)이 빛을 발했다(Zelikow and Rice 1997/2008). 그러나 그보다 더 중요한 것이 있었다. 2차대전이 끝난 후 40여 년 동안 독일이 변했다. 국가안보와 군사력의 효용, 다른 나라와의 관계를 정의하는 방식 등 독일의 전략 문화가 바뀌었다(Berger 1996).

그러나 그때 그런 생각을 한 이는 필자만이 아니었다. 폴란드의 총리 마조비에키(Tadeusz Mazowiecki)도 그래서 '투 플러스 포'(2+4)로 진행되는 통일 협상에 참여하려고 애썼다. 독일 출신 미국 국제정치학자 피터 카첸스타인은 재통일(reunification)이 아니라 통일(unification)이라고 강조했다. '재통일'이라는 용어가 2차대전 이

....

21 잘 알려진 대로 2차대전 발발 직후 나치독일과 소련은 폴란드의 영토를 나눠 가지고 폴란드는 또 한 번 지도에서 사라졌다. 종전 후 승전국의 하나인 소련이 폴란드 영토의 반환을 거부하는 바람에 패전국 독일은 앗았던 영토 외에 원래 자국의 영토로 보상해야 했다. 그게 오데르-니세강 동안의 영토이다.

전의 현상 복구를 연상하게 하기 때문이라고 했다.

같은 무렵 일본에는 '정상국가론'이 부상했다. 2차대전 후 전쟁을 금지한 헌법을 채택하고 군대 해외파병 등 군사력 사용에 제약을 안고 살아온 일본은 '비정상'이다. 아베 신조(安倍晋三)와 같은 일본의 보수적 정치인들이 주장하고 정책에 반영하여 한국 등 이웃 국가의 경계심을 불러일으켜 동아시아 지역에 외교적 갈등을 초래했다(Hagströ 2015).

두 가지 의문이 있다. 도대체 '정상'과 '비정상'을 가르는 기준이 무엇인가? 30년이 지난 일본은 얼마나 '정상적'이 되었나?

첫째, 혹시 '모든 국가는 기능적으로 같다'(like-units)라는 왈츠의 주장이 그 기준은 아니었나? 안보를 위한 군사력 사용이 제한된 대신 평화 국가, 개발원조 국가로서 정체성을 개발한 일본이 얼마나 '비정상'이었나? 둘째, 아베 신조는 헌법을 개정하는 데는 실패했으나 입법을 통해 사실상 개헌과 같은 효과를 거두었다. 그 실패와 성공을 어떻게 설명할 것인가? 실패에 초점을 둔다면 독일처럼 일본의 전략 문화가 바뀐 것일까? 성공에 초점을 둔다면 일본의 보수 정치인들은 왜 그토록 '정상 국가'에 집착할까? 단극 시대에 일본의 핵무장이 논리적 결론이라던 왈츠류의 현실주의에 '가스라이팅'된 것은 아닐까?(Waltz 2000)

V. 마무리하며

앞 장에서도 말했거니와 필자는 국제정치학자로서 무슨 '주의'

로 분류되는 것이 정치적으로 '보수'나 '진보'로 분류되는 것만큼이나 싫다. 학파건 정파건 파벌에 속하면 생각과 행동에 제약이 생기고 그런 만큼 자유가 축소되기 때문이다. 그랬더니 줏대가 없어졌다. 앞 장에서 현실주의의 훈련을 받고도 자유주의적 희망 고문에 빠져 러-우 전쟁의 발발에 놀라고 실망한 소회를 피력했다. 바로 앞서는 현실주의 훈련에 빠져 독일통일을 잘못 읽은 잘못을 고백했다. 그러다가 구성주의적 관점에서 보면 모든 일이 용서된다고 할지도 모르겠다. 학문하는 처지에서 용서하기 어려운 태도이다. 절차탁마의 금언을 되새기며 더욱 정진할 일이다.

이 책은 말하자면 필자가 생각하는 국제정치학 '총론'(總論)이다. 가능한 한 특정 이론에 편향되지 않고 독자들이 열린 마음으로 읽도록 노력했다. 그러는 가운데 나 자신의 국제정치관을 정리하여 다음에 집필할 국제정치학 '각론'(各論)에 반영할 이론의 틀을 정리하고자 했다.

지금까지 기존의 이론을 정리하고 소개하면서 크게 아쉬운 점이 있다. 앞서 왈츠의 명저는 〈국제정치의 '경제'이론〉으로 읽힌다고 했다. 웬트의 명저는 저자 스스로 〈국제정치의 '사회'이론〉으로 명명했다. 그런데 왜 〈국제정치의 '정치'이론〉(Political Theory of International Politics), 혹은 정치라는 말이 두 번 들어가 보기 싫으면 〈국제관계의 '정치'이론〉(Political Theory of International Relations)은 없을까?

제2장에서 국제정치학에서 권력의 개념을 본격적으로 논의하지 않은 이유로 두 가지 가능성을 꼽았다. 첫째, 따지는 자체가 새삼스럽다고 생각했다. 둘째, 따지기에 너무 어렵다고 생각했다. 결과는

한 가지다. 국제정치학의 정치이론이 없다. 그나마 모겐소가 자신의 이론을 '정치 현실주의'라고 이름한 것이 '정치'라는 어렵고 무시무시한 단어를 사용하는 한계를 설정한 것이 아닐까? 나도 감히 이 단어를 책이나 이론의 이름에 사용할 엄두가 나지 않는다.

그래도 제2권, 『세계를 움직이는 힘: 총, 돈, 말의 국제정치』에서 다룰 국제관계의 주요 현상의 분석은 권력 개념에 초점을 두고 가능한 한 '정치학적'으로 하려고 한다. 그러기 전에 정치와 외교라는 무거운 주제를 후기에서 가볍게 다루면서 이 책을 마무리한다.

******

서문에서 쓴 것과 달리 이 책의 내용은 어렵다. 일종의 '어그로'를 끈 셈인데 나름대로 변명의 여지가 있다. 우선 국제관계라는 현상 자체가 어렵다. 시작에서 그렇게 말했고, 곧 후기에서도 말하겠지만, 국제정치는 "정치의 최고 단계"이다. 그래서 제왕학(帝王學)이다. 또 아직 학문의 역사가 길지 않고, 그 역사 또한 존재론적, 방법론적 논쟁으로 점철되어 제대로 정착되지 않았다. 그리고 무엇보다 중요하게, 국제정치학이라는 학문의 실천성 때문이다. 앞서 정치학의 후진성에 대한 변명으로 권력 개념의 모호함과 권력 현상의 다양함을 들었으나, 누구나 '정치인'이고 '정치전문가'인 현실 때문이기도 하다. 국제정치학은 더하면 더 하지 덜 하지 않다.

연습문제

1 애슐리(Richard K. Ashley)가 신현실주의를 '오류투성이'(an orrery of errors)라고 한 데 대해 논평하시오.

2 현대 국제정치이론을 존재론과 인식론의 관점에서 설명하시오.

3 사회학에서 말하는 '사회적 사실'을 국제관계에 비추어 설명하시오.

4 현대 국제정치이론에서 도덕과 규범에 대한 논의가 약했던 네 가지 이유를 들고 설명하시오.

5 상호주관(inter-subjectivity)의 위험성에 대해 예로서 설명하시오.

6 웬트(Alexander Wendt)가 양자(量子)로 간 까닭을 설명하시오.

7 국가 주권과 국제 무정부의 관계: 무정부가 주권의 결과인지, 주권이 무정부의 효과인지에 대해 논술하시오.

후기

외교와 정치

꿩 잡는 매, 정치 잡는 외교

1. 국제정치는 최상위의 정치

지금까지 여러 차례 외교 또는 국제정치는 최상위의 정치 또는 가장 고급(高級)의 정치라고 말했다. 품질이 좋다는 뜻이 아니다. 품질로 따지자면 국제정치는 오히려 저급일지도 모른다. 인간이 다른 인간을 대규모로 살상하는 전쟁이 주로 국제정치의 일이다. 고급이란 표현은 정치를 참가자들의 단위의 크기에 따라 분류할 때 가장 크고, 정치과정의 단계에서 가장 높이 위치한다는 뜻이다. "제국주의가 자본주의의 최고 단계"라고 한 레닌의 표현을 빌리자면 국제정치는 정치의 최고 단계이다.

정치를 한마디로 정의하기는 거의 불가능하지만 그나마 가까운 정의가 있다면 권력투쟁이다. 권력투쟁은 여러 단계에서 여러 방향으로 전개되며 다양한 현상을 낳는다. 때로는 개인을 단위로, 때로는 집단을 단위로 전개된다. 회사조직 속에서 실적과 인맥과 술수로 승진을 다투는 것도 정치이고 대주주 사이의 이합집산을 통한 경영권 다툼도 정치이다. 그러나 정치의 핵심은 역시 국가권력을 장악하기 위한 투쟁이다. 통상적 의미의 정치가 바로 이것이다.

국가권력이 제도화되기 전, 또는 제도가 무너진 후, 정치는 무장투쟁이 가장 흔했다. 많은 나라의 역사에서 군웅이 할거하여 전쟁을 통해 권력을 다퉜다. 중국의 춘추전국시대, 일본의 전국시대, 우리나라의 후삼국 시대 등 난세로 기록되는 역사가 그에 해당한다. 그러다가 국가권력이 정착하고 제도화되면 제도의 한계를 넘나들며 전개된다. 민주주의 정치제도에서는 주로 정당을 결성하여 선거를 통해 국가권력을 다툰다. 그럴 때 쿠데타나 선거 부정이 제도의 한계를 건드리는 사례이다.

국가권력을 장악한 최고 권력자, 우리나라의 경우 대통령은 나라 안팎에서 권력을 지키고 늘리려고 노력한다. 나라 안의 권력투쟁이 정치이다. 나라 밖의 권력투쟁이 외교이다. 정치적 권력투쟁의 주체는 최고 권력자 개인이나 소속 정당이다. 객체는 다른 정당이나 정치세력이다. 외교적 권력투쟁의 주체는 바로 국가이다. 객체는 다른 나라이다. 정치는 고정된 크기의 국가권력을 놓고 다툰다. 외교는 국가권력 그 자체를 키우는 투쟁이다. 국제정치, 곧 외교가 최상위의 정치라는 말뜻 중 하나가 그런 의미이다.

민주국가의 정치에서 정치가들은 국민의 지지를 동원하여 국가의 권력을 잡고자 다툰다. 국내정치에서 다투는 국가의 권력에는 두 가지 한계가 있다. 하나는 국력 그 자체이다. 미국 대통령이 한국 대통령보다 낫다. 다른 하나는 최고 지도자가 누릴 수 있는 헌법적 권한, 말하자면 제도적 한계이다. 반면 국제정치에서 국가지도자는 국력을 동원하여 국제사회 속 나라의 권력, 국력 또는 국제적 영향력을 늘리려고 다툰다. 국제적 영향력의 크기는 한계가 없다. 굳이 찾자면 세계제국이 한계이다.

정권을 장악하여 지도자가 되면 권력다툼에서 여러모로 유리하다. 첫째, 행정부 수반으로서 일부 국민의 환심을 사서 지지를 높일 정책 수단이 많다. 둘째, 국가원수로서 뛰어난 정치와 정책으로 국민 전체의 지지를 높일 수 있는 여지가 있다. 셋째, 외교라는 가장 중대한 국가 대항 경기의 국가대표선수, 곧 '국대'가 되어 국민의 기대와 사랑을 한 몸에 받는다. 말하자면 '국대 프리미엄'이다.

미국에서도 국민은 국제 위기가 발생하면 '국기(國旗)를 중심으로 뭉치는(Rally 'round the Flag)경향'이 있다. 1962년 10월 쿠바 미사일 위기 직후 열린 중간선거에서 케네디(John F. Kennedy, 1961~63) 대통령의 민주당이 대승했다. 1990~91년 쿠웨이트를 침공한 이라크를 응징하는 '사막의 폭풍' 전쟁에서 부시(George H. W. Bush, 1989~1992) 대통령은 90%가 넘는 국민의 지지를 받았다.

여기에 두 가지 치명적 함정이 있다. 첫째, 정치가로서 대통령은 그러한 경향을 정치적 목적으로 이용하고 싶은 유혹이 있다. 정치가들이 국내정치에서 어려움이 있을 때 국제분쟁을 일으켜 국민의 관심을 전환하려 한다는 '관심 전환용 전쟁설'(diversion hypothesis)은 역사적으로 자주 관찰된 현상이다. 2023년 이래 진행 중인 '이스라엘-하마스' 전쟁에서 이스라엘의 강경정책이 네타냐후 총리의 국내정치적 곤경 때문이라는 주장이 이목을 끄는 이유이다.

둘째, 외교 경기에서 성적이 신통치 않으면 국민은 분노한다.

'국대'를 사랑하고 지지하는 이유는 '우리나라'를 대표하기 때문이다. 당연히 기대치가 있다. 기대치를 넘으면 만세를 부르고 그에 못 미치면 분노한다. 히딩크 감독을 포함한 2002년 월드컵의 영웅들은 지금도 사랑받는다. 국민 축구 영웅 차범근 감독은 1998년 프랑스 월드컵 조별리그에서 네덜란드에 0:5로 패배한 직후 현지에서 경질됐다.

아버지 부시 대통령은 외교적 성과에도 불구하고 재선에 실패했다. 아들 부시(George W. Bush, 2001~2009) 대통령은 아프가니스탄, 이라크 등 2개의 전쟁을 일으켰다가 실패한 대통령이 됐다. 이처럼 국가지도자는 정치와 외교의 미묘한 관계 사이에 줄을 탄다.

2. 〈웩더독〉 몸통을 흔드는 꼬리, 둥지를 품은 새

게임이론에 '둥지 게임'(nested game)이라는 말이 있다. 큰 게임 속에 작은 게임이 담겨있는, 혹은 큰 게임이 작은 게임을 품는 구조이다. 일찍이 외교와 정치를 '양면 게임'(two-level game)으로 보았던 국제정치학자들이 같은 뜻으로 쓴다.[1] 외교가 정치를 품는가, 정치가 외교를 품는가? 정치적 논쟁과 투쟁이 외교적 한계 속에서 전개되면 외교가 정치를 품는다. 정치적 목적으로 외교를 이용하면 정

....

1 Putnam(1988); Evans et al., eds.(1993); Neack(2018/20). 김태현·류석진·정진영(1995)에서 우리는 Two-level game을 양면 게임으로 번역했고 이후 그 용어가 유통됐다. 그때는 외교의 국내정치적 맥락을 강조한 퍼트남 교수의 취지를 읽고 당시 그 이론을 적용한 에반스 등의 편저서 제목이 양날의 외교임에 착안하여 외교와 정치를 동급으로 두고 양면 게임으로 불렀다. 지금 생각하니 틀렸다. 외교가 상위(Level I), 정치가 하위(Level II)인 '이중게임'이 맞다.

치가 외교를 품는다.

여기에도 당위와 현실 사이의 갈등이 있다. 제8장 본문에서 1997년 영화 〈웩더독〉이야기를 했다. 재선을 앞둔 대통령이 전쟁을 연출하는 이야기다. 이 영화의 원작자와 감독이 전하는 메시지는 두 가지다. 첫째는 현실에서 그런 일이 흔하다, 또는 흔히 나타날 수 있다는 인정이다. 둘째는, 그래도 그것은 개가 꼬리를 흔들지 않고 꼬리가 개를 흔드는 격, 즉 본말전도라는 비판이다. 외교가 정치를 품어야 하는 것은 당위다. 정치가 외교를 품는 것은 현실이다.

이 당위와 현실 사이의 갈등은 두 가지 변수에 따라 달라진다. 첫째, 미국처럼 강대국이라면 정치가 외교를 품고도 나라의 안위가 흔들리지 않을 여유가 있다. 약소국이 따라 했다간 큰일 날 일이다. 둘째, 시대가 치세(治世)라면 그럴 여유가 있다. 난세(亂世)에 그랬다가는 큰일 날 일이다. 그러나 큰 그림에서 보면, 강대국이라도 치세라도 꼬리가 개를 흔들면 위험하다. 치세를 구축하고 누리던 제국이 정치적 이유로 외교를 오용하고 남용했다가 제국이 무너지고 난세가 초래된 것이 로마 시대이래 역사의 법칙이다. 지금이라고 다르지 않다.

바야흐로 난세가 깊어지고 있다. 러시아-우크라이나 전쟁, 이스라엘-하마스 전쟁 같은 정치적 폭력의 빈발이 난세의 결과이자 원인이다. 이런 시대에 지혜로운 지도자는 정치를 위해 외교를 이용하고픈 유혹에 저항한다. 용기 있는 지도자는 외교를 위해 정치 개혁을 이끈다. 신성으로 현명한 지도자는 외교를 통해 만연한 진영정치를 극복한다. 어떻게 하면 가능할까? 비밀은 국민정체성과 국가정체성에 있다.

3. 정체성 이야기

제3장과 제8장에서 논의한 정체성(identity)의 개념을 다시 생각해보자. 2013년 초, 모처럼 극장에 가서 영화를 보았다. 프랑스의 대문호 빅토르 위고의 대작 〈레미제라블〉을 뮤지컬로 제작한 영화였다. 이례적으로 긴 영화였으나, 영화가 끝나고도 한동안 자리에서 일어나지 못했다. 그때의 감상을 당시 정기적으로 기고하던 〈동아일보〉에 칼럼으로 썼다(김태현 2013). 다음은 그 일부이다.

> … [장 발장은] 굶주리는 조카들을 위해 한 조각 빵을 훔쳤다가 5년형을 받았다. 굶고 있을 조카들이 눈에 밟혀 탈옥을 거듭한 끝에 모두 19년 형을 살고 가석방됐다. 전과자에 대한 시선은 차가웠다. 아이들은 돌을 던지고 개는 으르렁거렸다. 옥살이도 억울한데 이런 대우라니. 세상을 저주했다. 한 사제의 도움을 받았으나 은식기를 훔쳐 도망쳤다.
>
> 곧 잡혔으나 은촛대를 더 챙겨주는 사제의 감화를 받아 새사람이 됐다. 세월이 흘러 성공한 사업가이자 존경받는 시장 마들렌으로 거듭났다. 집요하게 뒤를 쫓던 형사 자베르는 애먼 사람이 장 발장으로 체포됐다는 소식을 전한다. 장 발장은 고민한다. 나는 누구인가.
>
> 거듭난 시장 마들렌인가, 도망자 장 발장인가. 정체를 밝히면 도로 범죄자가 된다. 정체를 감추면 개과천선의 의미가 없다. 진정한 나는 누구인가. 결국 정체를 밝히지만, 자신의 공장에서 쫓겨나 어렵게 살다 죽어가는 여공 팡틴을 만나 딸 코제트를 부탁받고 다시

탈출한다.

학대받던 코제트를 구해 곱게 키운다. 코제트는 귀족 출신 혁명 청년 마리위스를 만나 사랑에 빠지고 장 발장은 실패한 혁명에서 총상을 입은 마리위스를 구출한다. 그 와중에 혁명군의 포로가 되어 처형을 기다리던 자베르를 풀어준다.

감방에서 태어난 자베르는 형사가 되어 평생 법의 엄정함을 위해 살았다. 장 발장을 체포할 결정적인 순간 구명의 은혜를 떠올리고 체포를 포기한다. 그 대신 센 강에 몸을 던진다. 법의 집행을 포기한 순간 그는 더 이상 형사가 아니었다. 형사가 아닌 자베르의 삶은 의미가 없다. 정체성은 생명보다 중요하다.

장 발장의 보살핌 속에 곱게 자라 숙녀가 된 코제트는 노래한다. 사랑하고 존경하지만, 과거를 알 수 없는 아버지, 당신은 누구인가요? 장 발장이 생명의 은인임을, 또 그의 과거를 알게 된 마리위스가 답한다. '당신 아버지는 성자(聖者)요.'

온갖 고난 속에 정체성을 찾아 삶을 완성한 장 발장은 성자가 됐다. 형사로서 정체성을 잃은 자베르는 자살로 삶을 마감했다. 코제트가 성자의 딸이 아니라 범죄자, 도망자의 딸로 살았더라면 그 여생이 어떠했을까. 자신의 원래 모습, 타인과의 관계 속에서 자신의 모습을 찾고 향상시키는 과정, 그것이 삶이 아닐까. 영화를 보고 느낀 감상이었다.[2]

2 이 칼럼은 이렇게 이어진다: 방학을 맞아 미얀마에 온 지 2주일이 넘었다. 양곤 시내에는 활력이 넘친다. 열흘을 머물면서 호텔을 네 번, 방은 일곱 번을 옮겨야 했을 정도로 외국인이 몰려온다. 수도 네피도에서 9개 부처를 방문했다. 부처마다 나름대로 개발을 독려하는 구호가 쓰여 있었다. 미얀마판 '잘살아보세'다.

여기서 키워드는 "정체성은 생명보다 중요하다"이다. 하나를 더 보자. 앞서 소개한 영화 〈웩더독〉에 나오는 이야기이다. 영화가 전하는 메시지는 상호주관의 허구성에 대한 경고만이 아니었다. 인정 욕구였다.

온갖 난관을 극복한 브린과 못스는 그들이 제작한 거대한 '영화'를 자랑스럽게 지켜본다. 그들이 '제작'한 전쟁영웅은 화려한 의식과 함께 국립묘지에 안장되고 선거를 며칠 앞둔 시점에서 대통령 지지율은 89%를 기록한다. TV에서 정치평론가들이 진부한 선거광고를 칭찬하고 사회자는 시청자 전화를 받겠다고 한다. 그걸 보던 못스가 전화번호를 적어 전화기로 향한다. 브린이 '거액의 돈과 주요국 대사 자리'로 달랜다. 통하지 않자 이제는 이렇게 말한다. "자네는 지금 자네 목숨을 가지고 놀고 있네." 못스가 답한다. "내 목숨 따위는 개 보고 물어가라고 해"(Fuck my life). 그리고 말한다. "내가 원하는 건 인정일세!"(I want the credit!). 자기 정체성을 확인하는 남의 인정 또한 생명보다 중요하다.

4. 국민정체성과 국가정체성

제8장에서 소개한 홀스티(K. J. Holsti)의 국가의 역할 개념과 웬트가 주목한 정체성 개념을 접합하여 국가정체성(state identity)의

....

"우리도 한번 잘살아보세." 자라면서 귀에 딱지가 앉도록 들었던 노래다. 그 노랫말대로 우리는 500년래 민족 최고의 성세를 살고 있다. 그 노래의 방점은 "잘살아보세"에만 있는 것이 아니었다. 차라리 "우리도 한번"에 있었다. 자원이 없는 좁은 땅에 넘치는 인구를 가진 대한민국이 성장한 비결은 '우리'라는 국민정체성에 있었다.

개념을 새롭게 정의해보자. 그렇게 볼 때 한 나라의 국가정체성은 그 나라 국민이 자랑하고 싶고 다른 나라가 그렇다고 인정하는 국제사회 속 모습으로 정의된다. 그 이중성이 일치할 때, 즉 그 나라 국민이 원하는 모습과 다른 나라가 그렇다고 인정하는 모습이 일치할 때 나라의 운명과 나의 운명을 동일시 하는 국민정체성은 강해진다. 쉽게 말하면 나라 사랑, 애국심이 커진다. 그렇지 않을 때 두 가지 반응이 있다. 하나는 국가정체성을 개선하라고 목소리를 높이는 것이다. 다른 하나는 포기하고 나라를 떠나는 것이다. 유명한 앨버트 허쉬만(Albert Hirschman, 1970)의 말이다.

목소리를 높이는 데는 두 가지 방법이 있다. 여론의 형성과 투표를 통한 응징이다. 둘 다 쉽지 않다. 다수 국민은 외교에 관심이 없거나 잘 모르기 때문이다. 1992년 미국 대선에서 조지 H. W. 부시 대통령은 냉전 종식이라는 화려한 외교적 업적에도 불구하고 "바보야, 문제는 경제야!"를 내세운 젊은 클린턴 후보에 패했다.

떠나는 문제는 조금 다르다. 절이 싫으면 중이 떠나는 법, 나라가 싫으면 이민 가면 된다. 그런데 이민이 현실적으로 쉽지 않은데, 이민 가고 싶을 정도로 싫으면 어떻게 하나? 바로 제도권을 뛰어넘는 것이다. 즉 국민이 직접 촛불을 들고 길거리로 나서는 일이다. 제3장에서 2002년 반미시위와 2016년 탄핵 시위를 그런 견지에서 설명했다. "이게 나라냐!"

비교정치학적 관점에서 세계 여러 나라를 제도 내적 정치참여와 제도 외적 정치참여의 정도를 비교하면 재미있겠다. 그리고 그것과 그 나라 국민의 국민정체성의 강도와 상관관계를 따져보면 좋은 연구논문이 될 것 같다. 단언컨대 한국이 좋은 사례 연구감이다.

5. 대한민국의 국가정체성 모색

대한민국은 독특한 국제정치적 정체성이 있다. 서문에서 언급한 독특한 지정학적 조건과 지경학적 여건이 있다. 한편으로 그 상황에서 겪었던 고통의 기억이 역사에 기록돼 있고 그로 인한 심리적 트라우마가 있다. '고래 싸움에 새우 등 터진다'라는 속담이 외교 문제를 둘러싼 대화에서 자주 언급된다. '코끼리가 싸우면 망가지는 건 잔디'라는 아프리카 속담이 마음에 닿는다. 한국인의 심리 깊은 곳에 자리 잡은 나라의 모습, 국가정체성은 부끄럽다. 한(漢), 당(唐), 원(元), 명(明), 청(淸) 등 중국에 통일 왕조가 들어설 때마다 얻어맞거나 알아서 무릎 꿇었다. '왜놈'이라고 깔보던 일본의 침공을 두 차례 당하고 결국 국권을 빼앗겼다. 민족국가 시대에 민족이 분단되어 서로 전쟁한 모습도 남 보기 부끄럽다.

다른 한편으로 그 같은 트라우마를 극복하고픈 여망이 있다. 그 아픈 기억 때문에 성취하고 싶은 이상형이 있다. 그래서 조금이라도 자랑스러운 면이 나타나고 남의 인정을 받으면 민감하게 반응한다. 외국의 기관에서 각종 분야에 국가별 순위를 발표하면 거의 예외 없이 언론에 보도된다. 높으면 자랑하고 낮으면 자책하거나 질책한다. 그래서 2002년 월드컵에서 4강에 진출했을 때 온 나라가 들썩였다. 2016년 탄핵 국면에서 고등학생들도 '이게 나라냐'라는 손팻말을 들고 길거리 시위에 나섰다.

역대 정부는 그런 국민 정서에 부합하여 지지를 동원하려고 국가의 외교적 정체성을 그렸다. 김영삼 정부(1993~98)는 "선진국 클럽"이라는 '경제협력개발기구'(OECD)에 가입하고 자랑하다가 금융위기를 맞았다. '김대중 정부(1998~2003)는 "IMF 조기 졸업"을 치적으로 내세웠다. 노무현 정부(2003~2008)는 외교 기치로 "동북아 균형자"를 내세웠다. 이명박 정부(2008~2013)는 G20 정상회의, 핵안보정상회의를 주최하고 "선진국 클럽 중의 선진국 클럽", '개발원조위원회'(DAC)에 가입했다. 박근혜 정부(2013~2017)는 "신뢰 외교"를 내세우고 중견국 외교클럽인 MIKTA의 일원으로 참여했다. 남북관계에 주력한 문재인 정부(2017~2022)의 당당한 중견국으로서 신북방, 신남방정책을 내세우고 "한반도 평화 프로세스"에 집중했다. 2022년 집권한 윤석열 정부는 "글로벌 중추국가"(Global Pivotal State; GPS)를 국가정체성으로 내세웠다.

6. "글로벌 중추국가"

정권 담당자 또는 정부 당국자가 실제로 그렇게 생각하는지는 알 수 없으나 필자가 생각하는 글로벌 중추국가(Global Pivotal State; GPS)는 이런 모습이다. 중추국가는 체계의 균형을 좌우하는 균형자의 역할을 한다. 세력의 균형이 아니라 담론의 균형이다. 담론은 상호주관적이므로 홀로 할 수 없다. 생각이 같은(like-minded) 나라들을 모으고 이끌어야 한다. 생각이 같다는 기준은 가치와 이익이다. 국가 사이 이익은 편차가 크고 때로 충돌하니 가치를 앞세운다. 외교적 언사로 '보편적 가치'(universal values)라고 하나 그런 것이 있는지는 모르겠다. 현실적으로 따져 가장 많은 사람/나라가 지지하고, 동시에 그럴 만한 탄탄한 논리가 있는 가치가 그런 가치이다.

대한민국 정부가 '보편적 가치'를 지향하고 외교 태세에서 그것이 분명히 드러날 때 생각이 같은 다른 나라가 함께 할 마음이 생긴다. 그 가치를 실천에 옮길 역량과 의지를 믿으면 함께 행동한다. 어지러운 세상에서 균형추 구실을 하여 국제사회의 안정에 이바지하는 나라가 '글로벌 중추국가'이다. 국민이 사랑하고 자랑할 만한 국가정체성이다. 그 정체성이 정치의 한계를 규정할 수 있다. 그렇게 외교가 정치를 잡는다. 2020년대 중후반 대한민국이 글로벌 중추국가의 역할을 할 수 있을 것인가? 갈 길이 멀다.

7. 외교 태세

2019~2020년 홍콩 민주화 시위에서 군중이 '임을 위한 행진곡'을 불렀을 때 한국 정부는 입도 벙긋하지 않았다. 2021년 3월 미얀마 사태가 났을 때 한국 정부는 다른 나라보다 더 강한 제재를 취했다. 2021년 가을 여당 더불어민주당 대표와 야당 국민의힘 대표가 '토론배틀'을 했다. 야당 대표가 홍콩 사례를 예로 들며 '가치 외교'의 부재를 탓했을 때 여당 대표는 이렇게 답했다. "우리도 가치 외교 합니다. 미얀마 사태 때 단호하게 행동했습니다." 이 말이 한국 외교를 두 번 죽였다. 가치 외교에 일관성 없는 모습. 그리고 강자에 약하고 약자에 강한 비굴한 이중 잣대.

2021~2022년 우크라이나 위기가 악화하고 있을 때 정부는 침묵했다. 그러다가 2월 24일 러시아가 우크라이나를 침공하고 미국을 비롯한 서방이 대러시아 제재를 취하자 대통령은 "우리도 제재에 동참할 수밖에 없다"라고 변명조로 말했다. 결국 더 강한 제재로 그동안의 침묵을 보상해야 했고, 헐값으로 나온 러시아산 석유로 재

미 본 인도는 아니더라도 유사한 처지의 일본에 비해서도 더 큰 손해를 봐야 했다.

정권에 대한 비판이 아니다. 글로벌 중추국가를 내세운 윤석열 정부도 다를 바 없다. 2023년 11월, 장담하던 2030년 부산 엑스포 유치에 압도적인 표 차이로 실패한 것이 글로벌 중추국가로 인정받지 못했다는 증거이다. 글로벌 중추국가의 비전이 제대로 내면화되지 않은 모양이다. 아니면 비전을 실천할 외교 전략이 없거나 있더라도 실행에 옮길 외교 역량이 모자라기 때문일까?

가치를 주창하고 남이 추종하려면 말만으로 안된다. 행동으로 보여줘야 한다. 한 차례의 행동으로는 충분하지 않다. 사람들은 누구를 평가할 때 시간을 두고 온갖 상황에서 보이는 대응에서 일관되게 나타나는 행태, 즉 행동 태세 혹은 쉬운 말로 '행동거지'를 보고 그의 '인격'을 평한다. 나라의 '국격'도 마찬가지이다. 필자는 온갖 국제정치적 상황에서 어느 나라가 일관되게 대응하는 방식을 '외교 태세'(diplomatic posture)라고 부른다.

너무 막연하면 예를 들어보자. 제7장에서 상호주의를 논의하며 액설로드 교수가 소개한 Tit-For-Tat(TFT) 전략을 소개했다(Axelrod 1984). 이 전략은 무한반복 죄수의 딜레마 게임에서 첫 게임에서는 일단 협력하고 다음부터는 상대의 이전전략으로 되갚아주는 방식이니 선의의 상호주의 전략이다. 이 전략을 많고 다양한 전략을 상대로 시뮬레이션했더니 매우 '튼튼'(robust)하다는 것이 드러났다. 즉 자주 지지도 않지만, 지더라도 크게 지지는 않아, 최종 평균 점수에서는 일등했다.

액설로드 교수는 이 전략의 특징을 분석하여 사회 속 성공하는 행동거지로 제안했다. (1) 이런 행태를 보이는 사람은 심성이 바르다. 처음 보는 사람과도 협력한다. (2) 그런데 쉽게 대할 수 없는 깐깐함이 있다. 한번 단 한 번의 배신도 용서하지 않는다. (3) 그래도 뒤끝이 없다. 다시 협력으로 돌아서니 바로 사람 좋은 모습이 된다. (4) 이처럼 단순명료하니 믿고 함께 일해서 공동 성과를 내기 쉽다.

외교적으로 어떤 나라가 이런 나라일까? (1) 심성이 바르다는 말은 보편적 가치를 추구한다는 뜻이다. (2) 깐깐하다는 말은 도발에는 단호하다는 뜻이다. (3) 뒤끝이 없다는 말은 대결보다는 대화를 선호한다는 뜻이다. (4) 단순명료하다는 뜻은 꿍꿍이속이 없다는 뜻이다. 꿍꿍이속이란 사적 욕심이 공적 이익에 앞설 때 하는 말이다. 외교의 경우, 정치가 외교에 우선할 때, 꼬리가 개를 흔들 때 하는 말이다. 네타냐후 이스라엘 총리가 꿍꿍이속이 있다고 의심받으니 미국 대학생들이 들고일어났다. 피해자 이스라엘이 가해자가 됐다.

꼬리가 개를 흔들면 그 개를 믿을 수 없다. 정치적 이유로 외교를 오용하면 국격을 함양할 수 없다. 국격이 없으면 국민이 바라는 글로벌 중추국가는 헛된 희망에 불과하다.

8. 꿩 잡는 매, 정치 잡는 외교

외교부는 뭘 하느냐고 묻는다면 할 말이 많다. 대답은 이렇다. “어림없다.” 외교부는 ‘비빌 언덕’이 없다. 공적개발원조 문제에 예산권을 쥔 기획재정부에 밀리고, 통상문제에 재계와 농어민을 등에 업은 산업자원부와 농림수산부에 밀리는 현재의 구조로는 턱도 없다. 프랑스는 내정은 총리에 맡기고 대통령이 외교에 전념하는 이원집정부제를 채택했다. 미국은 우리 외교부 장관에 해당하는 국무장관이 제1 장관이다. 이원집정부제로의 헌법 개정이 어렵다면 적어도 외교부 장관이 제1 부총리가 되는 정부조직법 개정이 필요하다. 역시 어림없다고?

그러므로 국민이 앞서가야 한다. 평소에는 "개돼지"로 여기더라도 선거 때가 되면 "저승사자"처럼 무서운 게 정치인과 국민의 관계다. 그 국민이 국제정치학자처럼 생각하고 외교관처럼 행동하면, 그래서 왜 프랑스가 이원집정부제를 채택했는지, 왜 미국의 국무장관이 제1 장관인지, 왜 한국에서 외교부 장관이 제1 부총리가 돼야 하는지를 이해하면 정치의 한계를 규정할 수 있다. 그리고 그렇게 하여 안으로는 부끄러워도 밖으로는 자랑스러운 나라의 모습을 기준 삼아 투표하고, 그래도 안 되면 제도정치를 넘나드는 정치참여를 통해 진영정치의 폐해를 극복할 수 있다. 매는 꿩을 잡는다. 고양이는 쥐를 잡는다. 외교는 정치를 바로잡는다. 어쩌면 한국처럼 국민정체성이 강한 나라만 가능한 일일지 모른다.

연습문제

1 국제정치에서 양면게임/이중게임/둥지게임에 관해 설명하시오.

2 '외교 태세'의 개념에 대해 설명하시오.

3 '외교는 정치의 최고 단계'라는 명제에 대해 논평하시오.

4 '외교를 통해 정치를 바로잡는다'라는 본문의 명제를 설명하시오.

용어해설

1. 영어 원어와 맥락에 따른 번역어, 의미 해설

absolute gains vs. relative gains: (자기 것만 따지는) 절대적 이득과 (다른 사람 것과 비교하는) 상대적 이득
agent: 대리인 ↔ 주인(principal); 행위자 ↔ 구조 (structure)
ahistorical: 몰역사적; 역사의식이 없음
American decline: 미국쇠퇴(론)
amoral: 몰도덕적; 도덕의식이 없음
anomaly: 변격(變格). 법칙이나 이론의 예측을 벗어난 현상
archy: (접미어) 지배, 권력, 정부
; monarchy: 단두정
; oligarchy; 과두정
; polyarchy: 다두정
; anarchy: 무정부, 무두정
atheoretical: 몰이론적; 이론의 감이 없음
atomism: (존재론의) 원자론, 개체주의와 유사한 의미
balance of power: 세력균형 (cf. balance of threat: 위협균형)
balancing: 균형잡기 ↔ bandwagoning: 편승하기
bandwagoning: 편승하기 ↔ balancing: 균형잡기
behavioralism: 행태주의. 관찰 가능한 행태를 연구한다는 뜻에서 1950~60년대 미국 사회과학을 이끈 학풍, 운동
carrot: 당근, '순응하면 보상한다'는 식의 조건부 약속, 곧 회유 ↔ stick: 채찍, 협박
collective action: 집단행동
compellence: (하기 싫은 일을 하도록) 강제함. 사전에는 동사(compel)만 있고 명사형은 없는 단어인데 셸링(Thomas C. Schelling)이 deterrence의 대응 개념으로 만들었다. ↔ deterrence: 억제
conservatism: 보수주의
constitutionalism: 입헌주의
constructivism: 구성주의 (1) 국제정치학 이론; (2) 인식론의 경험론과 합리론을 통합한 칸트의 인식론; (3) 문화공동체로서 민족에 대비하여 정치공동체로서 국민의 형성을 말하는 견해; 본문에서는 생득설에 대비하는 생성설로 번역
credibility: 협박과 약속의 신빙성. 사람의 신뢰성
default theory: 기초이론, 또는 기본이론

defensive cooperation: 방이적 협력. 공동이익을 위해 협력하지 않고 남에게 뒤지지 않으려고 마지못해 하는 협력

Delian League: 고대 그리스에서 아테네가 이끈 델로스 동맹. 델로스섬에 본부가 있었음 ↔ Peloponnesian League

democratic peace: 민주평화론

- democratic peace, dyadic: 쌍방향 민주평화 (민주국가는 서로 싸우지 않는다)
- democratic peace, monadic: 단방향 민주평화 (민주국가는 평화애호적이다)

deterrence: (하려는 일을 못하도록) '억제'함. 일본어에서 '억지'(抑止)로 번역하여 사용하고 우리도 그렇게 썼다. (2)권 제3장에서 참조

dynamic density: 동태적 밀도 ↔ static density: 정태적 밀도

empathy: 공감

Enlightenment: 계몽주의 철학

epistemology: 인식론. 지식의 본질에 관한 철학적 연구; 경험론 대 합리론이 대표적인 인식론 논쟁; 사회과학과 자연과학의 방법론적 단일성을 주장하는 일원론과 이원론도 있음

exogenous: 외생적, 독립변수 ↔ endogenous: 내생적, 종속변수

feudalism: 봉건제도, 봉토(封土; fief, feud)를 매개로 한 주군(主君; the suzerain)과 봉신(封臣; the vassal) 관계, 그 제도

fortuna: 운, 우연 ↔ *virtù*:(자질과 능력) [마키아벨리]

framing: 프레이밍, 프레임 짜기

fungibility: 범용(汎用)성, 대용(代用)성

game theory: 게임이론. 결과가 자신의 선택뿐만 아니라 다른 사람의 선택과 어울려 결정되는 상호의존적 결정에 관한 수학이론

gaslight: 세뇌, "가스라이팅"

general will: 일반의지 [루소]

global governance: 글로벌 거버넌스, 세계적 협치

hard power: 경성(硬性)권력, 실력 ↔ soft power: 연성(軟性)권력, 매력

hedging: 헤징, 위험 분산, 국제적 연합/동맹에서 양다리 걸치기; 등거리 정책

hegemon: 패권국

- global hegemon: 세계패권국
- regional hegemon: 지역패권국 (미어샤이머는 해양의 존재로 인해 지역패권국만 있고 세계패권국은 현실적으로 불가능하다고 주장)

hegemonic stability theory: 패권 안정 이론, 국제체계 내 패권국가가 있을 때 안정적이라는 주장; 19세기 팍스 브리태니커와 20세기 팍스 아메리카나를 설명함.

hegemonic war: 패권전쟁; 체계 내 제1, 2인자가 지배권, 나아가 문명의 표준을 놓고 겨루는 전쟁; 체계 내 모든 나라를 두 진영으로 나누는 경향이 있음

holism: 총체주의 ↔ individualism: 개체주의

humanism: 인문주의

humanitarian intervention: 인도주의적 개입, 내정 불간섭의 주권 원칙에도 불구하고 인도적 이유로 다른 나라의 내정에 개입하는 일

idealism: (1) (현실에 만족하지 못하고 그 이상을 추구하는) 이상주의; (2) 유물론/물질론에 대비되는 유심론/관념론 [존재론]

ideation: 관념 작용

ideational causation: 관념의 인과적 설명력

identity: 정체성, 본인의 모습에 대한 생각, 그것을 사랑하는 마음

- identity, national: 국민 정체성, 본인이 어느 나라 사람인지, 또 그 나라를 사랑하는 마음
- identity, state: 국가정체성, 나라의 본 모습
- identity, corporate: 개체적 정체성 ↔ social identity: 사회적 정체성
- identity, collective: 집단 정체성

inference: 추론

- abduction: 귀추법; deduction: 연역법; induction: 귀납법

influence: 명사; '영향'을 주다로 쓰이기도 하고 '영향력이 있다'로 쓰이기도 한다.

interdependence: 상호의존

inter-subjectivity: 상호주관성, 간(間)주관성으로 쓰기도 함

International Monetary Fund (IMF): 국제통화기금

international regimes: 국제 레짐. 특정한 이슈 영역에서 작동하는 제도적 틀. 원칙, 규범, 규칙, 의사결정 절차 등으로 구성된다.

interwar period: 전간기(戰間期); 1차대전이 끝나고 2차대전이 발발한 1919~1939년의 시기를 이름

law of nature; natural law: 자연법, 법학에서는 실정법(positive law)과 대비되는 개념

liberalism: 자유주의; (1) 보수주의에 대비되는 진보주의를 말하는 이념; (2) 근대 서양의 대표적 정치철학; (3) 현대 국제정치이론의 하나

- liberalism, classical: 고전적 자유주의; 자유주의 정치철학의 원래 모습과 주장; cf., neoliberalism(신자유주의)
- liberalism, modern: 현대 자유주의; 진보주의의 의미를 가진 20세기형 변형
- liberalism, political: 정치 자유주의; 정치 분야에 적용된 자유주의 사상
- liberalism, economic: 경제 자유주의; 경제 분야에 적용된 자유주의 사상
- liberalism, international: 국제 자유주의; 국제관계에 응용된 자유주의 사상

-- liberalism, commercial: 상업 자유주의; 무역이 평화를 함양한다는 국제 자유주의의 한 유형

liberalism, regulatory: 규제 자유주의; 국제법과 국가연합으로 국제관계의 폭력성을 규제한다는 국제 자유주의의 한 유형

-- liberalism, republican: 공화정 자유주의; 공화정체가 평화애호적이라는 함양한다는 국제 자유주의의 한 유형

-- liberalism, sophisticated: 복합 자유주의; 이상 세 가지 제도와 효과의 시너지를

기대하는 국제 자유주의

long peace: 오랜 평화: (1) 1870년 보불전쟁 이후 1914년 1차대전까지 44년의 평화; (2) 1815년 나폴레옹 전쟁 이후 1914년 1차대전까지 99년의 평화; (3) 1945년 2차대전 이후 현재까지 79년의 평화

materialism: 유물론, 물질론 [존재론]

maximization: 극대화 (경제학) ↔ minimization: 극소화

modern state: 근대국가; sovereign state: 주권국가

modernity: 근대, 현대

monarchy: 왕정, 단두정; cf., oligarchy; 과두정; polyarchy: 다두정; anarchy: 무정부, 무두정

most-favored-nation (MFN) treatment: 최혜국 대우, 모든 나라보다 더 잘 대우한다는 뜻이 아니라 다른 어떤 나라보다 덜 대우하지 않는다는 뜻임

multilateralism: 다자주의, "셋 이상의 관계를 일반화된 규칙에 따라 관리하는 제도" (Ruggie)

nation: 국민, 민족, 국가

- nation, civic: 국민; 정치공동체
- nation, ethnic: 종족, 민족; 문화공동체
- nation, primodialism: 민족의 생성에 관한 생득(生得)설, 원초주의
- nation, constructivism: 민족의 형성에 관한 생성(生成)설, 구성주의

nationalism: (대외적으로) 민족주의, (대내적으로) 국민주의

Neoconservatives: 부시 행정부의 외교를 좌우한 신보수주의자들, 흔히 네오콘으로 불린다. 저자는 본문에서 이들이 "전간기 자유주의적 이상주의자들의 좀비와 같았다"라고 쓴다.

neoliberal institutionalism: 신자유주의적 제도론(주의)

neoliberalism: 신자유주의; (1) 시장에 대한 자유방임을 주장하는 고전적 자유주의의 부활이라는 뜻으로 1980년대 이후 미국과 영국이 주도하여 세계적인 경제정책 흐름이 됨; (2) 실증주의적 방법을 강조하는, 자유주의 국제정치이론의 한 유파

Neorealism: 신현실주의. 실증주의적 방법을 강조하는, 현실주의 국제정치이론의 한 유파

Neo-classical Realism: 신고전적 현실주의. 국내정치를 주목하는 현실주의 국제정치이론의 한 유파

network: 씨줄과 날줄로 이어진 그물망 같은 모습

objective, -ity: 객관 ↔ subjective, -ity: 주관 (cf. inter-subjectivity: 상호주관)

ontology: 존재론, 존재의 본질에 관한 철학적 연구; 유물론 대 유심론이 대표적인 존재론 논쟁; 개체주의 대 총체주의도 있음. cf. espistemology(인식론)

operationalization: 조작(화), 추상적 개념을 측정할 수 있는 지표로 구체화함

paradigm: 패러다임. 1962년 과학사/과학철학자 토머스 쿤(Thomas Kuhn)이 특정 학문 분야의 기초이론(paradigm)이라는 뜻으로 처음 사용하고 그것이 철학/세계관처럼 기능하다고 하여 이론, 세계관 등 다양한 맥락에서 사용됨

paradox of clemency: 자비의 역설. 치안과 국방처럼 큰 자비를 위해서는 작은 자비를

포기하고 폭정을 감수한다는 역설 [마키아벨리, 한비자]
Pareto optimality: 후생경제학에서 누구든 타인의 후생을 줄이지 않고 자신의 후생을 늘릴 수 없는 상태
path dependence: 경로 의존성
Peloponnesian League: 고대 그리스에서 스파르타가 이끈 주로 펠로폰네소스 반도에 있던 도시국가 연맹 ↔ Delian League
Peloponnesian War: 기원전 431-404년까지 27년간 이어진 스파르타(동맹국 포함)와 아테네(동맹국/속국 포함) 사이의 전쟁
Persian War: 그리스 사람들이 페르시아의 침공을 맞아 싸운 전쟁; (1) 제1차, 기원전 490년 마라톤 전투가 있었음; (2) 제2차, 기원전 480년. 살라미스 해전과 플라타이아 전투. 영화 〈300〉의 소재
persuasion: 말로 상대의 생각이나 행동을 바꾸는 설득 (합리적, 정서적, 규범적)
phenomenon: 현상(懸象) ↔ noumenon: 본체, '물 자체'
political power: 권력
positivism: 실증주의. 실증 증거를 강조하는 인식론/방법론적 주장 ↔ 탈실증주의
post-positivism: 탈실증주의. 실증주의 방법론을 반대하는 방법론적 주장
power: (1) 일반적 의미의 힘, (2) 권력(political power), (3) 다른 국가와의 관계에서 국가[루소]
- power, latent: 잠재적 힘(권력)
- power in action: 작동하는 힘(권력)
- power in possession: 보유하는 힘(권력)
- power, hard: 경성권력, 실력 ↔ soft power: 연성권력, 매력
- power, structural: 구조적 권력, 구조가 행동을 통제하는 힘, 또는 구조상 위치에서 나오는 힘
- power, great: 강대국
- power, middle: 중견국
- power, weak: 약소국

power politics: 권력정치, 강대국 정치
prediction: 예측, 이론의 논리나 추론에 따라 관찰하지 않거나 아직 일어나지 않은 사실에 대해 함
prisoners' dilemma: 죄수의 딜레마, 엄격히 말하면 피의자의 딜레마
prophecy: 예언, 과학적 근거가 없는 점술식 예언
prudence: 신중함, 실천지(實踐智) [마키아벨리는 정치의 실천지는 최선을 추구하는 데 있지 않고 최악을 피하는 데 있다고 주장]
public goods: 공공재, 누구나 쓸 수 있는 비배타성과 누가 쓴다고 다른 사람이 쓸 양이 줄지 않는 비경합성의 특징이 있음
quantum: 양자(量子)
raison d'etat; the reason of state: 국가이성, 국가의 (법)인격 [프랑스어]

rationalism: (1) 합리론, 선험적 지식을 이성으로 안다는 '인식론'
rationalism: (2) 합리주의, 인간의 이성을 신봉하는 철학, 사상
rationalism: (3) 합리주의, 인간 이성의 계산능력을 강조하는 방법론, 유사어: 효용론(utilitarianism)
realism, scientific: (과학적) 실재론
realism: 현실주의, 보이는 것을 전부로 여기는 존재론, 현실에 안주하는 태도 ↔ idealism (이상주의)
Realism: 국제정치이론으로서 '현실주의' (제5, 6장)
- classical realism: 고전적 현실주의
- neorealism: 신현실주의
- offensive realism: 공격적 현실주의 (미어샤이머)
- defensive realism: 방어적 현실주의 (왈츠, 저비스)
- neo-classical realism: 신고전적 현실주의 (슈웰러)

Realpolitik: 현실정치 (독일어)
reciprocity: 상호주의, 호혜성
- reciprocity, specific (구체적 상호주의) ↔ reciprocity, diffuse (포괄적 상호주의)

recursive: 재귀적
reductionism: 환원론. 왈츠는 체계의 속성을 개체의 속성에서 유추하는 잘못된 추론법이라고 주장함
reflectivism: 성찰주의, 인간의 성찰 능력을 강조하는 사회과학 인식론/방법론적 주장
reformation: 16세기 유럽에서 발생한 종교개혁, 그 운동
regional hegemon: 지역패권국 [미어샤이머의 개념]
reification: 물화(物化), 물상(物象)화, 물량(物量)화
republic: 공화정체
revisionism: 수정주의, 현상 타파주의 cf., revisionist power: 현상 타파 국가
security community: 안보공동체
- security community, amalgamated: 융합적 안보공동체, 각국의 군을 합쳐 통합군을 유지함
- security community, pluralistic: 다원적 안보공동체, 각국이 군대가 있으나 서로 사이에 군대의 사용은 의제에 없는 상태

security dilemma: 안보딜레마
security: 안전보장, 안보 (cf., national security: 국가안보, social security: 사회보장)
self-defeating: 자기부정적 ↔ self-fulfilling: 자기실현적
self-help: 자력구제, 자구(自救)
shadow of the future: '미래의 그림자.' 사람들이 지금 행동할 때 앞날을 고려한다는 뜻의 은유적 표현
social theory: 사회과학 이론의 이론, 메타이론과 비슷한 개념
soft power: 연성권력, 매력 ↔ hard power: 경성권력, 실력

sovereignty: 주권, 안으로 '최고'인 국가권력, 밖으로 '독립'인 국가의 법적 지위
state: (1) 상태(狀態)
- state of nature: 국가 또는 사회가 형성되기 이전의 '자연 상태'
- state of peace: 평화 상태, 치세(治世)
- state of war: 전쟁상태, 난세(亂世)

state: (2) 국가, 나라
- state, welfare: 복지국가
- state. night-watch: 야경국가
- state, sovereign: 주권국가
- state, modern: 근대국가
- state, ancient: 고대국가
- state, medieval: 중세국가

statecraft: 치국경세(治國經世), 또 그 기술
statism: 국가주의; 국제정치학에서 국가를 위주로 보는 국가중심주의; 국가 대 사회관계에서 국가 우위론; 경제발전론에서 강성국가론, 개발독재론
status quo: 현상(現狀), 현상유지; cf., status quo power: 현상 유지 국가
stick: 채찍, '불응하면 징벌한다'는 식의 조건부 협박 ↔ carrot: 당근
strategic culture: 전략 문화, 외교, 안보, 군사 문제를 보는 한 나라의 독특한 방식
structure: 구조; 체계를 지탱하는 얼개
- polar structure: 극 구조; unipolar[단극], bipolar[양극], multipolar[다극]

structuralism: 언어학, 인류학 등에서 발전한 구조주의
structuration: 구조화
subjective, -ity: 주관 ↔ objective, -ity: 객관
substantive theory: 실질 이론, 전쟁과 평화처럼 실질적 내용에 관한 이론 ↔ social theory: 사회 이론
system, international, polarity: 국제체계의 극구조, 극수(極數)
system: 체계, 구성단위들의 유기적 결합체
- system, circular: 순환계
- system, ecological: 생태계
- system, solar: 태양계
- system, social: 사회체계 (사회를 구성단위들의 유기적 결합체로 봄)
- system, international: 국제체계 (국제사회를 구성단위들의 유기적 결합체로 봄)
- systematic: 체계적
- systemic: 체제의, 체계에 관한

Thirty Years' War: 30년 전쟁(1618~1648)
Thucydides: 투키디데스, 고대 그리스의 장군, 역사학자 〈펠로폰네소스 전쟁사〉를 씀
- Thudydides's Trap: 투키디데스의 함정. 펠로폰네소스 전쟁이 패권국 스파르타와 도전국 아테네의 국력 격차가 좁혀지거나 역전되면서 일어났다는 설에 따름

Tit-For-Tat(TFT): 반복되는 죄수의 딜레마에서 시작할 때는 협력을 택하고 이후로는 상대가 그전 라운드에서 택한 전략으로 받는 전략

transformation: 변환, 형태(form)의 변화, 때로는 변형

tribalism: 부족주의, "진영정치" "진영주의"를 이르는 뜻으로 쓰임

tyrant: 불법/부정한 방법으로 권력을 차지한 참주(僭主), 폭정(tyranny)을 행하는 폭군

utilitarianism: 도덕철학의 공리주의, 경제학의 효용주의

via media: 중도(中道)

virtù: 국가지도자의 자질과 능력 ↔ *fortuna* (운, 우연) [마키아벨리]

wag the Dog: (개가 꼬리를 흔들지 않고) 꼬리가 개를 흔든다는 의미의 영화 제목. 주객전도, 또는 본말전도

wishful thinking: 희망적 사고 (때로 희망고문); 원하는 일이 일어날 확률을 실제보다 높게 평가하는 심리적 경향

2. 인용된 관용구와 사자성어

감언이설(甘言利說): 듣기 좋은 말과 이로움으로 꾄다는 좋지 않은 의미의 말

격양가(擊壤歌): "땅을 치며 노래하다"라는 뜻으로 전설상 중국 요(堯) 임금의 치세를 칭송하는 노래

경성권력(硬性權力): (1) 유형의 권력자원 또는 그에 기초한 권력, 실력 (2) 강권적으로 행사되는 권력 ↔ 연성권력

권불십년(權不十年): 위에서 썩고 아래에서 반발하여 오래가지 못하는 권력의 속성을 이를 때 쓰는 말

권토중래(捲土重來): 실패 후 힘을 키워 다시 옴

균형잡기와 편승하기: balancing과 bandwagoning의 번역어; 합종과 연횡에 해당. 본문 제6장 참조

난세(亂世): 중앙의 권력이 없거나 약해서 군웅이 할거하여 서로 다투는 세상

대지약우(大智若愚): 큰 지혜는 오히려 어리석게 보인다. 노자 도덕경

덕치(德治)와 법치(法治): 어질게 다스림과 엄하게 다스림

도광양회(韜光養晦): (칼날의) 빛을 감추고 새벽을 기다린다. 덩샤오핑이 중국 외교의 지침으로 내렸다는 말

도편추방(追放陶片): ostracism. 아테네에서 참주가 될 소지가 있는 정치인을 주민투표로 사전에 추방하는 제도

매관매직(賣官賣職): 돈으로 관직을 삼

맹인모상(盲人摸象): "장님 코끼리 만지기" - 잘못된 추론을 강조하려고 씀

배은망덕(背恩忘德): 권력 수단으로서 '당근'의 한계를 강조하며 사용함

백가쟁명(百家爭鳴): 많은 학파가 공명을 다투다 냉전 종식 이후 여러 탈-이론 등장한,
제3차 대논쟁을 빗대어 설명.

봉건제도(封建制度): 봉토(封土)를 매개로 한 주군과 봉신 사이의 관계. 고대 중국 주(周)나라, 중세 유럽, 중세 일본 등에서 채택한 제도

분서갱유(焚書坑儒): 진시황이 폭정에 항거하는 선비들을 땅에 묻고 그들이 쓴 책을 불태운 고사

삼인성호(三人成虎): 세 사람이 입을 모으면 거짓도 참으로 들림. 상호주관의 허구성, 위험성을 보여주는 고사성어

서세동점(西勢東漸): 19세기 중반 이후 서양 세력이 동양으로 식민지를 개척하며 몰려오는 것을 이를 때 씀

세력균형(勢力均衡): 영어 balance of power의 우리말 번역

송양지인(宋襄之仁): 쓸데없는, 어리석은 인정; cf., *Realpolitik*

승승장구(乘勝長驅): 승리의 기세를 타고 몰아붙임

신상필벌(信賞必罰): 공과(功過), 즉 잘잘못을 가려 상과 벌을 반드시 집행함

약육강식(弱肉强食): 약자는 먹히고 강자는 먹는. 난세를 묘사하는 말

연횡(連橫): 가로로 이음. 전국시대 강국 진나라와 손을 잡고 주변국을 노림. '편승하기'(bandwagoning)의 고전적 사례

오욕(五慾): 식욕, 수면욕, 색욕, 재물욕, 명예욕; 권력욕을 더해 육욕이라고도 함

와각지쟁(蝸角之爭): 달팽이 뿔 위의 싸움. 딴에는 중요하나 크게 보면 하찮은 일

왕도(王道)와 패도(覇道): 어질게 다스리고 힘으로 다스림. 덕치와 법치와 유사

원교근공(遠交近攻): 멀리 사귀고 가까운 이웃을 공격한다는 전략원칙

위협균형(威脅均衡): 영어 balance of threat의 번역어

이율배반(二律背反): 두 가지 법령이 서로 충돌함. 두 가지 감정이 교차할 때 사용하기도 함

이전투구(泥田鬪狗): 진흙탕의 개싸움. 본문에서는 학파 사이의 과도한 경쟁을 비판하며 사용한 말

이합집산(離合集散): 만나고 헤어지고 뭉치고 흩어짐; 이럴 때 합종연횡은 잘못된 표현임

일목요연(一目瞭然): 한눈에 알아보기 쉬움

일체유심조(一切唯心造): 모든 것은 마음이 만든다는 불교의 믿음. cf., 독일관념론

자력구제(自力救濟): 법의 힘을 기다리지 않고 직접 행함

자유방임(自由放任): laissez-faire

전국칠웅(戰國七雄): 齊(제), 楚(초), 燕(연), 韓(한), 趙(조), 魏(위), 秦(진)나라

정교일치(政教一致): 종교를 기반으로 정치함. 이란, 티베트 등

제자백가(諸子百家): 여러 학자, 많은 학파

주객전도(主客顚倒): 주인과 손님이 바뀜; 본말전도. 영어 Wag the Dog(개가 꼬리를 흔든다)에 해당하는 사자성어

축록자불고토(逐鹿者不顧兎): 사슴을 쫓는 자는 토끼를 돌아보지 않는다; 큰일을 도모할 때는 작은 일에 연연하지 않는다는 금언. 루소가 말한 사슴사냥의 우화에 비유됨

춘추오패(春秋五霸): 제환공(齊桓公), 진문공(晉文公), 초장왕(楚莊王), 오왕(吳王) 합려(闔閭), 월왕(越王) 구천(勾踐)

춘추전국시대: 중국 고대 주(周)나라의 약화(기원전 770년)로 시작하여 주나라의

멸망(기원전 404년)까지의 춘추(春秋)시대와 이후 진(秦)나라에 의한 통합(기원전 226년)까지 이어진 전국(戰國)시대를 아우르는 시대. 난세(亂世)의 대명사

치국경세(治國經世): 나라를 다스리고 세상을 경략함. 제2권의 주제

칠정(七情): 기뻐하고(喜), 성내고(怒), 슬퍼하고(哀), 즐거워하고(樂), 사랑하고(愛), 미워하고(惡), 탐내는(慾) 감정. 두려움(懼)을 포함하기도 함

학이불사즉망 사이불학즉태(學而不思則罔 思而不學則殆): "사유 없는 배움은 공허하고 배움 없는 사유는 위태롭다" cf., 내용 없는 사유는 공허하고 개념 없는 직관은 맹목적이다. [칸트]

합종(合從): 세로로 합침. 전국시대 내륙의 진(秦)나라에 대항하여 동쪽의 여섯 나라가 힘을 합침. '균형잡기'(balancing)의 고전적 사례

호가호위(狐假虎威): 여우가 호랑이 위세를 빌림; '편승하기'의 비유적 사례

혹세무민(惑世誣民): 세상을 어지럽히고 사람들을 미혹시킴

화평굴기(和平崛起): 중국 후진타오 정부(2003~2012)에서 중국위협론에 대항하여 중국의 부상이 평화롭다고 주장하려고 만든 외교 구호. 굴기라는 표현이 거슬린다고 하여 화평발전(和平發展)으로 바꿈

흥망성쇠(興亡盛衰): 흥하고 망하고 성하고 쇠함. 긴 역사적 시각에서 나라의 운명을 묘사할 때 흔히 쓰는 말

참고문헌

김용구. 2001. 『장 자크 루소와 국제정치: 영구평화를 위한 외로운 산책자의 꿈』. 원.

김우상. 2004. "세력전이이론." 우철구·박건영 편. 『현대 국제관계 이론과 한국』. 사회평론.

김준석. 2018. 『국제정치의 탄생: 근세 초 유럽 국제정치사의 탐색, 1494-1763』. 북코리아.

김태현. 2000. "제국주의, 민족주의, 제1차 세계대전." 국제정치경제연구회 편. 『20세기로부터의 유산: 세계 경제와 국제정치』. 사회평론.

김태현. 2002. "상호주의와 국제협력: 한반도 핵문제의 경우." 『국가전략』 8(3): 5-26.

김태현. 2004a. "2002년형 반미: 그 정치심리학적 근원과 정치외교적 함의." 『한국과 국제정치』 20(1): 29-62.

김태현. 2004b. "세력균형이론." 우철구·박건영 편. 『현대 국제관계 이론과 한국』. 사회평론.

김태현. 2008. "한국 국제정치이론 개발을 위한 과제." 하용출 편. 『한국 국제정치학의 발전과 전망』. 서울대학교 출판부.

김태현. 2010. "현대 국제정치학에서의 권력 논쟁과 한국." 『국제정치논총』 50(1): 469-485.

김태현. 2017. "투키디데스의 '이중 함정': 중국의 부상과 현대 국제정치학." 『국제정치논총』 57(2): 7-49.

김태현·류석진. 2020. "탈냉전 30년의 재조명: "30년의 위기?" 『한국과 국제정치』 36(1): viii-x.

김태현·정진영. 1993. "신세계 질서의 국제정치경제학: '패권이후'의 국제협력 논쟁과 세계 경제질서의 재편." 하영선 편. 『탈근대 지구정치학』. 서울: 나남.

남궁곤. 2008. "웬트가 양자로 간 까닭은? STIP(1999) 이후 구성주의 방법론 이행에 관한 소고." 『한국정치학회보』 42(2): 363-388.

니콜로 마키아벨리. 『군주론』.

민병원. 2002. "복잡계로서의 국제정치: 새로운 패러다임의 모색을 위한 실험." 『한국정치학회보』 36(2): 425-446.

민병원. 2023. 『네트워크 국제정치: 국가의 변환과 거버넌스』. 이화여자대학교 출판문화원.

박상섭. 2008. 『국가·주권』. 소화.

백창재. 2004. "패권 안정 이론." 우철구·박건영 편. 『현대 국제관계 이론과 한국』. 사회평론.

아리스토텔레스. 『정치학』.

이근욱. 2011. 『왈츠 이후: 국제정치이론의 변화와 발전』. 한울.

장-자크 루소. 『사회계약론』.

정신영. 2018. "세계화와 자유민주주의 위기의 두 얼굴 : 신자유주의와 포퓰리즘의 정치적 동학." 『한국정치학회보』 52(4): 81-102.

정진영. 2000. "국제정치 이론논쟁의 현황과 전망: 새로운 이론적 통합의 향방." 『국제정치논총』 40(3): 5-38.

조홍식. 2022. 『22개 나라로 읽은 부의 세계사』. 웅진지식하우스.
차태서. 2024. 『30년의 위기』. 성균관대학교 출판부.
최정운. 1999. 『오월의 사회과학』. 풀잎.
토머스 홉스. 『리바이어던』.
하영선. 2019. 『사랑의 세계정치』. 한울.
하영선·김상배 엮음. 2006. 『네트워크 지식국가』. 을유문화사.

Adler, Emmanuel and Michael Barnett, eds. 1998. *Security Communities*. Cambridge University Press.
Allison, Graham D. 2014. "The Thucydides Trap." in Richard Rosecrance and Steven E. Miller, eds., *The Next Great War?: The Roots of World War I and the Risk of U.S.-China Conflicts*. The MIT Press.
Allison, Graham D. 2017. *Destined for War: Can America and China Escape Thucydides's Trap?* Harper Collins.
Anderson, Benedict. 1983. *Imagined Communities: Reflections on the Origin and Spread of Nationalism*. Verso.
Aron, Raymond. 1962/1966. *Peace and War: A Theory of International Relations. Doubleday.*
Ashley, Richard K. 1981. "Political Realism and Human Interests." *International Studies Quarterly* 25(2): 204-236.
Ashley, Richard K. 1984. "The Poverty of Neorealism." *International Organization* 38(2): 225-286.
Axelrod, Robert. 1984. *The Evolution of Cooperation*. Basic Books.
Baldwin, David A. 1979. "Power Analysis and World Politics: New Trends versus Old Tendencies." *World Politics* 31(2): 161-194.
Baldwin, David A., ed. 1993. *Neorealism and Neoliberalism: The Contemporary Debate*. Columbia University Press.
Balzacq, Thierry and Stéphane J. Baele. 2014. "The Third Debate and Postpositivism." Oxford Research Encyclopedias. (https://oxfordre.com/ internationalstudies/ display/10.1093/acrefore/9780190846626.001.0001/ acrefore- 9780190846626-e-104).
Barnett, Michael and Raymond Duvall, eds. 2005. P*ower in Global Governance*. Cambridge University Press.
Berenskoetter, Felis and M. J. Williams, eds. 2007. *Power in World Politics*. Routledge.
Berger, Thomas U. 1996. "Norms, Identity, and National Security in Germany and Japan." in Peter J. Katzenstein. ed. *The Culture of National Security: Norms and Identity in World Politics*. New York: Columbia University Press.
Bernstein, Richard and Ross H. Munro. 1997. *The Coming Conflict with China*. Knopf.

Bew, John. 2015. *Realpolitik: A History*. Oxford University Press.

Bloom, William. 1993. *Personal Identity, National Identity, and International Relations*. Cambridge University Press.

Booth, Ken, ed. 2011. *Realism and World Politics*. Routledge.

Brennan, Geoffrey. 2008. "Homo Economicus and Homo Politicus: An Introduction." *Public Choice* 137(3/4): 429-438.

Brown, Michael E., Sean M. Lynn-Jones, and Steven E. Miller, eds. 1995. *Perils of Anarchy: Contemporary Realism and International Security*. The MIT Press.

Bull, Hedley. 1966a. "Society and Anarchy in International Relations." in Butterfield, Hertbert and Martin Wight, eds. *Diplomatic Investigations: Essays in the Theory of International Politics*. George Allen.

Bull, Hedley. 1966b. "The Grotian Conception of International Society." in Butterfield, Hertbert and Martin Wight, eds. *Diplomatic Investigations: Essays in the Theory of International Politics*. George Allen.

Bull, Hedley. 1977. *The Anarchical Society*. Columbia University Press.

Butterfield, Hertbert and Martin Wight, eds. 1966. *Diplomatic Investigations: Essays in the Theory of International Politics*. George Allen. 이 책은 2019년 Oxfored University Press에서 새로 출판되었다.

Butterfield, Hertbert. 1966. "Balance of Power." in Butterfield, Hertbert and Martin Wight, eds. *Diplomatic Investigations: Essays in the Theory of International Politics*. George Allen.

Buzan, Barry. 1993. "From International System to International Society: Structural Realism and Regime Theory Meet the English School." *International Organization* 47(3): 327-352.

Carr, E. H. 1945. *Nationalism and After*. Chatham House.

Carr, E. H. 1946/2005. The *Twenty Year' Crisis, 1919-1939: An Introduction to the Study of International Relations*, 2nd ed. Harper and Row. 김태현 역. 2005. 『20년의 위기』. 녹문당.

Connor, Walker. 1972. "Nation-Building or Nation-Destroying." *World Politics* 24(3): 319-355.

Dahl, Robert A. 1956. *A Preface to Democratic Theory*. The University of Chicago Press.

Deutsch, Karl W. and J. David Singer. 1964. "Multipolar Power Systems and International Stability." *World Politics* 16(3): 390-406.

Deutsch, Karl W., et al. 1957. *Political Community and the North Atlantic Area: International Organizations in the Light of Historical Experience*. Princeton University Press.

Doyle, Michael W. 1997. *Ways of War and Peace: Realism, Liberalism, and Socialism*.

Norton.
Doyle, Michael. 1983. "Kant, Liberal Legacies, and Foreign Affairs." *Philosophy & Public Affairs* 12(3): 205-235.
Durkheim, Émile. 1895/1982. *The Rules of Sociological Method*. trans. by W. D. Hall. 1982. The Free Press.
Elman, Colin. 1996. "Horses for Courses: Why Not Neorealist Theories of Foreign Policy?" *Security Studies* 6(1): 7-53.
Evans, Peter, Harold K. Jacobson, and Robert D. Putnam, eds. *Double-Edged Diplomacy*. University of California Press.
Fay, Brian. 1975. *Social Theory and Political Practice*. George Allen.
Finnemore, Martha. 1996. "Constructing Norms of Humanitarian Intervention." in Katzenstein, ed. (1996).
Friedmann, Thomas. 2005. *The World Is Flat: A Brief History of the Twenty-first Century*. FSG.
Fukuyama, Francis.1992. *The End of History and the Last Man*. Free Press.
Gaddis, John Lewis. 1989. *The Long Peace: Inquiries Into the History of the Cold War*. Oxford University Press.
Garst, Daniel.1989. "Thucydides and Neorealism." *International Studies Quarterly* 33(1): 3-27.
Gilpin, Robert. 1988. "The Theory of Hegemonic War." *Journal of Interdisciplinary History* 18(4): 591-613. 김우상 외 역. 1997. 『국제관계론 강의 1』. 한울아카데미.
Goldstein, Joshua. 1988. *Long Cycles: Prosperity and War in the Modern Age*. Yale University Press.
Grieco, Joseph. 1988. "Anarchy and the Limits of Cooperation: a Realist Critique of the Newest Liberal Institutionalism." *International Organization* 42(3): 485-507.
Griffiths, Martin. 1999. *Fifty Key Thinkers in International Relations*. Routledge.
Grotius, Hugo. 1625/1922). *De Jure Belli ac Pacis Libri Tres. On the Law of War and Peace*. Three Books.
Guzzini, Stafano. 1993. "Structural Power: The Limit of Neorealist Power Analysis." *International Organization* 47:3.
Haas, Earnst B. 1953. "The Balance of Power: Prescription, Concept, or Propaganda?" *World Politics* 5(4): 442-477.
Haas, Earnst B. 1958. *The Uniting of Europe: Political, Social, and Economic Forces*. Stanford University Press.
Haas, Earnst B. 1980. "Why Collaborate? Issue-Linkage and International Regimes." *World Politics* 32(3): 357-405.
Hafner-Burton, Emilie M., Miles Kahler, and Alexander H. Montgomery. 2009. "Network Analysis for International Relations." *International Organization* 63(3): 559-592.

Hagström, Linus. 2015. "The 'abnormal' state: Identity, norm/exception and Japan." *European Journal of International Relations* 21(1): 122-145.

Hempel, Carl G. 1965. *Aspects of Scientific Explanations: And Other Essays in the Philosophy of Science*. New York: The Free Press.

Herz, John H.. 1950. "Idealist Internationalism and the Security Dilemma." *World Politics* 2(2): 157-180.

Hirschman, Albert O. 1970. *Exit, Voice, and Loyalty: Responses to Decline in Firms, Organizations, and States*. Harvard University Press.

Hoffmann, Stanley . 1977. "An American Social Science: International Relations." *Daedalus* 106(3): 41-60.

Holsti, K. J. 1970. "National Role Conceptions in the Study of Foreign Policy." *International Studies Quarterly* 14(3): 233-309.

Hume, David. "Of the Balance of Power." https://davidhume.org/texts/pld/bp

Huntington, Samuel P. 1991. *The Third Wave: Democratization in the Late Twentieth Century*. University of Oklahoma Press.

Jervis, Robert. 1976. *Perception and Misperception in International Politics*. Princeton University Press.

Jervis, Robert. 1978. "Cooperation Under the Security Dilemma." *World Politics* 30(2): 167-214.

Johnston, Alastair Iain. 1995. "Thinking about Strategic Culture." *International Security* 19(4): 32-64.

Kant, Immanuel. 1998. *Critique of Pure Reason*. trans. and ed., Paul Guyer and Allen W. Wood. Cambridge University.

Kaplan, Morton A. 1957. *System and Process in International Politics*. Wiley and Sons.

Kaplan, Morton A. 1966. "The New Great Debate: Traditionalism vs. Science in International Relations." *World Politics* 19(1): 1-20.

Katzenstein, Peter J., ed. 1996. *The Culture of National Security: Norms and Identity in World Politics*. Columbia University Press.

Kennedy, Paul. 1987. *The Rise and Fall of Great Powers: Economic Change and Military Conflict from 1500 to 2000*. Random House.

Keohane, Robert O. 1984. *After Hegemony: Cooperation and Discord in the World Political Economy*. Princeton University Press.

Keohane, Robert O. 1986. "Reciprocity in International Relations," *International Organization* 40(1): 1-27.

Keohane, Robert O. 1988. "International Institutions: Two Approaches." *International Studies Quarterly* 32(4): 379-396.

Keohane, Robert O. 1990. "International Liberalism Reconsidered." in John Dunn, ed., *The Economic Limits to Modern Politics*. Cambridge University Press.

Keohane, Robert O., ed. 1986. *Neorealism and Its Critics*. Columbia University Press.
Kindleberger, Charles P. 1973. *The World in Depression, 1929-1939*. University of California Press.
King, Gary, Sydney Verba, and Robert Keohane. 1994. *Designing Social Inquiry: Scientific Inference in Qualitative Research*. Princeton University Press.
Knorr, Klaus and James Rosenau, eds. 1969. *Contending Approaches.Contending Approaches to International Politics*. Princeton University Press.
Krasner, Stephen D. 1978. *Defending the National Interest: Raw Materials Investments and U.S. Foreign Policy*. Princeton University Press.
Krasner, Stephen D., ed. 1983. *International Regimes*. Cornell University Press.
Kratochwil, Friedrich V. 1989. *Rules, Norms, and Decisions: On the Conditions of Practical and Legal Reasoning in International Relations and Domestic Affairs*. Cambridge University Press.
Kuhn, Thomas. 1962/70. *The Structure of Scientific Revolutions*. University of Chicago Press.
Lake, David A. 2011. "Why 'isms' Are Evil: Theory, Epistemology, and Academic Sects as Impediments to Understanding and Progress." *International Studies Quarterly* 55(2): 465-480.
Lapid, Yosef. 1989. "The Third Debate: On the Prospects of International Theory in a Post-Positivist Era." *International Studies Quarterly* 33(3): 235-254.
Layne, Christopher. 1993. "The Unipolar Illusion: Why New Great Powers Will Rise." *International Security* 17(4): 5-51.
Lebow, Richard Ned. 2001. "Thucydides the Constructivist." *American Political Science Review* 95(3): 547-560.
Lebow, Richard Ned. 2003. *The Tragic Vision of Politics: Ethics, Interests, and Orders*. Cambridge University Press.
Lobell, Steven E., Norrin M. Ripsman, and Jeffrey W. Taliaferro. 2009. *Neoclassical Realism, the State, and Foreign Policy*. Cambridge: Cambridge University Press.
Mansfield, Edward D. and Jack Snyder. 1995. "Democratization and the Danger of War." *International Security* 20(1): 5-38.
Mansfield, Edward D. and Jack Snyder. 2005. *Electing to Fight: Why Emerging Democracies Go to War*. MIT Press.
Mead, George H. 1934. *Mind, Self, and Society*. University of Chicago Press.
Mead, Walter Russell. 2014. "The Return of Geopolitics: The Revenge of the Revisionist Powers." *Foreign Affairs* 93(3): 69-79.
Mearsheimer, John J. 1990. "Back to the Future: Instability after the Cold War." *International Security* 15(1): 5-56.
Mearsheimer, John J. 2001. *The Tragedy of Great Power Politics*. Norton.

Mearsheimer, John J. 2006. "China's Unpeaceful Rise." *Current History* 105(690): 160-162.

Mearsheimer, John J. 2014. "Taiwan's Dire Straits." *The National Interest* 130: 29-39.

Mercer, Jonathan. 1995. "Anarchy and Identity." *International Organization* 49(2): 229-252.

Moon, Donald. 1975. "The Logic of Political Inquiry: A Synthesis of Opposed Perspectives." in Fred I. Greenstein and Nelson W. Polsby, eds., *Handbook of Political Science, Vol. 1, Political Science: Scope and Theory*. Addison-Wesley.

Moravcsik, Andrew and Jeffrey Legro. 1999. "Is Anybody Still a Realist?" *International Security* 24(2): 5-55.

Moravcsik, Andrew. 1997. "Taking Preferences Seriously: A Liberal Theory of International Politics." *International Organization* 31(4): 313-353.

Morgenthau, Hans J. 1946. *Scientific Man Vs. Power Politics*. University of Chicago Press. 김태현 역. 2008. 『과학적 인간과 권력정치』. 나남.

Morgenthau, Hans J. 1948/73. *Politics Among Nations: The Struggle for Power and Peace*. 5th ed. New York: Alfred Knopf.

Neack, Laura. 1999. *Studying Foreign Policy Comparatively: Cases and Analysis*. Rowman. 김태현 역. 2000. 『신외교정책론』. 모음북스.

Neustadt, Richard E. 1990. *Presidential Power and The Modern Presidents: The Politics of Leadership from Roosevelt to Reagan*. The Free Press.

Nye, Joseph S., Jr. 1988. "Neorealism and Neoliberalism." *World Politics* 40(2): 235-251

Nye, Joseph S., Jr. 1990a. "Soft Power." *Foreign Policy* 80: 153-171.

Nye, Joseph S., Jr. 1990b. *Bound to Lead: The Changing Nature of American Power*. Basic Books.

Nye, Joseph S., Jr. 2004. *Soft Power: The Means to Success in World Politics*. Basic Books.

Olson, Mancur. 1965. *The Logic of Collection Action*. Harvard University Press.

Onuf, Nicholas G. 1989. *World of Our Making: Rules and Rule in Social Theory and International Relations*. University of South Carolina Press.

Oye, Kenneth, ed. 1986. *Cooperation Under Anarchy*. Princeton University Press.

Persky, Joseph. 1995. "Retrospectives: The Ethology of Homo Economicus." *The Journal of Economic Perspectives* 9(2): 221-231.

Popper, Karl. 1957. *The Poverty of Historicism*. Routledge.

Powell, Robert. 1991. "Absolute and Relative Gains in International Relations Theory." *American Political Science Review* 85(4): 1303-1320.

Putnam, Robert D. 1988. "Diplomacy and Domestic Politics: The Logic of Two-Level Games." *International Organization* 42(3): 427-460.

Quincy Wright. 1952. "Realism and Idealism in International Politics." *World Politics*

5(1): 116-128.

Rapoport, Anatol. 1966. "A Taxonomy of 2×2 games." *General Systems* 11: 203-214.

Rathbun, Brian. 2008. "A Rose by Any Other Name: Neoclassical Realism as the Logical and Necessary Extension of Structural Realism." *Security Studies* 17(2): 294-321.

Richardson, Lewis F. 1960a. *Arms and Insecurity: A Mathematical Study of the Causes and Origins of War*. Boxwood Press.

Richardson, Lewis F. 1960b. *Statistics of Deadly Quarrels*. Boxwood Press.

Riker, William. 1962. *The Theory of Political Coalitions*. Yale University Press.

Ripsman, Norrin M., Jeffrey W. Taliaferro, and Steven E. Lobell. 2016. *Neoclassical Realist Theory of International Politics*. Oxford University Press.

Robert Jervis. 1998. *System Effects: Complexity in Social and Political Life*. Princeton University Press.

Rose, Gideon. 1998. "Neoclassical Realism and Theories of Foreign Policy." *World Politics* 51(1): 144-172.

Rosecrance, Richard and Arthur Stein. 1973. "Interdependence: Myth or Reality?" *World Politics* 26(1): 1- 27.

Roy, Denny. 2005. "Southeast Asia and China: Balancing or Bandwagoning?" *Contemporary Southeast Asia* 27(2): 305-322.

Ruggie, John G. 1983. "Continuity and Transformation in the World Polity: Toward a Neorealist Synthesis." *World Politics* 35(2): 261-285.

Ruggie, John G. 1993. "Mutlilateralism: The Anatomy of an Institution." in Ruggie, ed., *Multilateralism Matters: The Theory and Praxis of an Institutional Form*. Columbia University Press.

Ruggie, John G. 1998. "What Makes the World Hang Together? Neo-utilitarianism and the Social Constructivist Challenge." *International Organization* 52(4): 241-242.

Ruggie, John G. 1998. *Constructing the World Polity: Essays on International Institutionalization*. Routledge.

Russell, Bertrand. 1938. *Power: A New Social Analysis*. George Allen and Unwin.

Russett, Bruce M. 1964. *World Handbook of Political and Social Indicators*. Yale University Press.

Russett, Bruce M. 1993. *Grasping The Democratic Peace: Principles for a Post-Cold War World*. Princeton University Press.

Russett, Bruce M. and John R. Oneal. 2001. *Triangulating Peace:Democracy, Interdependence, and International Organizations*. New York Norton.

Schelling, Thomas C. 1966. *Arms and Influence*. Yale University Press.

Schelling, Thomas. 1960. *The Strategy of Conflict*. Harvard University Press.

Schroeder, Paul. 1994. "Historical Reality vs. Neo-Realist Theory." *International Security* 19(1): 108-148.

Schweller, Randall L. 1994. "Bandwagoning for Profit: Bringing the Revisionist Back In." *International Security* 19(1): 72-107.

Schweller, Randall L. 1996. "Neorealism's Status Quo Bias: What Security Dilemma?" *Security Studies* 5(1): 90-121.

Singer, J. David. 1961. "The Level-of-Analysis Problem in International Relations." *World Politics* 14(1): 77-92.

Singer, J. David. 1972. "The 'Correlates of War' Project: Interim Report and Rationale." *World Politics* 24(2): 243-270.

Smith, Anthony D. 1991. *National Identity*. Penguin.

Snidal, Duncan. 1985. "The Limits of Hegemonic Stability Theory." *International Organization* 39(4): 579-614.

Snidal, Duncan. 1991a. "International Cooperation Among Relative Gains Maximizers." *International Studies Quarterly* 35(4): 387-402.

Snidal, Duncan. 1991b. "Relative Gains and the Pattern of International Cooperation." *American Political Science Review* 85(3): 701-726.

Snyder, Jack. 2000. *From Voting to Violence: Democratization and Nationalist Conflict*. Norton.

Strange, Susan. 1987. "The Persistent Myth of the Lost Hegemony." *International Organization* 41(4): 557-574.

Strange, Susan. 1996. *The Retreat of the State: The Diffusion of Power in the World Economy*. Cambridge University Press.

The Economist. September 11, 1999.

Thompson, E. P. 1978. *The Poverty of Theory*. Merlin Press.

Thucydides. 1954. *History of the Peloponnesian War*. trans. by Rex Warner. Penguin Books.

Vasquez, John A. 1983. *The Power of Power Politics: A Critique*. Frances Pinter.

Vasquez, John A. 1997. "The Realist Paradigm and Degenerative versus Progressive Research Programs: An Appraisal of Neotraditional Research on Waltz's Balancing Proposition." *American Political Science Review* 91(4): 899-912.

Vasquez, John A. 1998. *The Power of Power Politics: From Classical Realism to Neo-Traditionalism*. Cambridge University Press.

Vattel, Emmerich de. 1758. *The Law of Nations: Or, Principles of the Law of Nature Applied to the Conduct and Affairs of Nations and Sovereigns*.

Walt, Stephen. 1987. *The Origins of Alliance*. Columbia University Press.

Walt, Stephen. 1998. "International Relations: One World, Many Theories." *Foreign Policy* 110: 29-32, 34-46.

Waltz, Kenneth N. 1959. *Man, the State, and War: A Theoretical Essay*. Columbia University Press.

Waltz, Kenneth N. 1964. "The Stability of a Bipolar World." *Daedalus* 93(3): 881-909.

Waltz, Kenneth N. 1970. "The Myth of National Interdependence." in Charles Kindleberger, ed. *International Cooperation*. The MIT Press.

Waltz, Kenneth N. 1979. *Theory of International Politics*. Addison-Wesley.

Waltz, Kenneth N. 1993. "The Emerging Structure of International Politics." *International Security* 18(2): 44-79.

Weber, Max. 1946. "Politics as a Vocation." in H. H. Gerth and C. Wright Mills. Translated and edited, *From Max Weber: Essays in Sociology*. New York: Oxford University Press.

Wendt, Alexander. 1987. "The Agent-Structure Problem in International Relations Theory." *International Organization* 41(3): (Summer), pp. 335-370.

Wendt, Alexander. 1992. "Anarchy Is What States Make of It: The Social Construction of Power Politics." *International Organization* 46(2): 391-425.

Wendt, Alexander. 1994. "Collective Identity Formation and the International State." *American Political Science Review* 88(2): 384-396.

Wendt, Alexander. 1999. *Social Theory of International Politics*. Cambridge University Press.

Wendt, Alexander. 2015. *Quantum Mind and Social Science: Unifying Physical and Social Ontology*. Cambridge University Press.

Wight, Martin. 1966a. "Why Is There No International Theory." Herbert Butterfield and Martin Wight, eds.

Wight, Martin. 1966b. "The Balance of Power." in Butterfield and Wight, eds.

Wight, Martin. 1978. *Power Politics*. ed. by Hedley Bull and Carsten Holbraad.

Wight, Martin. 1991. *International Theory: The Three Traditions*. Leicester University Press.

Wohlforth, William C. 1999. "The Stability of a Unipolar World." *International Security* 24(1): 5-41.

Wright, Quincy. 1942. *A Study of War*. University of Chicago Press.

Wright, Quincy. 1952. "Realism and Idealism in International Politics." *World Politics* 5(1): 116-128.

Zakaria, Freed. 2008. *The Post-American World*. Norton.

Zelikow, Philip and Condoleeza Rice. 1997. *Germany Unified and Europe Transformed: A Study in Statecraft*. 2nd ed. Harvard University Press. 김태현·유복근 역. 2008. 『독일통일과 유럽의 변환: 치국경세술 연구』. 모음북스.

Zernatto, Guido. 2000. "Nation: The History of a Word." in *Nationalism: Critical Concepts in Political Science*. ed. by John Hutchinson and Anthony D. Smith, Vol. 1. Routledge.

찾아보기

ㄱ

ㄴ

ㄷ

ㅇ

ㅈ

ㅊ

ㅋ

ㅌ

ㅍ

ㅎ